6.1 首页分析与制作——服饰类

难易程度 ☆☆☆☆☆

6.3 首页分析与制作——美妆护肤类

难易程度 ☆☆☆☆☆

6.5 首页分析与制作——家纺生活类

难易程度 ☆☆☆☆☆

6.7 首页分析与制作——户外旅游类

难易程度 ☆☆☆☆

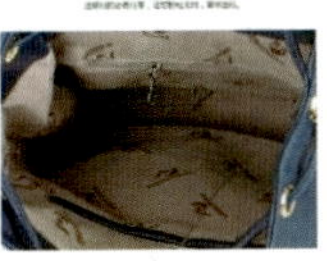

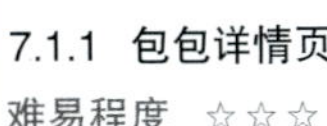

7.1.1 包包详情页

难易程度 ☆☆☆

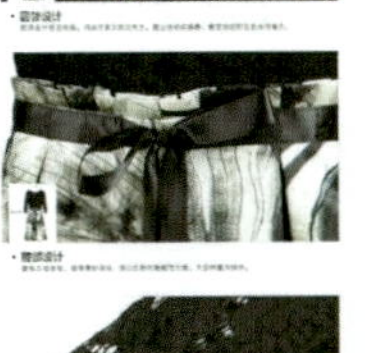

7.1.2 现代风服饰详情页

难易程度 ☆☆☆☆

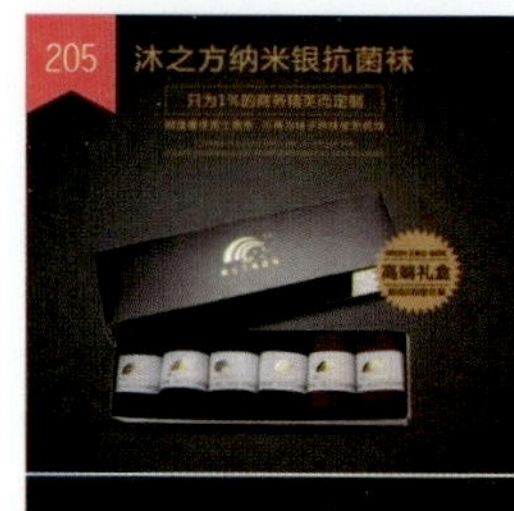

细菌终结者 脚臭克星

长效

抗菌

防臭

只有专注 才能足够专业

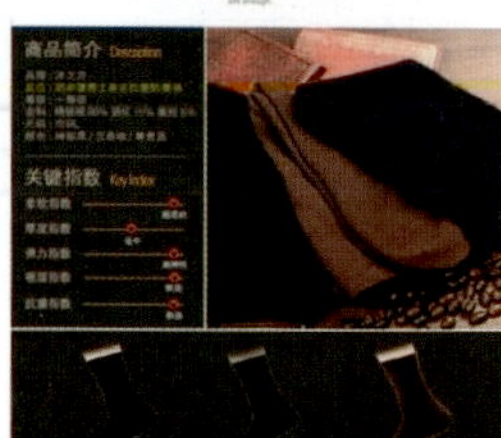

顶级精梳棉—奢侈选材

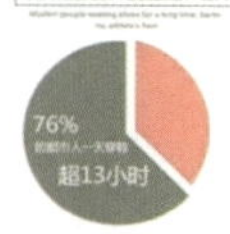

男人有脚气 何以立足于天地

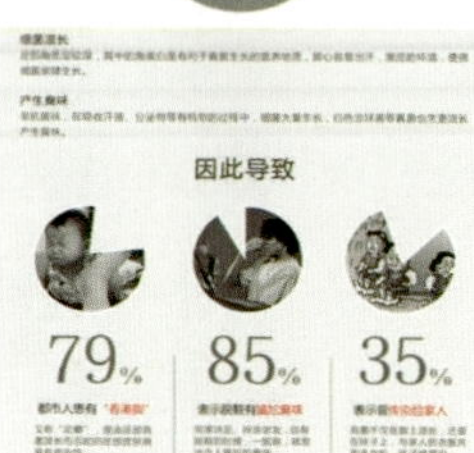

因此导致

79%

85%

35%

沐之方纳米银抗菌袜

50次 70% 93%

产品优势

7.1.4 商务男袜详情页

难易程度 ☆☆☆☆☆

爱与思念的延续

7.2.1 银镯详情页

难易程度 ☆☆☆☆

7.2.3 手表腕表详情页

难易程度 ☆☆☆☆☆

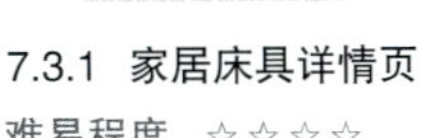

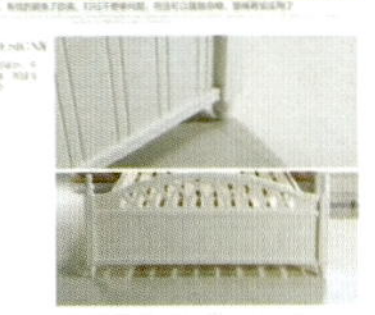

7.3.1 家居床具详情页

难易程度 ☆☆☆☆

7.3.3 茶具详情页

难易程度 ☆☆☆☆☆

7.5.3 五谷杂粮详情页

难易程度 ☆☆☆☆

色系表

本书精彩案例展示

红色

#FFFFCC #CCFFFF #FFCCCC　#99CCCC #FFCC99 #FFCCCC　#FF9999 #996699 #FFCCCC　#CC9999 #FFFFCC #CCCC99
#FFCCCC #FFFF99 #CCCCFF　#0099CC #CCCCCC #FF6666　#FF9966 #FF6666 #FFCCCC　#CC9966 #666666 #CC9999
#FF6666 #FFFF66 #99CC66　#CC3333 #CCCCCC #003366　#993333 #CCCC00 #663366　#CCCC99 #666666 #CC9999
#FF6666 #FFFF00 #0066CC　#CC0033 #333333 #CCCC00　#336633 #990033 #FFCC99　#993333 #CC9966 #003300
#FF0033 #333399 #CCCC00　#CC0033 #000000 #003399　#000000 #99CC00 #CC0033　#999933 #993333 #333300

黄色

#FFFFCC #CCFFFF #FFCCCC　#FFFF00 #FFFFFF #CCCC00　#99CCFF #FFCC33 #FFFFCC　#FFFF33 #99CCFF #CCCCCC
#FFFF00 #FFFFFF #9933FF　#99CCFF #FFCC33 #FFFF33　#FFCC00 #66CC00 #FFFF99　#FF9900 #FFFF00 #0099CC
#FFCC00 #0000CC #FFFF99　#CC9999 #FFFFCC #6666CC　#999933 #FFFFCC #CC99CC　#CCCC00 #666600 #FFFF66
#FF9966 #FFFFCC #99CC99　#FFCC33 #FFFFCC #999966　#FFCC99 #FF6666 #FFFF66　#FFCC99 #999966 #FFFF00
#FFFF99 #99CC99 #666600　#999966 #FFFF99 #333333　#006633 #333300 #CCCC99　#006633 #663300 #CCCC66

蓝色

#FFFFCC #CCFFFF #FFCCCC　#99CCCC #FFFFFF #3399CC　#CCFFCC #99CCCC #FFFFCC　#CCCCFF #FFFFFF #99CCFF
#FFCC99 #FFFFCC #99CCFF　#336699 #FFFFFF #99CCCC　#99CCCC #FFFFFF #CCFF99　#CCCCFF #FFFFCC #CCFFFF
#99CCCC #FFFFFF #336699　#99CCFF #CCFFFF #6699CC　#99CC33 #FFFFFF #3399CC　#0099CC #FFFFCC #666699
#CCCCCC #003366 #99CCFF　#0099CC #FFFFFF #666666　#CCCCCC #6699CC #666666　#336699 #CCCC99 #003366
#3399CC #003366 #CCCCCC　#6699CC #006699 #000000　#003366 #CCCCCC #006699　#999933 #336699 #333333

紫红色

#FFCCCC #FFFFFF #99CC00　#FF99CC #FFFFFF #993366　#66CC99 #FFFFFF #CC6699　#CC9999 #FFCCCC #CC99CC
#FFCCCC #FFFF99 #CCCCFF　#FFFF99 #993399 #FF99CC　#66CCCC #CCFF66 #FF99CC　#FF99CC #003399 #CCCC00
#FFCCCC #FF99CC #CCCCFF　#FF9999 #FFCCCC #FF99CC　#669966 #CC6699 #FFCCFF　#CCCCCC #CC99CC #CC3399
#CC3399 #FFCC99 #FF6666　#FF3399 #CCCC99 #663366　#663366 #FFFFCC #FFCCCC　#663366 #CCCCCC #CC99CC
#990066 #FFCC00 #CC0033　#990066 #CCCCCC #006699　#999900 #990033 #000000　#990066 #000000 #009966

橙色

#FFCC99 #FFFF99 #99CC99　#FFCC99 #CCFF99 #CCCCCC　#FFCC99 #FFFFCC #99CCFF　#FF9966 #FFFFCC #99CC99
#FF9900 #FFFFCC #336699　#CCCC33 #FFFF99 #CC9933　#996600 #FFCC33 #FFFFCC　#FFFFCC #CC9933 #336666
#FF9900 #FFFF00 #0099CC　#99CC33 #FF9900 #FFCC00　#FF9933 #99CC33 #CC6699　#FF9933 #FFFF00 #3366CC
#FF9933 #FFFFCC #009966　#FF6600 #FFFF66 #009966　#990033 #CCFF66 #FF9900　#FF9966 #996600 #CCCC00
#CC6600 #999999 #CCCC33　#CC6600 #CCCC33 #336699　#000000 #FF9933 #999966　#663300 #FF9933 #FFFF66

黄绿色

#33CC33 #6666CC #FFFFFF　#CCCC33 #FFFFFF #CCFFCC　#FFCC99 #CCFF99 #CCCCCC　#CCCC00 #999966 #FFFFCC
#CCCC33 #FFFFFF #336699　#CCCC33 #999999 #CCFFFF　#00CC00 #0066CC #99CCCC　#99CC33 #FF9900 #FFCC00
#99CC33 #CCCCFF #663300　#CCCC33 #993399 #000000　#CC6600 #999999 #CCCC33　#CC9933 #FFFF99 #99CC99
#669933 #CCCC33 #663300　#99CC33 #CCCCCC #000000　#CC6600 #CCCC33 #336699　#666600 #CCCC66 #CCFFCC
#333366 #99CC33 #336699　#666666 #99CC33 #003366　#003333 #99CC33 #999999　#996633 #FFFF99 #99CC66

紫色

#FFFFCC #FFFF99 #CCCCFF　#9999CC #99CC99 #FFFFFF　#FFCCCC #CCCCFF #CCCC99　#9999CC #FFFFCC #FFCCCC
#FFCCCC #FF99CC #CCCCFF　#660066 #FFFFFF #663333　#CCCC99 #333333 #9966CC　#CCCC00 #FF9966 #663399
#996699 #FFCCCC #CC99CC　#996666 #CC99CC #FFCCCC　#FFCC99 #FF9933 #663366　#333399 #CCCCFF #CC99CC
#663366 #CCCCCC #CC99CC　#996699 #9999CC #CCCCFF　#CC9966 #999999 #663366　#330033 #666666 #669999
#CCCCCC #999999 #663366　#FF33CC #CCCC99 #663366　#663366 #999999 #CCCCFF　#999966 #993333 #330033

柔和、明亮、温柔

#FFFFCC #CCFFFF #FFCCCC　#FFCCCC #FFFF99 #CCCCFF　#FF9966 #FF6666 #FFCCCC　#FFCC99 #CCFF99 #CCCCCC
#FFCCCC #CCCCFF #CCFFCC　#CCFFFF #CCCCCC #CCFF99　#FFCCCC #FFFFFF #99CC99　#99CCCC #FFCC99 #FFCCCC
#CCCCFF #FFCCCC #CCFFFF　#FFCC99 #FFFFCC #99CCCC

可爱、快乐、有趣

#66CCCC #CCFF66 #FF99CC　#FF9999 #FFFFFF #FFCC99　#FF6666 #FFFF66 #99CC66　#666699 #FFFFFF #FF9999
#99CC33 #FF9900 #FFCC00　#FF0033 #FFFFFF #FF9966　#FF9900 #CCFF00 #CC3399　#99CC33 #FFFFFF #FF6600
#993366 #CCCC33 #666633　#66CCCC #FFFFFF #666699

色系表

本书精彩案例展示

淘宝天猫店铺设计与装修一本通

陈德望 编著

人 民 邮 电 出 版 社
北 京

图书在版编目（CIP）数据

淘宝天猫店铺设计与装修一本通 / 陈德望编著. --
北京 : 人民邮电出版社, 2018.5
ISBN 978-7-115-47227-4

Ⅰ. ①淘… Ⅱ. ①陈… Ⅲ. ①电子商务—网站—设计
Ⅳ. ①F713.361.2②TP393.092

中国版本图书馆CIP数据核字(2018)第002757号

内容提要

这是一本集软件使用与网店装修设计于一体的图书，是网店装修设计方面非常实用的宝典。本书通过通俗易懂的讲解，为读者分析了怎样才能做出适合自己店铺的装修风格、怎样将店铺的各个模块装修得尽善尽美，以及如何实现炫酷的店铺效果等。第1～3章分别从网店开店认证、网店结构、网店设计装修流程、网店设计师应该具备的技能、网店设计需要掌握的软件基础等几方面进行讲解，详细讲述了网店从零到开始设计的具体流程。第4～5章分别从网店设计色彩与排版要领、网店结构布局原理、网店基础模块的设计装修等方面进行案例分析，介绍了网店中各个区域的设计装修技巧。第6～7章分别针对网店重要的两个部分，即详情页和首页进行案例分析，涵盖食品、珠宝饰品、鞋帽服饰、家居生活、儿童、运动、数码、化妆品等商品类目。

本书通俗易懂，适合入门级网店设计师、淘宝美工、淘宝商家学习使用，也可作为相关培训机构的参考资料。随书附赠全部案例的素材文件和效果源文件，方便读者练习使用，同时录制了制作讲解视频，可以与图书配合学习，提高学习效率。

◆ 编　　著　陈德望
责任编辑　张丹阳
责任印制　陈　犇
◆ 人民邮电出版社出版发行　　北京市丰台区成寿寺路11号
邮编　100164　　电子邮件　315@ptpress.com.cn
网址　http://www.ptpress.com.cn
北京画中画印刷有限公司印刷
◆ 开本：787×1092　1/16　　彩插：4
印张：18.5　　2018年5月第1版
字数：554千字　　2018年5月北京第1次印刷

定价：89.00元

读者服务热线：(010)81055410　印装质量热线：(010)81055316
反盗版热线：(010)81055315
广告经营许可证：京东工商广登字20170147号

前言 Preface

本书简介

这是一本集软件使用与淘宝网店装修设计于一体的图书，是网店装修设计方面非常实用的宝典。笔者结合多年的网店装修设计实战经验，从通俗易懂的讲解角度出发，为读者分析了怎样才能做出符合自己店铺的装修风格、怎样将店铺的各个模块装修得尽善尽美以及如何实现一些炫酷的店铺效果等。通过对Photoshop软件与实例的设计演示，本书深入剖析网店设计技法，使读者不仅能轻松掌握要点，还可以通过实际的类目进行举一反三、融会贯通。全书通过实际案例的列举和实操演示，帮助读者更好地建立起网店装修理念，轻松做好网店设计师。

本书主要内容

更完整的网店装修流程（概念篇）：第1~3章，分别从网店开店认证、网店结构、网店设计装修流程、网店设计师应该具备的技能、网店设计的软件基础等多个方面进行讲解，详细讲述了网店从零到开始设计的具体流程。本书是一本速查手册，也是一本自学的工具书。

更全面的网店模块设计分析（装修操作篇）：第4章和第5章，分别从网店设计色彩与排版要领、网店结构布局原理、基础模块（网店结构中的各模块）的设计装修等多方面进行案例分析，介绍了网店中各个区域的设计装修技巧。

更综合的案例欣赏分析（综合篇）：第6章和第7章，分别针对网店最重要的两个部分——详情页和首页进行案例分析，案例涵盖食品、珠宝饰品、鞋帽服饰、家居生活、儿童、运动、数码和化妆品等十多种商品类目。所以本书不仅是一本实用的参考工具书，还是一个性价比极高的素材库。

更贴心的设计流程讲解：书中每个案例的步骤中，都会穿插很多“小技巧”，这些小技巧结合笔者以往的设计经验，在同一类型的设计方法处温馨提示读者还有其他方法可以实现相同的设计效果，让读者真正达到举一反三、灵活贯通。

本书特色

通俗易懂：本书主要针对入门级网店设计师，涵盖开店、网店设计软件基础、店铺结构分析、网店设计色彩、基础模块和综合案例6个部分，每个部分层层递进，知识点由浅及深，案例讲解深入浅出，让读者一看就明白。

融会贯通：讲解过程中根据笔者多年的网店设计经验，即兴插入很多小技巧和知识点扩展，让读者从一个案例中学习到多种设计的方法。

类目广泛：本书涉及的网店类目有十几种，几乎涵盖了网络商品的所有热门类目，让读者轻松掌握这些常见、常用类目的设计方法，并拥有一个全面的网店类目素材库。

这是一本基础的网店设计装修工具书，同时也是一个丰富的案例素材库。本书能给初级学者的设计工作带来一定的帮助和提升，能让他们在拿到商品图时可以迅速上手，提高设计效率和质量。书中很多内容都是笔者根据以往的设计经验总结出来的，并没有什么专业的术语或晦涩的定义。笔者本着以最简单的方式将知识讲解给大家的原则，所以这本白话文形式的工具书就“胆战心惊”地出现在了大家面前，书中很多不足的地方，还请同行或业界精英提出意见和批评，以便笔者改进，不胜荣幸。

资源下载

本书所有的学习资源文件均可在线下载，扫描“资源下载”二维码，关注我们的微信公众号即可获得资源文件下载方式。资源下载过程中如有疑问，可通过我们的在线客服或客服电话与我们联系。在学习的过程中，如果遇到问题，也欢迎您与我们交流，我们将竭诚为您服务。

您可以通过以下方式来联系我们。

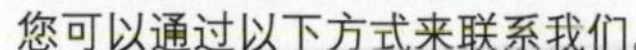

资源下载

客服邮箱：press@iread360.com

客服电话：028-69182687、028-69182657

编者

2018年3月

目录 Contents

01 淘宝天猫店铺基础

02 网店设计装修概要

03 网店装修软件及图片效果制作

04 色彩搭配与排版布局

05 店铺基础模块的设计与装修

07 店铺详情页设计分析与制作

01 淘宝天猫店铺基础

淘宝网开店

淘宝店铺的组成结构

淘宝与天猫店铺各模块规格

1.1 淘宝网开店

淘宝开店主要分为3大步骤：注册淘宝会员、申请实名认证和店铺宝贝管理。

1.1.1 注册账号和开户认证

淘宝开店之前，首先需要注册一个淘宝账户，也就是我们在购物时登录的账户。淘宝账户的注册非常简单，都是免费注册的，注册的方法与其他类型的账户注册相同，唯一不同的是淘宝账户注册时需要对支付宝账户进行实名认证。下面主要从店铺的实名认证开始简单的讲解开店流程。

01 淘宝账户注册完成之后，单击淘宝网首页左上角的登录按钮，进入淘宝账户的登录页面，如图1-1和图1-2所示。

亲，请登录 免费注册 手机逛淘宝

图1-1

02

图1-2

输入淘宝账户和密码后，单击“登录”按钮，再次进入淘宝网首页，这时左上角的提示信息如图1-3所示。

图1-3

03 在该页面右上角的选项栏中单击“卖家中心”下拉列表框，如图1-4所示。从下拉菜单中单击“免费开店”按钮，进入开店类型的选择页面，如图1-5所示。

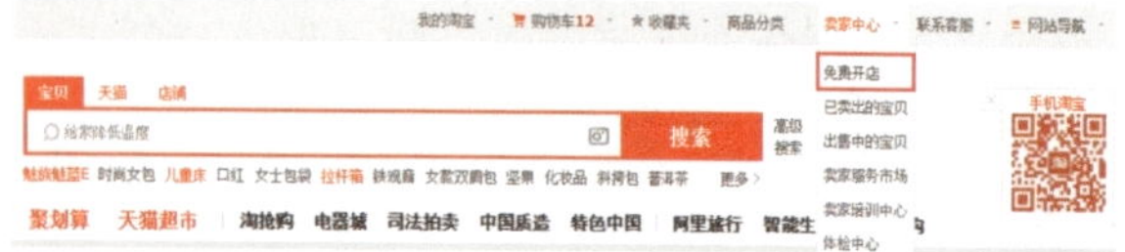

图1-4

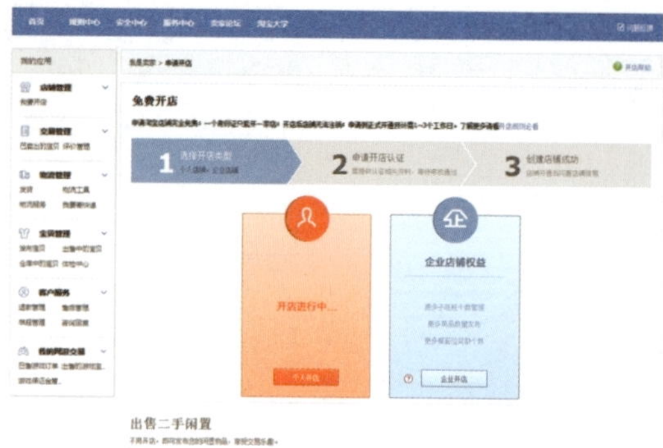

图1-5

04 在开店类型中选择第一个项目“个人开店”（企业开店需要提供营业执照等证件），单击后跳转到认证类型的页面，如图1-6所示。

图1-6

05 免费开店需要进行个人信息认证，根据官方提示上传认证图片即可，以淘宝开店认证为例（与支付宝认证方法相同），单击“立即认证”进入认证页面，如图1-7所示。

图1-7

06 再次单击“立即认证”按钮，弹出一个软件安装页面，如图1-8所示，提示我们在认证之前需要扫描二维码下载一个阿里钱盾，按照提示进行安装。

图1-8

07 阿里钱盾安装完成后，打开钱盾，添加淘宝账号，如图1-9所示。添加完成之后就可以关闭阿里钱盾。

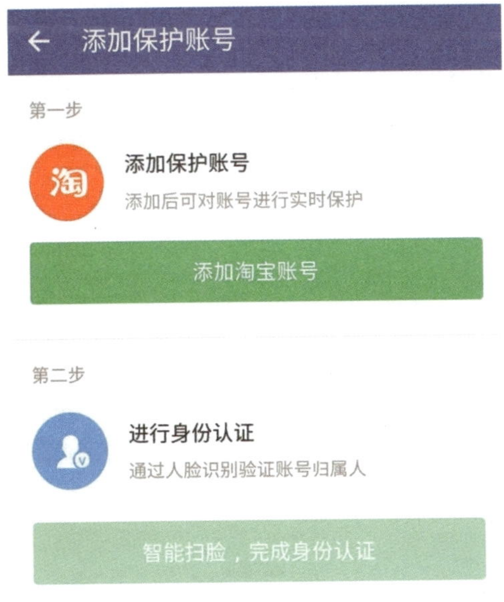

图1-9

08 接下来打开手机淘宝客户端完成其他身份的认证。进行手机淘宝客户端认证之前，需要在手机上下载手机淘宝客户端，下载完成后，打开手机淘宝客户端，登录之前注册的淘宝账户，登录方式有扫码登录和用户名登录两种。

09 登录到手机淘宝客户端后，在必备工具选项框中单击“我要开店”按钮，如图1-10所示，进入店铺设置页面，如图1-11所示。

图1-10　图1-11

10 输入已经想好的店铺名称以及对自己店铺的描述，然后单击“立即开通”按钮，进入认证类型的选择页面，如图1-12所示。

11 在开店认证之前，需要对个人进行实名认证，为了避免信息重复，我们以开店认证为主进行讲解，个人认证的部分大家可以根据官网的提示信息一步一步进行操作，只要按提示要求、官方要求的步骤仔细完成，是不会出现认证不通过的情况的。单击图1-12中的第二项认证“淘宝开店认证”，进入认证页面，如图1-13所示。

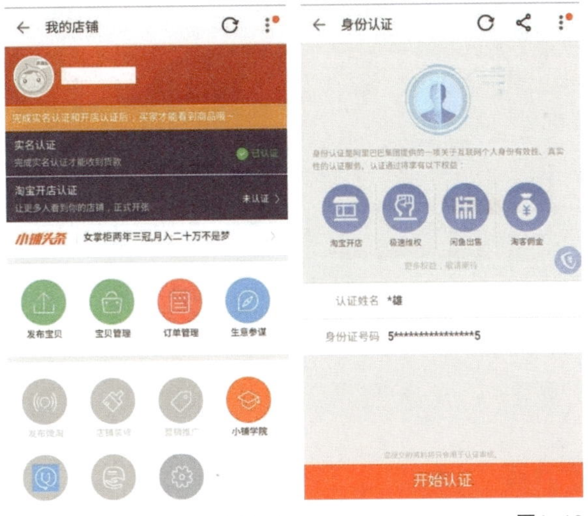

图1-12　图1-13

⑫ 单击“开始认证”按钮，进入第一个信息的认证页面，如图1-14所示。

⑬ 单击第一个选项“半身照”，弹出新的页面，按照要求进行拍照上传，如图1-15所示。身份证照片同样拍照上传。

⑭ 半身照和身份证正面都拍摄上传后，单击“下一步”按钮，进入联系地址信息的填写页面，如图1-16所示。

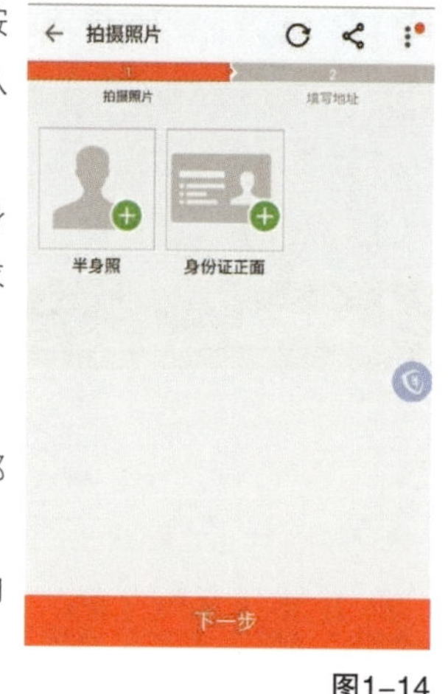

图1-14

图1-15　　图1-16

⑮ 完成联系地址信息的填写后单击“提交”按钮，就完成了开店认证的申请。单击“提交”按钮后出现一个提示页面，如图1-17所示。返回后可以看到淘宝开店认证一栏的信息已经更新为“审核中”，如图1-18所示。

图1-17　　图1-18

⑯ 在提示的审核完成时间内，我们会收到审核通过与否的邮件信息，审核未通过的，淘宝会提示出错的地方，我们按照要求改正再次提交审核即可。审核通过后，我们回到电脑端继续完成其他部分的流程。

⑰ 审核通过后，回到电脑淘宝，登录淘宝账号后仍然单击右上角的“商家中心>免费开店”，进入图1-19所示的页面。

图1-19

⑱ 在图中可以看到，我们的认证都已经审核通过了，接下来单击“创建店铺”按钮，弹出图1-20所示的开店协议，单击“同意”。

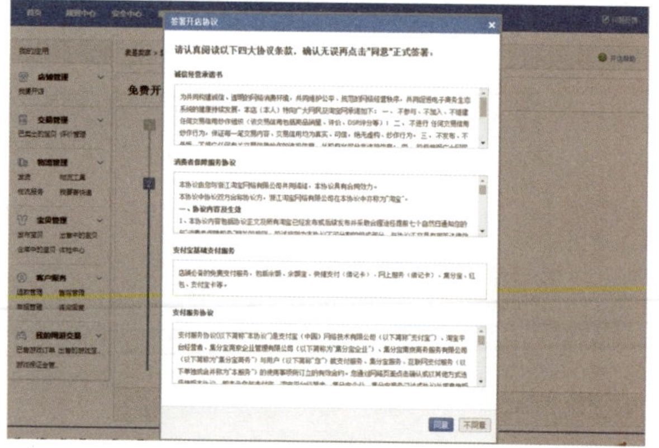

图1-20

⑲ 单击“同意”后，店铺创建成功，弹出图1-21所示的提示信息。

图1-21

20 再次单击“卖家中心”按钮，进入店铺后台，对店铺商品、装修、订单等信息进行管理，如图1-22所示。

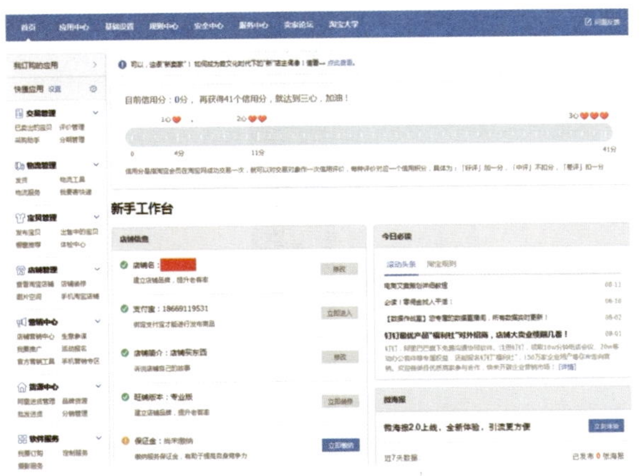

图1-22

21 在后台的“店铺管理”一栏中单击“查看淘宝店铺”，就进入了个人店铺的首页，如图1-23所示。

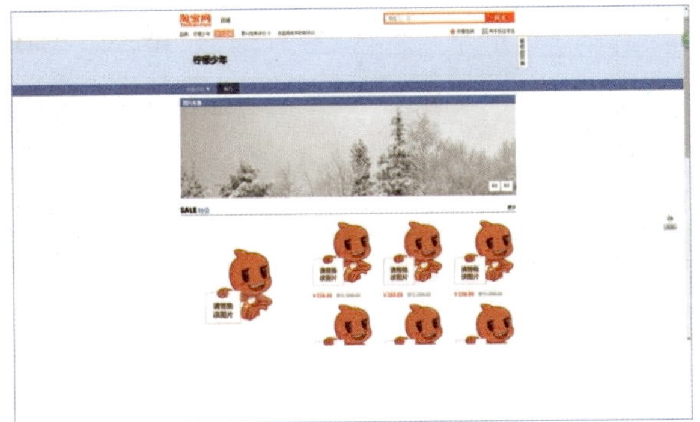

图1-23

1.1.2 商品类目确定以及装修上线

网店创建成功后，首要的是确认自己的商品类目。淘宝网上的商品各式各样，琳琅满目，但不能被这些商品迷花了眼。我们需要挑选一个有优势的商品，并配合后期的店铺装修和运营，这样我们的商品才能在浩瀚的淘宝商品中脱颖而出。

确定了商品类目，将商品的卖点挖掘出来仍然不能满足一个优秀的商品所需的条件，还需要对商品“锦上添花”，为商品搭配一个合适的详情页和店铺首页，加上后期掌柜对商品的运营操控，我们的商品才会越来越畅销。说起宝贝详情页和首页，就要讲到淘宝店铺装修，下面就来看看淘宝店铺装修过程中，我们作为电商设计师需要知道的事情。

1.2 淘宝店铺的组成结构

要了解淘宝店铺装修，就要先对店铺的组成进行初步了解，淘宝店铺主要包括的模块有店招、导航、促销海报、分类区（商品列表）、自定义区、客服区和详情页等。下面挑选几个有代表性的模块进行分析。

1.2.1 店招

淘宝网店的店招是店铺非常重要的组成部分，可以以展示一个店铺的风格和产品的特性，设计一个精致、贴合主题的店招也能起到宣传店铺的作用。店招部分的官方尺寸为1920像素×120像素（或950像素 ×120像素）。店铺的店招如图1-24和图1-25所示。

图1-24

图1-25

1.2.2 导航条

导航条可以方便买家从一个页面跳转到另一个页面，查看店铺的各类商品及信息。因此，有条理的导航条能够保证更多页面被访问，让店铺中的更多商品信息、活动信息被买家发现，可以提高店铺的转化率。在日常设计中，导航条和店招一般都会一起设计，这样可以防止单独设计带来的色彩不协调、版式不搭配等问题，导航条的宽度规格与店招相同，高度为30像素。店铺的导航条如图1-26所示，它的位置紧随店招之后。

图1-26

1.2.3 促销海报

促销海报一般位于页面中最引人注意的位置，旨在将店铺中最新的活动信息告知浏览店铺的顾客，吸引顾客参与到活动中，提升商品的转化率。促销海报的宽度有要求，高度是没有具体要求的，所以我们在店铺中看到页首海报的高度有高有低，各不相同，这需要根据店铺的实际情况而定。常见的海报高度有500像素、600像素等。

设计店铺促销海报的目的如下。

（1）为主打商品（我们说的爆款）引进流量，让销量很火的商品更火，这时的促销海报的设计内容均为该商品的卖点，所有的版式和文案都围绕主打商品进行。

（2）为店铺活动提供进入接口，这时的促销海报的设计内容则比爆款的海报设计范围广泛，主要是对活动的优惠信息、优惠商品和活动的规模等做简单的介绍，具体规则需要点击进入后了解。这时的海报起到的作用就是将人流量引入活动页面，为活动增加人气和转化率。

如图1-27所示，这是一个商品的宣传海报，主要体现的是一条旅游线路的促销信息。图1-28则是一个活动的宣传海报，侧重于整个店铺商品的优惠信息。

图1-27

图1-28

1.2.4 分类区（商品列表）

店家可以在分类区将店铺的商品进行分类排列，设计精细的分类区可以让顾客快速找到所需购买的商品，大大提高购买效率。商品列表同样有两种实现方法：其一，可以在淘宝官方提供的模块中添加商品分类列表，如图1-29所示；其二，在设计店铺首页时，在设计过程中就为店铺中出售的商品进行分类，然后在装修的时候添加商品链接即可。图1-30是一个设计好的店铺商品分类区。

图1-29

图1-30

1.2.5 自定义区域

店家可以根据自己的设计需求在自定义区域放置精美的图片、文字信息等，增加买家的视觉效果。自定义区域需要在装修的时候手动添加自定义区域模块，然后在模块中进行各种效果的设计装修。这个模块最受有装修经验和有基础代码编写技能的电商设计师的喜爱，因为官方给出的模块大都是有固定版式的，没有特殊效果，而这一模块正好能满足对装修有特别要求的店铺。因为很多没有购买淘宝模板的店铺要实现动态效果或其他特殊效果，都需要在自定义区域中进行设计。

首先我们要打开店铺后台的店铺装修页面，然后在装修页面的左侧，单击“模块”按钮，在右侧弹出选项列表区域，自定义区就在这里添加，如图1-29所示。

1.2.6 客服区

这是每一个淘宝店铺都必须有的模块，即使在装修阶段我们忘记将其设计到店铺中，淘宝也会默认在店铺名称附近固定一个客服图标，买家可以通过客服区联系客服人员，解决各种购物过程中遇到的问题，这是提高店铺交互性的重要模块。图1-31所示是一个店铺的客服区。

图1-31

1.3 淘宝与天猫店铺各模块规格

1.3.1 天猫店铺

天猫店铺官方默认的模块尺寸有1920像素、790像素、990像素和190像素（均指模块宽度）。

天猫首页提供的1920像素规格的模块有两种：全屏宽图和全屏轮播图，该尺寸模块仅用于首页，如图1-32所示。

天猫首页提供的790像素规格的模块有8种，常用的有宝贝推荐、自定义区、图片轮播和宝贝搜索，如图1-33所示。在天猫详情页中，可以改尺寸的模块只有宝贝推荐、店铺实验、自定义区和积分刮券。

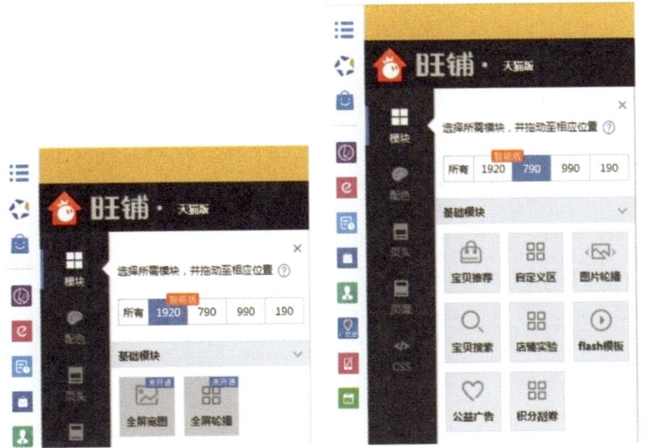

图1-32 图1-33

天猫首页提供的990像素规格的模块有13种，如图1-34所示。在天猫详情页中，可以改尺寸的模块只有友情链接、店铺尾部、积分刮券和店铺招牌4种。

天猫首页提供的190像素规格的模块有16种，如图1-35所示。

图1-34

图1-35

天猫详情页中该尺寸对应的模块有14种，如图1-36所示。

海报：除宽度要求为1920像素之外，高度无严格尺寸要求。

图1-36

主图：天猫主图一般要求有5张，常见尺寸有800像素×800像素和800像素×600像素以及等比例尺寸的主图。

详情页：天猫详情页尺寸宽度为790像素（电脑）和620像素（手机），高度不限（手机端详情页大小不能超过1.5MB）。

1.3.2 淘宝店铺

淘宝店铺官方默认的尺寸有1920像素、950像素、750像素和190像素（指模块宽度），在这4个规格的尺寸中，除了天猫（190）掌柜档案、优惠券专区、店铺实验、店铺尾部、积分刮券属于天猫店铺特有的模块，满返、ISV互动游戏、购物券、红包属于淘宝店铺特有的模块外，其他常用模块均相同，如图1-37所示。

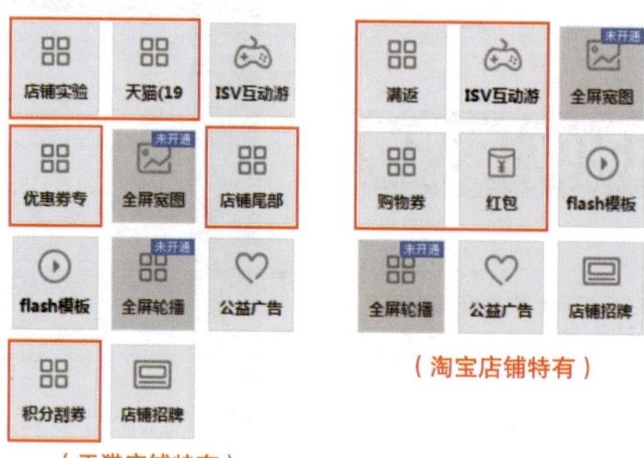

图1-37

02

网店设计装修概要

为什么网店这么火

实体店与网店的区别

网店设计装修

网店装修的基本流程

网页设计师应具备的技能

影响店铺转化率的因素分析

2.1 为什么网店这么火

在人类生活电子化、信息化的今天，吃饭有外卖、出门有专车、购物有网上商城……真正体现了“秀才不出门，便知天下事”的社会特点。近年来，随着计算机和手机网络的日益强大，越来越多的事情我们都可以用一台计算机或一部手机完成，电子商务也已经蔓延到各大中小城市甚至农村，以物流快递为代表的基础产业也十分活跃。从淘宝商城被众人熟知开始，越来越多的传统企业开始进驻网络，使淘宝、京东、唯品会、1号店、苏宁易购等一大批优秀的网上商城得到迅速发展。

电子商务的活跃必定伴随着众多店铺的竞争，在网店蓬勃发展的背景下，顾客的审美需求不断提升，他们对网店页面设计提出了更高的要求。“高大上”的店铺页面才能吸引更多的顾客，才能不断满足消费者的心理需求和审美需求。这就带动了网店设计行业的发展，越来越多的传统广告设计师也随着社会发展的大潮转入网店设计的大军中。

2.2 实体店与网店的区别

2.2.1 实体店

1.实体店的定义

顾名思义，实体店就是拥有实际存在的商品设立的店铺，狭义来说，是专指进行商品销售活动的场所，如生活中大街两旁的门市店铺都属于实体店。传统的店铺，包括现实中的超市、商业区和批发市场等，其表现是有一定的硬件设施，地点相对固定，销售对象包括实物商品或服务。

2.实体店特点

（1）必须具备一定的资金成本。

（2）需要在税务局、工商局办理登记。

（3）固定的地点、实际商品展示。

（4）顾客可以用五官感知商品特点和店铺档次，可以真实看到、触摸商品。

（5）存在客源范围小、品牌宣传有限等局限性。

3.实体店发展历史

相对于网店，实体店的发展几乎伴随着人类文明的开始，从早期人们为了生活需要进行各种物品的交换，到社会开始形成时期，人们有了聚居的地方，出现杂货铺、酒家等固定的交易市场，再到如今大型的商品交易市场、完善的社会服务机构，将吃喝玩乐都巧妙结合在一起，这些都离不开实体店。因此，实体店是伴随着社会的发展一直走到现在的，是人类生活中不可缺少的重要设施。

2.2.2 网店

1.网店的定义

网店也叫网上商店、网上商场，是电子零售的组织形式，它的存在需要建立在互联网的基础上，从某种程度来说，网店是在物流、快递、电子商务的基础上发展起来的。从商品展示、顾客咨询，到商品交易、商品交付都是在网络上进行。

2.网店特点

（1）开店门槛低，方便快捷，不用大批量压货，几乎不用成本。

（2）虚拟化、网络化、交互性强，双方达成协议即可付款交易，商家通过物流快递的形式将货物交付到买家手中。

（3）没有区域限制，顾客范围广泛，有网络的地方都可以开网店。

（4）顾客通过文字、图片或视频等视觉信息来感知商品，无法亲身体验。

（5）由于网店的虚拟性，货物存在伪劣性、商城对卖家审核局限性等缺陷。

3.网店发展历史

网店从某种意义上来讲，它是在物流、邮购、快递、电子商务等基础上发展起来的，随着改革开放的发展，外来文化流入，邮寄业务日趋成熟，途径可靠以及通信的普及，网店逐渐发展起来。而且传统的商品由于推广范围狭窄、利润越来越低、产品信息更新缓慢等局限性，促使互联网购物模式产生，并以其方便快速、覆盖范围广、可选择性更强、交易方式安全简单等优势特点迅速成长，呈现了现在空前繁荣的网上商城局面。

2.3 网店设计装修

2.3.1 网店设计装修的定义

网店装修实际就是通过对网店整体的设计，将各个区域的图像进行美化，利用链接的方式对网页中的信息进行扩展。在网店中，商家后台对店铺中的某些模块位置进行了初步的规划，店家只需要对每个模块进行精细的设计与美化，让单一的页面呈现出丰富的视觉效果即可，这就是网店装修。图2-1是一个网店装修后的效果。

网店设计可以将图片、文字和视频等相结合，它具备传统媒体无法超越的优势，网店由一个个单独的网页组合起来，每个商品都有一个单独的详情页，这些详情页都使用了大量的图片和文字甚至视频信息对商品进行修饰美化，从而达到交易目的。所以网店设计是店铺营运中比较重要的一环，店铺设计的好坏，直接影响顾客对于店铺的第一印象，首页、详情页页面设计的美观，顾客才会有想要了解的兴趣，从而增加顾客的购买欲望。

图2-1

2.3.2 网店设计装修的重要性

网店不进行装修的话，也可以销售商品，因为大多网商平台的店铺都有默认的店铺模板，商品上架后同样可以进行销售活动。那么有人会问，既然网商有默认的店铺模板，那何必还要花高价来对店铺进行设计装修呢？

网络购物与实体店购物相比虽然很多地方都不相同，但有一点是十分相似的，那就是店铺的设计装修，就跟实体店的“毛坯房”和“精装房”一个道理，如果顾客到这两个装修类型的店铺中购物，后者起到的作用就会立刻体现出来。网店也一样，网商平台提供的默认模板就好比是“毛坯房”，是“开发商”提供的第一个作品，而装修的过程就好比是“装饰商”，设计装修后展现在顾客面前的店铺就是“精装房”。

网购不同于实体店购物，实体店购物时顾客可以真实地去感受实际的效果，而网购只能通过眼睛去观看商家发布出的图文和视频，再从这些信息中感受商品的特性。如果一个买家找到了3家店铺做对比，而你的店铺装修得更专业，买家的眼球自然会被你的店铺吸引，那么你给这位买家的第一印象也会更好、更深刻。所以在一定程度上来说，网络上卖东西，就是卖图片、视频、文字对顾客的吸引力。那网店的设计装修对于买卖双方有哪些重要性呢？

1.获取店铺信息

网店的装修设计可以起到品牌识别的作用，对于实体店铺来说，形象设计能使外在形象长期保持发展，为商店塑造更加完美的形象，加深消费者对企业的印象。同样，建立一个网络店铺，也需要设定出自己店铺的名称、独具特色的Logo、区别于其他店铺的色彩和装修视觉风格。

见图2-2，在网店首页的装修图片中，我们可以提取出很多的重要信息，分别是店铺的名称、Logo、店铺的配色风格、销售的商品等。

图2-2

2.获取商品信息

在网店装修的页面中，首页中我们能够获取的信息有限，而鉴于网店营销的特点，网商对单个商品的展现提供了单独的平台，即商品详情页。

商品详情页设计的成功与否，直接影响商品的销售和转化率，顾客往往因为直观的、权威的信息而产生购买的欲望，所以必要的、有效地、丰富的商品信息，能够提升顾客对商品的了解程度。如图2-3和图2-4，分别为两组不同的商品详情页效果，图2-3使用了直白的文字叙述，而图2-4则稍微排版之后以图文的方式展示，通过对比大家会更加喜欢哪一种商品信息的表达方式呢?

尺寸表

因测量标准不同，误差1-3cm属正常。

XL 腰围62-92CM 裤长38CM 大腿围不限

2XL 腰围70-102CM 裤长39CM 大腿围不限

3XL 腰围78-112CM 裤长40CM 大腿围不限

4XL 腰围86-122CM 裤长41CM 大腿围不限

图2-3

尺码	型号	肩宽	胸围(裙/外)	腰围(裙/外)	袖长	衣长(裙/外)
S	155/80A	36	82/88	62/84	55	92/48
M	160/84A	37	86/92	66/88	56	93/49
L	165/88A	38	90/96	70/92	57	94/50
XL	170/92A	39	94/100	74/96	58	95/51
XXL	175/96A	-	-	-	-	-

图2-4

2.4 网店装修的基本流程

网店设计装修对于店家来说是一个非常重要的部分，无论是实体店还是网店，它们作为一个进行交易的场所，其装修的核心就是促进交易，提高顾客的购买率。然而，网店的设计装修并不是盲目进行的，它有基本的流程规范，按照这些流程一步一步地完成店铺的设计装修，最终才是呈现在大家眼前的实际效果，这一节为大家分析网店设计装修的基本流程。

2.4.1 定位商品的经营类目

在网店设计装修之前，首先要确定自己所经营商品的类目，换句话说，就是要确定你要卖的商品是什么，只有经营方向确定了，才能确定装修设计风格。目前淘宝给出卖家的商品类目有13个，分别为游戏话费、服装鞋包、手机数码、家用电器、美妆饰品、母婴用品、家居建材、百货食品、运动户外、文化玩乐、生活服务、汽配摩托和其他，每一个大类目下有众多的二级类目和小类目，几乎涵盖生活中的所有产品，如图2-5所示。

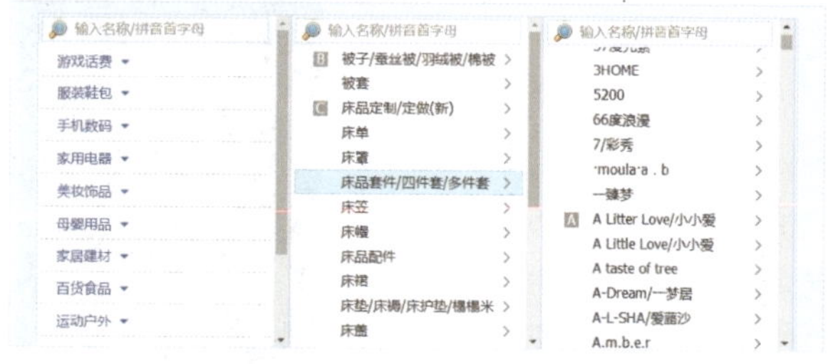

图2-5

2.4.2 确定店铺的整体风格

确定店铺的整体装修风格时，整体色彩的确定非常重要。不同的商品，展现给消费者的信息不同，我们通过色彩的明暗度、色彩的冷暖色调、色彩的整体搭配，让消费者感知商品的特性。见图2-6，这是一个水果店铺，在店铺的风格选择上，选择了鲜艳明快、充满活力的风格，给人动力十足、活力四射的舒爽感觉。因此在设计中使用了水花、橘色、西瓜色等具有代表性的颜色来衬托店铺的整体风格。

图2-6

见图2-7，这是一个灯饰店铺，我们需要表达出欧式灯具奢华大气、高贵典雅的特点，因此店铺的风格也需要体现其奢华大气的一面，色彩上选择了代表高贵的咖啡色和金色作为店铺主色调，还使用了欧式典雅的模特烘托氛围，让整个店铺的档次上升了不少。

图2-7

在网店设计装修的过程中，网店中各个模块的布局也是影响装修风格的一个重要因素，各个模块搭配统一简洁、布局协调的店面可以让消费者在店铺中浏览的时间更长，这样可以增加消费者的购买率。图2-6和图2-7在商品的布局上，使用了有序、简洁、层次分明的列表方式，让店铺的格局更加明了、模块之间的区分更加清楚。而无序、凌乱的店铺，只会给消费者一种杂乱的感觉，这样很难让顾客长时间停留，从而大大减少了消费者的下单率。

总而言之，在网店的整体设计装修中，色彩的搭配要协调，模块的整合要简洁明了、突出重点，形成视觉冲击，让店铺在消费者心目中留下深刻的印象。

2.4.3 产品拍摄

前文讲过，网店的销售实际上是一种视觉营销，视觉营销最重要的部分便是图片，通过图片的方式向顾客展现自己的宝贝，可以让顾客以直观的角度去了解商品。因此，在店铺设计装修之前，要对我们所卖的商品进行拍摄。在数码产品先进、发达的今天，摄影器材的选择也越来越多，常见的有卡片相机、单反相机，甚至为了节省成本，手机拍摄也被很多小的淘宝店使用，因为在拍摄像素、对焦速度、变焦能力等大家关心的问题上，很多手机都已经完全可以满足这些拍摄要求，甚至拍摄功能会超出一些低端的卡片相机。

但光靠单独的相机或手机还不能将产品拍好，在商品拍摄中，摄影师还需要使用一些灯光、三脚架、闪光灯和反光板等辅助设备，才能将产品效果完全拍摄出来，图2-8所示的是专业摄影师常用的单反相机，图2-9所示的是拍摄中用于补光的灯光设备。

图2-8

图2-9

在拍摄过程中，打光、场景布置、拍摄效果都不是我们所能控制的，这会因为摄影师摄影风格和摄影水平的差异而有所不同。作为网店设计师，我们虽然不能决定商品图片的拍摄质量，但和客户沟通之后，我们可以了解到客户想要的设计效果和设计要求，因此在摄影师的拍摄过程中，网店设计师需要和摄影师进行沟通，给摄影师提出客户的拍摄要求，在客户与摄影师之间起到桥梁的作用。

2.4.4 收集商品设计所需素材

在进行网店装修的过程中，为了获得最佳的画面效果，会使用很多素材对画面进行装饰，如使用光线对文字和金属质感的商品进行装饰、利用零碎的图片素材合成一张创意十足的促销海报等，这些操作中都需要使用设计素材。现在是资源高度共享的时代，不管是图片素材还是源文件素材，我们在很多素材网站中都可以找到，巧妙灵活地利用它们，不仅可以提升我们的审美水平，让作品更上一层楼，还可以有效提高工作效率，保证工作质量。图2-10所示的是提前准备好的一些设计素材，图2-11所示的是利用这些素材合成后的整体效果。

图2-10

图2-11

2.4.5 宝贝设计

这里说的宝贝设计主要是指商品的详情页设计，就是网店中销售的单品的相关描述和展示介绍，在设计的过程中需要注意很多规范，以求用最佳的图像和文字来展示商品的特点。宝贝详情页是对商品的使用方法、材质、尺寸和细节等方面的内容进行展示，同时，有的店铺为了提升关联商品的销售，或者提升店铺的品牌形象，会在宝贝详情页中添加搭配套餐、公司简介等辅助信息展示，以此来树立和创建商品的形象，提高顾客的购买欲望。

本节主要对宝贝详情页的设计进行介绍，在进行具体案例的讲解之前，我们先对宝贝详情页设计中需要注意的一些问题进行讲解。宝贝详情页的设计分为两个部分：橱窗图片展示部分和产品描述部分。

橱窗图片展示位于宝贝详情页的最顶端，也就是我们常说的商品主图。见图2-12，左半部分区域就是橱窗图片位置，官方默认的主图尺寸为800像素×800像素，或者等比例大小的橱窗图片，如果超出800像素，那么在点击查看图片时，淘宝系统会使用放大镜功能进行查看。在设计橱窗照的过程中，只要能够将商品清晰的、完整的展示出来即可，图片色彩、清晰度和完整度是最重要也是最基本的设计要求。

图2-12

宝贝详情页的宽度有750像素（淘宝）和790像素（天猫）两种，高度不限。宝贝详情页会直接影响成交转化率，宝贝详情页也是产品介绍和卖点展示的最重要区域，其中的设计内容要根据商品的具体内容来定，只有图片处理得合格，才能让店铺看起来更专业可信，这样对顾客才更有吸引力，这也是装修宝贝详情页时最基础的要求。图2-13所示的是某商品的详情页局部效果。详细的设计方法和分析，在后面的章节中会详细地讲解。

图2-13

图2-14

图2-15

2.4.6 切图上传并上架出售

产品详情页设计完成之后，如果不将图片上传到淘宝后台并发布出去，顾客是看不到商品效果的，这时我们就要对做好的详情页进行切图并上传到店铺后台的图片空间，再对商品进行发布上架出售。下面为大家展示切图上传的基本方法。

01 在Photoshop中打开设计好的产品详情页，执行“视图>标尺”菜单命令（或按快捷键Ctrl+R），打开标尺信息，此时可以看到在详情页的左侧、上侧都出现了标尺框，如图2-14所示。

02 将指针移动至标尺区域并从标尺内往外拖动鼠标，就会出现我们常说的参考线，将鼠标移动至适当位置并松开，就出现了一条参考线，如图2-15所示。图中两条参考线之间的页面高度决定了切图时该部分的图片大小，切图时单张图片的大小是不固定的，也就是说，参考线的位置可以灵活确定。

03 依次在详情页的其他位置拉出参考线，完成之后，选中工具箱中的“切片工具”，在“切片工具”的选项栏中，选择“基于参考线的切片”按钮，此时再看详情页面，发现在每条参考线处都会出现一个编有序号的蓝色框，每一个蓝色框的区域就是切图之后的图片实际尺寸效果，如图2-16和图2-17所示。

样式：正常 宽度： 高度： 基于参考线的切片

图2-16

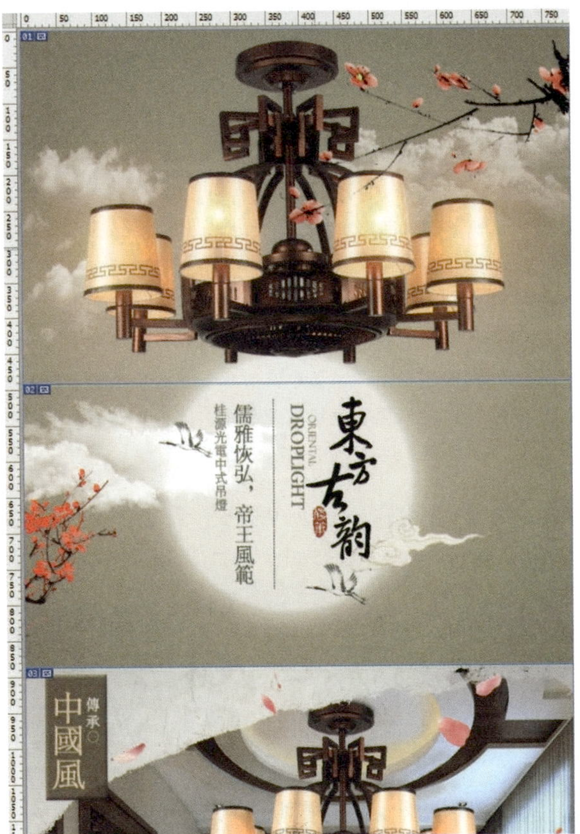

图2-17

04 这一步就开始切图了，如果这时我们直接使用保存或另存为图片命令，保存的效果仍然是整张网页，并没有将这些切片分开。这里我们要使用以下网页模式的切图方法，执行“文件>存储为Web所用格式”菜单命令（或按快捷键Ctrl+Alt+shift+S）打开存储对话框，如图2-18所示。

图2-18

提示

这里大家需要知道以下几个参数。

（1）左上角的“原稿/优化/双联/四联”，这是切图效果的预览模式，根据设计师的习惯进行选择；

（2）右侧的“预设”，这里供大家选择切图的格式，有GIF、JPEG、PNG-8、PNG-24、WBMP这5种图片格式，这些都是图片的常用格式；

（2）“品质”，这一栏决定了切图后图片的大小，有低、中、高、非常高、最佳这5种图片质量供选择，使用每一种质量切出来的图片大小都不相同。如果详情页过大，而手机端详情页中官方限制页面大小不得超过1.5MB，这时就要将这里的“品质”降低，图片大小减小后，手机端才能放下切出来的所有图片。

05 图片切割完成后，Photoshop软件会将图片统一存放在一个名为images的文件夹中，而且图片都是根据存储时我们输入的文件名编号排序，如图2-19所示。

图2-19

06 到这一步切图就完成了，接着我们要去店铺后台的图片空间，进入“图片管理”，将刚才的images文件上传到空间中，如图2-20所示。

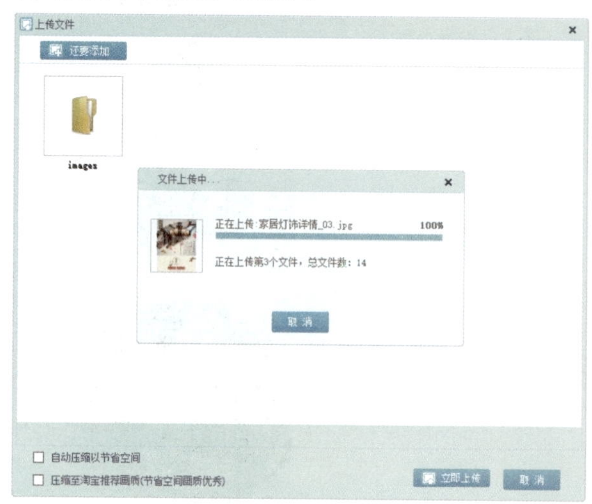

图2-20

07 最后，再回到店铺后台，进入“发布宝贝”页面，选择好相应的类目，按照要求提示填写信息，将图片选择到详情页中发布，就完成了一个宝贝从拍摄到最后上架出售的整个流程。

2.5 网页设计师应具备的技能

2.5.1 软件的熟练、恰当的配色与布局

熟练使用设计软件，拥有专业的审美、配色、布局和编辑等设计技能是作为一名合格的网页设计师最基本的要求。作为一名网页设计师，要具备独到的审美能力，要使自己的网页具有美感，这要求设计师平时要多积累，在仔细观察的基础上多分析美的来源，并灵活地将这种美在自己的作品中表现出来。只有这样才能使自己的审美能力达到一定的高度。

涉及网页设计，配色与布局都是很重要的。如何让页面的色彩与客户需求完美衔接，与产品背景故事完美衔接，都反映出了设计师的水平和设计风格。正确的配色方案会使网页看起来更加专业、生动。

2.5.2 善于沟通，协助客户定位店铺风格

见图2-21，网页设计师不是整天只和计算机打交道的，我们需要跟客户说明关于产品的一切问题，如询问顾客的喜好，建议给客户的设计方案等。这时沟通就显得格外重要了，我们拿到商品拍摄图之后，首先需要根据商品的特征，确定商品的设计风格，提出比较适合的设计方案，再从客户那里得到最终的设计意见，如果你善于沟通，这个过程不仅能帮助你维护很多客户，还可以避免很多因不提前沟通而导致的设计中产生的问题。

图2-21

2.5.3 熟悉商品设计的整个流程

见图2--22，商品设计其实从提货拍摄的时候就已经开始了，取得拍摄图片，收集设计素材，进行宝贝设计，到最后的上传图片，上架出售，每一个流程涉及的知识，都是我们网页设计师需要掌握的，在和顾客沟通的环节中，这些知识都需要我们传达到顾客的脑海中。

图2–22

2.5.4 持续学习提升设计水平

"三人行必有我师"，"山外有山，人外有人"，这是所有网页设计师都应牢记的。不断学习新知识、新技巧，能让你不断满足客户、拓展创意、提高技能，进而从整体上提高对设计的热忱。

见图2-23，网页设计领域不断涌现的新趋势，也是我们保持不断虚心学习的最大原因之一，所以在设计领域，学习是不能停的。学而不辍能让你始终站在潮流的前线，让你成为面面俱到的优秀设计师。

图2–23

2.6 影响店铺转化率的因素分析

转化率的重要性，每一位做淘宝店铺的商家都应该很清楚。有些商家没流量、没销量，有些商家则再差的东西都能卖出去，这是为什么呢？在这里，笔者虽不是店铺运营大神，但这些因素跟我们的详情页设计也有息息相关的地方，因此笔者来小讲一下从我们网页设计师的角度出发，哪些影响店铺转化率的因素是我们设计人员需要注意的。

2.6.1 产品本身

这虽然不是设计师需要考虑的问题，但如果我们开的是个人网店，就需要考虑了，产品的定位包括款式风格、品牌效果、市场情况和产品价位等。产品是否好卖就要看产品是否受用户欢迎，款式是否被大众接受，价

格是否能被大众承受等。产品的定位实际上就是用户群体的定位，每一个价格区间就决定了一部分用户群体，也决定了用户市场的大小。所以，我们需要综合考虑市场情况、竞争对手和顾客需求来对商品进行定位。图2-24和图2-25所示的是搜索关键词“云南旅游 5日游”和搜索“云南旅游 1日游”的结果对比。

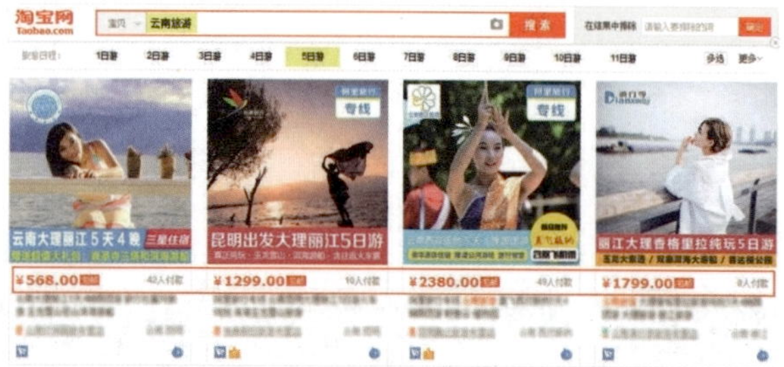

图2-24

图2-25

从两张图中我们可以大致判断出，短途旅游更受客户追捧，因为一个周末的时间就可以完成，所以销量比较大；反之，长途旅游花费得时间更多，更多的人只有长假节日才选择这种旅游方式，因此，在没有节假日的时间里，长途旅游的销量明显没有短途旅游的大。

2.6.2 产品销量

销量影响转化率，这一点大家其实都明白。大多数人的从众心理严重，随大流，总是觉得买得人多的东西就是好的。销量决定转化率的高低就是“羊群效应”的最好体现。尤其是商品，大家只要同时关心两个同样的商品，高销量的一方对比低销量的一方，前者店铺转化率会高出后者很多。当然，除了从众心理，详情页的展示在一定程度上也会影响产品销量，毕竟，毫无卖点的详情页，顾客停留的时间会非常短暂。就如图2-24和图2-25所示，相信很多人都会选择点击销量高的店铺进去了解更多情况。

2.6.3 顾客评价

用户评价就是挖掘朋友资源和老客户资源做攻心评价，字数并不一定要多，但评价是详情页的延续，是详情页卖点介绍的有力证据，如详情页在强调价格优势，那么评价中如果有关于产品很实惠、超值的字眼，肯定会让大家觉得你的宣传是真实可靠的。

评价是买家在浏览详情页时对宝贝了解的重要渠道，大多数买家在购买时都要把其他买家的评价作为重要参考。买家非常喜欢看到其他买家对产品的具体评价，一旦有负面评价或差评，对成交的影响是很大的，特别是评价部分第一页就出现不好的评价，如果第一页的评价有好几个差评，那么产品的销售必然会受到影响。买家在网上买东西，看评价已经成了一种习惯，按照当下的评价排序规则，评价的参考性决定了评价的排序（文本内容、追评、图片、评价者的身份、是否广告、是否有虚假交易嫌疑和时间等），产品和服务更被买家认可的商品，就可以获得更为优质的评价展示，反之亦然。为什么要说这个呢，因为在打造爆款时，很多商家都会要求网页设计师使用一小部分的好评截图来增加商品的权威性，这也属于产品卖点挖掘的范畴。

如图2-26和图2-27所示，这是搜索“2016秋装 女装”打开任意两款商品详情页后看到的商品评价，如果是你去购买秋装，你是否会在意这些差评和好评呢?

图2-26

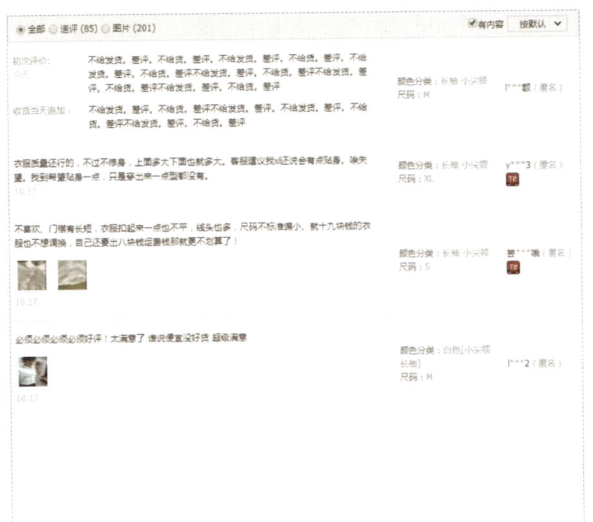

图2-27

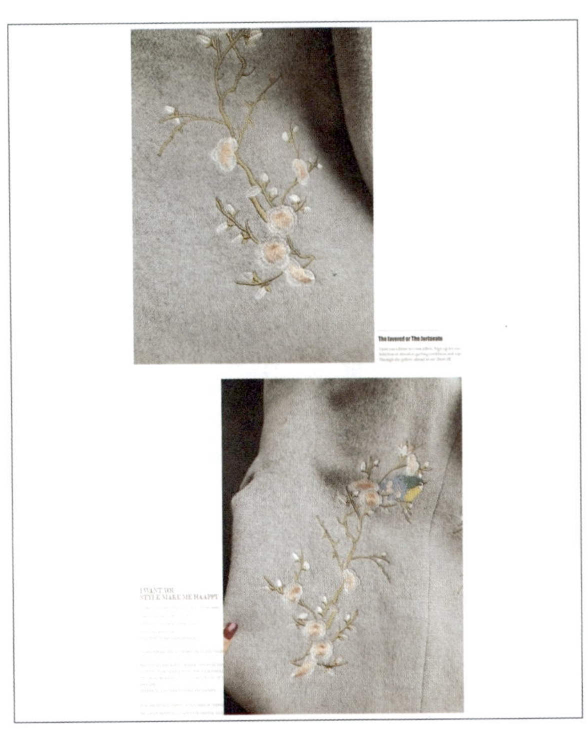

图2-28

图2-29

2.6.4 详情页

详情页由文案及图片组成，以图片为主、文案为辅，图片尽量多代入场景，特别是女性产品。女性购买低价产品时更多是在乎是否好看，购买高价产品时在乎的是品牌。低价的商品，如果能搭配上效果合适的场景，增加商品的可观赏性和实际物品的效果对比，一定程度上会对成交起到积极的作用；高价的商品，如果可以配上档次比较高的场景作为衬托，大大提升了商品的高端、大气、奢华，让顾客视觉上得到了享受，让顾客觉得物超所值，也会促成交易。总而言之，产品详情页需要根据商品的定位来进行设计，详情页的卖点挖掘充分，也能尽可能多地留住客户。

详情页好不好，并不是单纯地从设计的角度来判断，而是需要综合设计水平、产品卖点的表现形式、色彩与商品的契合度等方面考虑。详情页设计得完美，但商品卖点为空，客户除了页面效果，毫无吸引他的东西，自然就会选择离开，毕竟人家来店铺买的是商品，而不是设计的网页。详情页的好坏，从用户在页面的停留时间可以看出来，如果卖点单一，那就反复强调这个优势，如你有价格优势那么你就反复强调你的价格优势，你有功能或面料优势那么你就反复强调你的功能或面料优势，总之，就是将你的某个优点发挥到极致。图2-28和图2-29所示的是两款秋季女装的描述详情局部。

上面两张图都是描述商品的细节部分，相同的是两者都体现了商品的细节部分，不同的是前者除了细节和一段英文，什么都没有，展示出来的细节是什么也没表现清楚。后者在展示商品细节的同时，还提供了模特的全身大图，告诉顾客这个细节在哪里，对于每一个细节，都有详细的中文描述，给顾客提供了更多的购买参考。

2.6.5 客户服务

上面所讲的这些因素决定了静默下单率和询单率，至于询单转化，在很大程度上由客服来决定。一个优秀的客服可以让有限的询单最大化价值产出。这里就要求客服对产品要有足够了解，有优秀的沟通能力及主观积极性。尽量定期对客服进行有针对性的培训，如果实在没有客服培训经验的商家，可以要求客服用私人账号多和行业TOP商家的客服聊聊，一定可以收获很多。

03

网店装修软件及图片效果制作

认识Photoshop

Photoshop图层

Photoshop基础工具

图像的简单处理

抠图技巧

3.1 认识Photoshop

Photoshop是Adobe公司开发的一款图像处理软件，它主要处理由像素构成的数字图像，其中包括众多的编修与绘图工具，可以有效地进行图片编辑工作。适用于对图像进行编辑、加工、处理以及制作一些特殊的效果，在图像、图形、文字、视频等各方面都有应用。Photoshop是设计人员的首选软件之一，也是网店装修中最常用的一个专业设计软件。

打开Photoshop应用程序，可以看到Photoshop的界面，如图3-1所示。其界面主要由标题栏、菜单栏、工具箱、选项栏（又称属性栏）、图像编辑窗口、控制面板和状态栏等组成。

图3-1

3.2 Photoshop图层

3.2.1 了解图层

在Photoshop中，对图像处理的核心思路就是以图层为模式的编辑方法，图层是编辑图像时必备的承载元素，通过图层，可以将图像的不同部分分层存放，所有的图层组合成复合图像。因此，我们在开始讲解Photoshop基础工具之前，首先来了解图层的含义。

1.图层的工作原理

图层就如同堆叠在一起的透明胶片，在不同图层上进行绘画就像是将图像中的不同元素分别绘制在不同的透明胶片上，然后按照一定的顺序进行叠放后形成完整的图像。如图3-2所示，我们将该海报分为了背景和文字两个部分，背景又被4块带有阴影的形状分为5个部分，文字的每一个字母都是一个单独的图层。

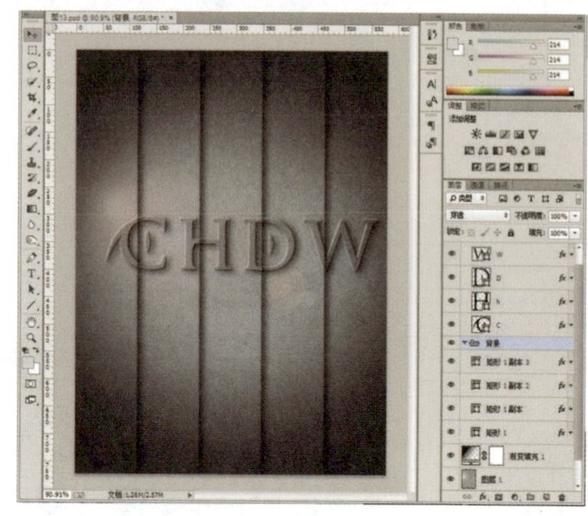

图3-2

对某一图层进行操作就相当于调整胶片的上下顺序或移动其中一张胶片的位置，此时堆叠的效果也会发生变化。因此，图层的操作就类似于对不同图像所在的胶片进行的调整或改变。图层的优势在于每一个图层中的对象都可以单独进行处理，既可以移动图层，也可以调整图层堆叠的顺序，而不会影响其他图层的内容。在图3-2中，我们可以对某个字母进行单独处理，也可以对某个背景形状进行单独处理，最关键的是，对其中某个图层的处理，不会影响其他文字或形状的效果。如图3-3所示，我们将字母C和背景中第一个形状的图层样式隐藏后，可以看到，编辑它们时，其他部分的效果并没有受到任何影响（但如果我们之前将英文CHDW一次性输入，那么此时的效果就对所有的字母产生影响）。

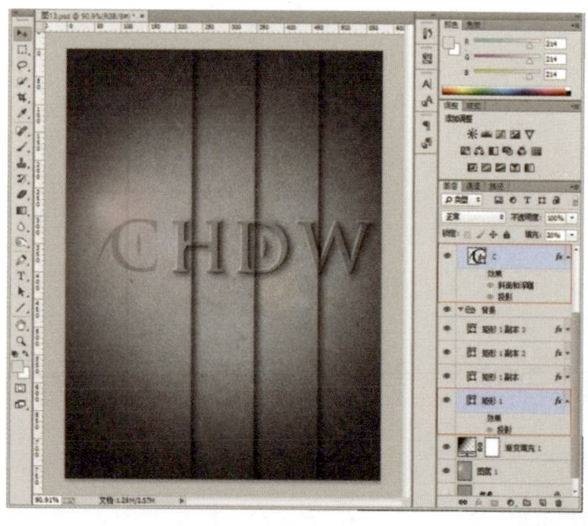

图3-3

2.图层面板

图层面板用于创建、编辑和管理图层，以及为图层添加样式。在图层面板中，图层名称的左侧是图层的缩览图，它显示了图层中包含的图像内容，右侧则是图层名称的显示，而缩览图中的棋盘格代表图像的透明区域，图层面板的认识如图3-4所示。

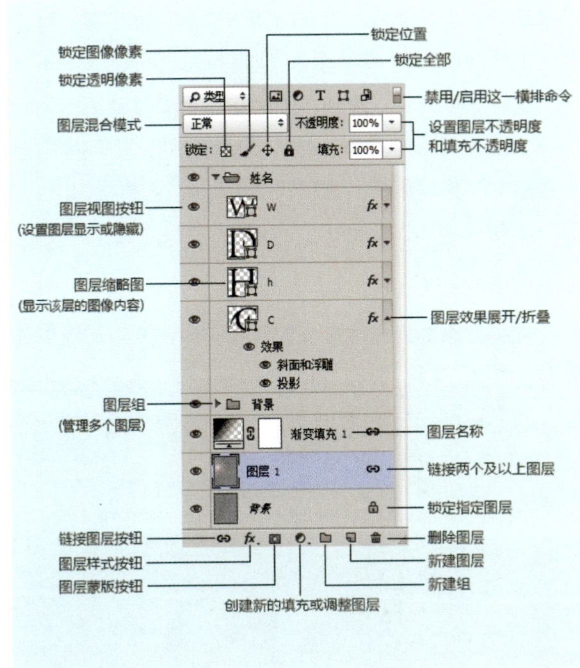

图3-4

3.2.2 图层的操作

1.新建图层

新建图层的方法有以下4种。

① 在图层面板下方，单击“新建图层”按钮，创建新图层。

② 用新建命令打开，执行“图层>新建>图层”菜单命令，或按快捷键Ctrl+Shift+N，弹出对话框，设置参数后单击“确定”按钮，如图3-5所示。

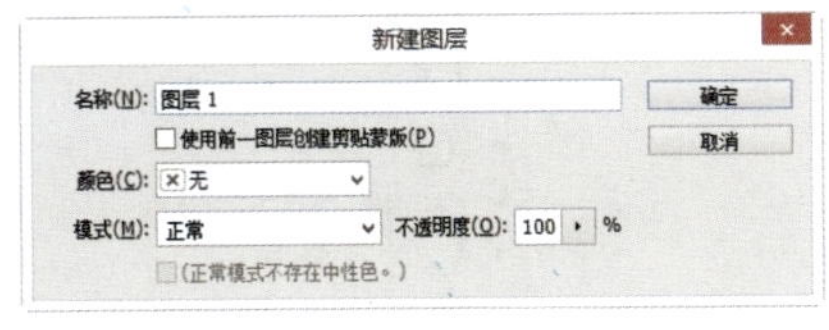

图3-5

③ 通过拷贝的图层命令创建，执行“图层>新建>通过拷贝的图层”菜单命令，或按快捷键Ctrl+J创建新的图层。

④ 通过剪贴的图层命令创建，执行“图层>新建>通过剪贴的图层”菜单命令，或按快捷键Ctrl+Shift+J创建新的图层。

2.移动/复制/删除图层

移动图层的方法有以下两种。

① 方向键移动（选择要移动的图层，按键盘上的上、下、左、右方向键）。

② 在工具箱默认为“选择工具” 状态下直接拖动鼠标。

复制图层的方法有以下4种（可以通过命令复制图层，也可以使用快捷键复制图层）。

① 选择要复制的图层，然后执行“图层>复制图层”菜单命令，打开“复制图层”对话框，接着单击“确定”按钮即可，如图3-6所示。

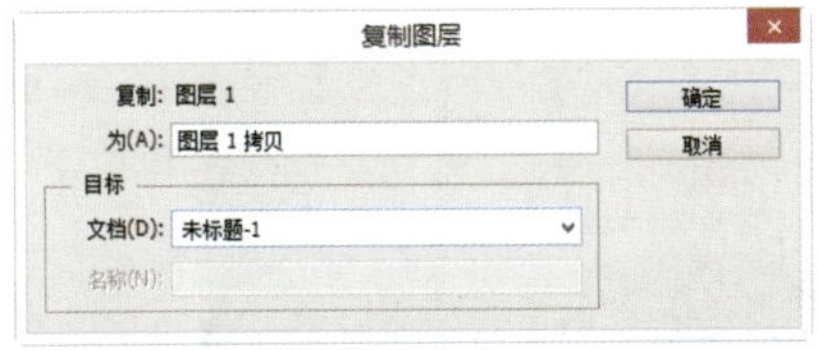

图3-6

② 选择要复制的图层，然后在其名称上单击鼠标右键，在弹出的选项中选择“复制图层”命令，此时依然弹出如图3-6所示的对话框，单击“确定”按钮即可。

③ 直接将图层拖曳到“创建新图层”按钮上，即可复制出该图层的副本。

④ 选择需要进行复制的图层，然后直接按快捷键Ctrl+J。

删除图层：如果要删除一个或多个图层，可以先选中它们，然后执行“图层>删除>图层”命令，也可以直接按Delete键将其删除。如果执行“图层>删除>隐藏图层”命令，可以删除所有隐藏的图层。

3.图层的显示与隐藏

图层缩略图左侧的眼睛图标用来控制图层的可见性。有该图标的图层为可见图层，没有该图标的图层为隐藏图层。单击眼睛图标可以在图层的显示与隐藏之间进行切换，正常视图效果如图3-7所示，隐藏部分图层后的效果如图3-8所示。

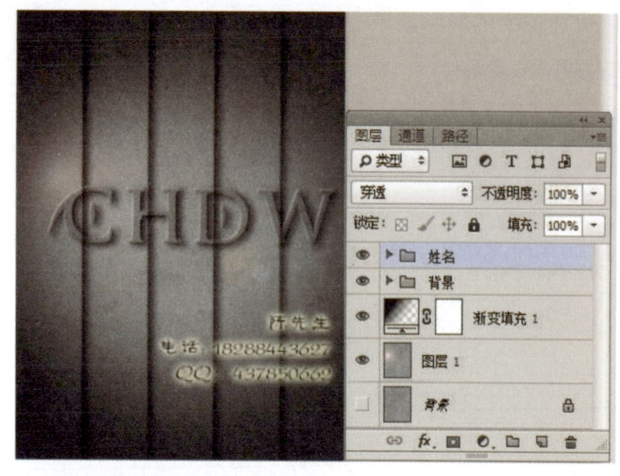

图3–7

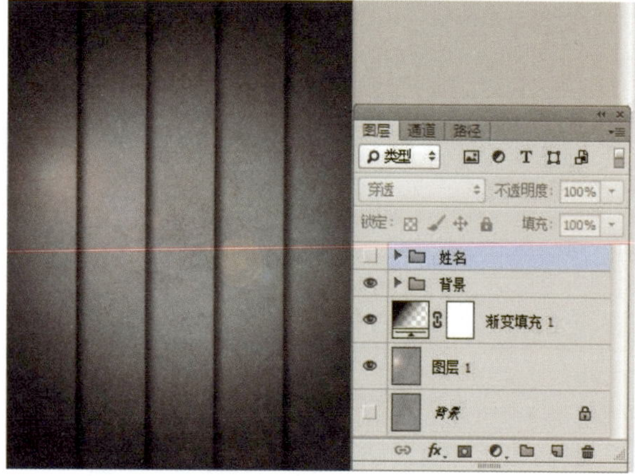

图3–8

4.图层的链接与锁定

如果要同时处理多个图层中的内容（如移动、应用变换或创建剪贴蒙版），可以将这些图层链接在一起。选择两个或多个图层，然后执行“图层>链接图层”命令，或单击图层面板下方的“链接图层”按钮，可以将这些图层链接起来，如图3-9所示。如果要取消链接，可以选择其中要取消链接的图层（如果是两个图层的链接，选中其中一个即可），然后再次单击“链接图层”按钮即可，如图3-10所示。

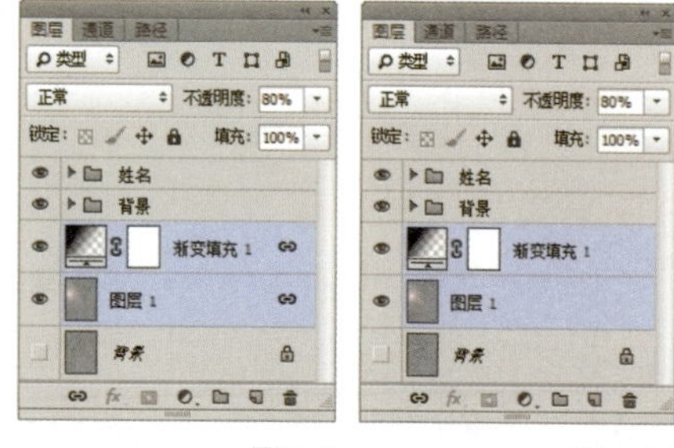

图3–9 图3–10

在“图层面板”的顶部有一排锁定按钮，其中提供了保护图层透明区域、图像像素和位置的锁定功能。使用这些按钮可以根据需要完全锁定或部分锁定图层，以免因操作失误而对图层的内容造成破坏，其工作原理在前文已经说过，这里不再重复。

5.调整图层次序

调整图层次序的方法有很多，这里我们为大家提供最常用的两种。第1种不必多说，就是鼠标移动，选择要移动的图层，然后向上或向下拖动到目标位置即可；这里主要讲第2种，其实很多初学Photoshop的人都不会使用这种快捷方法，操作步骤为：选择要移动的图层，执行“图层>排列>前移一层（或后移一层/置于顶层/置于顶层）”菜单命令，或按快捷键Ctrl+]（或按Ctrl+[、Ctrl+Shift+]、Ctrl+Shift+[），即可完成相应操作。

6.图层的合并

如果要合并两个或多个图层，可以在图层面板中选择要合并的图层，如图3-11所示。执行“图层>合并图层”菜单命令，或按快捷键Ctrl+E，合并以后的图层使用上面图层的名称，如图3-12所示。

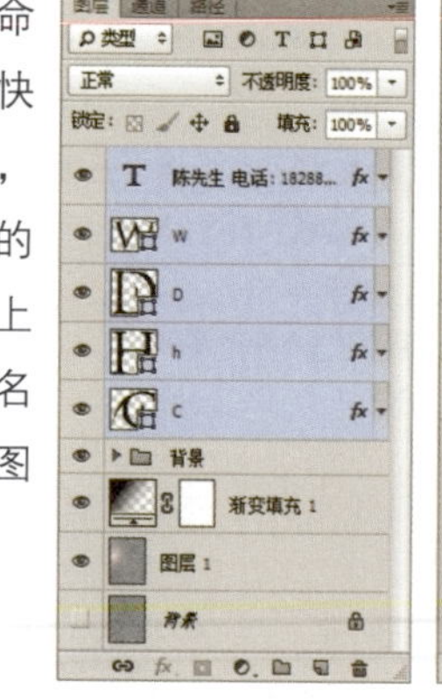

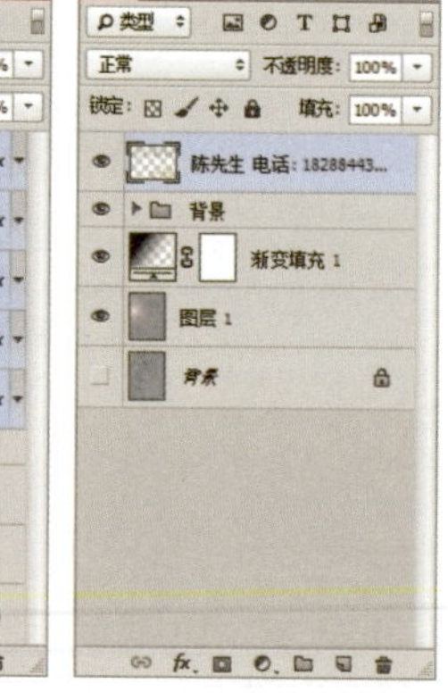

图3–11 图3–12

如果想要将一个图层与它下面的所有图层合并（它上面的图层不动），可以选中该图层，如图3-13所示。我们要合并字母W以下的图层，首先选中图层W，然后按快捷键Ctrl+Alt+Shift+E，效果如图3-14所示。这个方法其实就是我们经常说到的“图层盖印”。

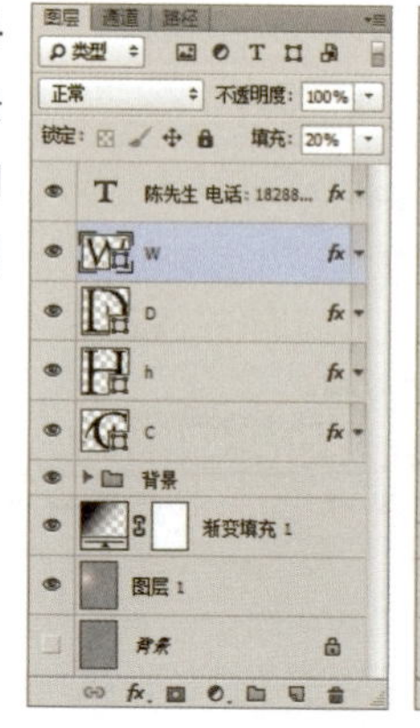

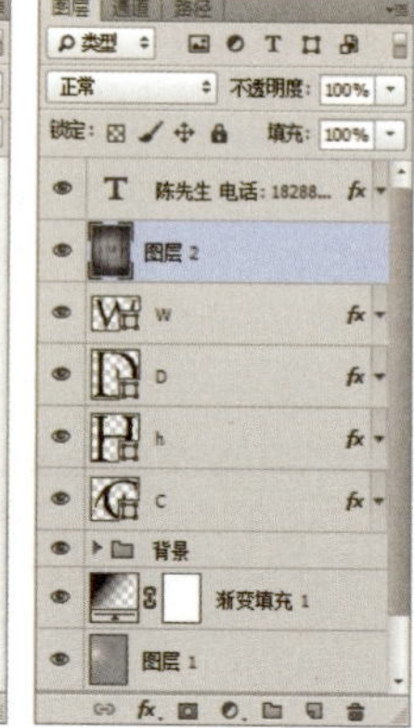

图3–13 图3–14

如果要合并图层面板中的所有可见图层，可以执行“图层>合并可见图层”菜单命令，或按快捷键Ctrl+Shift+E，这个步骤作用于范围为可见的图层，对隐藏的图层是不起作用的，操作前只需要选中任意图层即可，合并后的图层名称为合并前选中的图层名称，前后效果分别如图3-15和图3-16所示。

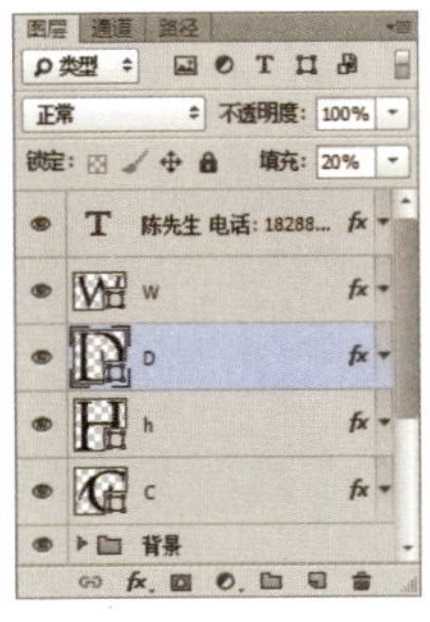

图3-15

图3-16

3.3 Photoshop基础工具

进行图像处理之前，必须先了解各个工具的功能以及工具的使用方法，这一节主要讲解的是Photoshop工具箱中自带的工具。Photoshop按照大类对基础工具进行分类，可以分为选择类工具（如矩形选框工具组）和编辑类工具（如画笔工具）。下面以店铺设计中会经常使用到的工具进行简单的讲解说明。

3.3.1 选择类工具

Photoshop中的选择类工具主要用来绘制图像的局部区域，然后对局部区域进行调整，这个需要处理的局部区域就是选区。通过选择特定区域，可以对该区域进行编辑并保证未选定区域不会被改动。另外，使用选区可以将对象从一张图像中分离出来，也就是我们常说的抠图。下面介绍Photoshop基础工具中比较重要的而且最常用的两种选择工具。

1.快速选择工具组

快速选择工具组包括快速选择工具和魔棒工具，快捷键为W。使用“快速选择工具”可以利用可调整的圆形笔尖迅速地绘制出选区；“魔棒工具”不需要描绘出对象的边缘，就能选取颜色一致的区域，在实际工作中的使用频率相当高。图3-17是使用快速选择工具绘制的选区，图3-18是使用魔棒工具绘制的选区。这里我们只为大家展示效果，实际的原理和使用技巧，在后面的章节中会详细讲到。

图3-17

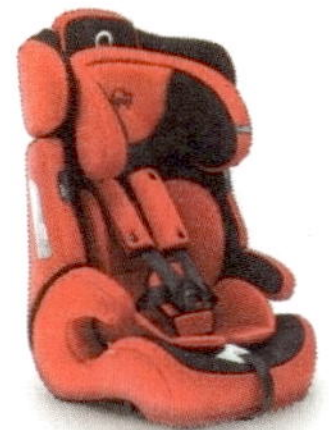

图3-18

在图3-17和图3-18中，我们不难看出，魔棒工具可以快速地进行选区的绘制，在主体与背景颜色差异很大的情况下作用很大，但在图像色彩复杂、各个色块之间边界模糊的图中作用不大；快速选择工具虽然速度比不上魔棒工具，但适用的情况比魔棒要多，大家可以尝试使用魔棒工具来选择图3-17中的墨镜，可以发现，图中镜腿上灰白的区域也会被一起选择到选区中。

2.钢笔工具组

钢笔工作组包括钢笔工具、自由钢笔工具、添加/删除锚点工具和转换点工具，快捷键为P。钢笔工具也称为勾边工具，主要用于绘制高精度的图像。如图3-19所示，这是一个典型的钢笔工具抠图的案例，绘制好的路径由很多锚点组成，我们可以对每个锚点进行编辑，此时如果将手镯抠出来，只需要单击鼠标右键，选择“建立选区”，或直接按快捷键Ctrl+Enter载入选区，然后复制出载入的选区即可。

图3-19

“自由钢笔工具”可以像使用铅笔在纸上绘图一样来绘制路径，它的使用方法与“套索工具”相同，光标到哪里，路径就绘制到哪里。如果在选项栏中勾选了“磁性”选项，“自由钢笔工具”将变成磁性钢笔，使用这种钢笔可以像使用“磁性套索工具”一样绘制路径，路径自动会偏向颜色与颜色的边界，其磁性的吸力可以在右上角的“频率”中调整，数值越大，吸力越大。该工具组中的“添加/减少锚点工具”，可以在一条已经绘制完的路径上增减节点来对路径进行修改。

3.其他选择类工具组

Photoshop工具组中还有很多选择类工具，如矩形选框工具组（对于椭圆、圆形、正方形和长方形等规则的图案图像效果最明显）、套索工具组（用于绘制形状不规则的选区，该工具组绘制选区的原理：光标到哪里，选区就到哪里）。

3.3.2 编辑类工具

编辑类工具和上面说到的选择类工具一样，是处理图像过程中重要的工具，大家在网店中看到的很多设计酷炫的效果，几乎都用到了编辑工具，这一节我们来说说网页设计中常用的几种编辑工具的使用。

1.裁剪工具组

裁剪工具组包括裁剪工具、透视裁剪工具、切片工具和切片选择工具，快捷键为C。在这个工具组中，我们常用的是裁剪工具和切片工具。

① 裁剪工具主要用于裁剪边缘多余的图像部分，裁剪方法有两种：直接裁剪和间接裁剪。直接裁剪时，图像边缘会出现8个节点框，用鼠标单击任意一点都可以对裁剪的区域进行选择操作，图3-20所示是一个产品的拍摄图，我们要将产品部分抠取出来，去除背景。使用裁剪工具裁剪产品部分，如图3-21所示，这时只需要按Enter键即可进行裁剪。间接裁剪指的是使用选区工具绘制目标区域的选区，再切换到裁剪工具，在选区的蚂蚁线区域会自动识别出裁剪节点，如图3-22所示。在详情页设计中，画布高度或宽度需要适当的缩放时，裁剪工具就是首选，需要退出裁剪状态时，双击鼠标或按Enter键结束即可。

图3-20

图3-21

图3-22

② “切片工具”更多的用于切图、布局和绘制参考线方面。它能根据需求截出图片中的任何一个部分，一张图上可以切多个地方。在Photoshop中，切片后在另存为时，能将所切的各个部分分别保存，完全把图片区分开来。所以说，在制作网页或者截取图片的某一部分时，这个工具就凸显了优势。如图3-23所示，要将图中两个人“分开”，就可以使用切片工具。

图3-23

选择“切片工具”，按照图3-24绘制出切片区域，执行“文件>存储为Web所用格式”菜单命令，存储到指定路径下，切图后的效果如图3-25所示。切片绘制的区域会被单独存储，切片区域以外的区域也会被存储。

图3-24

图3-25

2.污点修复画笔工具组

污点修复画笔工具组包括污点修复画笔工具、修复画笔工具、修补工具、内容感知移动工具和红眼工具，快捷键为J。在该工具组中，我们经常会用到的是前3种工具。

① 使用“污点修复画笔工具”可以消除图像中的污点和某个对象。污点修复画笔工具不需要设置取样点，因为它可以自动从所修饰区域的周围进行取样，处理时设置好笔触大小（笔触要比污点的范围大）直接单击污点处即可，处理后的前后效果对比如图3-26和图3-27所示。

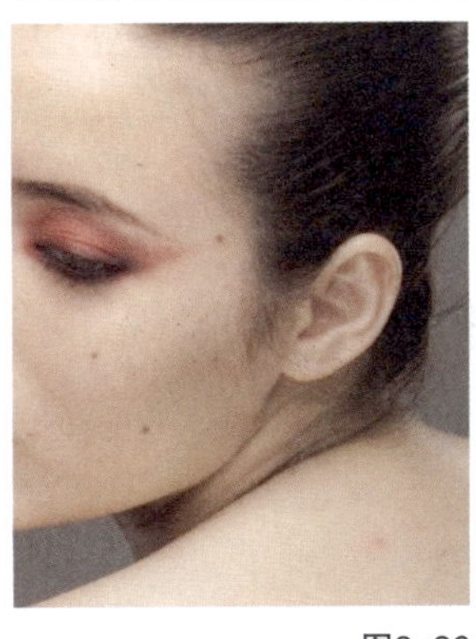

图3-26

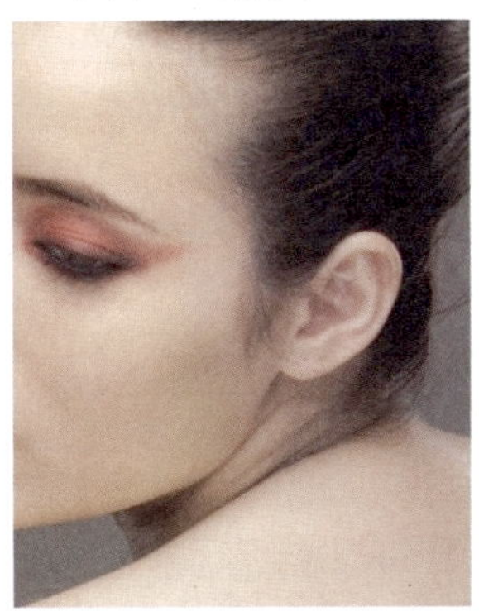

图3-27

② “修复画笔工具”可以校正图像的瑕疵，与仿制图章工具一样，修复画笔工具也可以用图像中的像素作为样本进行绘制。但是修复画笔工具还可将样本像素的纹理、光照、透明度和阴影与所修复的像素进行匹配，从而使修复后的像素不留痕迹地融入图像的其他部分。

③ 修补工具的使用。在Photoshop中打开需要调整的图片，选中修补工具并圈出图中人物斑点的区域，如图3-28所示。将鼠标移动到选区中并拖动选区至临近的区域，放开鼠标后效果如图3-29。重复上述的步骤即可把其他区域的污点处理干净。

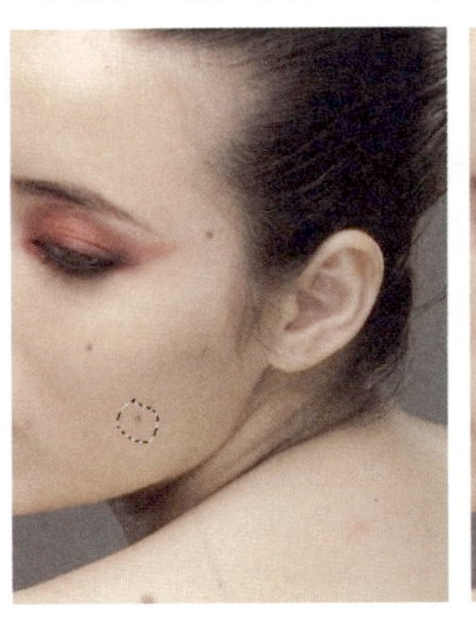

图3-28

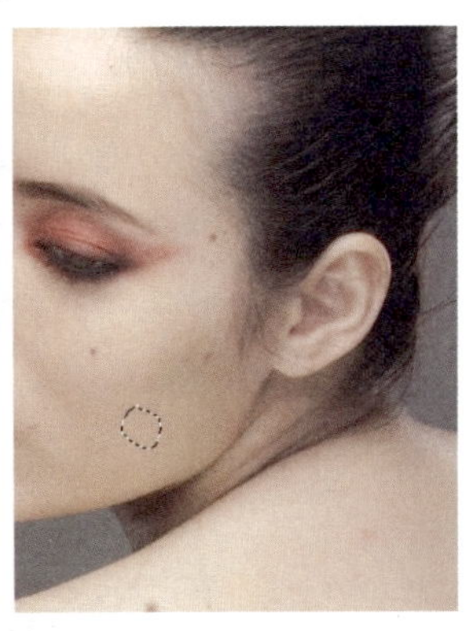

图3-29

3.橡皮擦工具组

橡皮擦工具组包括橡皮擦工具、背景橡皮擦工具和魔术橡皮擦工具，快捷键为E。

①“橡皮擦工具”可以将像素更改为背景色或透明。如果使用该工具在背景图层或锁定了透明像素的图层（见图3-30）中进行擦除，则擦除的像素将变成背景色，如图3-31所示。我们对樱桃上方的空白区域进行擦除，擦除的部分变为背景色白色；如果在普通图层（见图3-32）中进行擦除，则擦除的像素将变成透明，如图3-33所示。

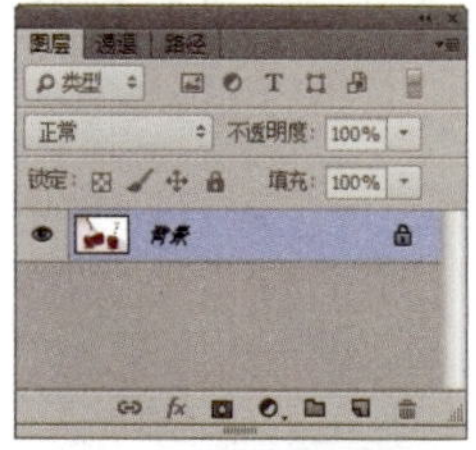

图3-30

图3-31

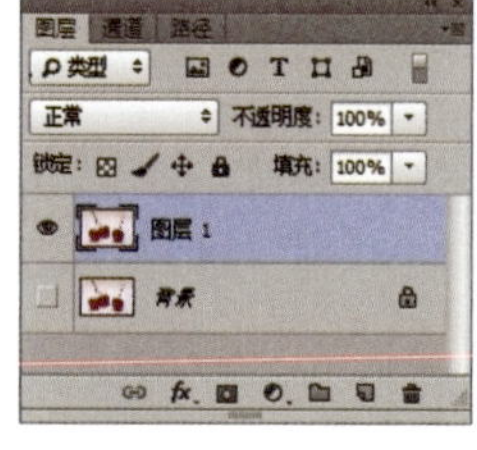

图3-32

图3-33

②“背景橡皮擦工具”是一种智能化的橡皮擦，设置好背景色以后，使用该工具可以在抹除背景的同时保留前景对象的边缘。从两个橡皮擦效果可以看出，橡皮擦工具不会为我们保留图像的信息，只要鼠标到达的地方都会被擦除，而背景橡皮擦不会区分当前要擦除的图像是否为背景或锁定图层，但可以为我们保留图像信息。

我们选择背景橡皮擦工具后，鼠标会出现一个带“+”的符号，“+”单击的地方，就表示属于擦除范围，而周围与单击处有色彩差异的区域，就会被保留下来。如图3-34所示，我们将笔触围绕樱桃边缘对背景进行擦除（即“+”点击背景区域），就可以得到图像主体部分。

图3-34

③“魔术橡皮擦工具”的工作原理与“魔术棒工具”相同，作用区域均为图像中被“魔术橡皮擦工具”认定为相似的区域，作用效果与上述两种橡皮擦相同，都是将鼠标经过的区域或相似区域擦除。选择魔术橡皮擦工具，在图像中的背景区域单击，就可以与单击处相同或相似的像素一次性擦除。如图3-35所示，就是使用魔术橡皮擦工具单击图像上方空白背景一次后的效果，如果需要将所有背景擦除，可以再次单击，擦除区域的背景。

图3-35

4.矩形工具组

矩形工具组包括矩形工具、圆角矩形工具、椭圆工具、多边形工具、直线工具和自定义形状工具，快捷键为U。

矩形工具组也是我们在店铺设计和产品设计中使用频繁的工具之一。如图3-36所示，这是矩形工具的选项栏，几乎每使用一次矩形工具组中的工具，都要对该选项栏中的参数进行设置，我们以形状样式为例。

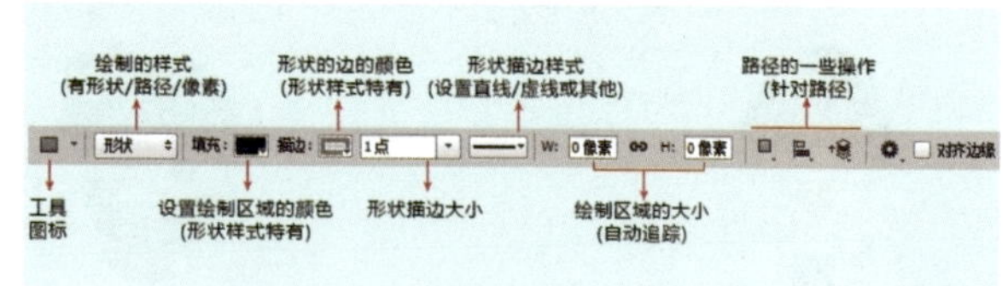

图3-36

5.文本工具组

文本工具组包括横排文字工具、直排文字工具以及横排文字蒙版工具和直排文字蒙版工具，快捷键为T。Photoshop中可以对文字设置各种样式，如斜体粗体、上下标、下划线和删除线等基础操作，还可以对文字进行变形，将文字转换为矢量路径或选区等高级操作，设置的地方在字符样式中，我们可以从窗口菜单中找到，如图3-37所示。也可以在字体选项栏中设置基本的字体参数，如图3-38所示。

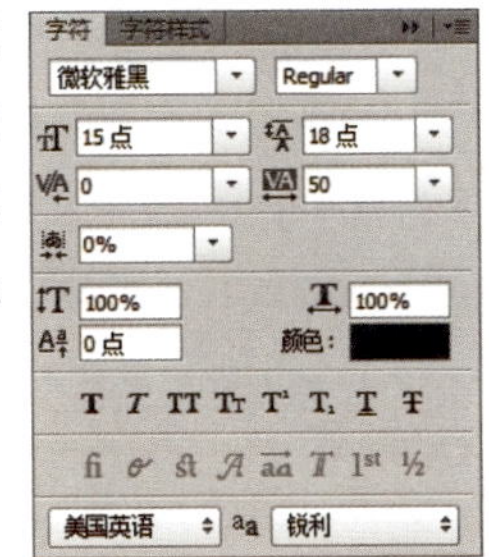

图3-37

图3-38

输入文本有以下3种情况。

常规文本的输入（点文字）。常规的文本输入指的是用鼠标单击文本的输入区域，输入相应的文字即可，在输入文字时，如果不强制换行的话，字符会沿着水平或垂直方向不断增加长度。在这之前，需要确定我们输入的文字是直排还是横排。输入完成后，用鼠标单击选项栏中的✔按钮即可，亦可将工具切换到其他或单击其他图层完成输入，单击⊘按钮，则表示取消本次输入。

段落文字或特殊文字的输入。使用段落文字可以输入大片的文字内容，设置的方法为，在输入之前，选择文字工具，单击画布中需要输入文本的区域，并拖动鼠标，出现一个矩形的文本框，在里面输入文本即可，输入的文本不用担心像常规文本那样会超出画布区域，因为在文本遇到矩形文本框时便会自动换行。

路径文字的输入。路径文字是指在路径上创建的文字，文字会沿着路径排列。改变路径形状时，文字的排列方式也会随之发生改变。如图3-39所示，绘制好路径后，选择字体工具并移动到路径上，出现一个输入光标和一条虚曲线时单击，即可输入文字。

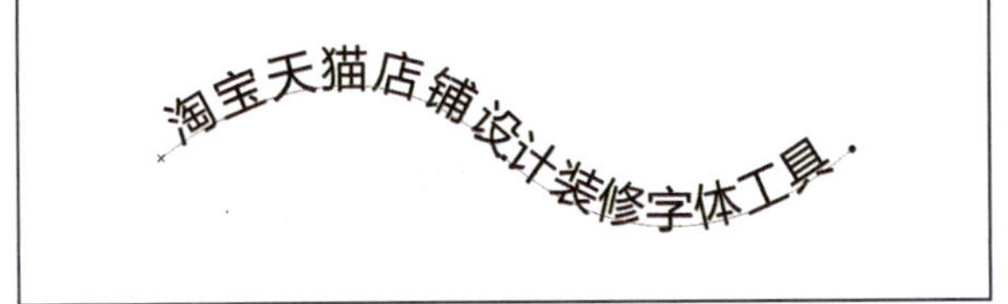

图3-39

编辑文本有以下两种情况。

修改文字属性，使用文字工具输入文字以后，在“图层”面板中双击文字图层，选择所有的文本，此时可以对文字的大小、大小写、行距、字距、水平/垂直缩放等进行设置。修改字符又分为字符面板和段落面板，如图3-40所示。

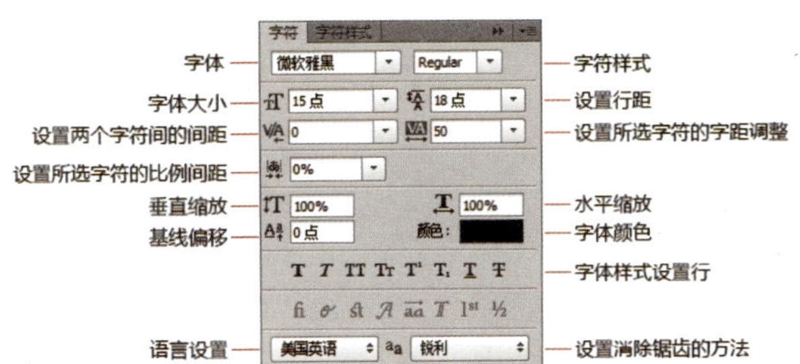

图3-40

转换文字图层。对文字图层的转换可以分为3种情况：将文字转换为普通图层、转换为形状图层、转换为工作路径。以将文字转换为普通图层为例，Photoshop中的文字图层不能直接应用滤镜或进行扭曲、透视等变换操作，若要对文本应用这些滤镜或变换时，就需要将其转换为普通图层，使文字变成像素图像。在“图层”面板中选择文字图层，然后在图层名称上单击鼠标右键，接着在弹出的菜单中选择“栅格化文字”命令，就可以将文字图层转换为普通图层，或者使用工具箱中的编辑工具（如画笔、修复画笔等）直接单击画布中的文字图层位置，弹出提示框，单击“确定”即可。其他转换效果大家可以参考上述方法自行尝试。

3.4 图像的简单处理

3.4.1 图像的缩放、移动、复制和删除

1.图像的移动

移动图像分为以下两种情况。

① 在同一个文档中移动。

② 在不同的文档中移动。

在同一文档中移动图像，和其他任何图层的移动相同，可以选择移动工具拖动鼠标实现，也可以使用键盘上的方向键实现；在不同文档中移动图像，首先应该选中原文档中需要移动的图像，使用鼠标拖动至另一个文档的编辑区域，然后松开鼠标，即可完成移动。

2.图像复制与粘贴

图像的复制方法有以下3种。

① 使用选区复制图像：使用“矩形选框工具”在图像中选中需要复制的图像区域，然后使用复制粘贴命

令完成复制。打开图3-41所示的产品图，客户要求将图中的产品复制一个到右侧空白区域，我们可以使用复制选区的方法来实现。首先使用矩形选框工具绘制出图像区域的选区，如图3-42所示。

图3-41

图3-42

然后执行复制（Ctrl+C）、粘贴（Ctrl+V）命令，得到一个“图层1”，如图3-43，选择移动工具将“图层1”移动到画布的右侧，即可得到我们想要的效果，如图3-44所示。

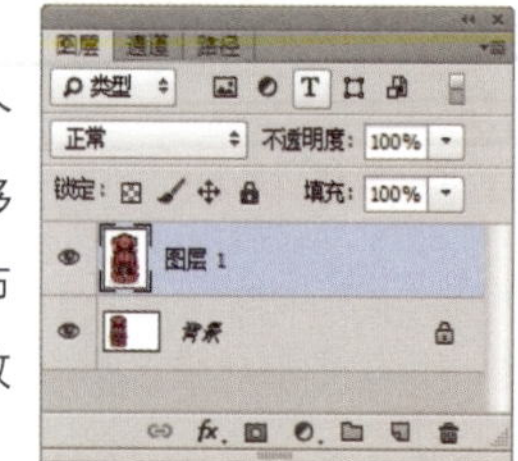

图3-43

图3-44

② 选择移动工具，将鼠标放在选区中，按住Alt键，单击鼠标左键并按住不放，拖曳选区中的图像到适当的位置，释放鼠标左键和Alt键，即完成复制，效果同上，大家可以使用灯笼素材来练习该种方法。

③ 如果需要复制整个图像，可以选中图层（或图层组），然后按快捷键Ctrl+J完成复制，得到一个拷贝图层（或图层组）。使用该方法复制的图像，得到一个图层（或图层组）名称不同，但包含的像素、色彩完全相同的效果，并且得到的新图层（或图层组）一律覆盖在原图层（或图层组）之上，即看着就是一张原图，只有在移动新的效果时才能观察到复制的效果。图3-45所示是制作店铺首页时设计的一个商品列表效果，图3-46所示是该列表包含的图层组。

图3-45

图3-46

制作商品列表时，我们一般的步骤是先设计出一个模板，然后再将其他商品图填充到这个模板中来，所以这里我们先使用快捷键Ctrl+J复制一个“列表1”得到新的图层组“列表1 拷贝”，如图3-47所示。此时大家可以看到画布中的效果没有变化（上面说到，使用这种方法得到的效果与原来的效果完全重合），所以我们水平向右移动图层组“列表1 拷贝”后就可以看到我们的复制效果，如图3-48所示。

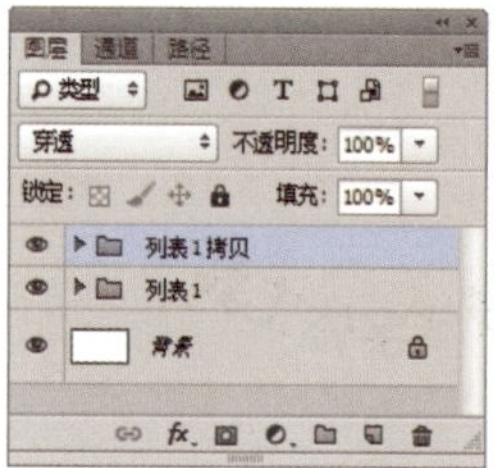

图3-47

图3-48

使用同样的方法复制出两个图层组，水平移动后得到图3-49所示的列表效果，将其他商品图片添加到相应位置后，一个商品列表区域就设计出来了，如图3-50所示。

图3-49

图3-50

3.删除图像

删除图像的方法有以下两种。

① 删除整个图层的图像，这种情况将图层拖曳至图层面板下方的垃圾桶图标处就可以删除，也可以按住Delete键将图层删除（该快捷键对背景图层和锁定图层不起作用）。

② 删除图像的局部效果，这时我们需要选择要删除的区域，如果不选择图像区域，删除的将是图像所在的图层。使用选区绘制工具在需要删除的图像上绘制选区，然后执行“编辑>清除”菜单命令，或直接按快捷键Delete，将选区中的图像删除。

3.4.2 图像编辑与调色命令

图像编辑与色调调整是处理图片时需要掌握的基础技能，同时也是设计中效果图处理好坏的关键环节。本节将重点介绍常用的图像调色命令。图像的调色工具大多在菜单栏中的“图像”中，在图层面板下方的“创建新的填充或调整图层”按钮中也可以找到常用的调色命令。

1.自动调色命令

自动色调/对比度/颜色

① 自动色调，快捷键为Ctrl+Shift+L。该命令没有具体的对话框，它可以使用Photoshop中的“自动色调”命令自动调整Photoshop CS6图像中的暗部和亮部，就像使用相机的全自动档auto进行拍摄一样。“自动色调”命令可以对每个颜色通道进行调整，将每个颜色通道中最亮和最暗的像素调整为纯白和纯黑，中间像素值按比例重新分布。自动色调只能进行简单的调整，并且调整效果不是很明显。

打开图3-51，执行“图像>自动色调”菜单命令，或按快捷键Ctrl+Shift+L，自动对图像进行调色后，效果如图3-52所示。

图3-51

图3-52

② 自动对比度，快捷键为Alt+Shift+Ctrl+L。使用Photoshop中的“自动对比度”命令可以自动调整图像中颜色的对比度。由于“自动对比度”命令不能单独调整通道，所以不会增加或消除色偏问题。“自动对比度”命令可以将Photoshop图像中最亮和最暗的像素映射成白色和黑色，使高光显得更亮而暗调显得更暗，操作方法同上。

③ 自动颜色，快捷键为Shift+Ctrl+B。“自动颜色”命令可以通过搜索实际像素来调整图像的色相饱和度，使图像颜色更为鲜艳，操作方法同上。

亮度/对比度

使用“亮度/对比度”命令可以对图像的色调范围进行简单的调整，与“色阶”命令和“曲线”命令不同的是，“亮度/对比度”命令不考虑图像中各通道的颜色，而是对Photoshop图像进行整体的调整。它的缺点是在调整时亮部和暗部都是按等比调整的，如提高暗部亮度亮部也跟着增加，高光细节就丢失了。如果需要调整局部亮度，这种方法不适用。

① 亮度：用来设置图像的整体亮度。数值为负值时，表示降低图像的亮度；数值为正值时，表示提高图像的亮度。

② 对比度：用于设置图像亮度对比强烈的程度，可以扩展或收缩图像中色调值的总体范围。

图3-53所示为处理前的原图，然后执行“图像>调整>亮度/对比度”菜单命令，或直接单击图层面板下方的“创建新的填充或调整图层”按钮，选择“亮度/对比度”选项，打开“亮度/对比度”属性对话框，对亮度和对比度分别调整，提亮人物部分的效果，参数如图3-54所示，得到的效果如图3-55所示。从效果前后的对比可以看出，暗部的色调已经有了很明显的变化，但色彩本来就合适的背景却也随之提亮了，这也是该命令的缺点所在。

图3-53

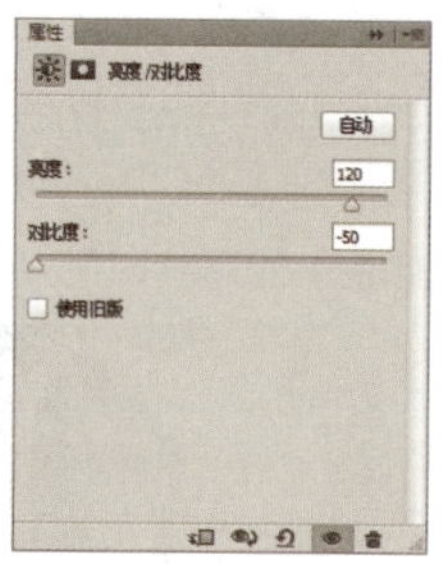

图3-54

图3-55

色彩平衡

“色彩平衡”命令的快捷键为Ctrl+B。对于普通的色彩校正，“色彩平衡”是一个功能较少，但操作直观方便的色彩调整工具，该命令可以更改图像总体颜色的混合程度。

打开一张图像，如图3-56所示，然后执行“图像>调整>色彩平衡”菜单命令，或按快捷键Ctrl+B，打开“色彩平衡”对话框。色彩平衡用于调整“青色-红色”“洋红-绿色”以及“黄色-蓝色”在图像中所占的比例，包含“阴影”“中间调”和“高光”3个选项。如果勾选“保持明度”选项，还可以保持图像的色调不变。以防止亮度值随着颜色的改变而改变，使用“色彩平衡”命令的调整参数如图3-57所示，效果如图3-58所示。

图3-56

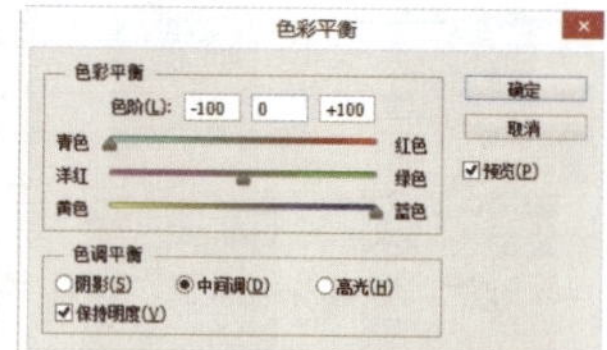

图3-57

图3-58

自然饱和度

使用“自然饱和度”命令可以快速调整图像的饱和度，并且可以在增加图像饱和度的同时有效地防止颜色过于饱和而出现溢色现象。它在调节图像饱和度的时候会保护已经饱和的像素，即在调整时会大幅增加不饱和像素的饱和度，而对已经饱和的像素只做很少、很细微地调整，特别是对皮肤的肤色有很好地保护作用，这样不但能够增加图像某一部分的色彩，而且还能使整幅图像饱和度正常。相反，“饱和度”虽然可以增加整个画面的色彩饱和度，但如调节到较高数值，图像会产生色彩过于饱和从而引起图像失真。

打开图3-59，然后执行“图像>调整>自然饱和度”菜单命令，打开“自然饱和度”对话框，设置相应参数如图3-60所示。可以看到，设置自然饱和度和饱和度后，最终的效果产生了巨大的变化，如图3-61所示。

图3-59

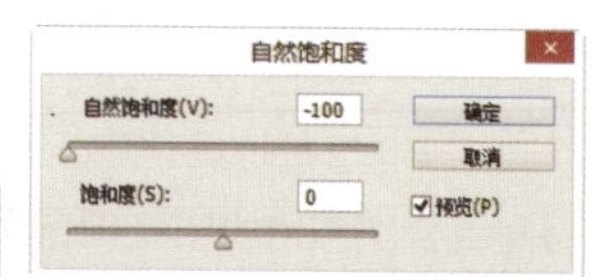

图3-60

图3–61

去色

“去色”命令的快捷键为Shift+Ctrl+U。“去色”命令（该命令没有对话框）可以将图像中的颜色去掉，使其成为灰度图像。打开图3-59，然后执行“图像>调整>去色”命令，或按快捷键Shift+Ctrl+U，可以将其调整为灰度效果（注意，“去色”命令是没有参数设置的，Photoshop会自动根据图像色彩的深浅来决定转换为灰度图像后的色彩深度），调整后的效果如图3-62所示。

图3–62

2.常规调整图像色彩的命令

常规的图像调整命令在“调整”菜单中可以找到，也可以在Photoshop图层面板下方的“创建新的填充或调整图层”按钮中找到，在图像的色彩调整中使用的绝大多数命令都在“调整”菜单中，下面我们挑选几种比较常用的图像调整命令进行详细讲解。

色阶

“色阶”命令的快捷键为Ctrl+L。“色阶”命令是一个非常强大的颜色和色调调整工具，它适用于图像层次不理想的场景中，因为它可以对图像的阴影、中间调和高光强度级别进行调整，从而校正图像的色调范围和色彩平衡。另外，“色阶”命令还可以分别对各个通道进行调整，以校正图像的色彩，色阶的相关参数如图3-63所示。

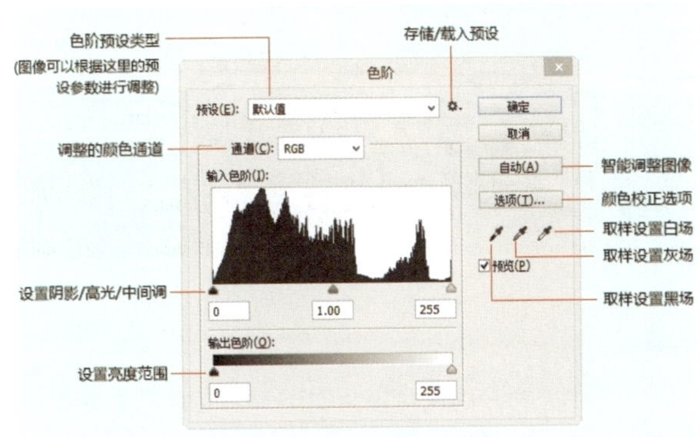

图3–63

通道：在“通道”下拉列表中可以选择一个通道来对图像进行调整，以校正图像的颜色。

输入色阶：这里可以通过拖曳滑块来调整图像的阴影、中间调和高光，同时也可以直接在对应的输入框中输入数值。将右侧滑块向左拖曳，可以使图像变亮；将左侧滑块向右拖曳，可以使图像变暗；中间调滑块向右滑动图像变暗，向左滑动图像变亮。

输出色阶：这里可以设置图像的亮度范围，从而降低对比度。

自动：单击该按钮，Photoshop会自动调整图像的色阶，使图像的亮度分布更加均匀，从而达到校正图像颜色的目的。

选项：单击该按钮，可以打开“自动颜色校正选项”对话框，在该对话框中可以设置单色、深色和浅色的算法等。

打开图3-64，执行“图像>调整>色阶”菜单命令或按快捷键Ctrl+L，打开“色阶”对话框。调整参数如图3-65所示，效果如图3-66所示。

图3–64

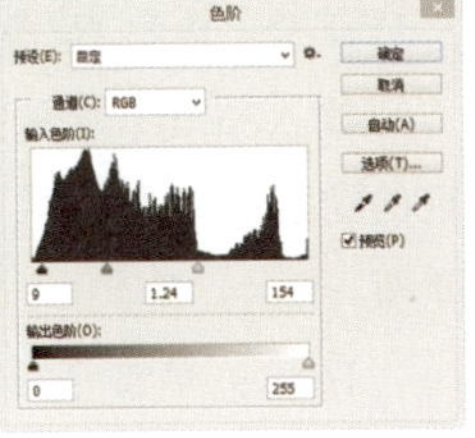

图3–65

图3-66

曲线

“曲线”命令的快捷键为Ctrl+M。“曲线”命令是最重要、最强大的调整命令，也是实际工作中使用频率较高的调整命令之一，它具备了“亮度/对比度”“阈值”和“色阶”等命令的功能，通过调整曲线的形状，可以对图像的色调进行非常精确的调整，曲线面板如图3-67所示。

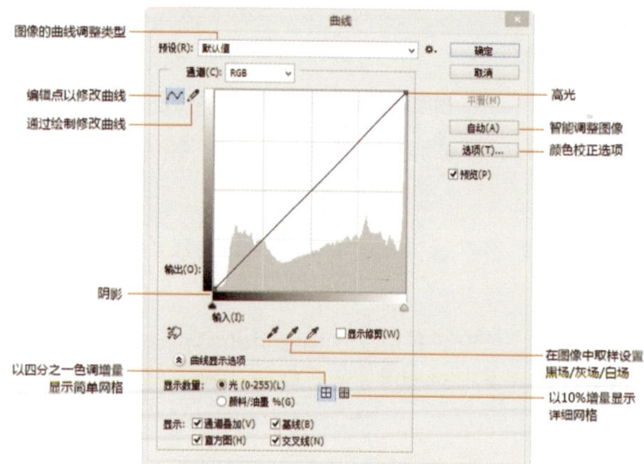

图3-67

预设：在“预设”下拉列表中共有9种曲线预设效果，单击预设选项按钮，可以对当前设置的参数进行保存，或载入一个外部预设调整文件。

通道：在“通道”下拉列表中可以选择一个通道来对图像进行调整，以校正图像的颜色。

平滑：单击“平滑”按钮可以将曲线进行平滑处理。

输入/输出：“输入”即输入色阶，显示的是调整前的像素值；“输出”即输出色阶显示的是调整后的像素值。

自动：单击该按钮，可以对图像进行“自动色调”“自动对比度”或“自动颜色”校正。

选项：单击该按钮，可以打开“自动颜色校正选项”对话框，在对话框中可以设置单色、每通道、深色和浅色的算法等。

打开图3-64，然后执行“曲线>调整>曲线”菜单命令或按快捷键Ctrl+M，打开“曲线”对话框，设置曲线控制点，如图3-68所示，效果如图3-69所示。

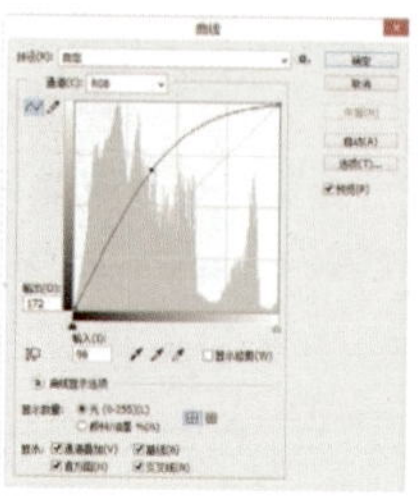

图3-68

图3-69

曝光度

“曝光度”命令专门用于调整HDR图像的曝光效果，它是通过在线性颜色空间（而不是当前颜色空间）执行计算而得出的曝光效果。

打开一张曝光不足的图片，如图3-70所示，然后执行“图像>调整>曝光度”命令，打开“曝光度”对话框，设置参数如图3-71所示，效果如图3-72所示。

图3-70

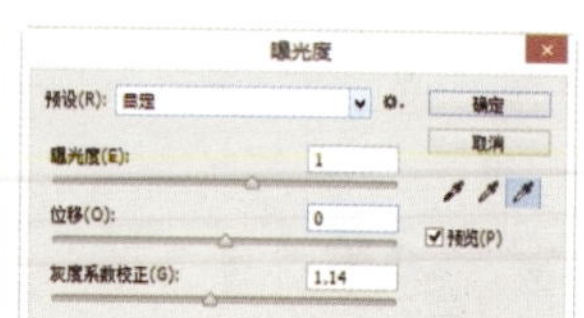

图3-71

图3-72

色相/饱和度

“色相/饱和度”的快捷键为Ctrl+U。“色相/饱和度”可以调整整个图像或选区内的图像的色相、饱和度和明度，同时也可以对单个通道进行调整，该命令也是实际工作中使用频率较高的调整命令之一。

预设：在“预设”下拉列表中提供了8种色相/饱和度预设，单击预设选项按钮，可以对当前设置的参数进行保存，或载入一个外部的预设调整文件。

色相：改变图像的色彩。

饱和度：改变图像色彩的浓度。

着色：快速创建单色图像（吸管：吸取某个颜色；吸管+：再吸取某一颜色加入刚才的颜色区域；吸管—：从刚才的吸管吸取的颜色中减去某一多余的颜色）。

着色：勾选该选项以后，图像会整体偏向于单一的红色调，另外，还可以通过拖曳3个滑块来调节图像的色调。

打开图3-73，我们要将图像中的鞋子颜色换成其他颜色，执行“图像>调整>色相/饱和度”菜单命令或按快捷键Ctrl+U，打开“色相/饱和度”对话框，选择我们要设置的颜色“红色”，设置相应参数如图3-74所示，得到的效果如图3-75所示。

图3-73

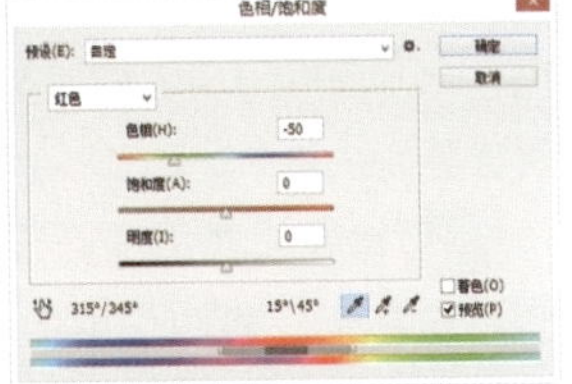

图3-74

图3-75

可选颜色

“可选颜色”命令是一个很重要的调色命令，它可以在图像中的每个主要原色成分中更改色彩，也可以有选择地修改任何主要颜色中的色彩，并且不会影响其他主要颜色。“可选颜色”命令调整的是单个色系中颜色比例的轻重，可以对红色、黄色、绿色、蓝色、青色和洋红6个色系进行分别调整。

还是以上一命令中的鞋子换颜色为例，打开图3-73，然后执行“图像>调整>可选颜色”菜单命令，打开“可选颜色”对话框，选择红色通道，设置参数如图3-76所示，效果如图3-77所示。

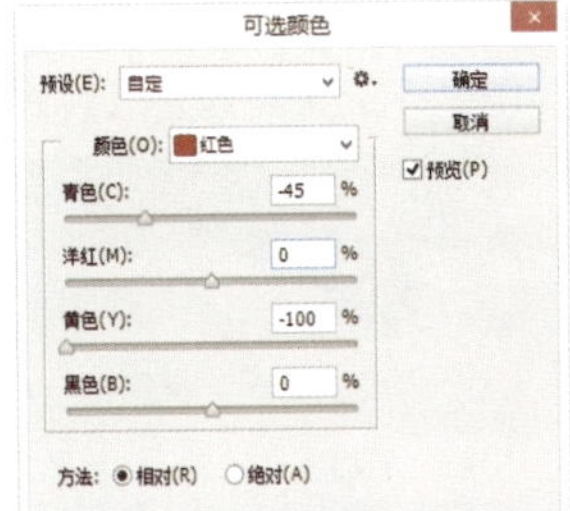

图3-76

图3-77

3.4.3 利用图层混合模式修改图像色彩

如果你要经常使用Photoshop，那么你需要了解Photoshop中一个简单却不容易理解的特性——混合模式，该命令式在图层面板左上角的位置，如图3-78所示。在Photoshop众多功能中，这个功能很容易被初学者忽略，但其强大的色彩混合效果，是图像调整和创意合成设计中不可或缺的一部分。

图3-78

混合模式指的是将对象颜色与底层对象的颜色进行混合。当你将一种混合模式应用到某个对象时，在此对象的图层/图层组下方的任何对象都可以看到色彩混合之后的效果，这里为了方便大家区分记忆，我们暂且将图像本身的颜色称为“基色”。如图3-79所示，将使用绘图、填充等编辑工具绘制的颜色（也就是我们使用混合模式命令时，两个图层中的上面一个）称为“混合色”；如图3-80所示，将“基色”与“混合色”通过命令得到的混合效果颜色称为“结果色”。图层表示如图3-81所示，最终混合后的效果如图3-82所示。

图3–79

图3–80

图3–81

图3–82

混合模式是Photoshop一个非常重要的功能，因为Photoshop是基于“层”的概念，而混合模式本身又是依赖于“层”存在的，所以，一些非基于层概念的图像处理软件就没有这个功能，如Lightroom等。混合模式功能十分强大，在抠图、计算、滤镜、调色和曝光等领域中都有很广泛的应用。可以将混合模式按照下拉菜单中的分组来将它们分为不同类别：加深（变暗）模式、减淡（变亮）模式、对比模式、比较模式和色彩模式，如图3-83所示。

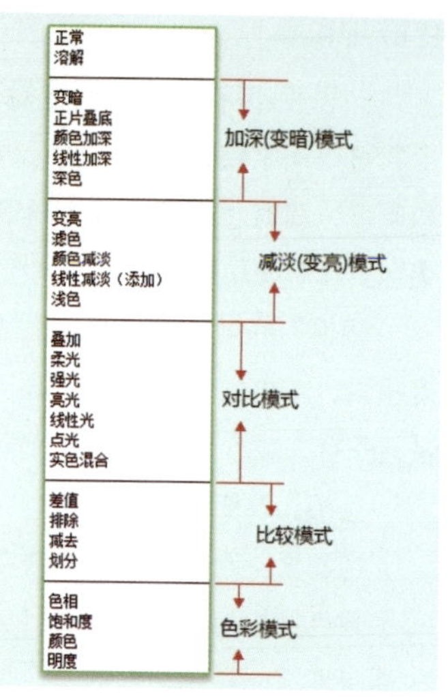

图3–83

① 加深（变暗）模式原理：该组中的混合模式可以使图像变暗，在混合过程中，当前图层（混合色）的白色像素会被下层（混合色）较暗的像素替代。

② 减淡（变亮）模式原理：与加深模式相反，在混合过程中，混合色图层的白色像素会被基色图层中较亮的像素替代。

③ 对比模式原理：该组中的混合模式可以加强图像的差异，在混合时，50%的灰色会完全消失，任何亮度值高于50%灰色的像素都可能提亮基色图层的图像，亮度值低于50%灰色的像素则可能使基色图层的图像变暗。

④ 比较模式原理：该组中的混合模式可以比较混合色与基色，将图像中的相同区域变为黑色，不同区域显示为灰色或彩色，如果混合色中包含白色，那么白色区域会使下层图像反相，而黑色对下层图像不会产生影响。

⑤ 色彩模式原理：使用该组混合模式时，Photoshop会将彩色分为色相、饱和度和亮度3种成分，然后再将其中的一种或两种应用到结果色中。

理论部分可能有些晦涩枯燥，难以理解，下面我们就依次为大家讲解具体混合模式的工作原理和使用方法，带领大家走进神奇的变色世界。

1. “正常”模式

在“正常”模式下进行色彩的混合，默认情况下，仅仅能看到“混合色”的效果（基色处于“混合色”下方，被遮盖住了），所以这时的效果显示与“混合色”

的不透明度设置有关。这里我们以图3-79为例，当混合色的“不透明度”为100%，也就是完全不透明时，“结果色”的像素将完全由所用的“混合色”代替，如图3-84所示。当“不透明度”小于100%时，混合色的像素会透过所用的颜色显示出来，显示的程度取决于不透明度的设置与“基色”的颜色。如图3-85所示，我们将混合色的图层“不透明度”设为60%，得到了如图3-86所示的混合效果。

图3-84

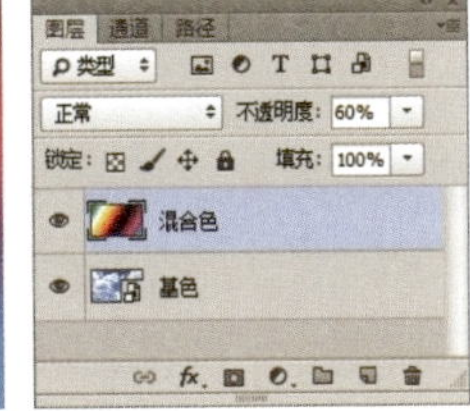

图3-85

图3-86

2. “溶解”模式

在“溶解”模式中，主要是在编辑或绘制每个像素时，使其成为“结果色”。但是，根据任何像素位置的不透明度，“结果色”由“基色”或“混合色”的像素随机替换。因此，“溶解”模式最好是同Photoshop中的一些着色工具一同使用，如“画笔”“仿制图章”工具等，也可以使用文字。当“混合色”没有羽化边缘，而且具有一定的透明度时，“混合色”将融入“基色”。如果“混合色”没有羽化边缘，并且“不透明度”为100%，那么“溶解”模式不起任何作用。图3-87是将“混合色”的“不透明度”设为80%（图层设置如图3-88所示）后产生的效果，否则“混合色”和“结果色”就像图3-84一样，是不会有太大的区别的，大家可以动手尝试羽化后进行混合的效果。

图3-87

图3-88

3. “变暗”模式

在“变暗”模式中，Photoshop会查看每个通道中的颜色信息，并选择“基色”或“混合色”中较暗的颜色作为“结果色”。“混合色”中亮的像素被替换，“混合色”中暗的像素保持不变。“变暗”模式将导致比背景颜色更淡的颜色从“结果色”中被去掉，从图3-89中可以看到，蓝天白云的中间位置被比它暗的黑色遮盖掉了，图层混合模式设置如图3-90所示。

图3-89

图3-90

4. “正片叠底”模式

在“正片叠底”模式中，查看每个通道中的颜色信息，并将“基色”与“混合色”复合。“结果色”总是较暗的颜色。任何颜色与黑色复合产生黑色，任何颜色与白色复合保持不变。当用黑色或白色以外的颜色绘画时，绘画工具绘制的连续描边产生逐渐变暗的过渡色。

其实“正片叠底”模式就是从“基色”中减去“混合色”的亮度值，得到最终的“结果色”。如果在“正片叠底”模式中使用较淡的颜色，那么对图像的“结果色”是没有影响的。利用“正片叠底”模式可以形成一种光线穿透图层的幻灯片效果。其实，将“基色”颜色与“结果色”颜色的数值相乘，然后再除以255，便得到了“结果色”的颜色值。例如，红色与黄色的“结果色”是橙色，红色与绿色的“结果色”是褐色，红色与蓝色的“结果色”是紫色等。

该模式可以用于营造安静的氛围，制作出类似于高光压缩曲线的效果，色彩层更多的影响到图片的高光部分。图3-91就是正片叠底后的效果，此时图层混合模式设置如图3-92所示。

图3-91　图3-92

5.“颜色加深”模式

在“颜色加深”模式中，查看每个通道中的颜色信息，并通过增加对比度使“基色”变暗以反映“混合色”，如果与白色混合的话将不会产生变化，除了背景上较淡的区域消失，图像区域呈现尖锐的边缘特性之外，“颜色加深”模式创建的效果和“正片叠底”模式创建的效果比较类似，颜色加深的效果如图3-93所示，混合模式设置如图3-94所示。

图3-93　图3-94

6.“线性加深”模式

在“线性加深”模式中，查看每个通道中的颜色信息，并通过减小亮度使“基色”变暗以反映“混合色”。如果“混合色”与“基色”上的白色混合将不会产生变化，效果如图3-95所示，图层设置如图3-96所示。

图3-95　图3-96

7.“深色”模式

“深色”是根据“混合色”图像的饱和度，然后用“混合色”图层的颜色直接覆盖“基色”图层中的暗调区域颜色，效果如图3-97所示，混合模式设置如图3-98所示。

图3-97　图3-98

8.“变亮”模式

在“变亮”模式中，查看每个通道中的颜色信息，并选择“基色”或“混合色”中较亮的颜色作为“结果色”，比“混合色”暗的像素被替换，比“混合色”亮的像素不变。在这种与“变暗”模式相反的模式下，较淡的颜色区域在最终的“结果色”中占主要地位，较暗的区域并不出现在最终“结果色”中，效果如图3-99所示，混合模式设置如图3-100所示。

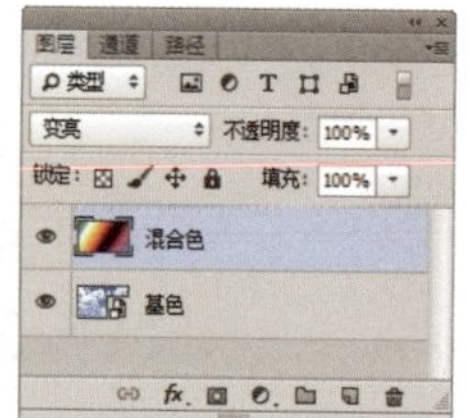

图3-99　图3-100

9.“滤色”模式

该模式与“正片叠底”模式正好相反，它将图像的“基色”颜色与“混合色”颜色结合起来产生比这两种颜色都浅的第三种颜色，其实就是将“混合色”的互补色与“基色”复合。“结果色”总是较亮的颜色。用黑色过滤时颜色保持不变，用白色过滤时将产生白色。在“滤色”模式下无论是用着色工具采用一种颜色，还是对“滤色”模式指定一个层，合并的“结果色”始终是相同的合成颜色或一种更淡的颜色。

该模式可以营造出胶片的味道以及空气感，制作出类似于低光压缩曲线的效果，色彩层可以更多地影响到图片的阴影部分，效果如图3-101所示，混合模式设置如图3-102所示。

图3-101　图3-102

10. “颜色减淡”模式

在“颜色减淡”模式中，Photoshop会查看每个通道中的颜色信息，并通过减小对比度使“基色”变亮以反映“混合色”，与黑色混合则不发生变化。除了指定在这个模式的层上边缘区域更尖锐，以及在这个模式下着色的笔画之外，“颜色减淡”模式类似于“滤色”模式创建的效果，如图3-103所示（混合模式设置如图3-104所示）。另外，不管何时定义“颜色减淡”模式，混合“混合色”与“基色”像素，“基色”上的暗区域都将会消失。

图3-103

图3-104

11. “线性减淡（添加）”模式

在“线性减淡（添加）”模式中，查看每个通道中的颜色信息，并通过增加亮度使“基色”变亮以反映“混合色”，但是不要与黑色混合，那样是不会发生变化的，如图3-105所示（混合模式设置如图3-106所示）。

图3-105

图3-106

12. “浅色”模式

该模式与“深色”模式的效果相反，它可根据图像的饱和度，用“混合色”中的颜色直接覆盖“基色”中的高光区域颜色，效果如图3-107所示（混合模式设置如图3-108所示）。

图3-107

图3-108

13. “叠加”模式

“叠加”模式把图像的“基色”与“混合色”相混合产生一种中间色。“基色”内颜色比“混合色”暗的颜色使“混合色”倍增，比“混合色”亮的颜色将使“混合色”被遮盖，而图像内的高亮部分和阴影部分保持不变，因此对黑色或白色像素着色时“叠加”模式不起作用。“叠加”模式以一种非艺术逻辑的方式把放置或应用到一个层上的颜色同背景色进行混合，然而，却能得到有趣的效果。

背景图像中的纯黑色或纯白色区域无法在“叠加”模式下显示层上的“叠加”着色或图像区域。背景区域上落在黑色和白色之间的亮度值同“叠加”材料的颜色混合在一起，产生最终的合成颜色，效果如图3-109所示（混合模式设置如图3-110所示）。

图3-109

图3-110

14. “柔光”模式

“柔光”模式会产生一种柔光照射的效果。如果“混合色”比“基色”的像素更亮一些，那么“结果色”将更亮；如果“混合色”比“基色”的像素更暗一些，那么“结果色”将更暗，使图像的亮度反差增大。

该模式可以影响照片的整体色彩基调，但是它不及“色彩”模式对画面色彩的改变程度，整体的效果柔和、自然，使用比较广泛，效果如图3-111所示（混合模式设置如图3-112所示）。

图3-111

图3-112

15. “强光”模式

“强光”模式将产生一种强光照射的效果。如果“混合色”比“基色”的像素更亮一些，那么“结果色”将更亮；如果“混合色”比“基色”的像素更暗一些，那么“结果色”将更暗。

除了根据背景中的颜色使背景色是多重的或屏蔽的之外，这种模式实质上同“柔光”模式是一样的。它的效果要比“柔光”模式更强烈一些，同“叠加”模式一样，这种模式也可以在背景对象的表面模拟图案或文本，效果如图3-113所示（混合模式设置如图3-114所示）。

图3-113

图3-114

16.“亮光”模式

“亮光”模式通过增加或减小对比度来加深或减淡颜色，具体取决于“混合色”。如果“混合色”比50%的灰色亮，则通过减小对比度使图像变亮；如果“混合色”比50%的灰色暗，则通过增加对比度使图像变暗。实际效果如图3-115所示（混合模式设置如图3-116所示）。

图3-115

图3-116

17.“线性光”模式

“线性光”模式通过减小或增加亮度来加深或减淡颜色，具体取决于“混合色”。如果“混合色”比50%的灰色亮，则通过增加亮度使图像变亮；如果“混合色”比50%的灰色暗，则通过减小亮度使图像变暗。实际效果如图3-117所示（混合模式设置如图3-118所示）。

图3-117

图3-118

18.“点光”模式

“点光”模式其实就是替换颜色，其具体取决于“混合色”。如果“混合色”比50%的灰色亮，则替换比“混合色”暗的像素，而不改变比“混合色”亮的像素；如果“混合色”比50%的灰色暗，则替换比“混合色”亮的像素，而不改变比“混合色”暗的像素。该模式对向图像添加特殊效果非常有用，实际效果如图3-119所示（混合模式设置如图3-120所示）。

图3-119

图3-120

19.“实色混合”模式

该模式的工作原理是根据“基色”和“混合色”中图像的颜色分布情况，用两个图层颜色的中间值对相交部分进行填充，利用该模式可以制作出对比度较强的色块效果，效果如图3-121所示（混合模式设置如图3-122所示）。

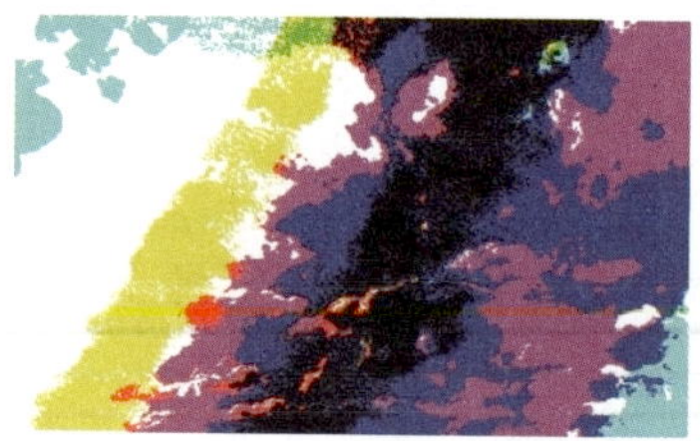

图3-121

图3-122

20.“差值”模式

在“差值”模式中，查看每个通道中的信息，“差值”模式是将从图像中“基色”的亮度值减去“混合色”的亮度值，如果结果为负，则取正值，产生反相效果。由于黑色的亮度值为0，白色的亮度值为255，因此用黑色着色不会产生任何影响，用白色着色则产生被着色的原始像素颜色的反相。“差值”模式创建背景颜色的相反色彩。例如，在“差值”模式下，当把蓝色应用到绿色背景中时将产生一种青绿组合色。“差值”模式适用于模拟原始设计的底片，尤其可用来在其背景颜色从一个区域到另一区域发生变化的图像中生成突出效果。该模式的使用效果如图3-123所示（混合模式设置如图3-124所示）。

图3-123　　图3-124

21. “排除”模式

“排除”模式与“差值”模式相似，但是具有高对比度和低饱和度的特点。它比用“差值”模式获得的颜色要柔和、明亮一些。在处理图像时，建议首先选择“差值”模式，若效果不够理想，再选择“排除”模式来试试。其中与白色混合将反转“基色”值，而与黑色混合则不发生变化。其实无论是“差值”模式还是“排除”模式，都能使人物或自然景色图像产生更真实或更吸引人的图像合成，效果如图3-125所示（混合模式设置如图3-126所示）。

图3-125　　图3-126

22. “减去”模式

在该混合模式中，Photoshop会查看各通道的颜色信息，并从“基色”中减去“混合色”。如果出现负数就归为零，与“基色”相同的颜色混合得到黑色，白色与“基色”混合得到黑色，黑色与“基色”混合得到“基色”，效果如图3-127所示（混合模式设置如图3-128所示）。

图3-127　　图3-128

23. “划分”模式

使用“划分”混合模式时，Photoshop用“混合色”的色相值去替换“基色”的色相值，而饱和度与亮度不变。决定生成颜色的参数包括“基色”的明度与饱和度，“混合色”的色相，使用该模式合成的图像效果如图3-129所示（混合模式设置如图3-130所示）。

图3-129　　图3-130

24. “色相”模式

“色相”模式只用“混合色”的色相值进行着色，而使饱和度和亮度值保持不变。当“基色”与“混合色”的色相值不同时，才能使用描绘颜色进行着色。但是要注意的是，“色相”模式不能用于灰度模式的图像。

该模式下一是可以分离色彩，二是通过运用一些典型色彩，可以很好地营造色彩氛围，无论是中性色、复古色，还是胶片色、偏差色都没有问题。效果如图3-131所示（混合模式设置如图3-132所示）。

图3-131　　图3-132

25. “饱和度”模式

“饱和度”模式的作用方式与“色相”模式相似，它只用“混合色”的饱和度值进行着色，而使色相值和亮度值保持不变。当“基色”与“混合色”的饱和度值不同时，才能使用描绘颜色进行着色处理。在无饱和度的区域上（也就是灰色区域中）用“饱和度”模式是不会产生任何效果的。效果如图3-133所示（混合模式设置如图3-134所示）。

图3-133　　图3-134

26. “颜色”模式

“颜色”模式能够使用“混合色”的饱和度值和色相值同时进行着色，而使“基色”的亮度值保持不变。“颜色”模式可以看成是“饱和度”模式和“色相”模式的综合效果。该模式能够使灰色图像的阴影或轮廓透过着色的颜色显示出来，产生某种色彩化的效果。这样可以保留图像中的灰阶，对于给单色图像着色和给彩色图像着色都会非常有用。该模式的使用效果如图3-135所示（混合模式设置如图3-136所示）。

图3-135

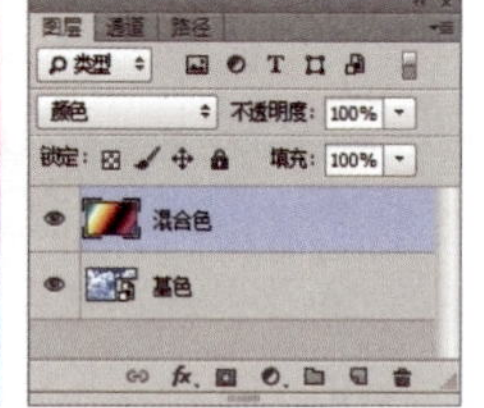

图3-136

27. “明度”模式

“明度”模式用“混合色”图层的亮度值去替换“基色”图层的亮度值，而色相值与饱和度不变。决定生成颜色的参数包括“基色”的色调与饱和度，“混合色”的明度。其效果与“颜色”模式刚好相反，“混合色”只能影响图片的明暗度，不能对“基色”产生影响（黑、白、灰除外）。该模式效果如图3-137所示（混合模式设置如图3-138所示）。

图3-137

图3-138

3.5 抠图技巧

抠图方法有很多，根据不同的照片采用不同的抠图方法可以提高抠图效率，而什么照片采用什么抠图方法是很多人感到疑惑的，抠图难吗？这是任何一名刚接触商品或人物抠图时都会问的问题，而且在实践过程中，也都是同一个答案：“难！”这节就教大家怎么把这件看似很难的事情，变得一点也不难。在抠图的过程中，只有我们有足够的耐心和细心，掌握Photoshop的基础工具知识，这样在需要抠图时才可以根据照片的背景来选择适当的抠图办法。当然，说得这么轻松，其实都是靠实践换来的，我们应当不断练习，才能掌握更简便、快速、效果好的抠图方法。

抠图，也就是传说中的“移花接木”，是学习Photoshop的必修课，是Photoshop最重要的功能之一，也是网页设计中经常会使用到的基本技能。抠图方法其实按照使用的方法来进行分类的话，可以将抠图分为两大类：一种是选区工具抠图，如套索工具、魔术棒工具、通道工具等；另一种是运用滤镜抠图，如Photoshop自带的抽出滤镜，还有外挂工具进行的抠图方法。下面就以常用的几种抠图方式为例进行讲解。

3.5.1 利用选框工具抠图

我们经常使用的选框工具有矩形选框工具组和套索工具组。从图3-139和图3-140中可以看到两个工具组中的工具，它们的工作方式都是以选区的形式进行，具体要使用什么工具，我们可以根据要处理的图像形状来决定具体的抠图方法。下面我们以其中的两种工具配合，来详细讲解一下使用它们进行抠图时的注意事项。

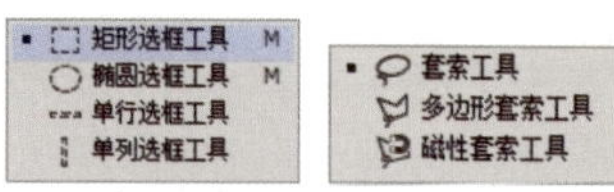

图3-139 图3-140

以素材“钟表”为例对该工具组的使用方法进行讲解。

01 在Photoshop中打开素材“钟表”，复制一个背景层，如图3-141所示。

图3-141

提示

对图像的编辑过程中，会经常因为操作不当导致某一步的效果达不到预期，如果最开始我们就在背景图层里进行编辑，而这一步的失误会导致我们之前的所有编辑前功尽弃。所以在图像处理的过程中，为了让后期的修改和效果对比更方便，我们需要将原图复制一层进行保存，这样，即使因为失误导致图像作废，我们删除后还有原图层在，可以再重新复制出新图层进行编辑。

02 我们要抠除钟表的区域，就要找到圆形钟表的中心点，在图中的钟表位置，按快捷键Ctrl+R调出Photoshop边界处的参考线，然后在钟表的4个边上拉出4条参考线，如图3-142所示。

图3-142

03 使用矩形选框工具绘制出钟表的外边框，然后在选区状态下单击鼠标右键，选择“自由变换”命令或按快捷键Ctrl+T，将选区进行选择，如图3-143所示。

图3-143

04 从图中可以看到，在“自由变换”状态下，中心处出现一个中心点，然后我们再拉出横竖两条参考线，如图3-144所示。两条参考线的交点就是我们要找的钟表的中心点。

图3-144

05 找到了圆形的中心点，我们就可以使用椭圆选框工具，将鼠标定位在中心点，按住快捷键Alt+shift向外拉动鼠标，当椭圆到达钟表的外边框时松开鼠标，就得到了我们想要的钟表的圆形选区。将选区复制出来得到新的图层“图层2”（见图3-145），然后再选择“图层1”，填充任意色，效果如图3-146所示。

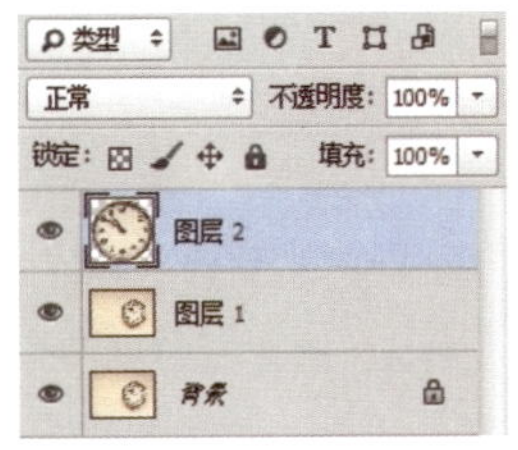

图3-145

图3-146

提示

这里仅仅为了讲解工具的使用才使用了参考线的方法，如果大家可以熟练运用软件的基础抠图工具，也可以直接使用椭圆工具尝试绘制圆形选区来套住钟表的区域。换句话说，我们可以用观察法自己找到钟表的中心点进行选区的绘制。

3.5.2 利用快速选择工具抠图

1.快速选择工具

快速选择工具的使用方法是基于画笔模式的，也就是说，我们在使用该工具进行抠图时，首先要“画出”所需的选区。快速选择工具是智能的，比魔棒工具更加直观和准确。

原理：它会根据抠取的图像自动调整所画的选区大小来寻找边缘，达到目标区域与大背景分离的效果。

适用范围：图像主体与背景有明显的分界，图像色彩单一的情况下优势突出；边界模糊（与背景有融合效果）、散乱的发丝等不适用。

以素材“鞋子”为例对快速选择工具的使用方法进行讲解。

01 在Photoshop中打开素材“鞋子”，按快捷键Ctrl+J复制一层，得到“图层1”，如图3-147所示。

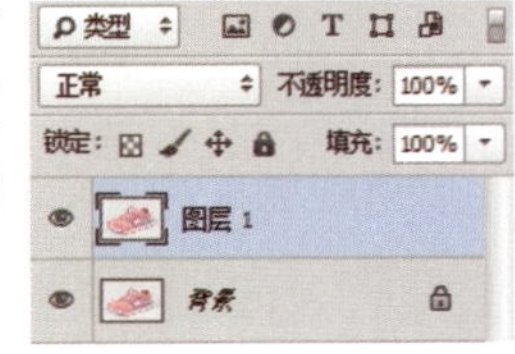

图3-147

02 选择“快速选择工具”，在鞋子区域上进行绘制，在绘制过程中，要灵活调整画笔的大小，提高抠图的精细度，完成鞋子的抠取，如图3-148所示。

图3-148

03 使用复制粘贴命令，将鞋子复制出来，得到新的图层“图层2”，然后回到“图层1”，填充任意色，可以看到抠取出来的鞋子效果，如图3-149所示。

图3-149

2.魔术棒工具

魔术棒抠图就是用魔术棒工具点选不用的部分，或者点选要用的部分再反选，然后删除，留下有用的部分。这种方法属于颜色抠图的范畴，使用简便，但不易达到预期效果。因此只能用于图片要用部分和不用部分色差较大时的抠图或作为其他抠图方法的辅助方法。魔术棒根据背景色的容差来选择目标，容差的值可以根据调整的效果来进行调节，如果对载入选区的范围不满意，可以按住快捷键Ctrl+D取消选区后重新设置容差再次选择。

适用范围：图像和背景色色差明显，背景色单一，图像边界清晰。

优劣：它可以智能选择选区，对图像和背景色色差明显、背景色单一、图像边界清晰、内容分块清晰的图像有很好的效果，对散乱的毛发不起作用，对色彩杂乱、分界不清晰的图片不起作用。

使用方法：选择“魔术棒工具”，在魔术棒选项栏中，勾选“连续”，设置合适的容差值，使用魔棒单击图像中目标区域，得到选区。

以素材“水果”为例对魔术棒工具的使用方法进行讲解。

01 在Photoshop中打开素材“水果”，按快捷键Ctrl+J复制图层，得到“图层1”，选择“魔术棒工具”，单击“图层1”中的白色背景，将图像主体之外的背景选中，如图3-150所示。

图3-150

02 这里选择的是图像外的背景，要得到图像主体，我们可以按Delete键，删除背景，留下的就是图像主体，也可以在选中背景的前提下，按快捷键Ctrl+Shift+I对选区进行反选，执行反选后选取的就是图像本身。这里直接删除背景，再按快捷键Ctrl+D取消选区，然后在下方新建一层“填充”，如图3-151所示。填充任意颜色就可以看到抠出来的效果，如图3-152所示。

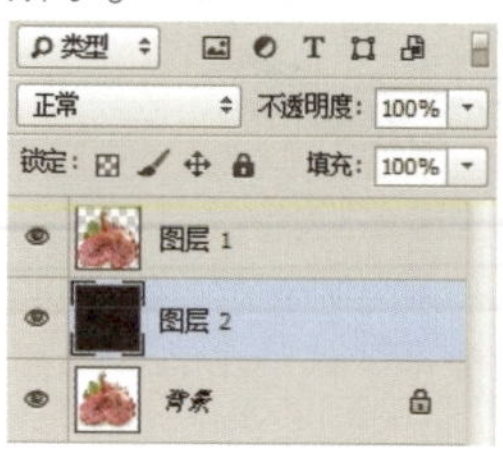

图3-151

图3-152

3.5.3 利用图层混合模式抠图

原理：决定当前图层中的像素（混合色）与其下面图层中的像素（基色）以何种模式进行混合（得到结果色），简称图层模式。

1.“正片叠底”模式

“正片叠底”是使用频率较高的一个模式，在处理商品图片时，经常使用素材来美化商品图片，如果商品图比较复杂，不容易抠取，而且背景呈白色（或偏白色），这时就可以使用图层混合模式中的“正片叠底”来进行效果制作。

再以鞋子的案例为例进行讲解。

01 在Photoshop中打开素材"鞋子"，并复制一层，得到"图层1"，使用快速选择工具抠取出鞋子得到"图层2"，如图3-153所示。

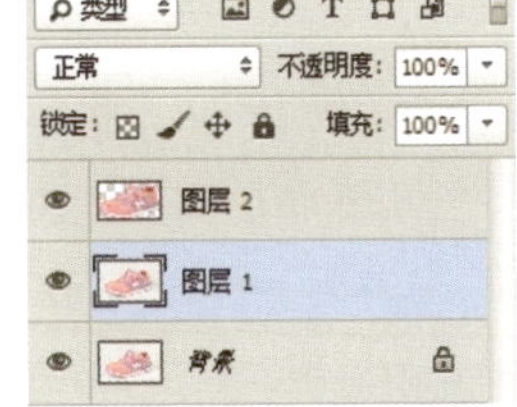

图3-153

02 回到"图层1"，使用套索工具沿着鞋子底部的阴影位置绘制一个选区，然后将该选区复制出来，得到新的图层"图层3"，如图3-154和图3-155所示。

图3-154

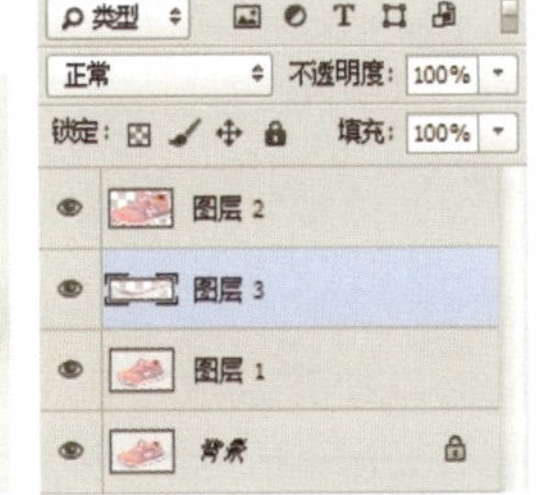

图3-155

03 在"图层1"上方添加素材"展台"，调整大小，如图3-156所示。

图3-156

04 从上图可以看到，使用套索工具抠取的"图层3"在添加背景素材"展台"之后是看不出阴影效果的，因此，这里将"图层3"的混合模式改为"正片叠底"，如图3-157所示。使用柔角的橡皮擦工具对"图层3"的边缘进行处理，为了让效果更清楚，将"图层2"和"图层3"适当缩小置于展台上，效果如图3-158所示。

图3-157

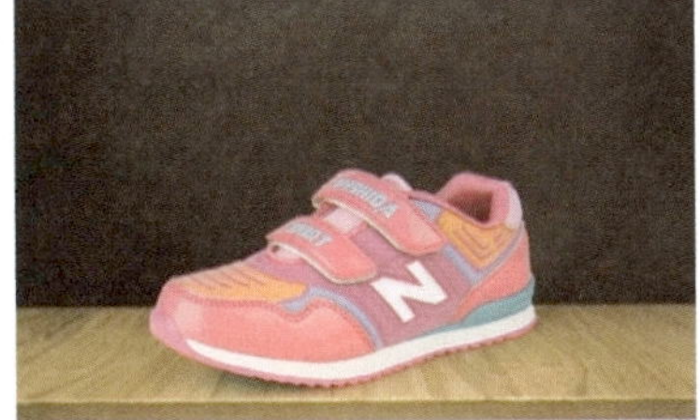

图3-158

根据这个案例，大家掌握了抠取白色或偏白色底的商品时，如何为商品制作阴影效果了吗？这里再给大家一张将"图层3"隐藏后的效果图，如图3-159所示，对比上一步的结果发现，有"图层3"的效果更协调。

图3-159

2."滤色"模式

在处理商品图片时，经常使用素材来美化商品图片，如果商品图比较复杂，不容易抠取而且背景呈黑色（或偏黑色），这时就可以使用图层混合模式中的"滤色"来进行效果制作。

以一个典型的烟雾效果来为大家讲解这一方法的使用技巧。

01 在Photoshop中打开素材"水壶"，在上方添加素材"烟雾"，如图3-160所示。

图3-160

02 将“烟雾”图层的混合模式改为“滤色”，如图3-161所示，此时的效果如图3-162所示。

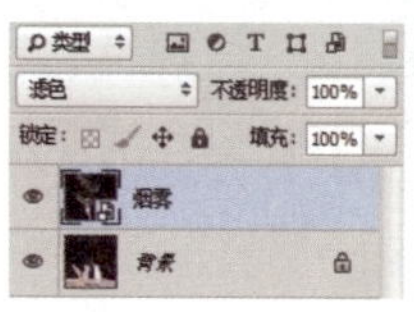

图3-161

图3-162

03 按快捷键Ctrl+T对“烟雾”图层进行适当的缩放处理，再使用橡皮擦工具或蒙版工具适当处理边缘生硬的部分，最终效果如图3-163所示。

图3-163

3.5.4 利用橡皮擦工具抠图

1.橡皮擦工具

原理：橡皮擦抠图就是用橡皮擦工具擦掉不用的部分，留下有用的部分。这种方法属于外形抠图，简单好用，但处理效果不好。此方法可用于外形线条简单的图形抠图，但主要用于对其他方法抠图后的效果进行进一步处理。

使用方法：橡皮擦的使用方法和画笔工具的使用方法一样，不同之处在于前者是将笔触划过的内容全部擦除，后者是在笔触划过的地方上色。简单易懂，这里就不再多讲了。

2.背景橡皮擦工具

背景橡皮擦工具是一种智能化的橡皮擦。设置好背景色以后，使用该工具可以在抹除背景的同时保留前景对象的边缘。

注意背景橡皮擦的光标，光标中间有一个“+”的坐标，当“+”光标在要擦除的位置上的时候，就能擦出比较好的效果。换一个说法就是“+”光标就是取样的定位点，当取样的定位点确定取样的颜色后，该颜色容差相近的颜色都会被擦除。

连续：“+”光标中心不断地移动，也将会对取样点不断地更改，此时擦除的效果比较连续。

一次：“+”光标中心按下鼠标左键对颜色取样，此时不松开鼠标，可以对该取样的颜色进行容易的擦除，不用担心“+”中心会跑到了画面的其他地方。要对其他颜色取样只要松开鼠标再按下鼠标左键重复上面的操作即可。

背景色板：“+”光标此时就没有作用了，此时背景橡皮擦工具只能对背景色及容差相近的颜色进行擦除。

选取抹除的限制模式：“不连续”抹除出现在画笔下任何位置的样本颜色；“连续”抹除包含样本颜色并且相互连接的区域；“查找边缘”抹除包含样本颜色的连接区域，同时更好地保留形状边缘的锐化程度。其实这3种的限制并不明显，建议使用“不连续”选项。

如果想再次使用背景橡皮擦工具把这些杂边去除，就很容易将不想被擦除的图像给擦掉，特别是使用“连续”和“一次”取样的时候很容易就擦掉了不想擦的图像，将不想被擦除的图像用吸管工具将其颜色设定为前景色，这样勾选“保护前景色”选项后，就不会擦掉不想擦到的位置了。

以商品图“背包”为例讲解该工具的使用方法。

01 新建一个600像素×600像素的画布，将素材“背包”拖入画布，调整大小，选择背景橡皮擦工具，设置参数如图3-164所示。

25 限制: 连续 容差: 30% 保护前景色

图3-164

02 将背景橡皮擦笔触贴着商品包边缘进行涂抹，得到一条外边缘的抠取效果，如图3-165所示。将画布背景关闭后大家就可以更加清楚地看到抠图效果，如图3-166所示。

图3-165

图3-166

03 其余背景部分可以将笔触增大一些进行擦除，也可以使用上述讲到的橡皮擦工具，设置画笔为硬边，以适当的笔触大小来将背景擦除，或者可以使用下面将要讲到的魔棒橡皮擦，单击一下就可以大面积擦除。将背包抠出后再回到背景层填充任意色，如图3-167所示。最终的抠图效果如图3-168所示。

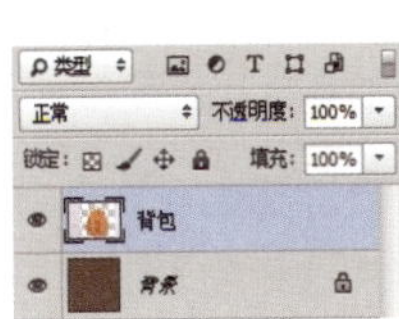

图3-167

图3-168

3.魔术橡皮擦工具

魔术橡皮擦工具的工作原理与魔术棒相同，被魔术橡皮擦工具认定为相似的区域，均为图像中的作用区域，拿图3-165或图3-166得到的效果来说，要得到图3-168所示的抠图效果，只需要使用魔术棒橡皮擦工具轻轻单击一下图3-165中的灰白色背景，即可一步清除背景区域的颜色。

3.5.5 路径创建选区抠图

原理：路径是以一个虚拟的形状存在的，它不属于任何一个图层但又浮动在图层上，它的主要作用是转换为选区后进行编辑。路径转为选区的方法有：在路径工具状态下单击鼠标右键，单击“建立选区”；打开“通道”面板，在面板中单击鼠标右键，选择“建立选区”，或按住Ctrl键单击路径缩略图；使用快捷键Ctrl+Enter载入选区。

优劣：它比较适合边缘较规则、平滑、分界不清晰（色差不大）的图像，拥有可操作性（可以绘制不同弧度的路径来构成形状）、可编辑性（在路径保存或转换为选区后，还可以在图层面板上方的“路径”选项中找出刚才绘制的形状，对其中某个点进行编辑修改）、平滑性（路径形状具有矢量特点，缩放都不影响形状的平滑度）等优势；缺点也存在，最大的缺点就是慢，需要我们花费大量的时间和精力，而且对散乱的毛发图像没有用。

使用方法：选择钢笔工具，在选项栏中的第二项下拉列表中选择“路径”，单击鼠标绘制第一个锚点，单击鼠标绘制第二个锚点，并在不松开鼠标的情况下移动鼠标，出现两点之间的曲线，调节曲线与图形的边缘对齐，依次绘制其他锚点和曲线，最后一个锚点与第一个锚点重合时代表完成一个闭合的路径，单击鼠标右键选择“建立选区”，得到图像选区。

以素材“荷花”为例讲解该工具的使用方法。

01 在Photoshop中打开素材“荷花”，使用快捷键Ctrl+J复制一层，得到“图层1”，如图3-169所示。

02 选择工具箱中的钢笔工具，在图像中荷花边缘的任意位置单击鼠标左键，绘制出第一个曲线锚点，释放鼠标后，将鼠标移动到荷花边缘的另一个点并单击，如图3-170所示。

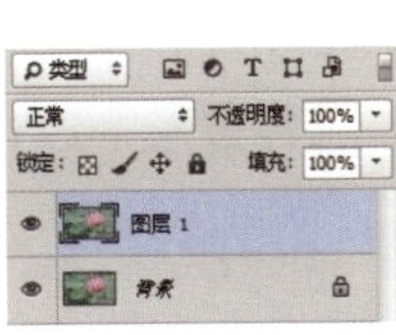

图3-169

图3-170

03 按住鼠标左键并拖动，此时直线产生变化，出现一条两点间的曲线，继续拖动鼠标，将曲线拖动变形至于与荷花花瓣边缘重合，如图3-171所示。

图3-171

04 如果此时边缘不重合，我们可以按住Alt键，将鼠标指针移动到第二个曲线锚点，当鼠标呈笔头和一个方向箭头形状时，拖动鼠标，即可调整曲线的形状，如果不按任何快捷键将鼠标移动到第二个锚点，会出现钢笔和一个减号形状，单击表示删除该锚点。以同样的方法在荷花边缘进行锚点绘制，调整形状，最后回到第一个锚点的位置重合，完成图像区域的抠取，如图3-172所示。

图3-172

05 在钢笔工具状态下，单击鼠标右键，选择“建立选区”，或按快捷键Ctrl+Enter将形状载入选区，如图3-173所示。

图3-173

06 最后复制出来得到新的图层“图层2”，将“图层1”填充任意色方便观察抠取的情况，如图3-174所示。抠取的效果如图3-175所示。

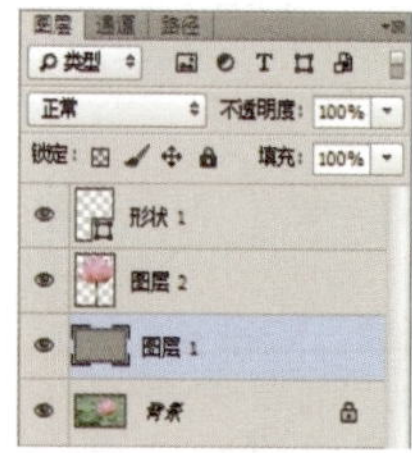

图3-174

图3-175

3.5.6 通道创建选区抠图

在通道中可以选择其他工具难以选择的复杂图像，如我们最头疼的毛发、云彩等。将这些图像抠出来可以用于图像合成、平面广告、特效创意等诸多方面。

原理：通道抠图属于颜色抠图，利用了对象的颜色在红、黄、蓝3个通道中对比度不同的特点，从而在对比度大的通道中对对象进行处理。在通道中只有黑白灰3种颜色，白色表示要处理的部分（默认选区），黑色表示不处理部分，灰色则是黑色与白色的过渡区。先选取对比度大的通道，再复制该通道，在其中通过进一步增大对比度，再用魔术棒工具把对象选出来。可适用于色差不大，而外形又很复杂的图像的抠图，如头发、树枝、烟花等。

技巧：在通道抠图中更改颜色的命令和工具主要有色阶、反相、曲线和画笔工具。

通道抠图可以制作比较精细的人物或动物的毛发，图像合成时可以随意更改图像背景。这里我们以一张美女模特图的抠头发案例为大家详细讲解该工具的使用技巧。

01 打开Photoshop，按快捷键Ctrl+O打开素材或直接将素材拖入Photoshop的编辑面板，并将背景层复制一层，得到“图层1”，如图3-176所示。

02 切换到通道面板，对比3种通道，哪一种的对比更强烈，我们就将该通道复制一层，这里的绿色通道可以使对比更加明显，所以我们先复制一个“绿”通道，如图3-177所示。

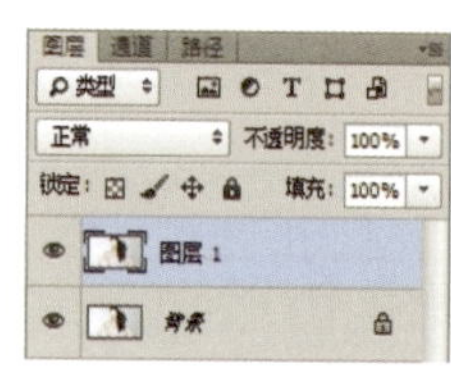

图3-176

图3-177

提示

当我们复制通道得到新的通道后，原先的所有通道将自动隐藏起来，方便我们进行调整和观察。

03 执行“图像>调整>色阶”菜单命令，或直接按快捷键Ctrl+L调出色阶对话框，设置参数如图3-178所示。图像中的美女和背景对比更加清晰，如图3-179所示。

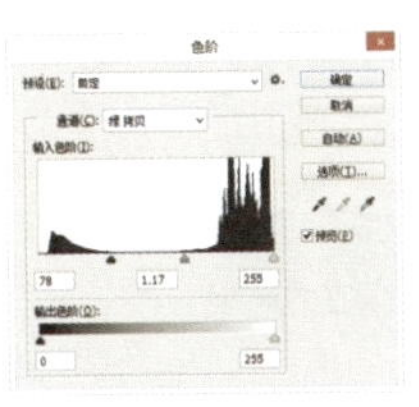

图3-178

图3-179

04 使用硬边的黑色画笔，笔触大小设置为100像素左右（笔触大小灵活设置），对人物的上半部分进行涂抹，如图3-180所示。

图3-180

提示

使用画笔工具时，需要实时调整画笔的大小，涂抹大面积区域可以使用大笔触的画笔，涂抹图像的边缘部分时，则要在放大图像的同时，减小笔触大小进行细微的涂抹。

05 执行“图像>调整>反相”菜单命令，或按快捷键Ctrl+I，将图像进行反相处理，如图3-181所示。如果在上一步中大家看不出抠取的目标部分，那么这张图就可以展示需要抠取的部分，就是图中的白色区域。

图3-181

06 执行“选择>载入选区”菜单命令，或按住Ctrl键并单击“绿拷贝”图层缩略图，将绿色拷贝层的通道载入选区，如图3-182所示。

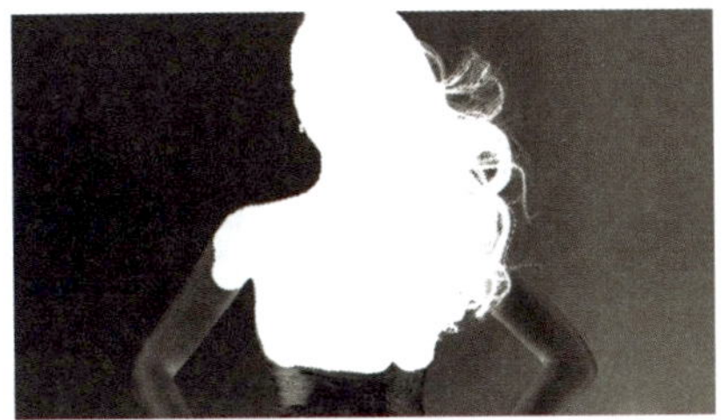

图3-182

07 单击RGB通道切换到正常视图，然后回到图层面板，将选区内容复制出来，得到“图层2”，如图3-183所示。关闭“背景”层和“图层1”的浏览模式，可以看到此时的效果如图3-184所示。

图3-183

图3-184

08 我们不仅要将人物的头发部分抠取出来，也要将人物的身体部分抠出来。回到“图层1”，使用“快速选择工具”或“钢笔工具”将人物的身体部分抠出来，然后再将该选区部分复制出来，得到“图层3”，如图3-185和图3-186所示。

图3-185

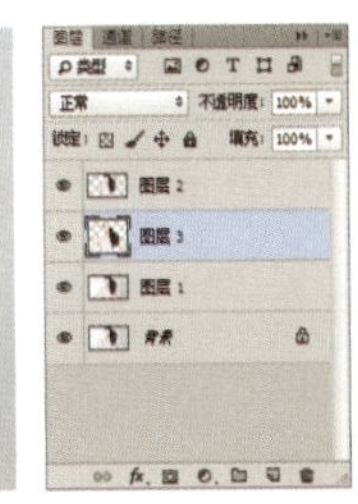

图3-186

09 在“图层3”的下方添加素材“风景”，调整“风景”图层大小和“图层2”“图层3”的位置，得到的效果如图3-187所示。

图3-187

3.5.7 根据色彩范围建立选区抠图

“色彩范围”命令可以根据颜色的多少来创建带羽化效果的选区，方法为“选择>色彩范围”，然后在弹出的对话框中使用颜色吸管吸取图像中色彩差异较明显的像素，再调整容差度进行选区选择。

原理：色彩范围是通过选择不同颜色的范围来选择不规则的图像，使用它可以在图像处理中轻松调整图像的局部颜色，色彩范围命令可以用于色彩相近但形状不规则图像的选择。

优劣：在图像和背景色色差明显、背景色单一、图像中无背景色等情况有优势，在背景色复杂的情况不适用。

操作：第一步执行“选择>色彩范围”命令，打开“色彩范围”对话框进行操作；第二步用吸管吸取颜色，吸管单击的地方会形成选区，但不是目标选区，将“反向”勾选后，得到的选区即为图像选区。

以“美女”素材为例讲解该工具的使用方法。

01 在Photoshop中打开素材“美女”，复制一层，得到“图层1”，如图3-188所示。使用快捷蒙版按钮（快捷键Q）进入快捷蒙版编辑状态，然后使用“画笔工具”（快捷键B）在人物头发边缘绘制快捷蒙版，如图3-189所示。

图3-188

图3-189

02 单击快捷蒙版按钮（快捷键Q）取消蒙版编辑状态，将画笔绘制的区域载入选区，此时的选区是头发以外的区域，执行“选择>反向”菜单命令，或按快捷键Ctrl+Shift+I进行反选，如图3-190所示。

图3-190

03 执行“选择>色彩范围”菜单命令打开色彩范围对话框，选择中间的带加号吸管单击图像区域中需要选取的位置进行选色。“颜色容差”用来设置图像和背景的对比程度，通俗来说，这个参数跟色阶的原理是一样的，都是为了拉大图像与背景的区别来抠取图像，如图3-191所示。

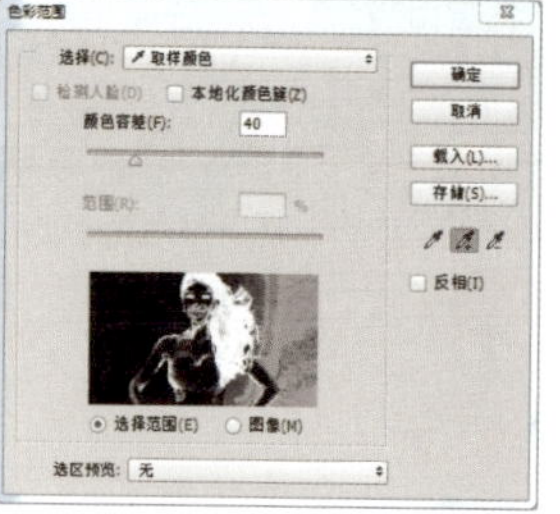

图3-191

04 颜色选取之后，单击“确定”，再复制一层得到“图层2”，如图3-192所示。隐藏原图层后得到的抠取范围效果如图3-193所示。

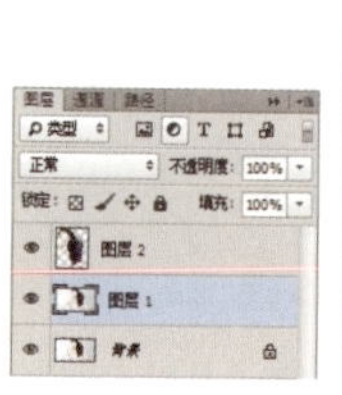

图3-192

图3-193

05 回到“图层1”，将人物的主体部分用快速选择工具（或套索工具、钢笔工具）选取出来，得到“图层3”，如图3-194所示。隐藏原图层后的效果如图3-195所示。

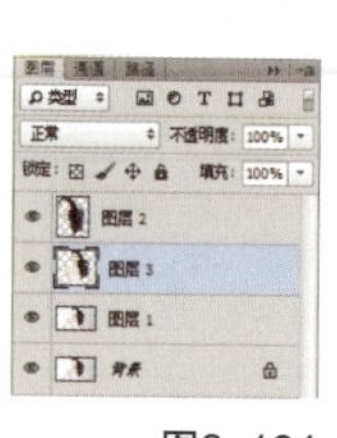

图3-194

图3-195

06 在“图层3”下方添加背景素材“风景”，调整大小，效果如图3-196所示。

图3-196

3.5.8 根据调整边缘抠图

Photoshop从CS4版本之后就不再自带抽出滤镜了，因为它新增了一个“调整边缘”命令替代了之前版本的抽出滤镜。这里就来为大家展示该命令的操作方法。

以素材“草地”为例展开讲解。

01 在Photoshop中打开素材“草地”，复制一层，得到“图层1”，如图3-197所示。

02 执行“选择>色彩范围”菜单命令打开色彩范围对话框，如图3-198所示。选择右侧的吸管工具单击图像中的天空区域，再使用加号吸管单击天空区域，直到天空部分变为纯白色为止。

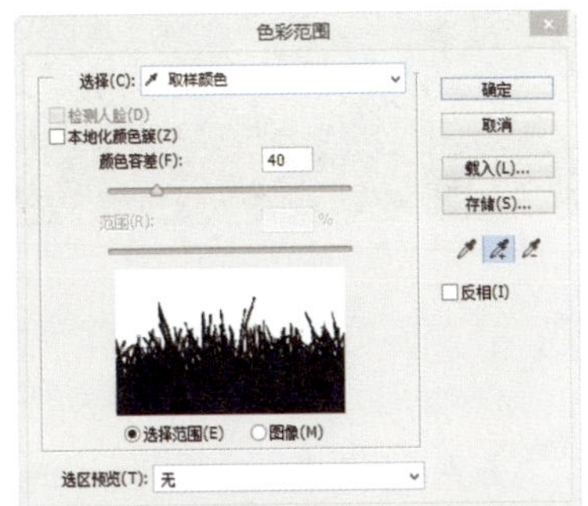

图3-197　图3-198

03 单击“确定”后得到天空选区，因为需要选取草地部分，所以执行“选择>反选”菜单命令（快捷键Ctrl+Shift+I），选中草地区域，如图3-199所示。将该选区复制出来，得到新的图层“图层2”，如图3-200所示。

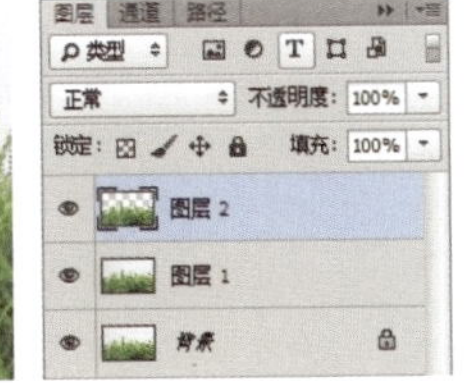

图3-199　图3-200

04 按住Ctrl键并单击“图层2”缩略图，将刚才抠出来的“图层2”载入选区，执行“选择>调整边缘”菜单命令，或按快捷键Ctrl+Alt+R打开调整边缘对话框，如图3-201所示。

05 将鼠标移动到图像编辑区面板，对草叶边缘的白色区域进行涂抹处理，这一步需要细心和耐心，背景为白色的草叶都需要进行涂抹，涂抹之后单击“确定”，得到一个新的选区，仍然将其复制出来得到“图层3”，如图3-202所示。

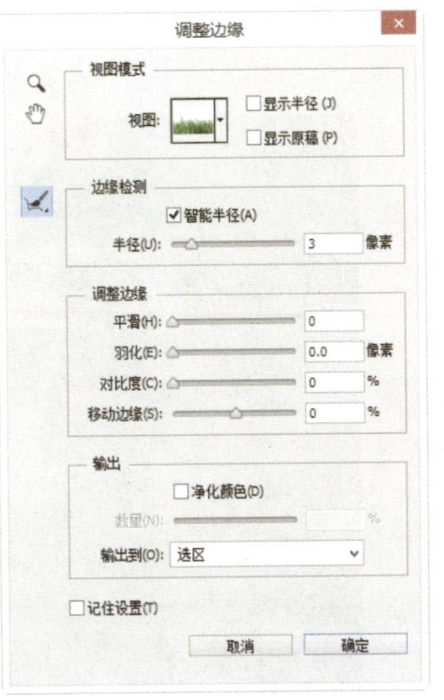

图3-201　图3-202

06 到这里抠图就基本完成了，可以在“图层2”下方添加素材“背景”来查看效果，添加素材“背景”，调整大小和位置，如图3-203所示。

07 单击“图层3”前的“眼睛”，关闭该图层的预览效果，如图3-204所示，得到“图层2”的抠取效果，如图3-205所示。大家应该记得，这个效果与我们使用色彩范围命令得到的初步效果相同。

图3-203　图3-204

图3-205

08 关闭“图层2”的“眼睛”，打开“图层3”的“眼睛”，如图3-206所示，得到另一个效果。图3-207是我们在色彩范围的基础上，再使用“调整边缘”命令后得到的效果。

图3-206

图3-207

总结

这一章详细讲解了多种常用的抠图方法，各种方法的操作方式根据具体图像而各不相同，各有长短。因此，在进行抠图处理之前，一定要先分析抠取的主体与背景的特点，分析图像颜色组成、形状、边缘对比等因素，再确定使用其中的一种或多种抠图方法来进行处理。

这一章中讲到的是一些常用的且需要注意的抠图工具和方法，还有很多抠图工具，如套索工具、磁性套索工具、蒙版工具抠图（添加图层蒙版，使用画笔涂抹多余部分，达到遮盖效果）等没有讲解，这些都是最基础的抠图工具，也只适用于简单的、大面积的抠图，所以在这一章中就不再详细讲解了，大家可以在练习中练习使用。

04

色彩搭配与排版布局

色彩基础知识

关于配色

页面排版布局

4.1 色彩基础知识

4.1.1 色彩的重要性

在设计工作中，色彩是人的视觉最敏感的东西，任何一件设计都离不开色彩，尤其是在平面设计中，色彩可以作为一种重要的具有表现力的设计元素来使用。色彩本身是没有灵魂的，它只是一种物理现象，但由于人们长期生活在一个色彩的世界中，积累着许多视觉经验，一旦有外来色彩刺激眼球时，我们就能感受到色彩的情感。无论有彩色的色还是无彩色的色，都有自己的表情特征，如图4-1和图4-2所示。例如，红色象征热烈冲动，蓝色象征沉稳冷静等。

图4-1

图4-2

这一节，我们就来对色彩的一些基础知识进行简单的讲解，这些基础知识也是后期网店装修配色中的关键所在。图4-3所示为使用了强烈的色彩冲击设计出的水杯详情页，它通过背景色的衬托，让产品的颜色更加鲜明突出，这种表现手法不仅让页面的视觉效果得到了提升很多，还可以让顾客更加直观的理解产品本身的效果。

图4-3

4.1.2 色彩三要素

1.色相（色调）

色相是区分色彩的主要依据，是色彩的最大特征。所谓色相是指每种色彩的相貌、名称，如红、橙、黄、绿、青、蓝、紫等，它能够确切地表示某种颜色的名称。色相一般由纯色表示，它和色彩的强弱及明暗没有关系，只是纯粹的表示色彩相貌的差异。图4-4所示为色相的纯色块表现形式和色相间的渐变过渡形式，是一张表示色彩的色相环。

在进行网店装修的配色中，选择不同的色相，会对画面整体的情感、氛围和风格等产生影响。冷色系的设计效果如图4-5所示，暖色系的设计效果如图4-6所示。

图4-4

图4-5

图4-6

2.明度

明度是指颜色的深浅和明暗程度，一方面指的是某一色相的深浅变化，如红、大红、深红；另一方面指的是不同色相间存在的明度差别，如六标准色中黄色最浅，紫色最深，红色、橙色、蓝色、绿色处于之间。任何色彩都存在明暗变化，明度适用于表现画面的立体感和空间感，色彩明度的变化如图4-7所示。

图4-7

在网店装修的配色过程中，明度是决定文字可读性和修饰素材实用性的重要元素，在设计画面整体印象不发生变动的前提下，维持色相、纯度不变，通过加大明度差距的方法可以增添画面的张弛感。同时，色彩的明暗程度也会随着光的明暗程度的变化而变化，色彩的明度越高，图像的效果就越明亮、清晰；明度越低，图像的效果就越灰暗。图4-8所示是一个利用色彩明度制作出来的创意海报，其中使用绿色作为主色，再根据绿色明度的增减来烘托整个版面的色彩氛围。

图4-8

3.饱和度（纯度）

饱和度通常是指色彩的鲜艳程度，也称为色彩的彩度、鲜度、含灰度等。换句话说，饱和度就是色彩中包含的单种标准色成分的多少，不同色相所能达到的饱和度是不同的，其中红色饱和度最高，绿色相对较低，其余色相在二者之间。在色彩的饱和度中，灰色含量越少，饱和度值越大，图像的颜色就越鲜艳。如图4-9所示，这是一个饱和度渐变条的效果，从饱和度的渐变条中可以看到，饱和度越低，色彩越趋于黑色，饱和度越高，色彩就越趋于纯色。

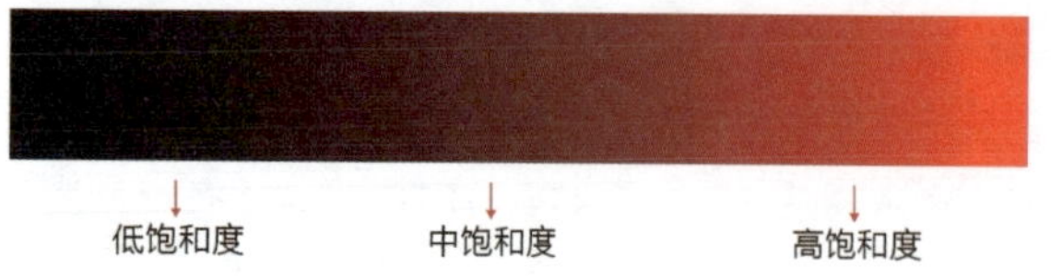

图4-9

色彩的饱和度决定了页面的鲜艳程度。饱和度越高的色彩，图像的效果给人的感觉越艳丽，视觉冲击力和刺激就越强；相反，饱和度越低的色彩，画面越灰暗，画面效果越柔和甚至平淡。因此在网店设计时，要把握好产品的表现效果，充分利用色彩饱和度的高低来营造不同的视觉画面。如图4-10所示，在这张海报中，背景的设计就有效地利用了红色的饱和度变化。

图4-10

4.1.3 色彩三原色

我们所见的各种色彩都是由3种色光或3种颜色组成的，而且它们本身不能再分拆出其他的颜色成分，所以被称为三原色。

1.光学三原色

红（Red）、绿（Green）、蓝（Blue），将这3种色光混合，便可以得出白色光。如霓虹灯，它所发出的光本身带有颜色，能直接刺激人的视觉神经而让人感觉到色彩，我们在电视荧光屏和电脑显示器上看到的色彩，均是由RGB组成，如图4-11所示。

图4-11

2.物体三原色

青（Cyan）、洋红（Magenta red）、黄（Yellow），三色相混，会得出黑色。物体不像霓虹灯，可以自己发放色光，它要靠光线照射，再反射部分光线去刺激视觉，使人产生颜色的感觉。CMY三色混合，虽然可以得到黑色，但这种黑色并不是纯黑色，所以印刷时要另加黑色（Black），四色一起进行，图4-12所示为印刷的三原色。

图4-12

4.1.4 色彩的象征与情感

色彩作为表现设计思想最强大的手段之一，它也是有“生命”、有“情绪”的。产品情绪是产品本身赋予的情感，也就是我们说的色彩的情感。大多数色彩的情感都来源于生活，毕竟我们的设计是商业设计，是要贴近生活的，因为最终成为消费群体的都是生活在我们周边的人。色彩的表现有积极的也有消极，如何来判断就要从色彩依附的载体、色彩的来源、使用的族群和不同的文化背景等因素中加以理解。

图4-13所示为一张女装海报，背景执行去色命令后剩下黑白灰的颜色，然后产品模特的穿搭效果使用产品本身的颜色进行展示，这种使用色彩差异的设计手段，不仅可以第一时间聚集顾客的视觉焦点，也让整个画面更加张扬、个性，与潮流时尚更加契合。接下来就来看看常见颜色的色彩象征和情感。

图4-13

1.红色

红色具有活泼、节日、民俗、喜庆、热情、危险等特征。红色是最热烈的颜色，激情、热与火、竞争与进攻都可以使用红色体现，它是不安宁的颜色，容易给人造成心理压力，所表达的气质与橙色、黄色一样，很容易突出我们想要表达的情感。如图4-14所示，这是一个产品电商节日的活动页，主色调采用红色，突出节日氛围。

图4-14

2.橙色

橙色具有秋天、美食、卡通趣味、活力激情、积极等特征。橙色是暖色调，寓意热情、动态，如果要表现出艳丽、引人注目的效果，那么使用橙色放置在重要的位置作为一种突出色调，能刺激顾客情感。如图4-15所示，这是为果汁机的设计的背景效果。

图4-15

3.黄色

黄色具有阳光、卡通、希望、愉快、警示等特征。黄色可以表达乐观、理想主义和充满想象力等情感，如果在设计中使用黄色，把它作为背景，能形成明暗差异的对比效果，提升视觉刺激。如图4-16所示，这是一张童鞋直通车图，使用黄色的背景，加上卡通元素，让整个效果更加可爱。

图4-16

4.绿色

绿色具有自然、生命、环保、青春、素雅、季节等特征。对于大多数人来说，绿色能产生一种强烈的刺激，某些情况下它是积极的、友好的，表示健康和生命力，通常在农业领域和卫生环保领域最为常见，但如果用来表达人的内心，它常被比作嫉妒、阴暗等。如图4-17所示，这是一张食品海报，采用的就是绿色的背景，突出食品的自然、健康。

图4-17

5.蓝色

蓝色具有海洋、蓝天、科技、理智、世界、品质等特征。蓝色可以算得上是最流行的色彩，明亮的天空蓝，象征希望、理想、独立;暗沉的蓝，意味着诚实、信赖与权威。正蓝、宝蓝可以表达出热情中带着坚定与智能；淡蓝、粉蓝可以让自己、也让对方完全放松。蓝色在美术设计上，是应用度最广的颜色。但值得注意的是，蓝色不适合用于食物或烹饪领域，地球上很少有蓝色的食物，因为它会抑制人们的食欲。如图4-18所示，蓝色可以用来作为企业会议灯箱广告的背景。

图4–18

6.紫色

紫色具有高贵庄重、神秘梦幻、女性、优雅等特征。紫色是一种神秘、高贵的色彩，淡紫色常常出现在浪漫的爱情故事中，在一些环境氛围下，它被赋予温柔与浪漫的含义。紫色在设计中使用要根据实际情况而定。如图4-19所示的这张内衣海报，紫色的使用更加凸显了一种优雅和浪漫。

图4–19

7.黑色

黑色具有黑暗、恐怖、悲伤、严肃、绝望、酷等特征。黑色被认为是悲哀、严肃和压抑的色彩，这仅仅是消极的一面，黑色在积极的一面可以代表个性、酷炫、高档等。当你需要表现专业、展现品味、不想引人注目或想专心处理事情时，都可以采用黑色来设计。所以黑色在使用时需要非常谨慎，准确定位产品后再考虑如何使用它。如图4-20所示，这是一个男士手表产品的详情页，黑色的背景让产品的质感和曲线表现得更加淋漓尽致。

图4–20

8.白色

白色具有纯洁、卫生、恬静、冰冷淡薄、光明等特征。白色是中性色（属无彩色），除了温度心理外，从明视度及注目性上来说，它是高而活泼的色彩，尤其在配色上，白色的地位很高，具有能普遍参与色彩活动的特性。它的反射率最高，对生理和心理的刺激很大。白色虽然没有色相和纯度上的变化，但因反射率的不同，也会产生偏冷或偏暖的感觉，或是通过对比产生补色倾向。如图4-21所示，这是一张手机新款发布的海报设计，大量的留白可以使产品本身和文字更加显眼，顾客也能更加直观地了解产品的外观和相应的描述信息。

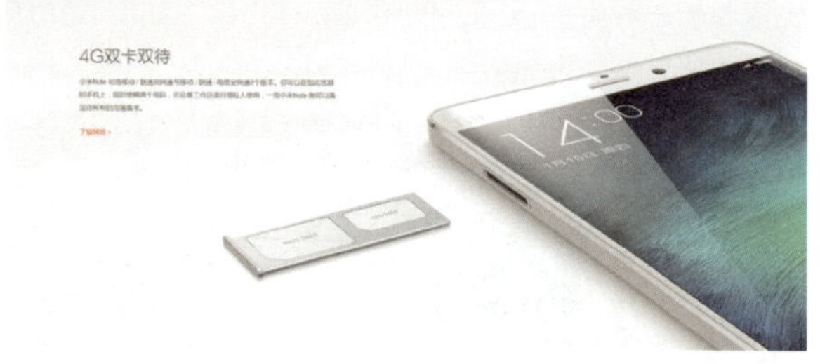

图4–21

9.灰色

灰色具有阴冷、灰尘烟雾、消极晦气、死气沉沉等特征。灰色是地道的中性色彩，它是由黑色加白色产生的浅黑色。它的识别性和注目性都很低，而且色彩性质比较顺从，其不但不干涉其他色彩，还易于和其他色彩混合在一起，并且具有协调其他色彩的作用。灰色的色彩从浅灰色到暗灰色，层次变化很多，其色彩感觉各异。如图4-22所示，灰色凸显主体的效果要比白色明显很多，而且灰色在体现数码产品的质感上，优势也比白色更大，就像这张海报的效果，我们能更清晰地感受到手机的曲线、质感。

图4-22

4.1.5 色彩的属性

1.色彩的性别属性

为什么要说色彩的性别属性呢？因为针对男性、女性和儿童的配色存在很大差异。通常来说，以红色为中心的暖色系、粉色系往往用来表现女性商品，以蓝色或黑色为中心的冷色系、暗色系来表现男性商品，以纯色为中心的多彩色系来表现儿童商品，如图4-23~图4-25所示。所以，在日常的素材收集中，大家都可以按照这种表现原则去寻找对应的素材。

图4-23

图4-24

图4-25

2.色彩的季节属性

在电商产品中，像水果、服饰、旅游等类目的商品都存在季节性的变化，在设计这些季节性很强的商品时，要懂得常用的季节颜色搭配，如春天的绿色、夏天的蓝色、秋天的黄色和冬天的白色等。

图4-26所示是以春季色彩作为主色调设计出来的首页局部效果，整个页面显得充满生气、清爽自然。

图4-26

夏季不免让人想到蓝天白云，当然还有沙滩大海。图4-27所示为以暑期旅游为主题设计出的一个旅游首页局部效果，其中使用了旅游休闲的元素装饰，更加突出夏季旅游的特征。

图4-27

金秋，黄色当然就是首选色彩了。如图4-28所示，利用枫叶、稻田和浅黄色的背景等素材搭配出秋季的色彩效果。

图4-28

电商行业的冬季题材，最受商家追捧的莫过于圣诞节了，图4-29很好地表现出了圣诞的色彩，整个页面颜色偏冷。但在很多时候，冬季已经够冷了，所以大家还是会在冬季主题的页面使用暖色调，这会让顾客看到后产生温暖、舒服的心理感受，图4-30就是这样的例子。

图4-29

图4-30

3.色彩的行业属性

三百六十行，行行用色都不同，色彩的行业属性大家应该一看就明白了，医疗行业的白色、企业单位的蓝色、慈善行业的红色……把握基本的色彩倾向，将其作为色彩搭配时的有力参考。在网店视觉设计中，一定要保证色彩与企业形象、经营的商品形象一致，这样对内可以统一企业VI规范，对外可以宣传企业理念，有助于打造品牌文化。

4.2 关于配色

4.2.1 配色原则

在消费者要求越来越高的时代，店铺颜色搭配的好坏，直接关系到访问量和品牌认知度。既然消费者很好“色”，那么我们装修网店就要投其所好，选择合理又出众的颜色来吸引他们的目光。一项调查显示，85%的消费者在购买特定商品时将色彩作为首要考虑因素，尤其是在新产品营销时，93%的消费者往往将产品外观及色彩等视觉感受作为购物的首要考虑因素。想要更好地运用色彩，首先要弄清楚色彩的基本属性。

1.冷暖色

色彩是有情感的，每种色彩都会表现出不同的色彩感，不同的配色会带给人完全不同的心理感受。所以你在设计的时候就要考虑你想要表达什么样的情感，想让用户看的时候有什么样的感受，你所表达的情感是不是符合主题内容，基于这些出发点再来做页面的配色就更加有目的性了。如图4-31所示，这是十二色相环中的冷暖色范围。

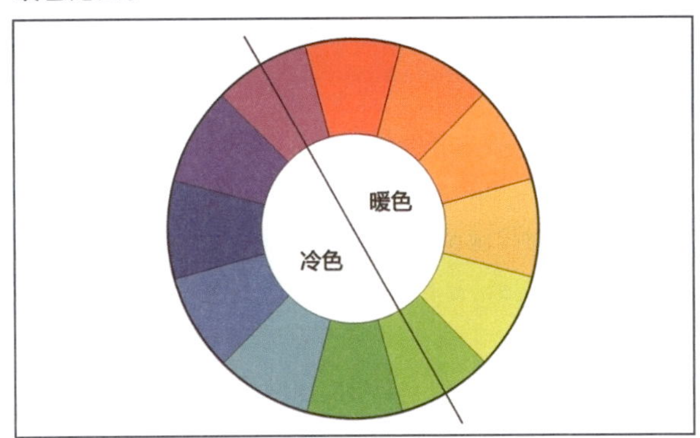

图4-31

暖色调色彩

如果在设计的网店装修画面中融入大量以红色、橙色为主的色调，此时的画面会呈现出温暖、舒适的感觉，此类配色通常被称为暖色调。暖色调可以赋予画面热烈、活泼之感，能够使人情绪高涨，通常被认为是可以提高血压及心跳率、刺激神经系统的色彩。从色彩本身的功能上来看，红色有刺激人兴奋的作用，同时也是最具热情和温暖的颜色，如图4-32所示。

图4-32

冷色系的色彩

冷色系色彩相对于暖色系具有压抑心理亢奋的作用，令人感觉到冰凉、沉静等。其中蓝色最能给人以清凉、冷静的感觉。当网店的装修画面中出现较多的以蓝色为主的冷色调时，画面会呈现出令人感觉到寒意的氛围，其他明度、纯度较低的冷色系色彩也都具有使人感觉消极、镇静的作用。如图4-33所示，这是一款欧式家居产品的效果。

图4-33

冷色系除了可以让人感受到一种冷清、空荡的感觉，还可以让人感觉到如冰块般寒冷、刺激的凉意，能够更形象地诠释出冷色配色所传达的意象。网店装修的过程中，想表达出一种价格非常低的感觉，或者是在夏季，设计师通常都会使用蓝色这种冷色系的代表色彩进行配色，传递出浓浓的凉意，让顾客感同身受，以达到提升转化率的目的。如图4-34所示为阳光照射的夏季海边，如果顾客在夏天看到这个效果，肯定也忍不住想要去水里待着。

图4-34

冷暖的关系是相对而言的，冷色系容易使人联想到白雪皑皑的冬季、湛蓝的湖泊和白白的冰雪，以冷色为主的基调通常会给人造成寒冷、清爽、薄弱、收缩的印象，并且在色彩纯度和明度都很低的色调下，能够产生比实际画面更加收缩的视觉效果。

2.主色

在运用色彩进行设计的时候，色彩的主次关系能决定作品的调性。优秀的作品，色彩的搭配和使用一定是为其加分的一项重要参数。一般来说，页面色彩的功能可以划分为3个部分：主色、辅色、装点色。

主色决定设计的风格

在设计中色彩充当了重要的情感元素，主色就是作品的文化方向。我们在设计初期需要对项目有明确的了解，提炼、选择出最为贴切的主色进行定位。图4-35所示为携程网旅游的主页局部效果。

图4-35

从图4-35中我们可以发现，界面设计中主色面积使用得非常一致。首页中使用的主色彩面积较大，导航条全部填充了主色，二级页面中主色使用的面积较少。将主色点缀到界面中的设计，类似的还有美团、58同城等知名网站，它们都将产品Logo的颜色进行了延续，将Logo颜色定义为主色，有效的统一了产品的传播性。

3.辅助色

通常大家觉得只要色彩面积最多它就是主色。其实不然，人们的阅读心理是有差异的，如果颜色饱和度较低就容易被面积相对少的高饱和度颜色抢眼，所以在定义界面主色的时候要以饱和度（纯度）高的颜色作为主色。如图4-36所示，海报中大面积的低饱和度色彩，小面积的高饱和度色彩，相信大家看到后第一眼一定是被高饱和度的产品色所吸引。

图4-36

4.促销多用大面积的红色

在卖家看来，运用醒目的颜色来吸引买家的眼球，应该算是当下最实用的视觉设计手法了。其中，大面积的暖色是促销活动的必用色彩，因为醒目的暖色会扩张、刺激眼球，提升和激发消费欲望。因此，暖色是淘宝店做活动时出现频率最高的颜色。消费者一看到这样的页面，就知道一定跟打折、促销、店庆等有关。如果一个消费者的消费目的不明，也会在此停留片刻。

而在众多暖色中，红色的使用频率又最高，从淘宝装修市场的热卖模板中发现，销量前100名的模板一半都是红色系。红色对人的刺激性很强，容易引起人们的注意，使人兴奋、激动、冲动。需要提醒的是，这个颜色容易造成视觉疲劳，看久了会让人觉得眼睛不舒服，心情急躁。所以，在使用过程中必须小心谨慎，如图4-37所示。

图4-37

5.色不过三

大家经常会说配色不要超过3种颜色，不管是做平面设计，还是网页设计，都需要遵守这个基本的道理。那什么才算是不超过3种颜色的搭配呢？在这里很多人都会认为就是不要超过3种不同的颜色值。其实不然，不超过3种颜色的搭配是指不超过3种色相的搭配。在单个色相中可以运用颜色明度或饱和度做色彩的丰富性，而色相不要多过3种。

如果设计的界面中的颜色太多，炫酷的眼花缭乱是个什么样的效果？如图4-38所示。

图4–38

在图4-38中，一个简单的详情页关联销售模块就用了这么多颜色，让人看花了眼。慢慢做，设计成图4-39所示的效果会更好。如果再不行就参考淘宝自带的商品推荐模块的样子来做，做成图4-40所示的效果也可以的。

图4–39

图4–40

4.2.2 配色方法

这节介绍的是配色方法，色彩搭配的过程就是不同色相之间相互调和的过程，色彩之间的关系取决于它们在色相环上的位置，色相与色相之间的角度越近，对比就越弱；角度越远，对比越强烈。记住六色的色相环后，对于配色就已经有了良好的开端，因为所有的颜色都可以根据这个色相环上的6种基础色相来搭配产生，下面介绍一些配色方法。

1.单色搭配

一种色相由暗调、中间调、亮调3种色调组成，这就是单色，单色搭配并没有形成颜色层次，而是形成明暗层次，这种搭配在设计中如果使用得当，表现的效果会非常不错，视觉效果也会很理想。这种效果在上一节讲饱和度的时候提到过，效果如图4-41所示。

图4–41

2.邻近色搭配

如图4-42所示，相邻的颜色称为邻近色或近似色，它们之间拥有共同的颜色信息，而且它们之间有很强的关联性，过渡协调柔和，画面和谐统一。这种颜色搭配能够产生一种令人悦目、对比度协调的视觉效果，而且表达的内容也会十分丰富，如图4-43所示。

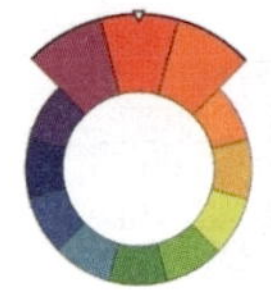

图4-42

图4-43

图4-43所示的海报用了紫色、蓝色和青色的搭配，以紫色为主色调，每种颜色采用不同的明度来增加画面空间感，让画面看起来不单调。

3.互补色搭配

如图4-44所示，在色相环上直线相对的两种颜色称为互补色。互补色可以形成强烈的对比效果，传达出活力、能量、兴奋等意义。如果想要使用这种方法达到很好的效果，最好的办法就是减少其中一种颜色的面积，增大另一种颜色面积，如在一块红色区域中搭配一个蓝色的圆点。

互补色搭配时要注意：第一，要控制好画面的色彩比例，因为互补的两种色相放到一起时会非常刺激眼球，一定要选出其中的一种做主色调，弱化另一种作为辅色；第二，可以降低其中一种的明度、饱和度，使画面产生一种明暗对比；第三，可以在画面中添加黑色、白色作为调和色来降低二者的对比效果。

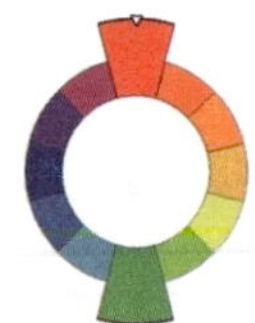

图4-44

图4-45

图4-45所示为一张来自“妖精的口袋”天猫店铺的设计海报，图中使用了深红色和深绿色作为画面色彩，互补色之间强烈的对比造成画面的不稳定性，使得作品足以吸引顾客眼球。但也正是因为互补色不稳定的视觉效果，在正式的设计中一般不会用到这种表现手法。

4.对比色搭配

如图4-46所示，在色相环上，一种色相与其补色左侧或右侧的色相构成对比色关系，如黄色、蓝色、红色就是对比色，这样的配色比起互补色搭配，会减弱画面的对抗性，显得更和谐一些。

图4-46

图4-47

通过色相上的三角对比来看，图4-47中的色彩主要有红色、深蓝和黄橙色3种，正好形成对比色，而红色相对于其他两种颜色，不突兀也不暗沉，所以选择它作为主色是比较适合的。注意，在使用对比色设计版面时，也需要确定一个颜色作为主色调，其他两种颜色作为辅色，原因跟互补色是一样的。

5.直觉配色

直觉配色就是我们说到某个季节就会联想到某一颜色，但这种方法只适合对色彩敏锐或拥有丰富经验的设计师。如说到促销海报，就会想到某些色彩等，也就是在拿到文案的时候第一反应就会想到颜色，如食品，我们会考虑红色、橙色、绿色等可以引起食欲的颜色，如图4-48所示。

图4-48

图4-48所示的是食品的首页局部效果，提到食品，我们就先想到橙色、黄色等可以引起食欲的色彩，然后再去找类似的优秀作品来进行参考配色，根据文案主题确定主色，再开始确定辅色和其他装饰色彩。

6.参考配色

在进行一个需求设计的时候，我们往往会去找相关的参考，使用这种方法也就要求我们平时要善于收集优秀的配色方案，只要是优秀的设计，不管与行业相关与否，都可以参考学习。一个有经验的设计师，一定要有一个自己的灵感库，平时收集优秀的设计作品，偶尔翻看学习，当下一次设计没有很好的想法时，灵感库就会给我们带来设计方向。

参考配色的设计方法有很多种，我们可以按照色彩表来设计，也可以根据在线配色网中得到的效果来进行搭配，如图4-49所示。使用这种方法时，我们可以对参考图片进行马赛克的滤镜处理，即可看到色彩分布效果，如图4-50所示。

图4-49

图4-50

色彩关系到设计的方方面面，研究色彩就相当于研究视觉领域。但色彩的学习不是一两天就能取得良好效果的，更多的是需要耐心。

4.3 页面排版布局

所谓排版，是将文案、人物、产品或其他素材安排到版面上的某一块区域，再将这些可视化信息元素在版面布局上调整位置、大小，使版面达到美观的视觉效果。通过排版，我们可以将网页进行美化，将商品页面的要点模块进行合理的分布，达到吸引顾客、提升购买率的目的。但大家也要记住，设计的形式是没有固定方法可循的，优秀的网店装修页面，靠的是设计师对色彩、文字、版式的灵活运用与搭配，只有在大量的设计实践中，才能真正掌握版式布局的设计法则。

如图4-51所示的海报，由于商品的设计需要体现高端大气，因此在版面布局上采用了简约的效果。因为太多的元素不仅会夺走顾客的眼球，还让版面看起来凌乱；另外，在色彩的搭配上，两端采用了暗调，中间使用奢华高贵的金黄色彩，让产品充满高贵气息。

图4-51

图4-52所示是时尚流行女装店铺的效果，像服装这种单品较多的店铺，一般的商品排版方法是采用堆放式，但大家可以想象一下，如果所有商品都使用相同的模式来排版，会让店铺变得很呆板。所以，我们在商品列表的排版设计中，采用了不规则、灵活的方式，让页面的视觉效果一下子变得充满活力，更加突出流行时尚的特点。

图4-52

4.3.1 直通车图排版

作为美工、网页设计师，在设计直通车图片时，都会经历反复的修改，因为直通车是店铺运营中非常重要的图片，不论你做得好不好，只论你的图片创意可以给店铺带来多少客流量。所以一个直通车的创意，可能会要求我们做多种版面，测试之后再决定使用哪一张作为店铺推广图。做直通车最直接的目的就是吸引消费者点击，那如何设计才能吸引消费者，就是我们接下来需要知道的事情。直通车图片的官方规格和要求，大家可以在淘宝后台的直通车广告中查看了解，这里就不再讲解。

直通车图片既然是为了吸引顾客点击，那就要求我们的图片至少有可以吸引顾客的地方，要么是产品本身的独特卖点，要么是文案创意，再或者是图片本身很有吸引力，明确了不同的卖点用什么样的形式来表现，剩下的就是设计，要有效地利用摄影图片与我们自己的素材库进行创意，将简单的图片变为不简单的直通车图就算成功。下面我们来看看直通车排版的常见类型，先看两张创意直通车图片。

图4–53

图4-53所示的这张直通车图的设计，色彩上采用的是有食欲的淡黄色，产品的宣传语使用可爱的儿童来衬托，大家看到之后会因为这个可爱的效果忍不住去点击。

图4–54

图4-54所示的这张图大家一看就知道大概的主题了，肯定是跟减肥有关的，既然主题一眼就能明白，那文案也就不需要太多，简单的一句送瑜伽服，大家就会去点击看看。

1.产品展示

这种方式将重点放在了商品的展示上，依靠产品拍摄的创意图片来吸引消费者，因为一张拍摄很有创意的产品图就是一张充满卖点的直通车图，以商品展示为主的直通车图片如图4-55所示。

图4–55

2.产品与文案搭配

这种就是我们常见的将宝贝图片与卖点文案设计在一起，经过文案的创意排版罗列出产品的主要卖点，结合产品拍摄图的展示，从而吸引消费者点击，文案图片搭配设计出来的直通车图片如图4-56所示。

图4-56

3.主图直通车图设计的四大原则

图片清爽顾客心情才会清爽

顾客去淘宝商城，目的是快速查找自己喜欢的商品，甚至他们不会太关心店铺的名称、地址。只有图片是最直接与顾客进行接触的。所以，产品图片要干净清晰，视觉层次要到位。如图4-57所示，这是一张设计得比较干净的直通车图片。

图4-57

分析顾客

作为网页设计师或店铺掌柜，不能仅凭主观感觉来设计店铺的视觉形象，应该一切以数据说话，先尊重顾客的喜好再来设计产品图片，才能让图片赢来持续销量。例如，童鞋类产品，顾客更多考虑的是鞋子的舒适度和安全性，因此我们可以从鞋子防滑耐磨、材质柔软等方面来考虑直通车的设计。如图4-58所示，这是一张童鞋类直通车图片的设计。

图4-58

突出主题

产品图中需要添加文案内容，但要保证做到内容专一、主题明确，要知道少即是多的设计原则，文字不在乎多，只求精练，切忌太多信息、排版太乱、主题不突出。

情感输出

设计出来的图片要真，尽量传达给顾客一种“真情实意”的感觉，太夸张、太口号化，只会让顾客觉得“这是不是冒牌廉价货？”“这肯定是骗人的！”

关于直通车图片的排版就简单介绍到这里，在下一章中会有专门一节来详细为大家进行直通车设计的分析和案例讲解。

4.3.2 海报排版

1.海报排版布局的重要性

当用户访问电商网站的时候，淘宝店铺首页的焦点图是网店宝贝风格和形象的一个展示窗口，第一屏的信息展示是非常重要的，在很大程度上影响了用户是否决定停留，但光靠文字大面积的堆积或简单的图片展示，很难直观而迅速地告诉用户来到这里会得到什么有用的信息，因此海报的版式设计在这里起到了至关重要的展示作用。如图4-59所示，这是一张简单的促销海报效果。

图4-59

第一眼看到这张海报，会觉得确实很简单，一个初学的设计师都可以做出来，但一款高端的包包，又有多少人会选择用这么简单的表达方式呢？在平常的设计中，肯定有很多人会把这个包包的诸多卖点罗列上去。这张海报虽然简单，但由于色彩用得很好，人物、背景与包包使用了明显的对比色彩，让亮色的包包一眼就突出在人们眼前，加上很简单的文案，易读，视觉效果也不错，所以整体感觉就提升了不少。

2.常见的海报排版构图方法

排版构图是为了营造更加良好的浏览体验，使顾客获取页面视觉信息的通道更为通畅。构图其实就是经营画面，进行布局，吸引顾客在构图的引导下产生点击欲，了解内容，如果这些都能达到，那说明你的构图成功了。设计的方式有很多，但变化的只是它的色调、素材、细节、角度等。

第一眼看到如图4-60所示的促销海报时，大家肯定会觉得设计得完全抓不到重点，满眼的小文字，再加上一堆的礼品盒，完全不知道想表达什么。构图实在无法直视。这种情况我们应该怎么解决呢？看了下面的构图方法讲解，相信大家对海报构图会有比较清楚的认识。

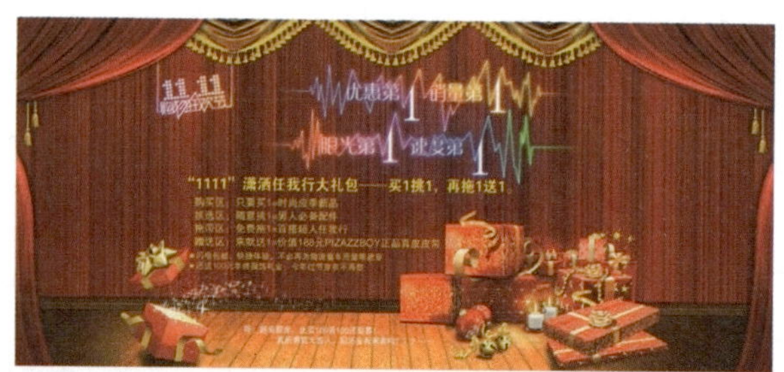

图4-60

左右式版式

这是最常见的构图方式，分别把主题元素和主标题左右摆放。左右结构的布局，文字和宝贝图片分别置于左右两侧，这种版式在海报设计中是最常见也是最不容易犯错的排版方法，其最主要的特点是清爽直白，容易分辨。图4-61所示就是一个典型的左右排版的设计效果。

图4-61

左中右版式（对称式构图）

左中右的版式，标题文字居中，分别把主题元素环绕在文字周围，着重强调标题的环境。在版面布局上相比左右式的版面来说丰富了许多。图4-62所示是一张左中右的海报效果图，我们可以看出，左中右的版面，大多都会搭配模特的大小对比或者角度对比，中间再配上文字，整体布局冲击力很大，比其他版式更容易创造出空间感。

图4-62

中心构图

这种布局用的人还是非常多的，相对于其他版式，它从中心向外扩张，中心位置大多是模特或主题内容，可以很好地凝聚浏览者的视线。大家可能会把这种版式与左中右式混淆，二者的区别在于，左中右式中，3个区域都有各自对应的展示内容，而中心构图则都是以版面的中点为主进行布局。图4-63所示是常见的中心构图设计效果。

图4-63

上下结构

这种排版布局方法对于模特展示可能就不太适用了，相对商品来说，就显得恰当许多。这种排版方法不多用，因为比较难控制文案和商品图片的关系。图4-64所示是一个上下结构的设计方式，文案和产品采用了上下布局的方式进行设计。

图4-64

斜线构图

这种构图方式的版面中产品所占比重相对平衡，构图动感活泼稳定，运动感、空间感强，可以让整个画面充满很强的张力，让主体和需要表达的核心内容更醒目地传达出来。此类构图适合科技、汽车、运动、潮流等题材，如图4-65所示。

图4-65

三角构图

三角形构图指的是设计师在版面中，以3个视觉中心作为设计元素的主要位置，3点互相关联，构成视觉上的三角形。因为三角形的稳定性、空间感，这种构图方法会让版面显得灵活不呆板，可以给人时尚、尖锐等刺激感受。图4-66所示是一个三角形构图的设计效果。

图4-66

不规则形状构图

不规则形状构图指的是圆、半圆、矩形等形状通过变形设计，对版面进行排版构图的方法，这种构图方法相比其他方法更加灵活，但也更考验设计师的构图能力，掌握得好，就能做出很多视觉冲击力很强的画面。图4-67所示是一张以不规则形状作为版面布局的促销海报。

图4-67

4.3.3 详情页排版

不用多讲，详情页的重要性是每一个开淘宝店铺的人都知道的事情，有时详情页甚至比首页还重要，因为绝大多数顾客都是通过店铺的单品进入网店中，然后才有可能转到首页查找其他宝贝。因此详情页的设计也是一个网店设计中最重要的事情之一。本节就来看看详情页设计的一般排版原则，详情页的设计分析和案例讲解会在后面章节中为大家讲解。

1.版式衔接

一个具有多种款式或颜色的宝贝详情页，页面高度在10000像素以上属于常见的情况，这么长的页面，设计起来需要考虑的因素也有很多，版式的衔接就是其中最重要的一点。版式设计相当于一个人的脊椎，连接全身上下，版式衔接恰当可以让详情页看起来更加协调，模块之间的过渡更加完美，顾客看到这样的详情页，不仅是在购买产品，同样也在欣赏一个设计作品。下面为大家讲解详情页设计时版式衔接的常用方法。

柔和的曲线衔接

使用曲线对设计的版式进行分割，这种方法更加适用于女性产品或母婴产品。顾客浏览页面时，曲线的方向可以指引顾客观看，延长页面停留时间。这种版式可以让页面更加和谐美观、具有形式感。图4-68所示的化妆品产品的详情页设计，就采用了曲线作为模块之间的连接纽带。

图4-68

图4-69

直接分割

这种方法指的是在设计时使用模块标题对各个模块进行直接切割，这种版式衔接方法也是常见的一种，在数码产品、运动产品和偏男性化的商品中使用较多，这种分割方法可以使页面看起来更加具有力量。图4-69所示的详情页采用了明确的模块标题来对各个板块进行分割，方便顾客有目的的浏览页面内容。

2.对比突出

对比的目的是引起观者最初的注意力，使用对比的排版可以有效地增强画面的视觉效果，同时也可以避免因出现太多的相似元素而弱化了设计的主题。

如果在详情页设计中缺少了对比，会使商品缺少活力，视觉的吸引上就会大打折扣。电商产品页面的设计一定要明确目标，突出重点，不要想着什么都设计得突出，结果适得其反，变得什么也不突出了。人们不喜欢看平淡无奇、千篇一律的东西，他们喜欢看有对比的画面。所以在设计中，我们可以从主次关系、大小、色彩等方面运用对比手法，重要的内容突出，不重要的内容弱化，将宝贝详情页设计得更具魅力。

大小对比设计的效果和色彩对比设计的效果分别如图4-70和图4-71所示。

图4-70　　图4-71

3.卖点可视

在电商产品页面设计中，尽量使用图文结合的形式来展示商品卖点，简短的文案搭配恰当的商品可以产生更好的表现力。当然，这样做的前提是页面干净清晰，有很好的可读性，如图4-72所示。

图4-72

4.3.4 首页排版

1.首页排版的重要性

很多新手卖家会想当然地以为放在首页上的货品越多越好，一来可能因为他们代理了多个品牌，又或者他们自己的品牌因为货品组合没有太多的风格感和系列感，二来想尽可能多地把各种各样的货品展示出来以满足各种不同顾客的需求。其实不然，买家进入到这种店铺后的第一感觉就好像来到了一个杂货店，虽然东西很多，但没办法第一时间判断出这家店是否符合自己需求，粗略地过了一遍后，很容易关闭页面，导致客户流失。如图4-73所示，这是一个货品太多而且没有系列感的首页排版布局，顾客看到会有头晕眼花的感觉。

图4-73

因此，一个店铺必须要有一个基调和一个风格，统一整齐的规划和明确的色彩视觉表现，能让进店的买家第一时间就知道店铺的商品定位和销售对象，从而选择离开或者继续深入了解。另外，如果店铺的风格足够鲜明并且给买家留下足够深刻的印象，哪怕买家今天暂时对该风格的商品没有需求，但是一旦哪天有这方面需求的时候，他第一时间会想起这家店铺，从而形成回头客。图4-74所示是一个分类清晰，排版灵活多变的设计效果。

图4-74

2.产品定位

不管是首页还是详情页，在设计之前都需要对产品进行定位，精确的商品定位可以帮助我们选择最佳的设计风格和色彩视觉。下面以女装为例，为大家简单的分析几种常见的商品风格。

时尚潮流

定位在这种风格的商品，目标客户群体是在20岁出头的年轻女性，因此在店铺排版设计上，都显得格外大胆出挑，版式的用色上更是使用了大量当下非常流行的撞色效果，突出商品的个性，如图4-75所示。

图4-75

高雅知性

这种风格的商品定位就是优雅、知性，目标客户群是一些30岁左右追求时尚的知性女人，职场白领更是这种风格的有力体现者。因此店铺首页的版式设计，更多的呈现出一种高调的优雅和时尚的融合，如图4-76所示。

图4-76

酷范个性

这一类的商品，定位是一些追求个性、至真至酷的人群，他们喜欢打破常规，在别人面前展现出十足的个性，他们不在意别人怎么看，追求做自己最喜欢的事情就好。这样的风格，在店铺排版设计时直接使用大面积黑色或者冷色调来突出这一类型的服饰特点，让顾客一眼就能读懂商品适合的人群，如图4-77所示。

图4-77

温柔甜美

这一风格的商品是受众最多的，它的受众群体可以是可爱的小女生，可以是小鸟依人的乖乖女，可以是温婉可人的大家闺秀……总之，这种风格的商品适合绝大部分的女性。因此，在店铺排版设计时，更多的使用中规中矩的排版和暖色调进行修饰，意在表达出上述中说到的商品特点，如图4-78所示。

图4-78

商品定位的分析会在后面章节中使用大量的实例为大家详细讲解，这里只是为了让大家方便理解而选择的一个类目。在首页设计案例分析章节中，大家可以更深入地理解首页的整个设计流程。

3.首页的框架结构

有了一个明确的风格定位之后，还要拥有一个良好的用户体验才能让买家花更多的时间停留在店铺内浏览商品，而良好的用户体验在首页的体现便是一个合理的功能模块布局。根据大量数据证实，一个新买家进店后在前三屏的点击概率会相当高，越往后点击率越低，因此尽可能地让买家在前三屏找到他们想要的产品，而卖家也需要利用好前三屏将主打的商品推销出去。下面就来看看，在首页的架构中，我们如何有效地利用布局，最大限度地展示出店铺主打商品。

开门见山放爆款

爆款或者主打商品，基本上要占据店铺最佳的展示位置，这些位置要根据每日的销售数据和转化数据做定期更新，更新内容包括展示位置、橱窗图和详情页优化等。

一般来说，许多店铺的首屏放的都是首页焦点图。因此卖家可以着力打造次屏，让热销商品占好这个位置。店铺里热销的商品大部分人都喜欢，喜欢的人越多，销售的数量也就越多，逐渐形成了淘宝上的“二八效应”（即按事情的重要程度来编排执行的优先次序）。因此，我们必须把店铺里的“二”单独拉出来，并且这些位置的橱窗图的设计，要大到足以完全展示单品本身，并且提炼出诱人的商品卖点。如图4-79所示的首页布局效果，在前两屏中就设计了店铺爆款、热销商品或活动商品列表。

图4-79

新款灵活排版

新款的排版有多种方式，可以单独设置新品发布区域，或者将新品穿插到热卖商品区，帮助其提升点击率和转化率，或者直接将新品做到第一屏，吸引顾客点击。刚开始，新品可以放在第三屏，这样能让买家有新鲜感，而不至于产生视觉疲劳。如针对每批新品选择两个主推款在陈列图片的大小上做到错落设计，以达到视觉聚焦的目的。如果新款一旦转化率高、点击率高，就可以经过二次包装，深度挖掘卖点，投直通车或者活动报名加足流量，逐步打造成爆款。图4-80所示是一个店铺对新款的排版方式效果图。

图4-80

折扣商品区

已经过季的、断码的、转化率低且库存不足的商品应该如何处置？根据一般零售原则，这些商品尽量用少的精力去维护，卖家要把精力放在完成更主要的销售上。此类商品，一搬可以设置清仓区，在首页设置对应入口，常见的位置是页面下端，或者让这些商品参加季节性活动促销，或者在保证利润的前提下将它们转化为附加赠品，以作为会员回馈用品，赚个好口碑。此外，促销页面的模块越简单越好，描述清晰一些，别让买家费解。如图4-81所示，将折扣商品单独创建一个页面进行展示，店铺首页只是提供一个折扣专区的入口按钮。

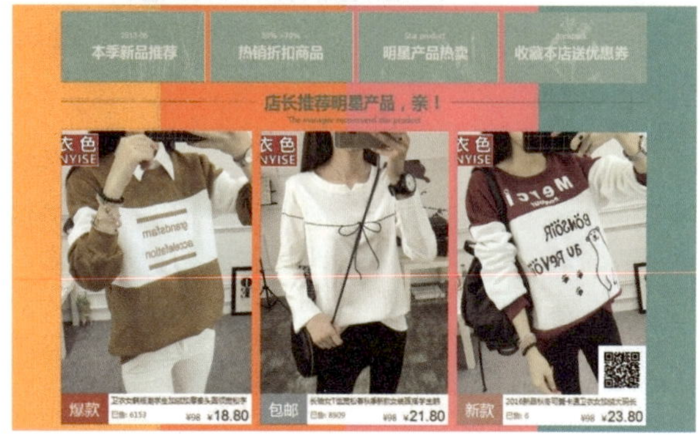

图4-81

商品陈列

前三屏的版式都已经大致确定出来了，那对于店铺中大多数销量低的商品，我们又要如何来进行排版呢？商品陈列时，要将最有优势、最热卖的商品陈列在最上面。如果你的商品少，一排放2~3个商品最佳，如果商品多，可以放3~4个，不要想着尽可能地多放，要知道在顾客视觉的刺激上做到宁缺毋滥。前面讲到的那些首页效果都是不错的参考。

总而言之，陈列本身是一个细致且不停更新的工作，它会根据不同的销售目的、时间、客户群而不停调整。归根结底，要把最好的产品用最适合的方式展现给最优质的客户。其实，这一章中讲解的版式布局，虽然都是单独将每个版块区分开来讲，但它们之间却都有着千丝万缕的联系，很多布局的方法和依据，都可以应用到其他版块的设计中，大家懂得方法就行，重要的是在实践中不断地尝试。

4.3.5 文案排版

1.文案排版的重要性

大家都知道，在一张广告图中，最重要的元素有两个，一个是产品，另一个是广告文案。其中最重要的工作就是完成文案的排版。说到排版，这是个大学问。网站上的每一个元素都会影响浏览，文字的排版需要考虑文字辨识度和页面易读性，好的排版一定有着比较棒的阅读性，文字内容在视觉上是平衡和连贯的，并且有整体的空间感。文案排版设计的好坏绝对能考验一个设计师的基本功底。先来看一个文案排版的页面效果，如图7-82所示，上半部分的促销效果还是很好的，但下方的小文案就明显不妥。

图4-82

2.文案排版的意义

文字是一种记录与传达语言的符号，是人类文明进步的重要标志。随着图形化时代的兴起，文字与图形的关系在设计领域起着举足轻重的作用。在练习字体设计时，找有代表性的字体来做，练习有代表性的字体不但可以激发创意，还可以提高思维能力。文字经过艺术化设计后，可以让文字形象变得情景化、视觉化，强化语言效果，对提升页面的设计品质和视觉表现力发挥了极大的作用。如图4-83所示，对文案进行排版后就很好地凸显了整个产品的档次。

图4-83

3.文案排版规范

行宽

可以想象一下，如果一行文字过长，视线移动距离长，很难让人注意到段落的起点和终点，阅读起来会比较困难；如果一行文字过短，眼睛要不停地来回扫视，破坏阅读节奏。因此我们可以让内容区的每一行承载合适的字数，来提高易读性。大家对比一下图4-84和图4-85的文案效果。

图4-84

图4-85

间距

行距是影响易读性非常重要的因素，过宽的行距会会让文字失去延续性，影响阅读；而行距过窄，则容易出现跳行。间距参数需要我们在具体情况下进行设置，因为使用的字体不同，相同的字符参数产生的效果也会有明显差异。大家可以将图4-86与图4-84再进行对比，看看视觉效果如何。

图4-86

对齐

排版中很重要的一个规范就是把应该对齐的地方对齐，如每个段落行的位置对齐。不论哪种视觉效果，精美的、正式的、有趣的还是严肃的，一般都可以应用一种明确的对齐方式来达到目的。通常情况下，建议在页面上只使用一种文本对齐方式，尽量避免两端对齐。如图4-87所示的效果，大家可以想象一下，如果这张图的文案是凌乱的，顾客还能快速找到适合自己的尺码吗？

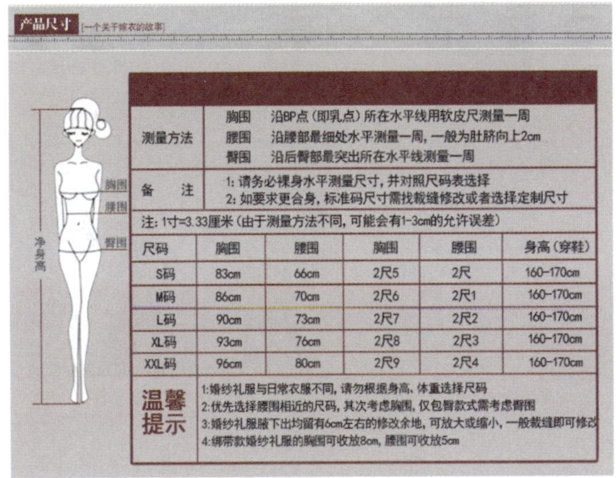

测量方法	胸围 沿BP点（即乳点）所在水平线用软皮尺测量一周 腰围 沿腰部最细处水平测量一周，一般为肚脐向上2cm 臀围 沿后臀部最突出所在水平线测量一周				
备　注	1：请务必裸身水平测量尺寸，并对照尺码表选择 2：如要求更合身，标准码尺寸需找裁缝修改或者选择定制尺寸				
注：1寸=3.33厘米（由于测量方法不同，可能会有1-3cm的允许误差）					
尺码	胸围	腰围	胸围	腰围	身高（穿鞋）
S码	83cm	66cm	2尺5	2尺	160-170cm
M码	86cm	70cm	2尺6	2尺1	160-170cm
L码	90cm	73cm	2尺7	2尺2	160-170cm
XL码	93cm	76cm	2尺8	2尺3	160-170cm
XXL码	96cm	80cm	2尺9	2尺4	160-170cm
温馨提示	1:婚纱礼服与日常衣服不同，请勿根据身高、体重选择尺码 2:优先选择腰围相近的尺码，其次考虑胸围，仅包臀款式需考虑臀围 3:婚纱礼服腋下出均留有6cm左右的修改余地，可放大或缩小，一般裁缝即可修改 4:绑带款婚纱礼服的胸围可收放8cm，腰围可收放5cm				

图4-87

留白

在文字排版时，在版面中需要留出空余空间，即留白。留白面积从小到大的顺序是：字间距、行间距、段间距。此外，在排版内容区之前，需要根据页面实际情况给页面四周留出余白。如图4-88所示，就是采用了大面积的留白，主要体现产品和文案。

图4–88

4.字体排版原则

字不过三

这里的字不过三跟大家常挂在嘴边的“色不过三”一样，其实字体的排版设计也切记不能太多太杂。在一个页面中，字体样式使用1~3个就足够了，然后着重通过对字体的大小和颜色设计来强调文案的主旨。字体排版使用得好，也可以做出好的构图和设计。图4-89所示是一张合格的效果图，整张海报使用了一个Didot的英文字体、一个方正兰亭粗黑的标题字体和一个正文描述的宋体，适当的排版后，可以让整个效果更加高端大气。

图4–89

文字与背景层次要分明

这里指的是文案要与背景产生对比效果，文案的排版要清爽直观，色彩不能与背景融合，否则会严重影响顾客的阅读体验。大家可以尝试设置字体颜色或在文案区域设计浅色字体背景，以达到将文案区域与页面背景区域区分开来，增强页面的可读性。当然，如果你的文案只是用来衬托、装饰整个版面的效果，那就另当别论了。大家看看图4-90所示的效果。

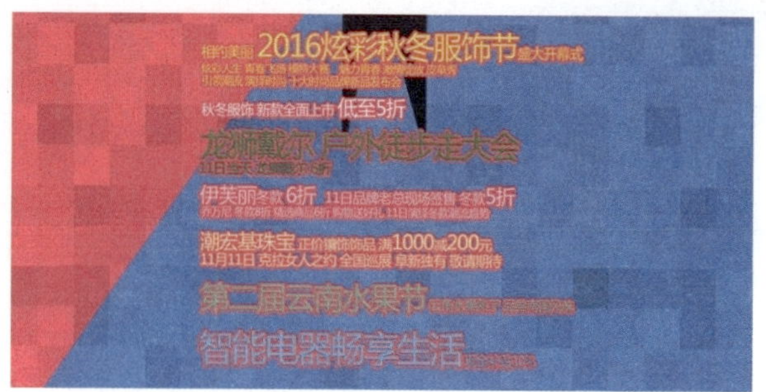

图4–90

看完上面这张海报，是不是发现字体和背景融到了一起，让顾客在阅读的时候显得非常不便，当然就无法达到我们期望的广告效果了。

字体与页面气氛要匹配

字体其实就是文字的风格样式，字体也是文化的载体，是社会的缩影。不同的字体给人的感觉也不同，例如，常见的宋体，雅致、客观，给人正式庄重的视觉效果，所以官方的文件大都以宋体为主；又如黑体，时尚、厚重、抢眼，有强调的效果，在书籍目录、广告标题等场景中都有广泛应用。如图4-91所示，字体的样式就很适合海报的气氛。

图4–91

这种整体版式结合文案内容的设计，设计风格采用明快的方式，字体的设计也带有娱乐、灵活的效果，气氛匹配，用户代入感强。

字体艺术化

字体经过艺术化设计后，可以使文字变得更加情景化、视觉化，强化了语言效果，成为更具有某种特质和倾向性的视觉符号。进行字体变形时，我们可以根据文案或页面氛围特征加入相应的修饰元素，无论是闪电、钱币或其他线条，它们都可以更加形象地增加字体的设计感。如图4-92所示，图中的字体是经过特殊处理后的效果。

图4-92

字体变形在营销设计中可以很容易地表现出促销效果，而且还能让我们的设计更加丰富，可以增加设计的层次感和视觉感。

5.文案排版常用方法

在文案排版设计中，大家是否遇到过这些困扰：字体样式太多，杂乱无章；使用的字体不易识别；字体和商品氛围不搭……文案的排版设计也要遵循人们的阅读习惯，选择适合整个结构的设计方法来对文案进行排版，如从上往下、从左至右、合适的对齐方式等。不管是哪一种，只要适合版面走向，我们就可以去尝试。先来看一张效果图，如图4-93所示。

图4-93

看了图4-93的文案排版后，相信给大家的第一印象都是一样的，那就是乱。为什么会乱呢？再来看图4-94。

同样都是这么文字很多，是不是图4-94的感觉比图4-93好很多？其实，造成这种视觉效果的原因正是文案的排版。绝大多数设计师的设计习惯是边加内容边排版，这样很容易导致一个问题，就是我们需要用大量的时间来调试各种各样的排版方式。这点大家应该深有体会，每一次设计，我们的时间很多时候都花在元素位置的摆放、大小的调整、颜色的调配上。下面就来看看常用的文案排版。

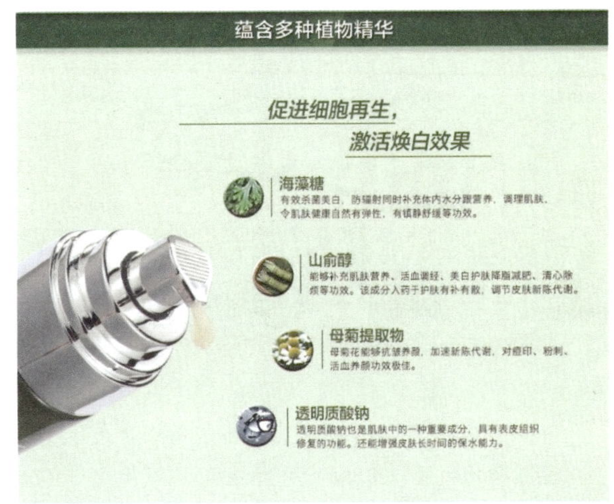

图4-94

横向排版

这种排版方式是比较常见的，也是很直观的表达手法，如果对它再分类，还可以分为左对齐、右对齐、居中对齐3种排版方式。由于人们往往习惯从左往右的浏览顺序，因此左对齐的排版是非常直观、传统的设计方法。另外，居中对齐不管是在促销海报还是常规的设计中，由于容易设计出效果，所以很多设计师也很喜欢这种对齐方式。下面来看两张横向排版的设计效果，如图4-95和图4-96所示。

图4-95

图4-96

上述几张文案排版效果图都是比较常见的电商产品海报，通常都采用了对齐的排版方法，对齐是最常见也是最基础的文案排版方式，大家随手翻看的书籍里，所有的排版都会用到对齐。对齐就像一条看不到的线，处于海报的边界，将所有的文案自然而然的连接在一起，给人或稳重力量、或工整统一、或俏皮可爱的感觉，如图4-97所示。

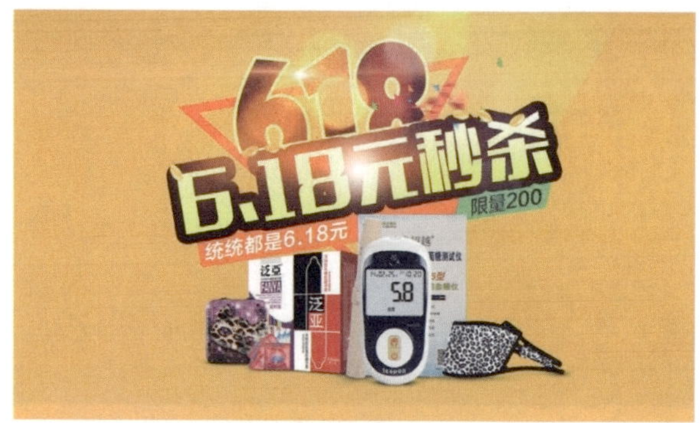

图4-97

电商产品海报中的居中排版经常会看到文案直接放在产品或模特上面，文案的遮挡和后面的模特或产品会营造出前后的层次感，加上一些光效会让整张画面的空间感提升许多。这种排版方式对设计师的画面布局把控有一定的要求。

竖向排版

这种排版方法适合设计一些有文化底蕴的产品，如民族风产品、棉麻服饰等。如图4-98所示，这是一张竖向排版的文案效果图。

图4-98

斜向排版

斜向排版的视觉效果是非常直接的，这种排版方法适用于文案偏多的设计中。但也要注意，使用这种方法设计时，文案的倾斜角不要超过45度，因为没有人会愿意把脖子拧变形地去看长篇的文字，而且一旦使用了倾斜排版，那所有的文案最好都采用斜向排版，否则效果会很不协调。图4-99所示是一张倾斜的文案效果图。

图4-99

文案的排版方法并不局限于上述讲到的这些，我们可以将上述的多种方法结合对文案进行设计，也可以从数字化差异、国际化的英文效果、多种色彩的应用等方面来着手文案的排版设计。关于文案的排版设计，有很多专业的书籍供大家学习，这里只是对电商网页设计中常用的方法进行简单的总结。

05

店铺基础模块的设计与装修

店招的设计与装修

导航条的设计与装修

客服区的设计与装修

大屏海报的设计

主图与直通车图的设计

详情页设计

活动图片设计

5.1 店招的设计与装修

5.1.1 什么是店招

店招就像生活中实体店铺的招牌，它是网店的招牌。作为一个网店形象的参考，它代表着整个店铺的风格和商品的特性。同时，一个新颖精致、有吸引力的店招能起到宣传店铺品牌的作用。淘宝店铺设计中重要的一点，就是要为浏览者提供最直观、便捷的消费入口，但不管店铺流量来自哪里，浏览者都会看到店招，所以店招的设计很关键。

5.1.2 设计店招时应注意的问题

（1）放在店招上的元素不宜过多，作为顾客进店后的第一视觉印象区域，店招的设计显得尤为重要，一个成功的店招，页面要干净整洁、便于消费者记忆传播，元素如果太多，不仅会显得杂乱，影响视觉效果，还会让顾客反感导致跳失率。

（2）把店铺最突出的特点、卖点展现给消费者。

（3）添加店铺热销商品链接，为主打商品引入更多客流量，让爆款更加热销。

（4）店招中还可以设计一些产品的购买保障，这样可以提升消费者对店铺的信任感。

（5）添加收藏链接，既可以留住新老顾客，还可以在后期的活动中定向推送广告。

5.1.3 店招的尺寸规格

店招的规格和其他区域的一样，也分为天猫尺寸和淘宝尺寸，淘宝网店的店招，官方尺寸为950像素（宽）×150像素（高），其中150像素的高度包括店招展示区域和店铺导航条区域，如图5-1所示。超出官方规定尺寸的部分，将会被直接截断屏蔽。天猫店招尺寸为990像素（宽）×150像素（高），如图5-2所示，高度区域的内容模块与淘宝相同。

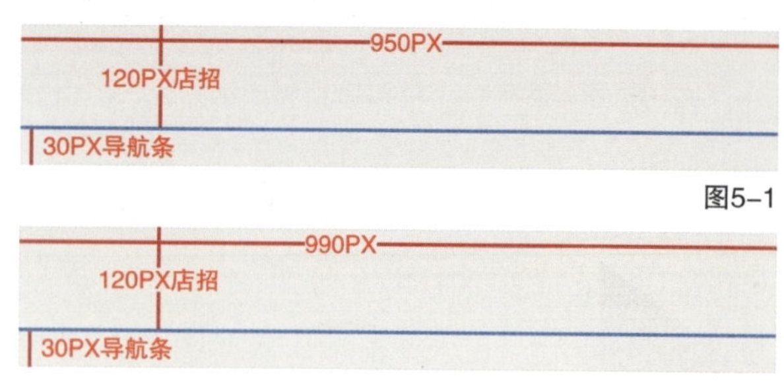

图5-1

图5-2

在店招的设计中，建议大家将店招和导航一起设计，也就是高度设为150像素，将120像素的店招和30像素的导航条设计在一起。因为将二者一起设计，可以让它们的色调、版式更加协调，省去了装修时重新为二者搭配色彩的麻烦。需要注意的是，在装修前的切图时，需要把导航条部分和店招部分切割开来。

导航条与店招相似，它在店铺中的展现作用也是非常大的，只要顾客在店铺中，不管在什么页面，都可以看到二者的身影。其作用在于让顾客用最短的时间寻找想要的产品或跳转到其他感兴趣的类目，缩短顾客寻找商品的时间，提升顾客购物体验的满意度。导航条中放置的是店铺商品的分类名称，因此，导航条中的分类要尽可能简单。

5.1.4 店招包含的信息

根据不同的类目或不同的店铺，店招一般包含的内容有店铺或品牌名称、品牌Logo、广告语、优惠券、热销商品图链接、店铺收藏、二维码等其中的一种或多种信息，如图5-3所示。

图5-3

一个合格的店招必须具备以下几点。

（1）品牌标志或品牌名称放在醒目的位置。

（2）服务宗旨、公司理念等品牌诉求可以放到其中，让顾客一眼就知道店铺的经营理念，如图5-3中的宣传口号。

（3）正在大促的商品，除了放在海报区域，也可以放在店招中，增加商品的出现频率，总会有顾客对这个促销的商品感兴趣。

（4）一定要简洁，把店铺最想要让顾客看到的信息放到店招中即可，如果文字太多而又实在重要，可以用图片混搭文字的形式排版。总之，不要让顾客看到的时候产生头晕眼花的感觉就行。

5.1.5 实战：家纺店招设计

实例位置 实例文件>CH05>5.1.5>家纺店招.psd、家纺店招.jpg
素材位置 素材文件>CH05>5.1.5>素材文件夹
视频位置 视频文件>CH05>5.1.5家纺店招设计.mp4

本节以一个家纺店铺的店招为例来进行说明，然后在讲解中延伸到其他类型的店招设计中。

01 打开Photoshop，执行“文件>新建”菜单命令或按快捷键Ctrl+N，新建画布，如图5-4所示。

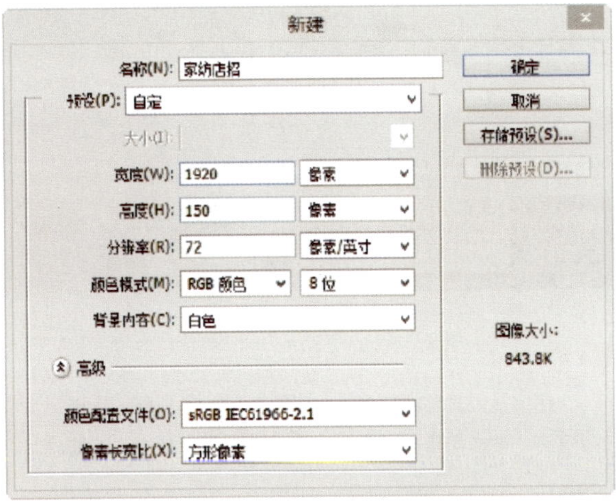

图5-4

02 新建画布之后，淘宝默认的有效内容区为950像素，天猫默认的有效内容区为990像素，该案例为天猫的店招设计，所以根据天猫店招的尺寸规格，在画布中拉出两条参考线，确认内容的展示区域，同时为导航条区域拉出高度为30像素的参考线，如图5-5所示。

边缘465PX（淘宝为485PX） 内容区990PX（淘宝为950PX） 边缘465PX（淘宝为485PX）

图5-5

提示

参考线绘制常用的方法如下。

使用裁剪工具组中的“切片工具”从画布边缘开始绘制，绘制出一个区域后，在切片区域内双击，弹出对话框，如图5-6所示。将选项中的宽度选项W（W）的参数设置为465，单击“确定”，接着就可以从标尺中拉出参考线并与切片对齐，其他部分参考线的绘制也如此。

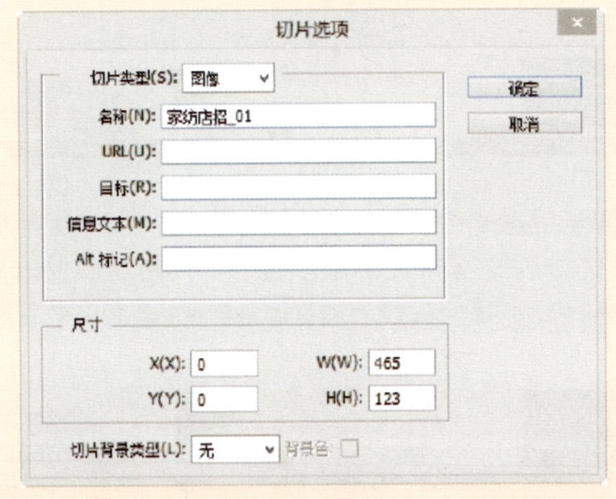

图5-6

上述方法如果使用起来不方便，还可以使用“矩形选框工具”绘制出465像素的选区，高和宽的参数在绘制的时候就会实时显示出来，这需要在绘制时仔细观察，绘制完成后仍然从标尺中拉出参考线与选区边缘对齐即可。

03 整体的框架参考线绘制完成后，开始设计内容部分。添加素材“纹理”，调整大小使之铺满画布，使用矩形工具绘制导航条区域的背景，禁用描边，填充颜色（R:85，G:75，B:70），再输入导航的模块标题，如图5-7和图5-8所示。

图5-7

图5-8

04 添加产品素材“白套”和素材“蓝套”，调整它们的大小并移动到内容展示区域的右侧，图层位置移动到“导航”下方，如图5-9和图5-10所示。

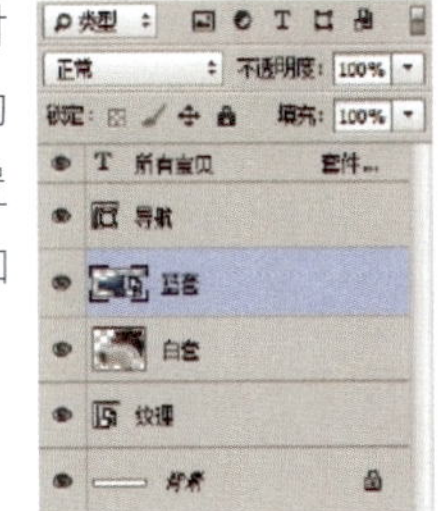

图5-9

图5-10

提示

这里展示的商品一般都是店铺的主打商品，这里如果不放置促销商品的话，还可以设计一些店铺信用、店铺动态等信息。

05 回到图层顶部，新建图层，使用“矩形工具”在内容区左侧绘制品牌展示的背景“品牌”，参数与导航条的设置一致，如图5-11所示。

图5-11

06 为“品牌”做一个简单的底部效果，使用“椭圆工具”绘制一个小椭圆，命名为“波浪”，按住Alt+Shift+鼠标左键拖动“波浪”图层，在水平线上复制出多个椭圆“波浪”，如图5-12所示。

图5-12

07 选中这些“波浪”图层，按住Ctrl+E对它们进行合并，新图层仍命名为“波浪”，对“波浪”执行自由变换命令（快捷键Ctrl+T），将两端向内压缩，使“波浪”图层与“品牌”图层左右对齐，如图5-13所示。

图5-13

08 在品牌区域输入品牌名称“案例家纺”，如图5-14所示。在品牌区域中设计一个收藏按钮，使用“圆角矩形工具”绘制收藏的底纹“圆角矩形1”，填充颜色（R:205，G:0，B:0），禁用描边，圆角半径为10像素，如图5-15所示。

图5-14

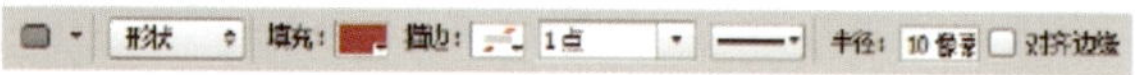

图5-15

09 接着选择矩形工具组中的“自定义形状”，找到心形的形状，绘制白色填充的图层“形状3”，输入文字“关注”，效果如图5-16所示。

图5-16

提示

这里的品牌信息使用了简单的名称展示，一般来说，店铺为了进行品牌宣传，都会用一些品牌的Logo等进行展示，总的来讲。店招左侧一般设计为放置店铺的品牌信息，右侧则设计为放置一些促销信息或店铺的资质。

10 最后为两款商品图添加促销标签。在图层面板中，回到矩形“导航”下方，新建一个图层，使用“椭圆工具”绘制圆形，颜色填充（R:205，G:0，B:0），禁用描边，然后将促销信息排版出来，效果如图5-17所示。对促销信息建组并命名为“标签1”进行保存，如图5-18所示。

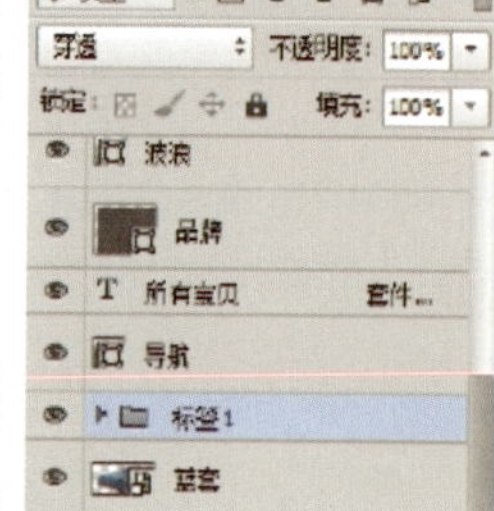

图5-17

图5-18

11 复制图层组“标签1”，修改信息，完成促销部分的设计，如图5-19所示。

图5-19

提示

在店招上放置促销商品，最重要的一点是展示促销的优惠信息，商品图搭配显眼的促销信息，可以吸引更多的顾客点击，从而提升商品转化率。

12 店招到这里基本就设计完成了，为了让店招看上去更加上档次，我们还可以为店招添加一些装饰的素材。在图层“纹理”上方，新建一个图层，添加素材“花朵”，复制多个拷贝层，如图5-20所示。使用自由变换命令（快捷键Ctrl+T）将各个拷贝层做适当的调整和移动，合理地分布在画布中，效果如图5-21所示。

图5-20

图5-21

5.1.6 店招的装修

介绍完了店招的设计，接下来讲解店招的装修，这里以一个卖蜂蜜的店铺的店招装修为例进行讲解。

01 从千牛客户端或淘宝网个人中心进入淘宝网店铺后台管理模块“卖家中心”，如图5-22所示。然后单击左侧工具栏中“店铺管理”模块的“图片空间”选项，如图5-23所示。

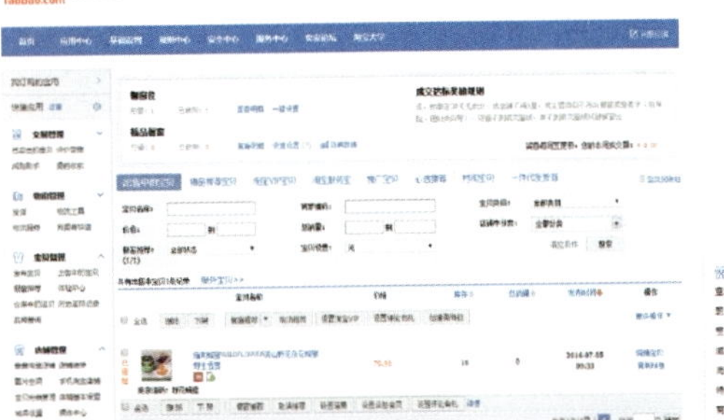

图5-22 图5-23

02 进入图片空间，单击菜单栏上的“图片管理”按钮，为装修图片建一个“首页装修”文件夹，如图5-24所示。

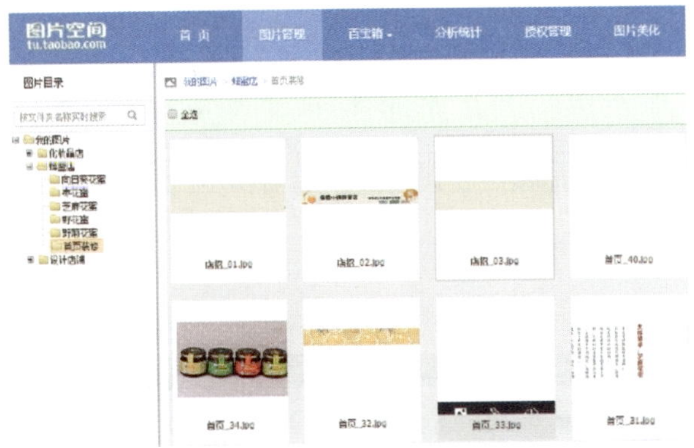

图5-24

03 在选中“首页装修”文件夹的状态下，单击右侧的“上传图片”按钮，打开上传图片的对话框，如图5-25所示。单击“点击上传”按钮，选择需要上传的店招，选择之后直接单击“开始上传”，如图5-26所示。

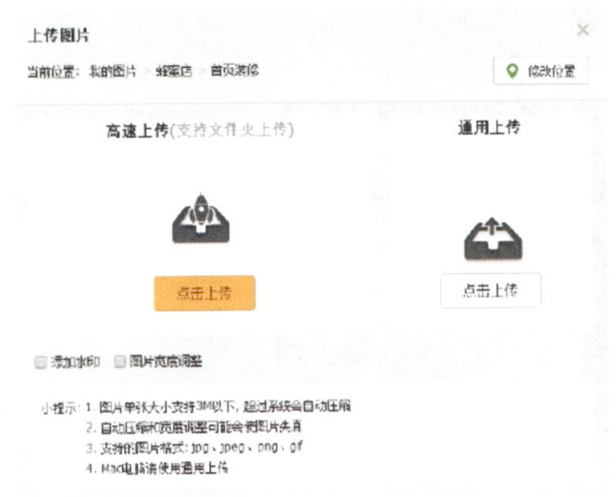

图5-25

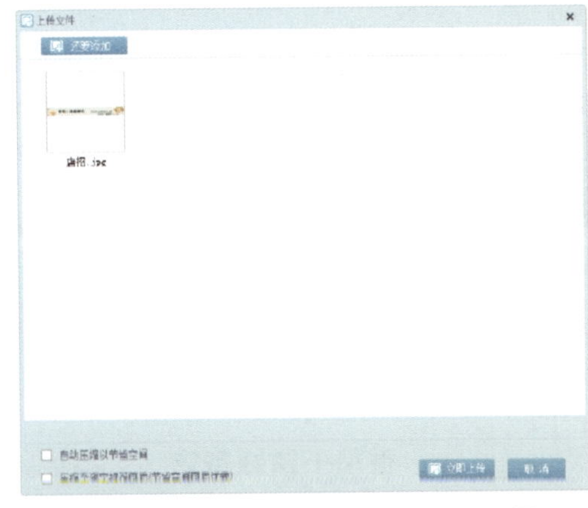

图5-26

04 上传完成后，弹出提示对话框，提示图片是否完整上传，单击“确定”按钮后即可完成图片的上传，如图5-27所示。

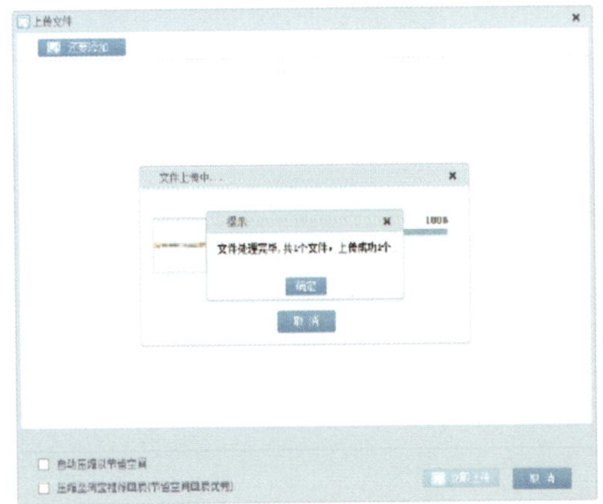

图5-27

提示

不论图片上传成功与否，提示对话框都会弹出，如果上传失败，提示框会提示失败信息。出现上传失败的情况时，一般来说都是网速问题，可以稍等片刻再尝试上传。

05 图片上传之后便开始装修，单击图5-23所示中的“店铺装修”选项，进入店铺装修主界面，如图5-28所示。

图5-28

06 鼠标移动到店招区域时，会出现一个阴影的遮罩效果，表示该页面已经进入编辑状态，我们可以随时进行装修，如图5-29所示。单击遮罩效果右上角的“编辑”按钮，进入店招的装修页面，如图5-30所示。

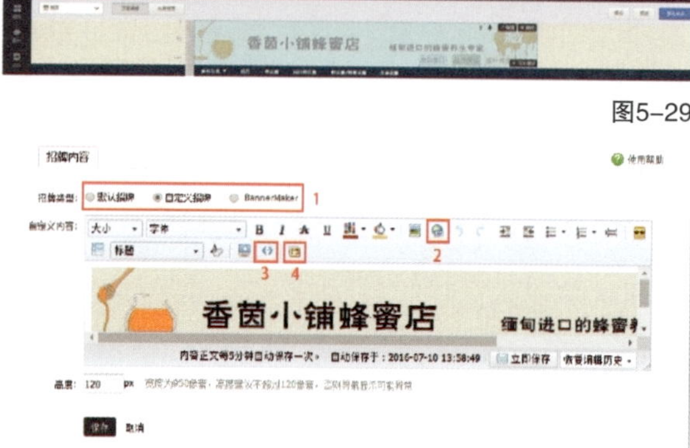

图5-29

图5-30

提示

根据图5-30，我们来认识一下装修界面中常用的功能，以序号为代表。

序号1：这里表示店招的类型，默认招牌代表系统自带的店招；自定义招牌指的是自己编写代码或图片来完成装修；这也是我们使用最多的装修类型，BannerMaker是2016年淘宝旺铺升级后的功能。这里主要讲解自定义招牌的装修。

序号2：代表超链接选项，使用的前提是选中图片，然后单击它，弹出超链接地址，输入要链接的网址即可实现单击图片时的跳转功能。

序号3：视图转换按钮，单击它可以在图片视图和代码视图中来回切换。

序号4：图片空间选项，单击之后，在该对话框下方弹出图片空间的文件，我们就是在这里将上传的图片选择到装修区域中的。

最后，在招牌类型下方，有一行“自定义内容”区，从图5-30中可以看出，我们可以在该装修区域输入文字，而且可以对输入的文字进行各种编辑。

07 单击图5-30中序号4代表的按钮“图片空间”，如图5-31所示。选择好相应的图片，单击“插入”按钮，即可将需要的图片添加到装修区域中，插入之后即可单击序号2、3、4来对图片进行编辑。

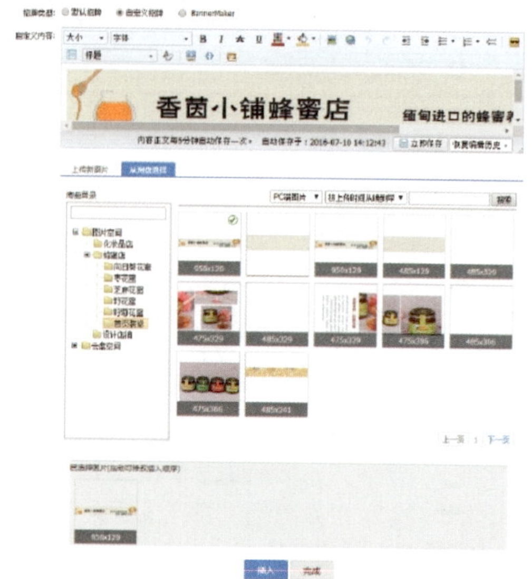

图5-31

08 店招装修完成后，单击图5-30左下方的“保存”按钮，页面跳转到店铺装修的主页，单击图5-28中右上侧的“预览”按钮，可以预览页面装修的实际效果，单击“发布站点”按钮即可将装修的内容发布到淘宝网中，供消费者查看。

提示

上述店招的装修，作用的区域仅限于淘宝店铺店招的950像素，如果想要做出全屏店招的效果，就要在设计时制作一张1920像素（宽）×120像素（高）的全屏店招图片，然后在“店铺装修”主页，单击左侧工具栏中的“页头”选项，如图5-32所示。在“页头背景图”选项中，单击“更换图片”按钮，打开图片上传对话框，选择宽为1920像素的店招图片并上传，完成后单击右下角的“应用到所有页面”按钮，即可将全屏的效果应用到店铺所有的页面中。

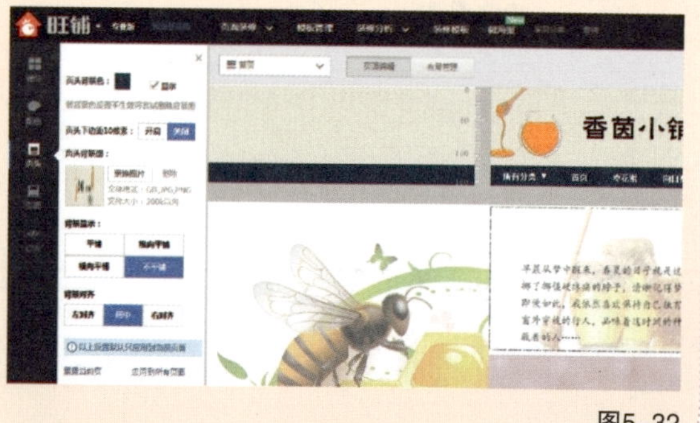

图5-32

总结

这里只选取一个案例为大家展示具体的设计方法和装修方法，千变万化的设计不是一两个案例就能讲明白的，不同的店招需要根据不同的店铺风格来决定设计方向。前面的章节中对布局、配色和排版进行了详细的讲解，这些方法对于整个店铺的模块设计都是适用的，更多风格的店招设计，需要大家通过实际工作中的案例去实践。这里，重点是教会大家实际效果的实现方法和技巧。

5.2 导航条的设计与装修

5.2.1 什么是导航条

导航条是指通过一定的技术手段，为店铺的顾客提供一定的途径，使顾客可以快速地访问到所需要的内容区，查看店铺的各类商品及信息，即导航条是顾客浏览网店时可以帮助顾客从一个页面转到另一个页面的快速通道。

导航与店招一样，在店铺中的展现作用是非常大的，作用是帮助客户用最简短的时间快速找到想要的商品，其主要目的是减少顾客购物时的点击路径，有效提升购物的满意度体验。因此，有条理的导航条能够保证更多页面被访问，使店铺中的更多商品信息、活动信息被买家发现，尤其是买家从宝贝详情页进入到其他页面，如果缺乏导航条的指引，将极大影响店铺的转化率。图5-33所示是一个比较常规的店铺导航条设计。

图5-33

5.2.2 导航条的尺寸规格

在设计店铺导航条之前，首先我们要知道导航条的基本尺寸，系统规定的导航尺寸为宽950像素（淘宝）或990像素（天猫），系统默认的高度为30像素。如图5-34所示，可以从中看到导航条的设计空间是非常有限的，除对颜色和文字内容进行更改之外，很难进行更深层次的创作，但是，随着网页编辑软件的逐渐普及，很多网页设计师开始对网店的首页导航效果进行扩展装修。

图5-34

5.2.3 导航条设计的两种类型

（1）淘宝默认导航条。系统给出的默认模块，不用我们设计具体的效果，只需要添加在宝贝发布时创建的商品类目即可。如图5-35所示，这是淘宝系统默认的导航，这种导航条样式唯一，不能根据自己的意愿修改设计效果。

图5-35

（2）自定义导航条。通过对图片进行制作，再经过网页制作软件添加热点链接后，将代码复制到店铺装修的导航条编辑窗口，生成图片导航条。图5-36所示是一个非常有个性的导航条。这种方法可以随心所欲地设计导航条的效果，但对装修提出了更难的要求，那就是必须会使用网页代码，好在市场上出现了越来越多的淘宝装修软件，可以帮助那些不会写代码的设计师。

图5-36

5.2.4 导航条设计分析

在设计网店导航条时，应当从整个首页装修的风格出发，考虑导航条的色彩和字体的风格，定义导航条的色彩和字体，毕竟导航条的尺寸较小，使用太突兀的色彩会导致喧宾夺主。鉴于导航条的位置都是固定在店招下方的，因此只要力求和谐和统一，就能够创作出满意的效果。图5-37和图5-38所示分别为两个不同店铺中的导航条设计，它们都与整个网店的设计风格一致。

图5-37

分析：该店铺是一个时尚服饰店铺，使用黑色和红色做主色调，导航部分使用了黑色做背景，使其与店铺的整个主色调恰当衔接、融合，增加了个性潮流的色彩。白色的商品分类与导航条的黑色背景对比强烈，正好满足顾客一眼就能定位商品类目的要求。

图5-38

分析：该店铺是一个美食特产类的店铺，所以主色调采用的是一种看到就会有食欲的柠檬黄，同时，暖色系也会让人感觉舒适、放松。因此在导航条设计中，采用了更深一些的橙色作为导航背景，橙色与店铺整体色调协调，而且白色的商品分类，也满足顾客浏览的视觉要求。

5.2.5 实战：自定义导航设计

实例位置　实例文件>CH05>5.2.5>导航设计.psd、导航设计.jpg
素材位置　无
视频位置　视频文件>CH05>5.2.5自定义导航设计.mp4

前文从各个方面和效果中分析了导航条的设计，下面以实例来为大家展示如何设计导航条，系统默认的导航条在装修时会讲到，这里主要以自定义设计的导航为例进行讲解。

01 新建导航画布，宽度为1920像素，高度为150像素，如图5-39所示。

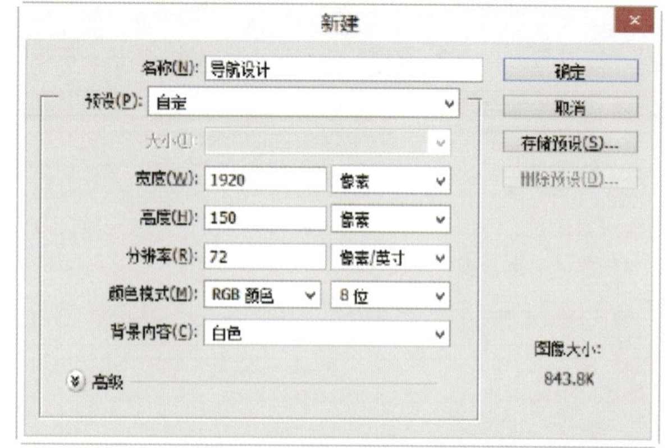

图5-39

提示

宽度创建为1920像素是为了方便我们观察真实效果，而且是在设计图片后再用代码实现效果，所以宽度超过990像素（天猫）或950像素（淘宝）不会影响后期的装修。而高度建为150像素，包含了店招部分，也是为了方便在设计时进行配色和观察效果。

02 使用切片工具切出左右两边各465像素宽度的区域，然后按快捷键Ctrl+R载入参考线窗口，拉出两条参考线贴在两个区域内侧，如图5-40所示。

图5-40

提示

如果导航条是自己设计装修的话，参考线可以不用画出来，这一步仅仅是一个设计习惯，防止在设计过程中，因为尺寸不够准确造成导航条内容偏离太多，从而导致最终的效果不理想。参考线可以帮助我们随时把握导航条的位置。

03 将设计好的店招添加到画布中，调整大小，然后在图层“店招”下方新建一个“店招背景”图层，使用颜色填充工具为店招背景填色，颜色设置为（R:32，G:32，B:32），如图5-41~图5-43所示。

图5-41

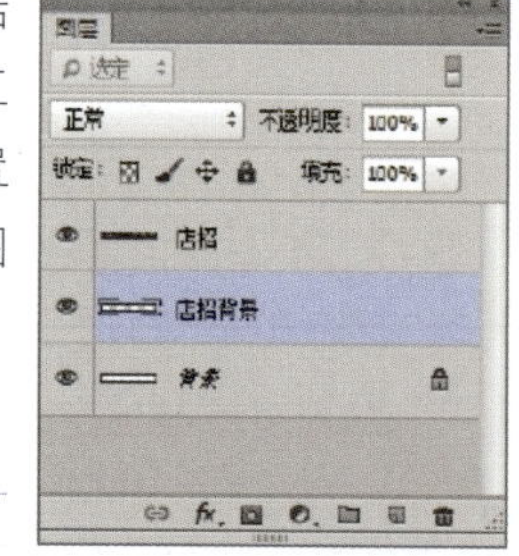

图5-42

图5-43

04 开始设计导航部分，首先新建一个图层，命名为“导航背景”，使用“矩形选框工具”选择下方白色区域，填充颜色（R:18，G:18，B:18），如图5-44所示。

图5-44

05 使用“矩形工具”在导航条底部绘制一个红色的矩形，填充颜色（R:225，G:15，B:50），禁用描边，如图5-45所示，绘制效果如图5-46所示。

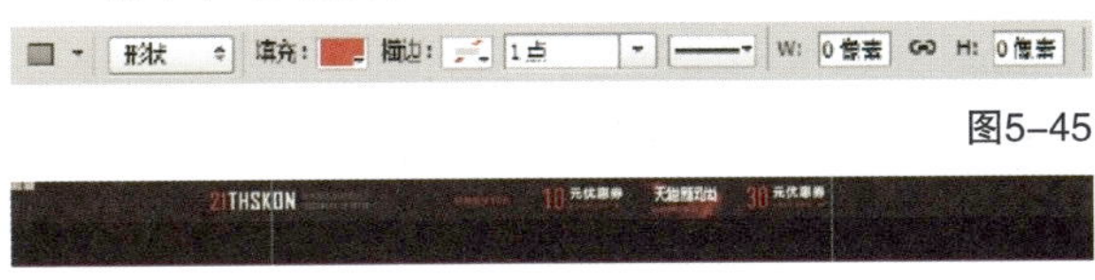

图5-45

图5-46

06 使用“横排文字工具”输入导航部分的商品分类，字体颜色为白色，文字形式为中英文对照，增加视觉效果，效果如图5-47所示。

图5-47

07 使用“直线工具”绘制商品分类之间的间隔效果，填充颜色（R:126，G:126，B:126），禁用描边，如图5-48所示，间隔绘制之后的效果如图5-49所示，最终整个导航条和店招的效果如图5-50所示。

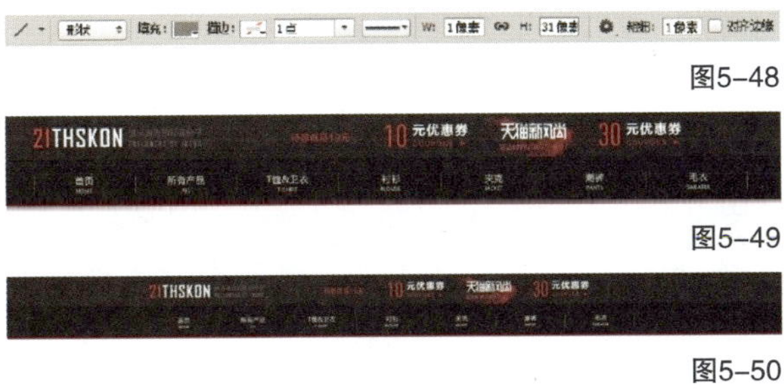

图5-48

图5-49

图5-50

5.2.6 导航条的装修

前面的分析中已经说到，导航条的类型有系统默认和自己设计两种，那么装修也要分成两种情况了，前者可以不用设计，在店铺装修页面里就可以进行完成，后者则使用图片导航，这就要用到网页代码进行装修了，下面分别来说说这两种不同的装修方法。

1.系统默认导航条装修

01 将设计出来的店招部分单独切出来，打开淘宝店铺后台管理，在“店铺管理”组中单击“店铺装修”选项，进入店铺装修页面，如图5-51所示。

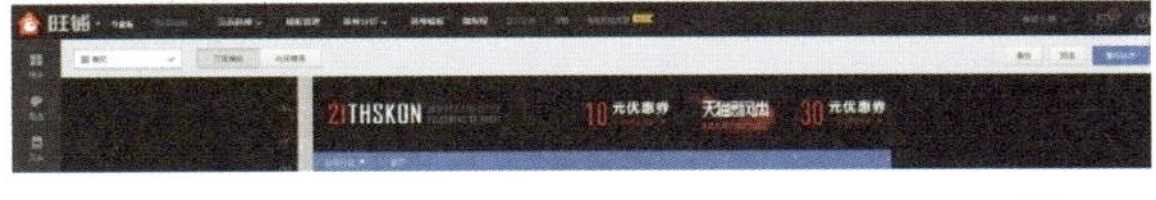

图5-51

提示

店招部分的设计装修与前文中讲的内容一样，这里只讲解淘宝默认导航条的设计。

02 将指针移动到导航条区域，此时导航条右上方出现“编辑”和“添加模块”的文字提示，如图5-52所示。单击“编辑”按钮，进入导航编辑对话框，如图5-53所示。

图5-52

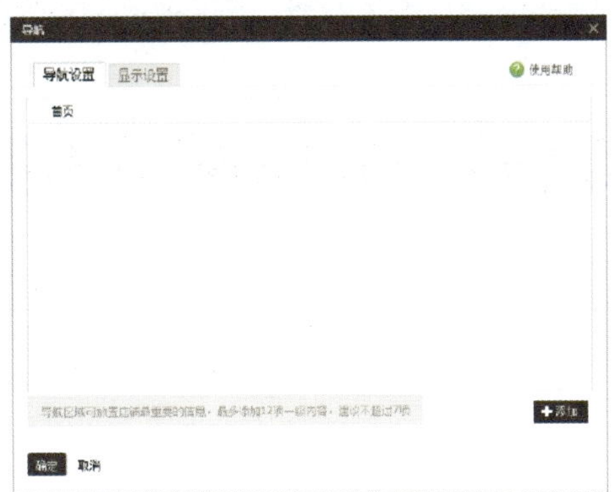

图5-53

03 在这个对话框中，我们就可以对导航栏上的商品分类进行添加，单击右下角的“添加”按钮，打开“添加导航内容”对话框，将已有的类目勾选，如图5-54所示。

图5-54

04 单击“确定”按钮，页面自动回到“导航”对话框，如图5-55所示。已有的商品分类就添加上了，单击“确定”按钮后，回到装修页，可以看到最终的导航效果如图5-56所示，预览效果如图5-57所示。

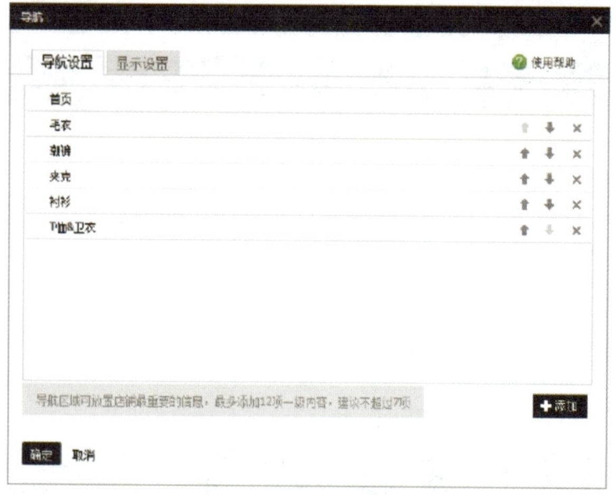

图5-55

图5-56

图5-57

提示

系统默认的模块，只能做基础的、固定尺寸的效果，从上述的效果图5-57中可以看到，导航的效果应用到淘宝默认的950像素的尺寸范围内，样式、颜色都受到限制，这对于很多需要个性化设计的店铺存在很大的局限性，所以很多店铺都使用这种装修方法——图片加热点链接，使用代码来实现想要的效果。

2.自定义导航条装修

01 打开店铺商家后台，在“店铺管理”组中单击“图片管理”项，将设计好的导航图“全屏店招”上传到图片空间中，如图5-58所示。

图5-58

02 接下来到网页制作软件中对导航添加热点链接，权威的网页制作软件有Adobe Dreamweaver。但随着技术的不断发展，越来越多的在线制作软件产生，如码工助手、淘宝美工助手等，它们的出现，让完全不懂代码的人也可以快速完成复杂效果的制作和装修。将导航代码复制出来，如图5-59所示。

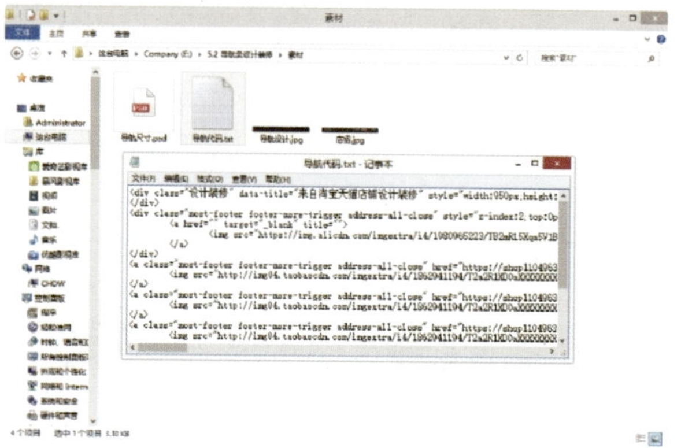

图5-59

03 复制之后，回到店铺装修页面中，将指针移动到店招区域，单击右上角提示信息的“编辑”按钮，打开店招编辑框，如图5-60所示。

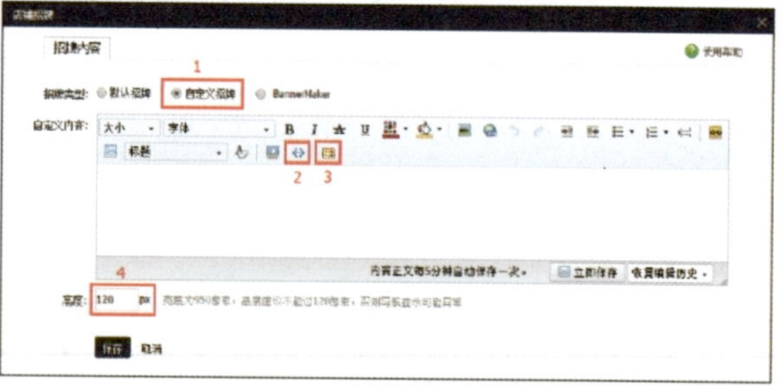

图5-60

提示

先来认识一下店招装修对话框，以图5-60中的序号为代表。

序号1：表示装修类型，第一种为前面讲的系统默认方式；自定义个性化装修的方式均选择第二种“自定义招牌”；第三种在2016年5月淘宝已经将其下线，这里不再多说。

序号2：装修视图切换按钮，单击此按钮可以在图片视图和代码视图之间转换。

序号3：图片空间按钮，单击此按钮可以打开店铺图片空间进行选择。

序号4：自定义装修的高度，这里我们是对导航条进行自定义装修，所以高度要设置为150像素，原因是这个高度可以在发布之后，将系统自带的导航条遮盖。

“自定义内容”一栏是文本样式、图片超链接的设置，比较简单，此处省略。

04 将图5-60中的高度设置为150像素，单击视图切换按钮，将刚才复制的代码粘贴进去，单击“确定”按钮保存，效果如图5-61所示。

图5-61

05 从初步装修效果来看，导航条还是被950像素的区域困住了，这时可以在装修页面左侧单击“页头”按钮，如图5-62所示。

图5-62

06 单击图5-62中页头背景图的“更换图片”按钮，将“全屏店招”上传到这里，然后单击右下方的“应用到所有页面”，此时导航条的效果如图5-63所示。

图5-63

07 大家已经看到，这时效果已经出来了，但系统给的导航条还没有被遮盖，不用担心，这是为了方便大家在装修视图里查看效果对比，并不影响装修结果，可以单击装修页面右上角的“预览”按钮，效果如图5-64所示。像这样，系统导航条就被遮盖了。

图5-64

08 大家可以单击其中的任何一个分类，只要在网页设计软件中添加过热点的分类按钮，指针移动至按钮上时，箭头会变为手的图标，表示可以点击，具体效果可以在实践中感受。

总结

导航条的设计方法与其他模块的一样，尽管设计方法千变万化，但万变不离其宗，只要掌握了装修方法和设计方法，再知道导航条设计的基本原则，就可以对其他各种类型的导航进行装修，实现应有的效果。

5.3 客服区的设计与装修

5.3.1 什么是客服区

网店的客服与生活中商场的导购一样，作用都是给顾客解答各种购物问题。网店客服是网店的一种服务形式，它主要利用网络和聊天软件（如千牛、微信、QQ等），提供售前、售中和售后服务。图5-65所示是一个店铺中的客服中心。

图5-65

在淘宝网中给商家提供的在线服务软件是千牛，也就是我们常说的淘宝旺旺。千牛软件并不是单一的在线客服系统，2016年6月的最新版本5.03.03综合了店铺实时数据、经营概况、千牛头条、店铺后台快捷入口、多项运营功能和个性化添加或购买的“我的应用”等功能于一身。图5-66所示是千牛软件的界面，该软件旨在让淘宝商家更高效的服务顾客、管理店铺。

图5-66

5.3.2 客服区设计分析

店铺中客服区的设计，关系到顾客寻找服务时的效率，顾客有困惑时能在第一时间找到你，就证明这个客服中心是一个成功的设计。设计成什么样，放在哪个位置才能方便顾客找到然后点击咨询呢？这是本节要为大家解答的问题。

网店的客服区存在于淘宝店铺中的多个区域，如图5-67所示，展示了客服在店铺中的多个位置。

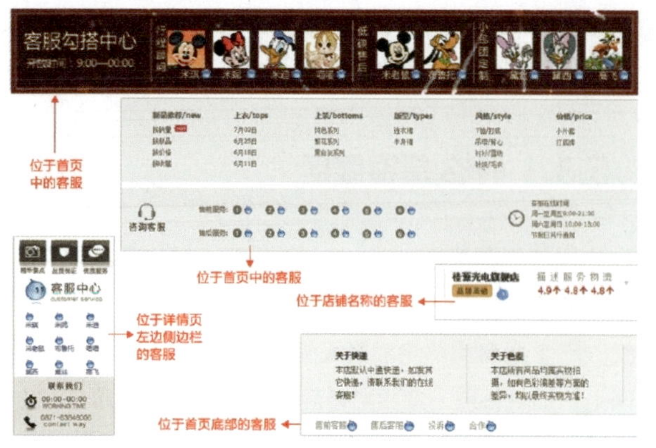

图5-67

例如，生活中的商场，一个较大的品牌店，每隔几米就会有一个导购员，而且他们经常灵活走动，顾客在哪里有疑问需要咨询，旁边的导购员就可以为顾客提供服务。图5-67展示了网店中不同位置的客服，就跟商场中的导购员一个道理，都是为了及时解决顾客的疑问，这就极大地提高了顾客的满意度，顾客满意了，自然就会买单。当然，满意度也和顾客咨询时网店客服的响应时间有关，这里不再细究。

5.3.3 实战：客服中心设计

实例位置　实例文件>CH05>5.3.3>客服中心设计.psd、客服中心设计.jpg
素材位置　无
视频位置　视频文件>CH05>5.3.3客服中心设计.mp4

从图5-67中可以看到，客服中心的设计也分为两种类型，一种是首页中的客服中心，这种类型是随着首页设计一起进行的；另一种是详情页侧边栏的客服中心。前者的尺寸不受限制，宽度建议还是使用官方的950像素（淘宝）或990像素（天猫）；后者则只能在190像素宽度的区域（淘宝侧边栏的宽度）内进行编辑设计。为了方便大家理解客服中心的整个设计流程，下面以实例来进行讲解。

01 新建一个画布，参数设置如图5-68所示。

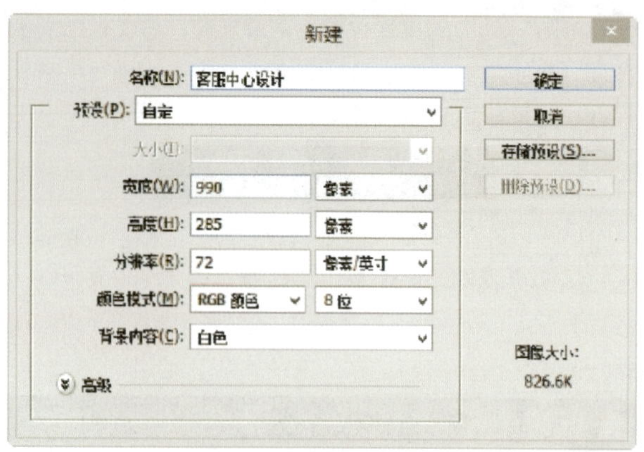

图5-68

02 使用“矩形选框工具”或“矩形工具”绘制客服中心的背景，填充颜色为（R:243，G:243，B:243），效果如图5-69所示。

图5-69

03 使用“横排文字工具”在上半部分设计出店铺的商品分类，如图5-70所示。

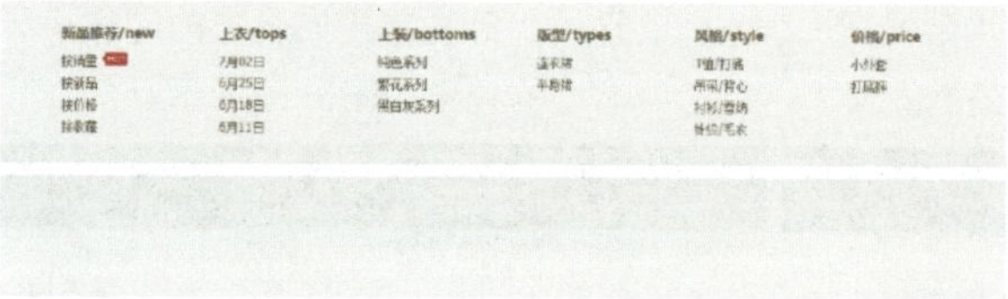

图5-70

04 使用“椭圆工具”“横排文字工具”设计出下半部分的客服区域，效果如图5-71所示。

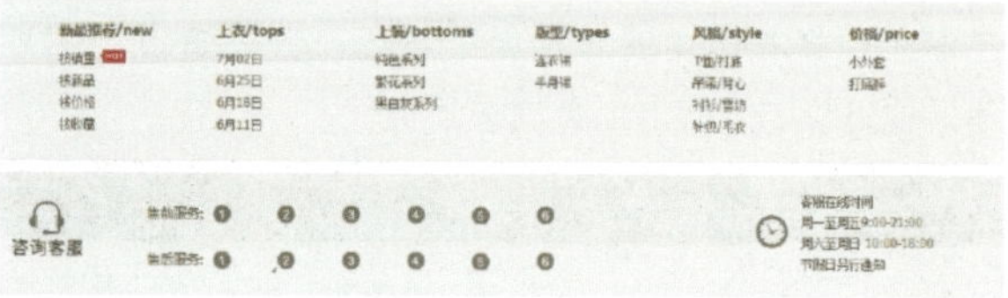

图5-71

05 大致版式出来之后，不用急着添加客服图标，因为还要制作网页代码，到时候再添加旺旺图标，具体方法见下节。

5.3.4 客服区的装修

将客服区的图片设计完成之后，需要把设计好的图片上传到店铺中，然后需要做一系列的其他工作，例如，添加链接、制作代码、新建模块等，完成这些复杂的操作后，才能将设计的客服区图片进行正确的应用，让顾客看到设计后的效果。接下来以步骤操作的方式来讲解如何将设计的客服区图片应用到店铺中。

1.使用设计好的图片制作客服模块

01 将设计好的客服中心图片上传到店铺的图片空间，如图5-72所示。

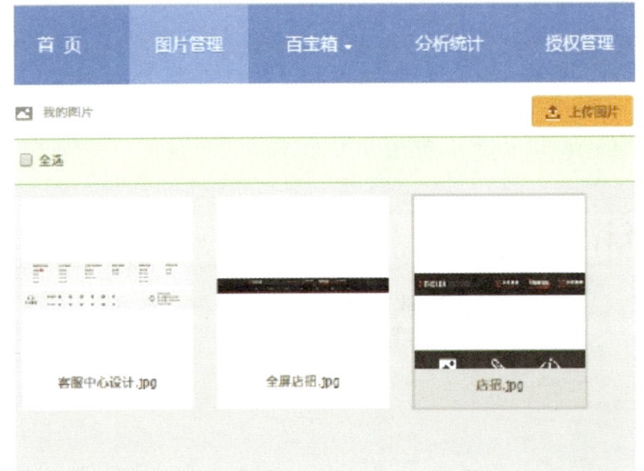

图5-72

02 这一步要使用网页制作软件，不会编写代码也不用担心，因为现在有很多在线制作工具，可以为我们完成效果制作提供非常大的帮助。这里以码工助手为例进行讲解，教会大家如何使用在线网页制作工具。打开码工助手网站，进入在线布局页面，如图5-73所示。

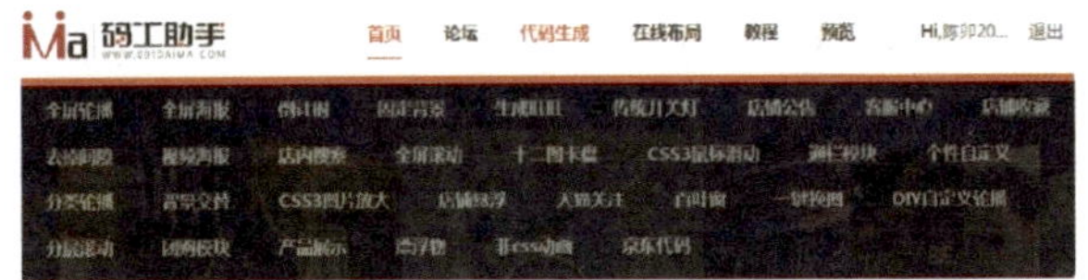

图5-73

> **提示**
>
> 从图5-73中可以看到，淘宝、天猫店铺中会涉及的模块，这里都有相应的装修工具供大家使用，前面讲到的导航条和其他模块的装修代码、后面讲到的全屏海报，都可以从这里得到，在这里编辑之后，将生成的代码直接复制到淘宝模块的代码中，再保存生成就可以看到实际的效果了。

03 在“在线布局”页面中，在左上角的属性中设置好需要的模块尺寸，如图5-74所示。

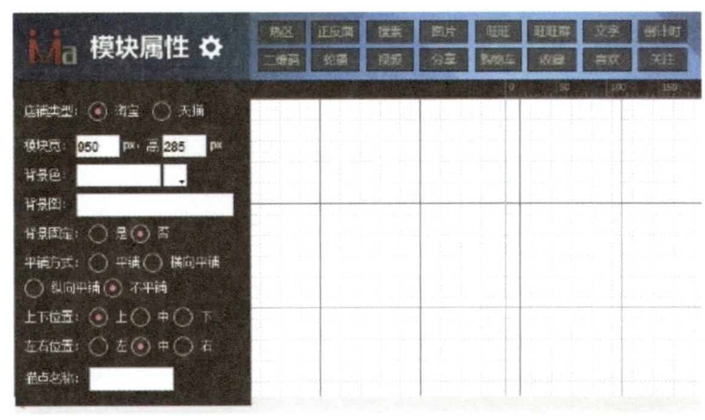

图5-74

04 在菜单栏中单击“图片”，添加一个图片模块到自定义的区域中，回到淘宝后台，从图片空间将刚才上传的“客服中心设计”的图片地址复制到这里，如图5-75所示。

图5-75

05 图片添加完成，再单击菜单栏中的“旺旺”按钮，自动添加一个旺旺图标到图片中，如图5-76所示。此时旺旺是以大图标显示的，可以将属性面板中的“显示头像”取消勾选，然后就只剩下旺旺图标了，然后按照图5-77的格式设置好参数。

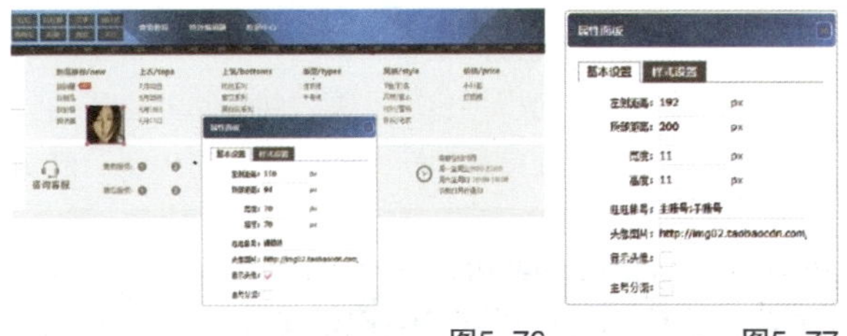

图5-76　图5-77

06 用同样的方法添加其他位置的旺旺图标，最终效果如图5-78所示。还记得前面让大家可以不用急着添加旺旺图标吗？看到这里是不是就明白为什么了。

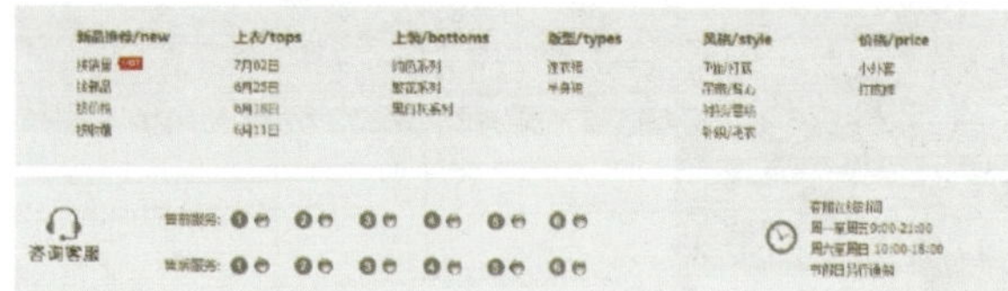

图5-78

07 单击该页面右上角的“生成代码”按钮，弹出对话框，如图5-79所示。

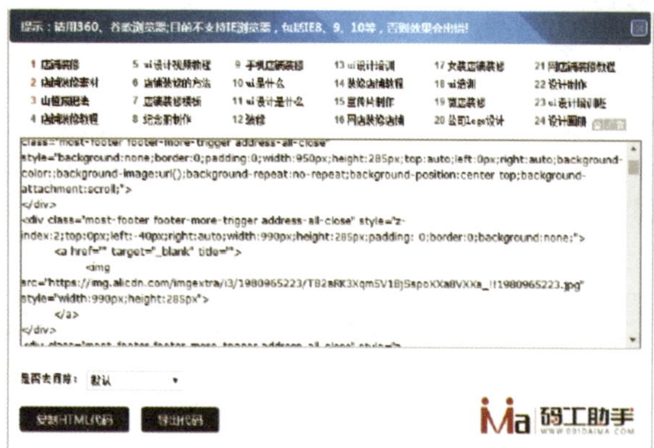

图5-79

08 回到淘宝后台，单击“店铺装修”按钮进入到装修页，从左侧的“模块”中添加一个自定义页面，如图5-80所示。

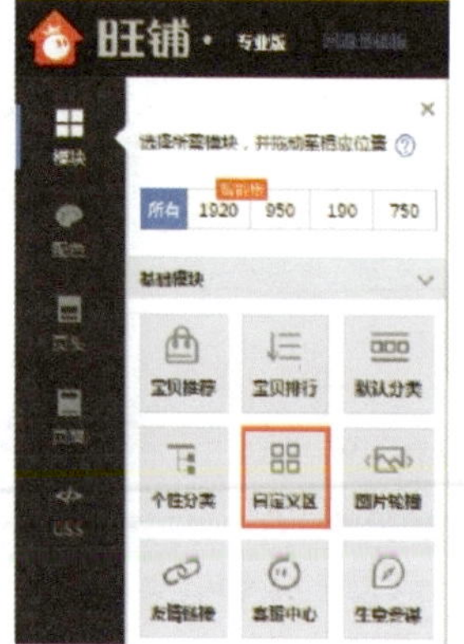

图5-80

09 将鼠标移动到新添加的自定义区域，单击模块右上角的“编辑”按钮，打开编辑对话框，在对话框中，单击代码视图按钮，切换到代码视图，并将刚才生成的代码复制到该位置，完成后单击“确定”按钮，回到装修页面，效果如图5-81所示。

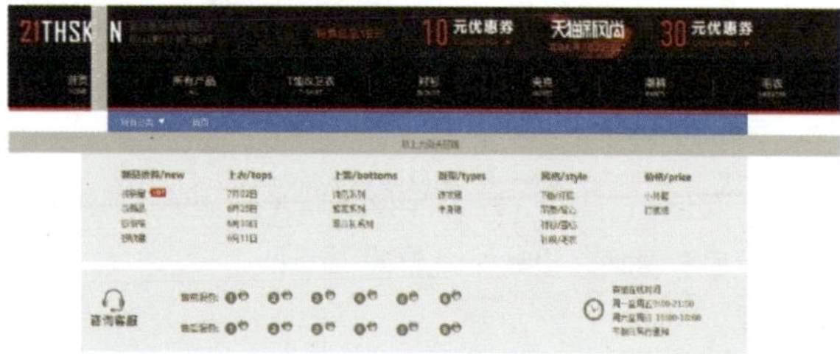

图5-81

10 单击装修页面右上角的“预览”按钮，即可看到装修后的效果，如图5-82所示。

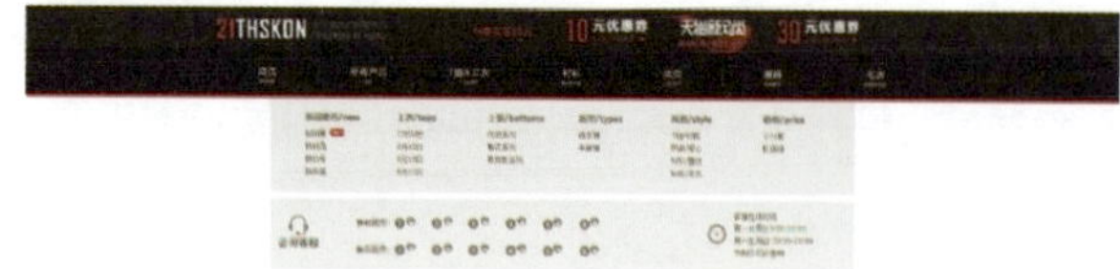

图5-82

2.直接生成旺旺代码设计客服模块

如果觉得麻烦，不想用设计好的图片来制作客服中心，那么这里还有一种可以直接使用代码生成客服区的方法。这种方法也使用了网页制作软件或网站来实现。

01 打开码工助手网站（或其他美工装修软件），单击“客服中心”选项，打开客服设计页面，如图5-83所示。

图5-83

02 按照其中的提示信息填写相应选项，完成后单击下方的“生成代码”按钮，将网页生成的代码复制出来，粘贴到首页装修中新增加的自定义区域中，然后发布装修就可以得到客服中心的效果。

总结

① 在图5-83所示的效果中，大家会发现图标与我们设计好的编号位置有所差别，这种情况需要回到网页制作软件中重新编辑旺旺图标的位置，所以在网页制作时，要养成保存数据的习惯，方便后期的修改。

② 除了以上的方法，还可以在设计图片的时候就将旺旺图标也添加进去，然后在网页制作软件中添加热点，把店铺中旺旺的链接复制到热点中。这样也可以实现生成咨询区的效果，还可避免在网页制作软件中添加图标导致的位置偏离现象。

总结（续）

③ 详情页侧边栏的客服中心设计和装修方法，除模块的宽度不一样之外，设计方法或装修方法与上述提到的均相同。

④ 其他风格的客服中心设计，万变不离其宗，知道设计方法和效果的实现方法，都可以根据实际情况来进行设计。

5.4 大屏海报的设计

5.4.1 什么是大屏海报

大屏海报就是常说的欢迎模块、店铺促销海报、店铺焦点图，这一模块是对店铺最新商品、最新促销活动或主打商品宣传等信息进行展示的区域。它位于店铺导航条的下方，可以通过Photoshop软件进行设计让活动信息更加明显，吸引买家注意，它是顾客进入店铺首页中观察到的最醒目的区域。所以，这个模块的设计必须具有很强的号召力和感染力，活动信息简洁、主旨鲜明，才能达到引人注目的效果，进而点击了解。这一节我们就来讲解大屏海报设计那点儿事。

5.4.2 大屏海报的尺寸规格

大屏的海报设计，常规的海报宽度是固定的1920像素，有效的视觉范围也就是淘宝、天猫默认的内容区分别为950像素（淘宝）和990像素（天猫），因此我们设计的主题内容要尽可能的排版在这个范围内。如果商家觉得这个尺寸足够，就可以把宽度降到系统给的尺寸上来设计。海报的高度，淘宝天猫均默认在100~600像素，但如果是自己设计装修，则高度不受到限制，因为可以使用代码来改变整个装修的效果。图5-84所示是一个淘宝店使用默认模块装修后的效果。

图5-84

从图5-84中可以看到，海报的显示区域就在商城默认的950像素之内，如果尺寸超过了950像素，就会被模块自动遮盖，所以，如果我们想要设计一些酷炫的全屏效果，就要使用另外的方法来实现。图5-85所示就是使用了网页制作软件后，将一个大屏海报装修到店铺中的效果。

图5-85

从上面两张图中可以了解到促销海报位于店铺导航条的下方，而且分为全屏和半屏的效果，那工作中我们会涉及的大屏海报有多少类型呢?

5.4.3 海报的分类

根据商家的目的和宣传主题来分，海报可以分为活动促销海报、新品宣传海报、店铺重要信息公示等类型。

1.活动促销海报

这一类海报，商家想要表达的重点信息在于促销，设计的重点也会偏向于文案的排版和商品展示。因此，促销的主题字体要醒目、正规大气，表达的内容要精练，太多的话会让顾客不耐烦。这种情况就需要特别注意设计排版，充分的视觉冲击是引起顾客注意、保证点击的重要手段。图5-86所示是一个店铺促销活动的展示海报。

图5-86

分析：整个促销海报，采用了对称构图的方法进行设计，给人协调整齐的感觉。整体上使用了大面积的明亮色彩，加上很多青春活力的元素，衬托出整个效果的视觉冲击力，给人一种舒服、欢快的感觉。中间文案部分说明了商家的服务细节，除了旅游目的地使用了显眼的微软雅黑，还为服务方法添加了背景，特别之处用红色标明，引起顾客的注意，虽然文案偏多，但均为卖点，而且不影响海报整体的美观；下方文案仍然强调卖点，说明商家可以提供多种服务类型以满足不同顾客的需求；点击按钮的设计给人一种看到就想点进去看看的冲动。

2.新品宣传海报

这一类海报的设计重点在于产品本身，目的是要让消费者看到所谓的新品是什么样的，然后才是促销的信息。新品海报宣传的目标大致可以分为两种，一种是店铺收藏者，淘宝商城有新品推送的功能，新品发布会提醒买家，将“沉睡”的客户唤醒；另一种是对新东西感兴趣的人，新品海报可以引起这部分人的关注和购买。既然是新品，就不仅要求产品有独特的新鲜感，还要求宣传海报必须有创意、有思想，只要这其中的一点能打动消费者，就会给宝贝的成交带来很好的促进作用。图5-87所示是一张新品促销的宣传海报。

图5–87

分析：整张新品海报使用了左右排版的设计方法进行构图。先说背景设计，大家可以想象一下，如果海报的背景使用了通篇黑，会带给我们一种什么样的感受?图中使用暗调的素材图作为背景，并对背景图做适当的模糊，让背景虚化的同时又不显得黑成一团，让画面感更强、更协调，从而很大程度上提升了顾客对主体元素的视觉注意力；而且暗调的背景与鲜艳的产品红色产生巨大的对比，加了视觉冲击力，强化了顾客对产品的印象。再来说信息，文案部分言简意赅，直抒胸臆，简单的说明春装新品、折扣力度、折扣期限等几个点，海报简洁明了，也不减视觉效果。

3.店铺公告

店铺公告就是生活中常说的通知。既然是通知，那当然就是要让所有人都知道，因此公告的位置也应该置于店铺的重要位置，公告不同于其他促销海报之处在于表达的信息单一、对海报的视觉效果要求不高，要是一句话能表达清楚，那最好不过了。还有一点，公告没有必要像大屏海报一样用代码去实现全屏效果，淘宝商城中自带的海报模块就可以满足我们的通知需求。图5-88所示是一张店铺通知信息。

图5–88

分析：这是一则关于新年的店铺公告，所以背景选择了节日氛围浓厚的红色。首先单独为海报的主题设计一个区域，进店的客人看到这个公告标题，就会继续看看公告的内容；接着是公告内容的设计，此次主要表达的是两个信息，因此，对两个信息都设计了一个序号，每个序号代表一个公告信息，要表达的内容非常清晰。

5.4.4 海报设计分析

海报的设计是我们日常管理店铺时最主要的一块需求。在设计过程中，从设计成本来说，它不可能给设计师太多的时间，所以如何有效地完成一个海报的设计是每个设计师都应该思考的问题；从技术层面上来讲，在设计海报时，只要重点掌握4个方面，就能很好地完成设计工作，分别是设计风格、排版构图、配色、主题。详细的设计思路分析讲解在上一章中就已经讲解过，这里简要地分析一下。

1.风格

对于风格来说，一般情况下，在跟客户沟通的时候就已经定好了大概的方向，沟通的过程就是了解客户喜好、听取客户设计方向意见、确定此次设计风格的过程。海报的设计风格与产品本身、表达的主题也有很大的关系，如淑女型的产品和俏皮型的产品，节日促销和折扣促销，设计风格都会有所不同。图5-89和图5-90所示就是两种不同的设计风格。

图5-89

图5-90

2.排版布局

所谓排版，即将文字、图片、图形等可视化信息元素在版面布局上调整位置、大小，使版面达到美观的视觉效果。海报设计对于字体的排版设计要求比详情页或其他模块要高很多，这是考验大家的一个地方，排版构图的方法有很多种，大家可以在前一章中回顾。这里举两个例子，如图5-91和图5-92所示。

图5-91

图5-92

3.配色

一张海报内容本来就不多，配色就更不能复杂，不能让人看到就头晕。画面的色调会在信息传递到顾客脑海之前提前营造一种氛围，因此配色不能使用很多种，如产品背景使用简单的色彩或图片素材，文案部分使用明亮的背景进行强调突出等。

5.4.5 实战：双十一大屏海报设计

实例位置　实例文件>CH05>5.4.5>大屏海报.psd、大屏海报.jpg
素材位置　素材文件>CH05>5.4.5>素材文件夹
视频位置　视频文件>CH05>5.4.5双十一大屏海报设计.mp4

做设计，一般是先整理好海报需要体现的文案内容，然后再根据文案的风格来搜集素材。开始做的时候不会调整得很细，只是看大概的效果，如果大感觉没有问题再细化，一步一步地加深完善。

01 根据店铺海报自定义的尺寸新建画布，如图5-93所示。

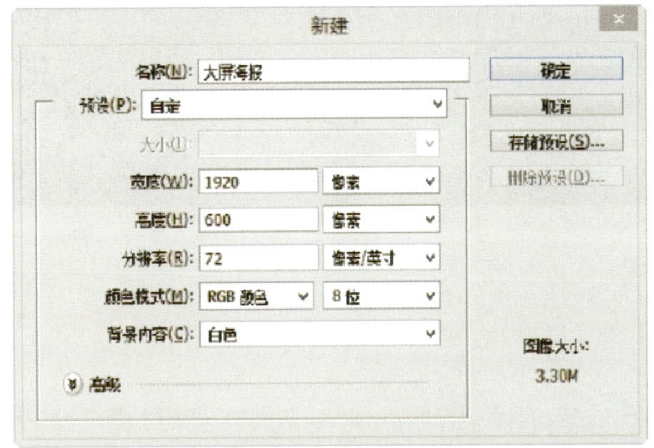

图5-93

02 使用“切片工具”绘制出左右两边465像素（天猫）和485像素（淘宝）的区域，剩余的中间区域就是海报内容区域，设计的内容尽量置于该中心区。在绘制好的切片靠中心一边，从Photoshop标题栏中拉取参考线作为分隔（参考线窗口可以使用快捷键Ctrl+R打开），天猫店铺的官方内容区为990像素，淘宝店铺的官方内容区为950像素，如图5-94和图5-95所示。

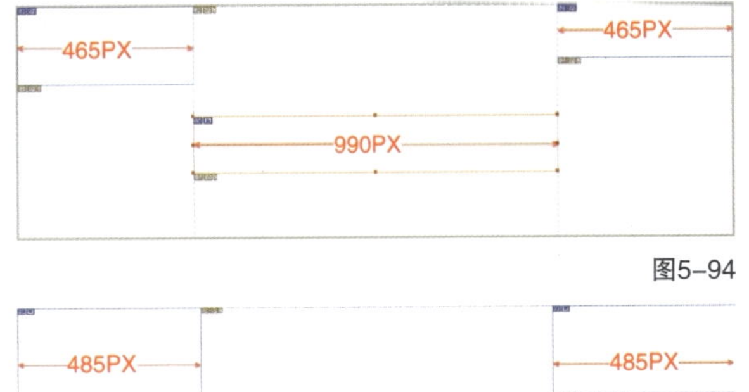

图5-94

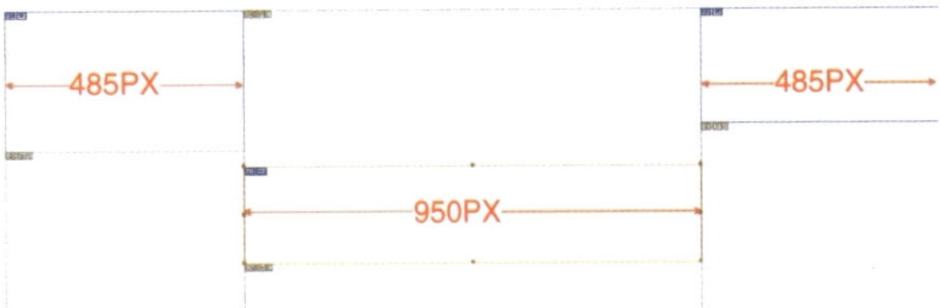

图5-95

提示

海报和店铺首页一样，也分背景区和内容区，以天猫为例，内容区指的是以画布中轴为起点向两边扩宽的990像素的区域，这部分区域一般都是放置一些与产品主题相关的东西。主题居中排版，不仅是为了明确主题，让客户快速定位海报要表达的核心思想，更是为了防止不同的显示器因为尺寸和分辨率的原因，导致显示的区域小于1920像素而使部分区域无法显示出来。

03 新建一个图层，命名为“渐变”，绘制一个从（R:30，G:2，B:11）到（R:170，G:21，B:13）的径向渐变效果，如图5-96所示。

图5-96

04 使用选框工具组中的“多边形工具”绘制一个形状图层“形状1”，填充红色（R:245，G:53，B:68），如图5-97和图5-98所示。

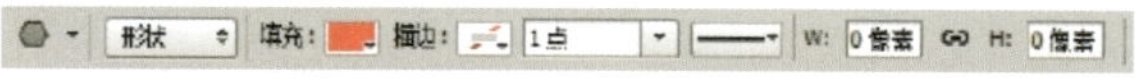

图5-97

图5-98

提示

在Photoshop中，绘制图像的方法多种多样，此处使用矩形工具组中的“多边形工具”“钢笔工具”或“自定义形状工具”均可完成绘制。

05 为图层“形状1”做一个简单的“投影”图层样式，如图5-99和图5-100所示。

06 从上一步的效果图中可以看到，衔接处的效果过于生硬，要适当地调整一下背景层和形状层的融合度。复制一层“渐变”得到拷贝图层，命名为“效果叠加1”，将“效果叠加1”的混合模式改为“滤色”，如图5-101和图5-102所示。

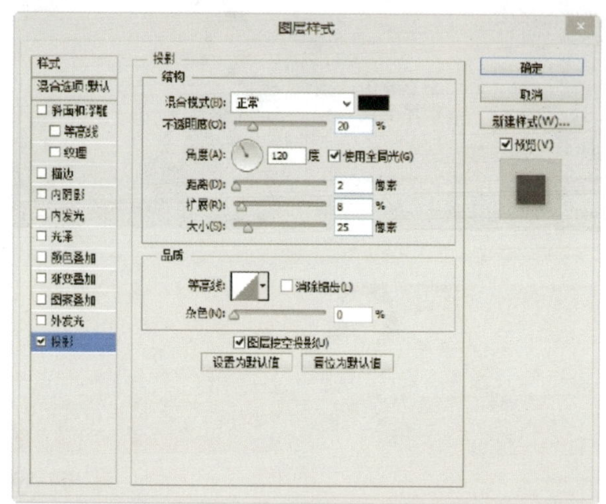

图5-99

图5-100

图5-101

图5-102

提示

在Photoshop中，在合成与页面制作时，巧用图层混合模式可以省去很多不必要的步骤，在前面的理论知识中已有说明。

07 复制一层“效果叠加1”得到新的图层，命名为“效果叠加2”，为该图层添加图层蒙版，在“形状1”以及阴影区域进行涂抹，让阴影效果显示出来，如5-103和图5-104所示。

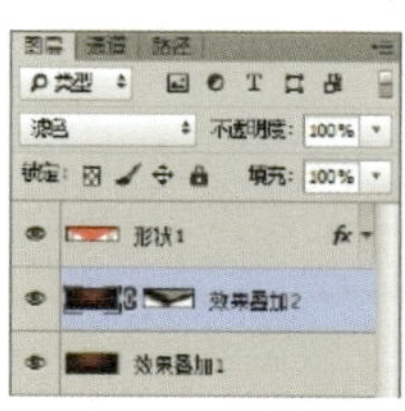

图5-103

图5-104

08 将准备好的素材“背景1”拖入画布，做一个简单的图案叠加效果，然后将其图层混合模式改为“滤色”，如图5-105~图5-107所示。

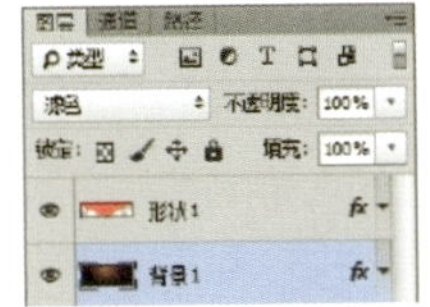

图5-105

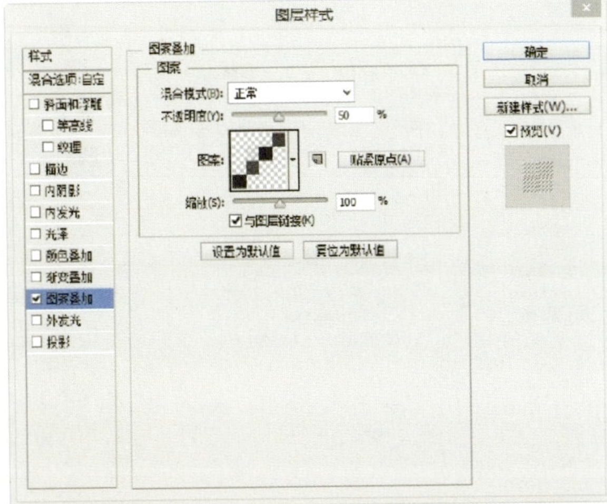

图5-106

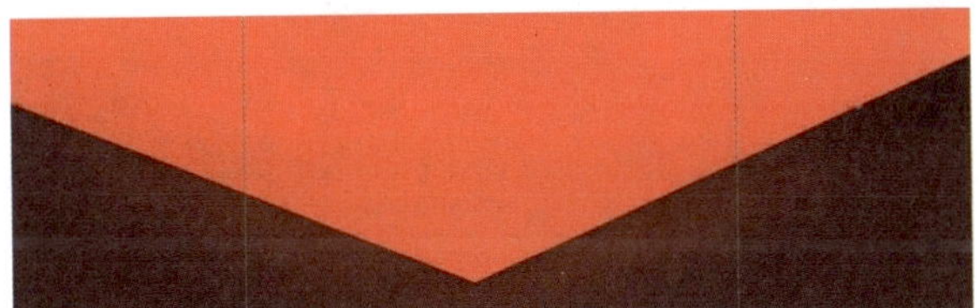

图5-107

09 进一步对海报的整体背景效果处理，复制“效果叠加2”图层得到新图层，命名为“效果叠加3”，将新图层的混合模式改为“柔光”，如图5-108和图5-109所示。

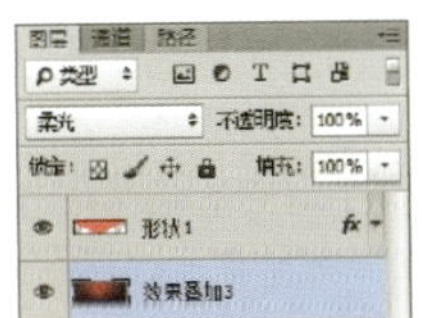

图5-108

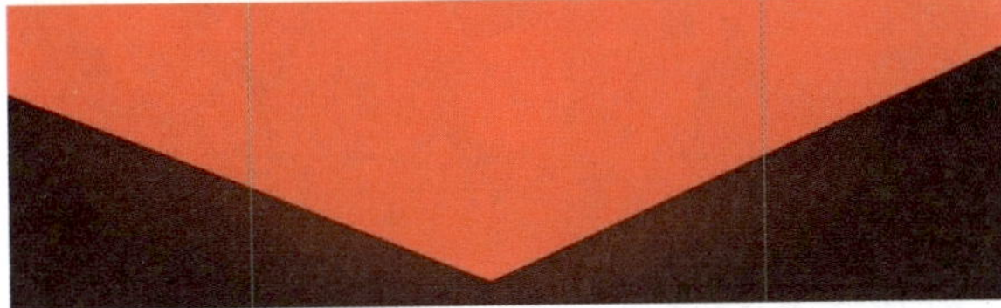

图5-109

10 观察发现，形状层与背景层已经基本融合，但过渡又过于生硬，可以给它做一些装饰性的过渡效果。使用“矩形选框”或“矩形工具”绘制长条，颜色设置为（R:178，G:43，B:73），添加蒙版，设置从黑到白的“线性渐变”，添加适当投影，如图5-110和图5-111所示。

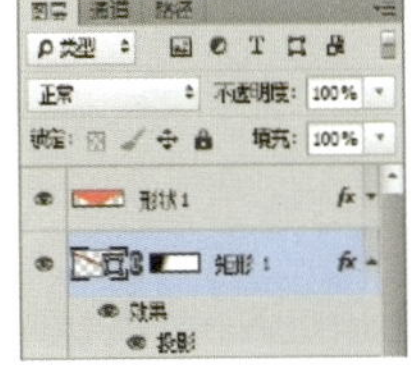

图5-110

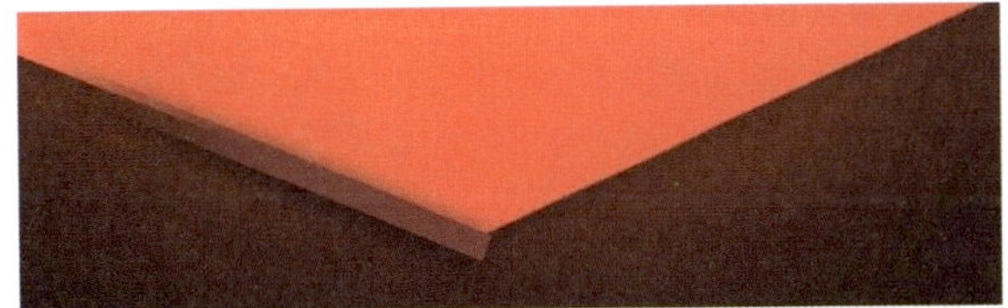

图5-111

11 同理复制多个长条，两边对称分布，建组分类并合并重复原理的图层（相同的制作方法以下不再赘述），调整后至于“形状1”图层的下方，同样对前面做的背景也建组管理，如图5-112和图5-113所示。

图5-112

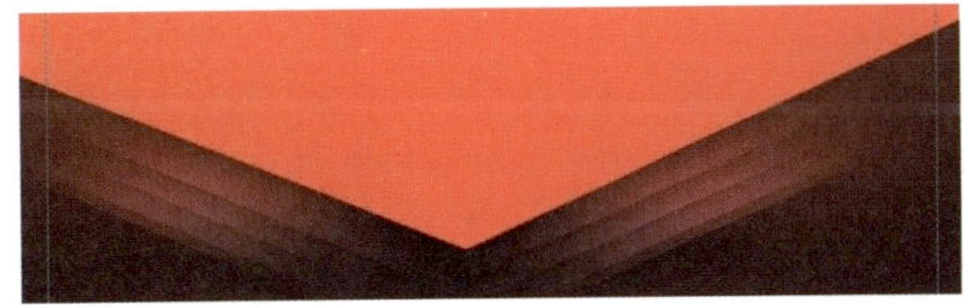

图5-113

提示

作为设计师，好的作品都是由成百上千的图层设计而成的，良好的设计习惯可以方便您后期的修改和作品的再使用，而对一些相同制作原理的图层进行合并盖印，或对位置邻近的图层进行建组管理，能帮助您后期更好地进行文件管理。

12 使用“多边形工具”绘制一些装饰性的纹理，修饰在形状1的上方，丰富页面的整体视觉（或从网站中搜集图片，然后抠图或调整图层混合模式实现），如图5-114和图5-115所示。

图5-114

图5-115

13 将准备的素材“装饰1”“装饰2”载入画布，适当调整位置，将“装饰2”的混合模式改为“叠加”，不透明度降低为80%左右，使之融合到背景中，如图5-116和图5-117所示。

图5-116

图5-117

提示

设计中的所有参数仅供参考使用，只有自己不断尝试，根据眼睛看到的色彩亲自操作进行搭配，才会进步得更快。

14 复制“装饰2”图层，得到“装饰2 拷贝”图层，移动其位置，再添加图层蒙版并擦除与“装饰2”重叠的部分，将“不透明度”改为30%。同理复制“装饰2”得到“装饰2 拷贝1”图层，移动位置，调整大小，将“不透明度”改为14%，如图5-118~图5-120所示。

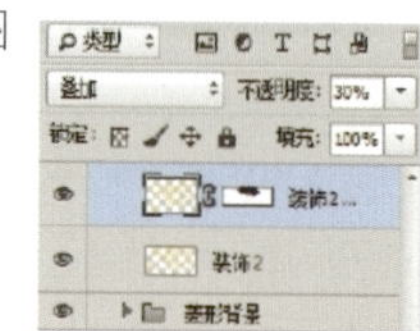

图5-118

图5-119

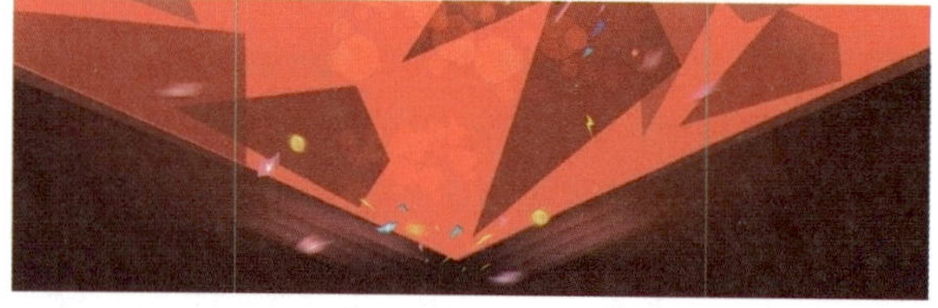

图5-120

15 此时，背景的设计已经基本完成，接下来设计文案区（内容区）。使用“多边形工具”绘制形状图层“五边形1”，填充颜色为（R:18，G:177，B:145），禁用描边，并为“五边形1”设置“投影”的图层样式，如图5-121~图5-123所示。

图5-121

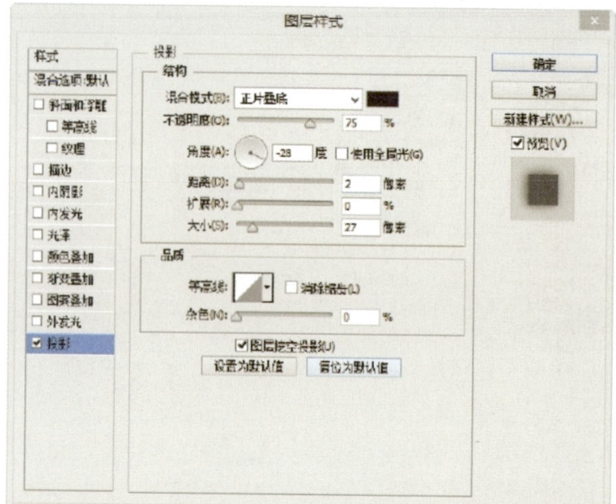

图5-122

图5-123

16 复制一层“五边形1”，得到“五边形1 拷贝”图层，在拷贝层上方新建一层“高光”，在“高光”图层中使用硬边的白色画笔画圆，如图5-124和图5-125所示。

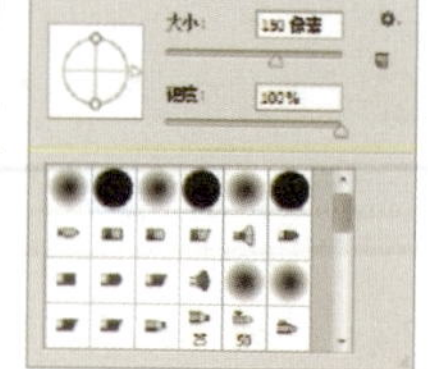

图5-124

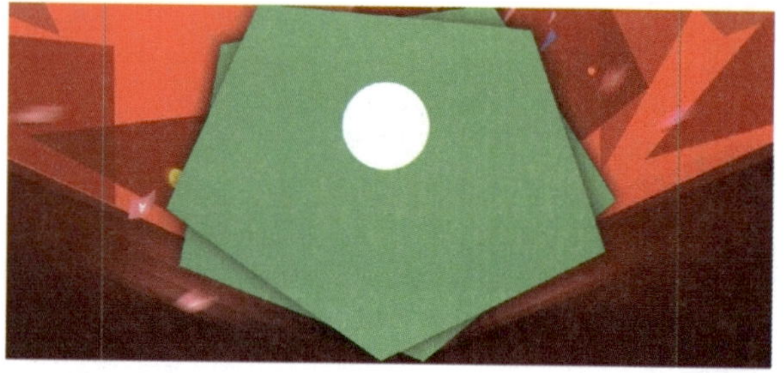

图5-125

提示

制作模糊的图形图像方法有很多，使用柔边画笔或设置羽化值都可以实现模糊的效果。

17 对图层“高光”执行“滤镜>模糊>高斯模糊”菜单命令，将模糊半径设置为57像素，为“高光”图层制作自然发光的效果，如图5-126和图5-127所示。

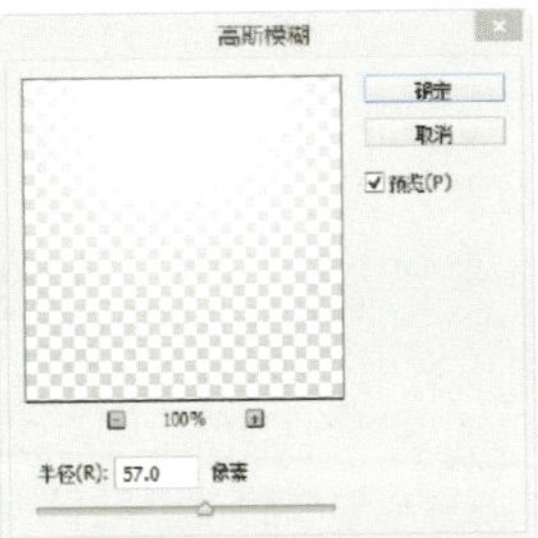

图5-126

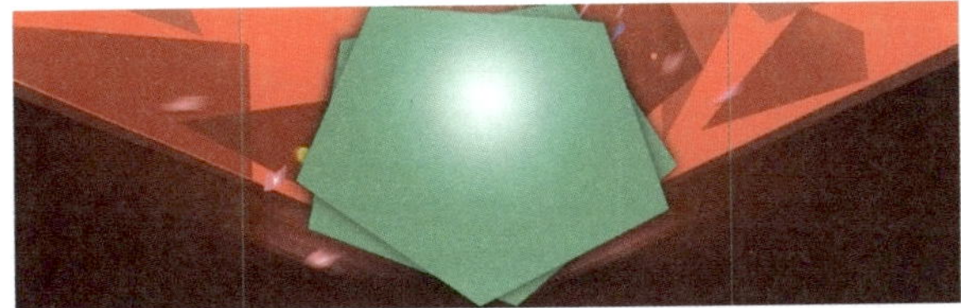

图5-127

18 将搜集的字体素材“文字”载入画布，设置“投影”的图层样式效果，如图5-128和图5-129所示。

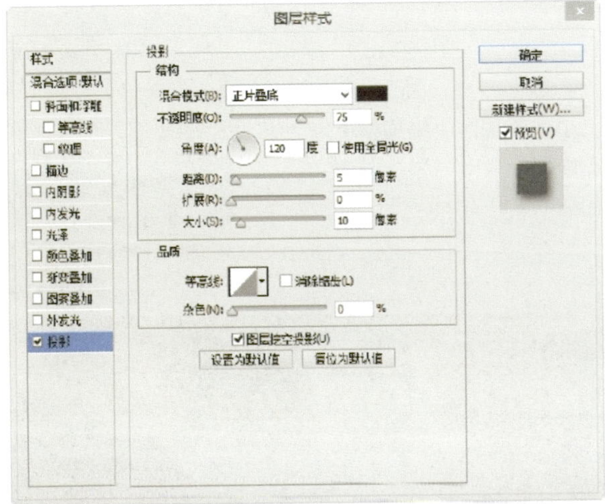

图5-128

图5-129

提示

素材“文字”是从网上下载的可直接使用的字体图片。网上有很多特定节日的免费素材，充分使用这些素材，可以提升我们的工作效率。

19 结合“多边形工具”与“多边形选框工具”，绘制如下图所示的形状作为字体的背景，将准备好的文案输入绘制好的区域，设置图层样式，调整相应的位置，使其排版融洽，将其他文案也一起输入画布，下一步再根据文案要体现的内容进行排版，效果如图5-130所示。

图5-130

20 文案输入完成之后，开始做排版和文字效果。首先为“字体”添加图层蒙版，将其中的文字“来啦”遮盖，然后根据该海报提供的文案，重点是体现双十一活动，以及活动所要展示的“4个月内自己决定出发时间”“先拍下再出行”等几个关键点，那接下来的排版也就要重点突出这几个广告信息。根据以上步骤中使用到的工具简单地对刚才输入的文案进行排版、建组，得到的效果如图5-131所示。

图5-131

提示

这里文案的排版和设计并没有详细讲解，因为这些效果都是使用Photoshop中最基础的工具设计而成，字体特效的制作也是由长时间的设计经验积累而成，并非一朝一夕的事情，大家可以通过模仿本书中的效果来自己动手制作，也可以在平时的生活和工作中多看、多做、多学。

21 刚开始做海报的话，到这一步其实已经基本完成了，但如果要加一些特别的效果，增强视觉上的冲击的话，那就可以再做一些下面的步骤。

① 设置“旅游新玩法”字体特效。首先加一些投影与背景衔接恰当，再添加素材“颜色剪贴1”并对“旅游新玩法”创建剪贴蒙版，如图5-132和图5-133所示。

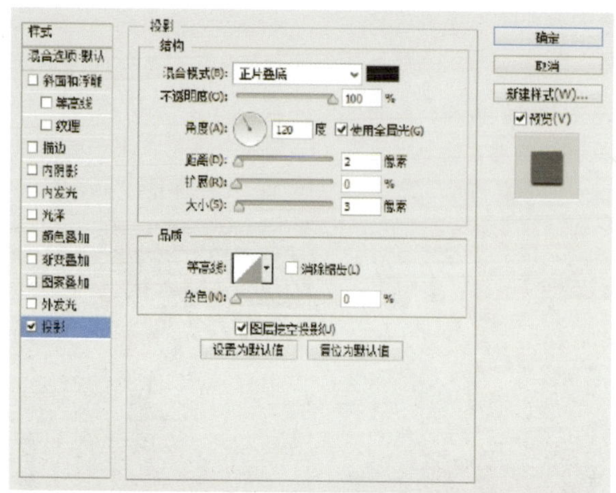

图5-132

图5-133

② 对素材图层“文字”制作特效。新建一层“渐变”层，使用渐变工具制作“线性渐变”，颜色从（R:254，B:176，G:67）到白色再到（R:254，B:176，G:67），同样将新的“渐变”层对文字层“创建剪贴蒙版”，如图5-134~图5-136所示。

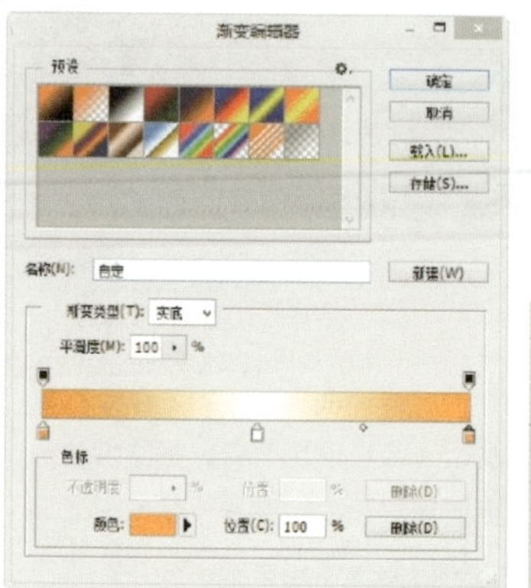

图5-134

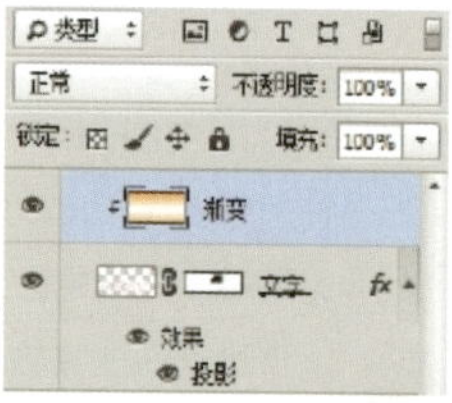

图5-135

图5-136

③ 将准备的素材“黄色剪贴”“磨砂剪贴”“光点剪贴”同时载入画布，并分别对“文字”图层创建剪贴蒙版，其中将素材“磨砂剪贴”的图层混合模式改为“线性光”，调整图层位置，如图5-137和图5-138所示。

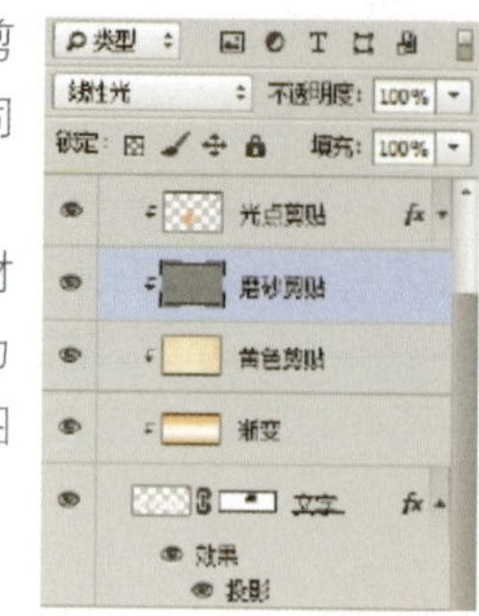

图5-137

图5-138

④ 将素材“线性光晕”“径向光晕”载入画布，将“线性光晕”图层混合模式改为“滤色”，将它们的位置调整到“小字文案区”组的最下方。文案区域特效到这里就制作完成，如图5-139和图5-140所示。

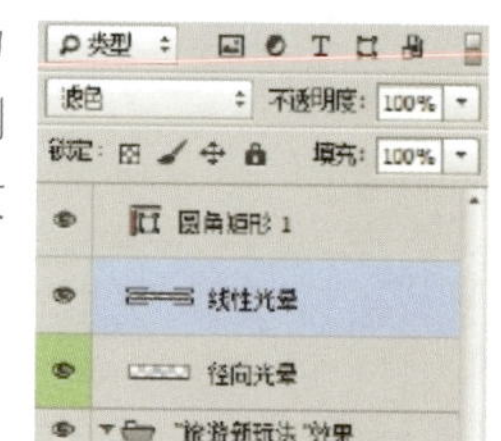

图5-139

图5-140

22 如果大家有设计基础的话，也可以尝试做一些整张海报的特效。添加素材“装饰1”“装饰3”“舞台光晕”“双十一狂欢”到画布中。

① 调整“舞台光晕”层在画布中的位置，将其置于“文案区背景”组的上方，混合模式改为“滤色”，适当降低不透明度，并为其添加图层蒙版，适当擦除刺眼的部分，如图5-141和图5-142所示。

图5-141

图5-142

② 为素材“装饰1”和“装饰3”添加图层蒙版，擦除局部效果，装饰整张海报，调整素材“双十一狂欢”的位置，如图5-143和图5-144所示。最后在网店展示的效果，如图5-145所示。

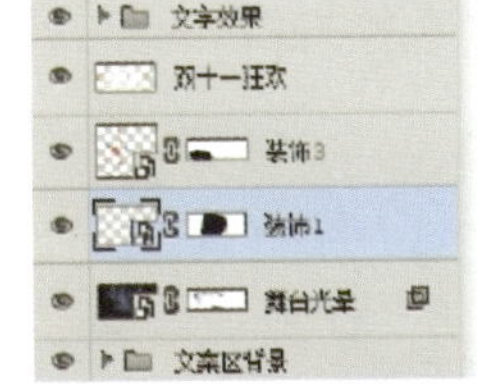

图5-143

图5-144

图5-145

5.5 主图与直通车图的设计

5.5.1 主图与直通车图的概念

要了解清楚主图与直通车图是什么，先看一张图片，如图5-146所示。

图5-146

提示

淘宝商城会实时根据商家的销售情况和其他数据来对宝贝进行排名处理，所以，可能在搜索框中进行商品搜索时，不同时间输入相同的宝贝关键词，得到的搜索结果也会不同。

1.主图

主图也就是通常所说的橱窗照，当我们搜索相关产品时，它是第一眼出现在我们视线中的宝贝图片。主图位于宝贝详情页的最顶端，是商品图或商品图与促销信息合成图，每款宝贝的主图都有5张，如图5-147所示。商家可以根据实际情况，利用这5张图片展示宝贝的相关信息，其中第一张就是我们在淘宝首页输入关键词后搜索结果的显示图片。换句话说，除直通车广告位的图片外，搜索结果出现的图片都是主图。

图5-147

不同类目的商品制作主图的方法也存在差异，如图5-147所示的服饰宝贝，有模特实拍，所以主图就偏向于实际穿着效果的展示。要知道，图片比文字更具有说服力。又如图5-148所示的零食产品，如果没有参照物，顾客只看图片无法衡量产品的大小、重量等。所以，在设计主图时，就要添加一些产品参数的说明或优惠信息在上面，这样更加方便顾客购买。

图5–148

2.直通车图

图5-149所示为我们在搜索框中输入“女装”后得到的结果，其中第一横排的第一个宝贝和右侧竖排的所有宝贝，它们都贴上了明显的“掌柜热卖”标签，这就是直通车图。有“掌柜热卖”标签的主图，都表示这个店铺正在对这个宝贝做广告推广。而且，细心的人都会发现，图5-149中右侧“掌柜热卖”标签的旁边，都标有“广告”字样。

图5–149

直通车图作为淘宝推广的重要手段之一，设计的好坏直接关系到店铺的点击量和转化率，好的直通车图并不是从设计层面上来评价，而是它可以引流到店铺，促成交易。俗话说“黑猫白猫，抓住老鼠才是好猫”，设计得很好，但没有人点击，也是失败的直通车图。能抓住顾客心理，将顾客诉求表达在图片上，引起顾客共鸣，达成交易，这才是网店设计的根本目的所在。下面对图5-150~图5-152这3张直通车图片进行分析，让大家懂得如何制作直通车图片。

图5–150

分析：

（1）主题。从正常人的思维来看，这张图片想要宣传的主题在右半部分中，右半部分中的元素有人物（当然排除）、拉力器、鞋子（也不太可能，占位实在太小）、运动短裤和运动内衣。这么多的可宣传元素，大家能看出来是哪一种吗?

（2）排版。卡通人物占了整个版面的1/4，文案占了1/4，上面列出来的这些元素共占了1/2，好像每一块都是卖点，尤其是“打劫”两个字，这么抢眼，难道这个店铺卖的是打劫?

（3）看了半天，文案中提到的值得关心的是英文中的JEANS和小文案部分的“裤子”，查了一下英汉大词典才发现JEANS的中文是牛仔裤。但花了这么多时间才搞懂JEANS是什么东西，觉得很不人性化。

这就是一张完完全全的只有宣传噱头、骗取点击、单纯为了引进流量的图片。顾客第一时间会给个差评，流量引进来了又有什么用。通过点击这种直通车图进来的顾客，有100%的好奇心，但不会促成有效的交易。

图5-151

分析：

（1）主题。还是先来说第一印象，一双诱人的大长腿和一只可爱的抓扯丝袜的猫咪，还有简洁的文案，最后还有一个品牌Logo，就组成了这张图片的效果。所以在这张图片中，除了猫，其他部分都是与产品相关的信息。

（2）排版。这张图如果单从设计上来看，排版其实不能算好，但贵在简洁明了，8个字提出商品卖点“耐穿”，配上猫咪抓起的丝袜和一句反问，生动形象。这么多修饰词，说的都是这款丝袜耐穿，不易撕坏。

（3）一双大长腿更是十足的诱惑，凸显了丝袜修腿、隐形的卖点，看了的人都想点击进去看看这位美女长什么样。

抓住消费者的心理，采用浮夸的手段凸显产品功能，情景交融，模特实穿效果展示，刺激顾客点击了解宝贝详情，这种方式引进的流量，大部分都是奔着买丝袜来的，所以成交率也会大大提升。如图5-152所示也是使用了图5-151的设计方法。

图5-152

5.5.2 主图与直通车图的区别

1.相同点

从上述讲的这些点综合来看，其实从某种意义上来说，主图与直通车图是一样的，表现为在我们通过关键词搜索商品得到的结果中，它们都出现在顾客的第一视线中；它们的尺寸大小也是相同的；顾客进店的入口，几乎绝大部分都是通过主图或直通车图，直接访问店铺的顾客几乎为零；有的店铺的主图和直通车图是共用一张的，如我们单击图5-153右侧“掌柜热卖”的第二张直通车图，进去后的主图是第一张图，如图5-154所示。这表明，这个店铺的直通车图就是主图。

图5-153

图5-154

2.不同点

直通车图相当于生活中的广告位，要花钱才能获得这个展示位置，而主图则靠宝贝的综合排名来免费获得这个展示位置。有的店铺为了更好地达到广告效果，直通车图会做适当的创意设计，把宝贝卖点设计在一张图上，并用这张图进行广告推广。而主图的设计相对就简单很多，只需将宝贝最好的角度展示出来即可。所以，直通车图的设计跟促销海报一样，要有排版方案、配色方案等。单击图5-153右侧“掌柜热卖”的第一张直通车图，显示的主图的第一张图如图5-155所示。这表示该店铺对直通车图另外做了设计。

图5-155

5.5.3 主图与直通车图设计分析

1.尺寸规格

淘宝系统默认宝贝主图大小不能超过3MB，图片的尺寸如果超过了700像素×700像素，宝贝发布后，详情页会自动提供放大镜功能方便顾客观看。

2.设计原则

在设计主图的过程中，只要能够将商品清晰的、完整的展示出来即可，图片色彩、清晰度和完整度是最重要的，它们能为我们的设计提供思路。设计直通车图时要考虑版式、创意、配色等，但主旨都是主题要突出、展示商品要清晰简单、背景不能复杂、图片上不要加水印。

图5-156和图5-157所示为两张同一产品的不同效果图，你会更倾向于哪张？

图5-156

图5-157

这两张主图，卖家使用不同的效果图点击量有很大的差异，前者点击量非常低，公司库存非常多，而稍加设计的后者，让这款鞋子成了店内主打的爆款。

5.5.4 主图与直通车图设计的四大技巧

1.产品图片要干净清晰

顾客在逛淘宝商城时，目的是快速找到自己喜欢的商品，他们甚至不会太关心店铺名称、地址。在这个网购的社会里，只有图片是最直接与顾客进行接触的环节，所以，产品图片要干净清晰。

2.一切以数据说话

作为网页设计师或店铺掌柜，不能仅凭主观感受来设计店铺的视觉形象，一切要以数据说话，尊重顾客的喜好再来设计产品图片，才能为产品赢来持续销量。

3.内容专一、简练明确

产品图中需要添加文案内容，但要保证做到内容专一、简练明确，切忌太多信息、排版太乱、主题不突出。

4.图片要真实

设计出来的图片要真实，尽量传达给顾客一种“真情实意”的感觉，太夸张、太口号化的图片，只会让顾客产生“这是不是冒牌廉价货？”“这肯定是骗人的！”的感觉。

5.5.5 实战：童鞋直通车图设计

实例位置　实例文件>CH05>5.5.5>主图直通车psd、主图直通车.jpg
素材位置　素材文件>CH05>5.5.5>素材文件夹
视频位置　视频文件>CH05>5.5.5童鞋直通车设计.mp4

以上说了那么多，都是为了告诉大家，主图与直通车图的设计原理和设计方法。下面实际讲解如何设计一张直通车图。

01 新建一个宽度和高度均为800像素的画布，如图5-158所示。

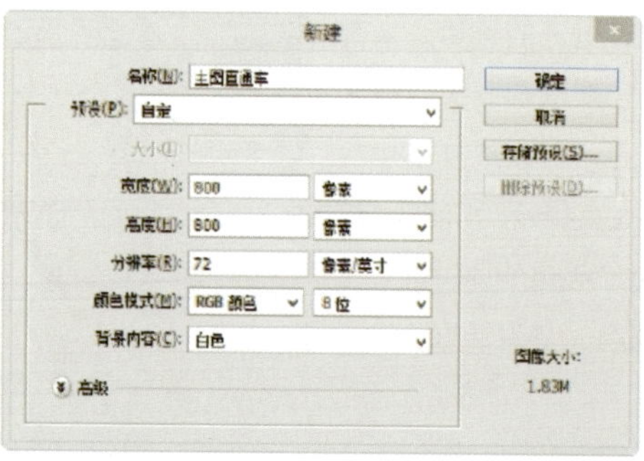

图5-158

02 新建一个空白图层“底色”，为该图层填充颜色（R:255，G:210，B:0）。打开素材“鞋子”源文件，将其中的“鞋子”图层和“阴影”图层一起拖入新建的画布，并将“阴影”图层的混合模式改为正片叠底，调整它们的大小和位置。使用“橡皮擦工具”适当涂抹“阴影”图层，使其自然融入“底色”，如图5-159和图5-160所示。

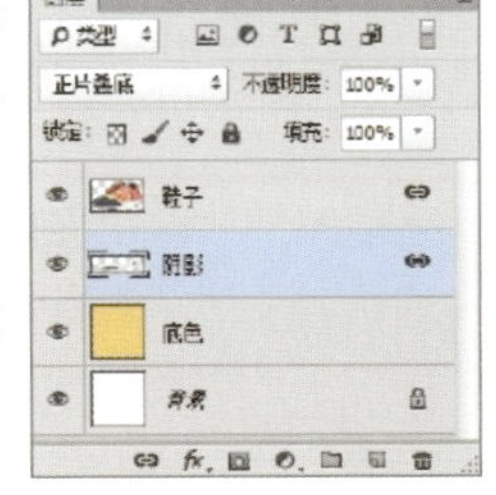

图5-159

图5-160

03 接下来设计直通车的文案部分。使用“横排文字工具”输入描述文案，做初步的排版，如图5-161所示。

图5-161

04 为文案设计底部效果。选择“钢笔工具”，填充颜色（R:52，G:51，B:47），禁用描边，在文案下边绘制两个背景图层“形状7”和“形状8”，修改文案的相应颜色，如图5-162和图5-163所示。

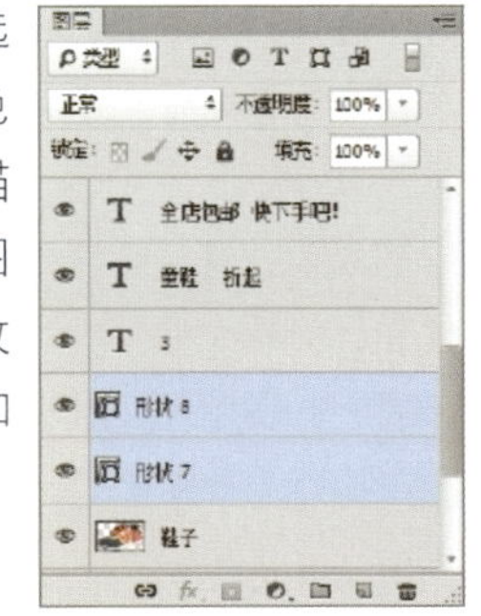

图5-162

图5-163

05 在两个形状图层的下方继续新建图层，选择“钢笔工具”（参数同上），绘制“形状7”和“形状8”的底部阴影，填充颜色（R:23，G:20，B:20），如图5-164所示。

图5-164

06 在刚才绘制的形状下边新建一个图层“文案阴影”，选择“柔角画笔工具”，笔触设置为30像素，然后绘制一条水平方向的黑色线条（绘制直线时可按住Shift+拖动鼠标），如图5-165和图5-166所示。

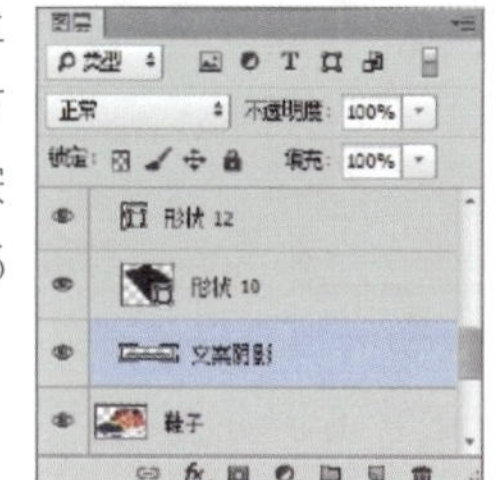

图5-165

图5-166

07 按快捷键Ctrl+T，将“文案阴影”图层载入自由变换状态，旋转至已有的文案背景下方，如图5-167所示。

图5-167

08 执行“滤镜>模糊>高斯模糊”菜单命令，设置模糊半径为14像素，如图5-168和图5-169所示。

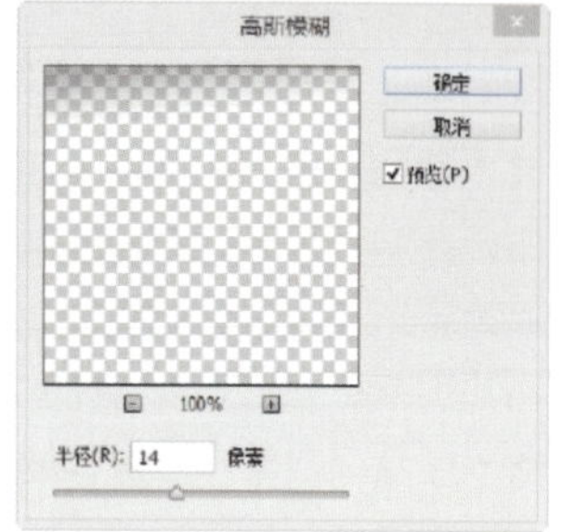

图5-168

图5-169

09 文案的背景设计完成，直通车的主体部分也就设计完成了，产品图片和促销信息都已经设计出来了，但为了让视觉效果更加协调，增加美感，再将准备好的素材“元素”添加到画布中。使用“套索工具”选取各种零散的元素并拖放到文案的周围，形成的效果如图5-170所示。

图5-170

10 使用“钢笔工具”绘制修饰形状，对效果的细节做适当的完善，最终效果如图5-171所示。

图5-171

5.6 详情页设计

5.6.1 商品详情页

商品详情页也称为宝贝描述页，是对网店中销售的单个商品的各种参数、细节、卖点等进行介绍，它是提高商品转化率的关键因素。在商品详情页设计过程中需要注意很多规范，以求用最佳的视觉效果展示出商品的特点。商品详情页中包含两个重要的组成因素，分别为主图展示（即通常所说的橱窗照）及详情页展示，主图在前一节中已经说到，在这一节中，重点讲解详情页的设计。商品的详情页效果如图5-172所示。

图5-172

5.6.2 详情页设计分析

1.现状分析

当前是电商行业高速发展的时期，行业竞争相当激烈，淘宝的功能也愈加强大。现在一说到网购，相信90%以上的人会想到淘宝，在这样一个“淘”品牌的效应下，淘宝卖家也越来越多，而且现在越来越多的线上平台开始结合线下，淘宝也开始挖掘乡镇市场。图5-173所示是电子商务市场交易规模分析图，市场的成熟使行业逐渐趋于饱和，增长率有所降低，但交易量仍然处于稳定增长的趋势。“淘宝是肥塘，赶紧撒网捞大鱼”，淘宝中的“鱼”是不少，但怎么“撒网”才能抓到更大更多的“鱼”，则要求卖家自身拥有多项网店开设条件，这也是众多商家为难的地方所在。

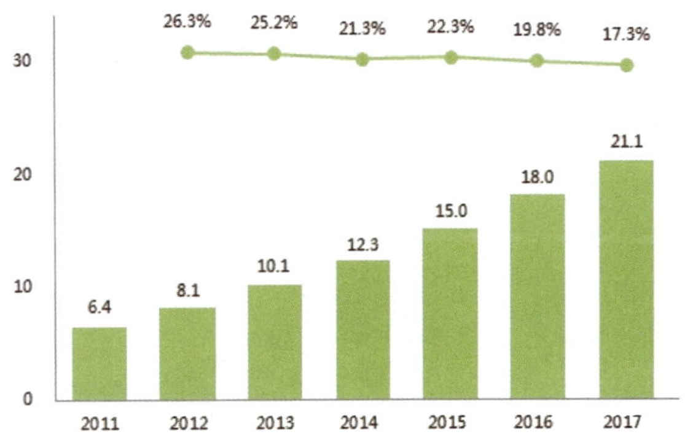

图5-173

如今已经进入图片主打的阶段，纵观如今网络上的营销推广方式也大都是“图片打天下”。所以，在网店装修时，一定要“让图片说话”，用图片说话才更具有说服力。那么如何作图才会让图片会“说话”呢？下面就来说说宝贝描述的那点儿事。

2.影响宝贝成交的因素

98%以上的顾客都是通过店铺单品链接进入店铺的，直接访问店铺的顾客是很少的，因为不管你是直通车推广还是官方活动，买家点开的都是一个产品的链接，而买家会不会在店里停留，就取决于店铺的宝贝描述页是否足够吸引他们。如图5-174所示，简单的对决定买家进店后会不会购买商品的因素进行了总结。

决定买家购买与否的因素

宝贝图片　服务质量保障　描述专业度　描述可信度

宝贝参数　客服态度　优惠政策　首页装修

图5-174

从图5-174中可以看出，详情页是提高转化率的入口，是影响转化率最重要因素。因此，挖掘买家需求，优化详情页就变得至关重要。买家对很多不同类型的商品都有图片需求，图片能更直观地将信息传达给顾客，它可以激发客户的消费欲望，树立顾客对店铺的信任感，打消顾客的消费疑惑，促成商品的交易成功。而且详情页中要保证图片的全面，如细节图、实拍图、展示图等，让顾客能全面地了解商品，才能有效提高转化率。但是需注意的是，不要堆积过多、过大的图片，以保证页面的加载速度，留住更多的顾客，否则，买家可能在还没打开页面的情况下就关闭了页面。如图5-175和图5-176所示是两种不同的详情页布局效果，你更倾向与哪种呢?

图5-175

产品实拍 真实呈现

精心剪料您的每一颗味蕾

流连忘返形

美味来自甜密

美味之源

图5-176

3.详情页规格

制作产品详情页时需要注意，详情模板的尺寸宽度不能超过750像素（淘宝）和790像素（天猫），否则会因为显示不全而影响设计的页面效果。图5-177和图5-178所示，分别是超出详情页尺寸的图片与适应详情页尺寸的图片，可以发现，对于超过750像素或790像素的图片，超出部分就会被详情模板覆盖、隐藏。

图5-177

图5-178

4.产品分析

一款好的详情页包含了很多内容，它需要有营销内容，如产品功能展示、实物拍摄、好的文案、参数说明等。但不同类目的宝贝，设计的方法可能会有所差异，下面就来对宝贝详情页的设计进行分析。

市场调查

设计产品详情页之前，要做同行业市场调查，分析消费情况及顾客购买产品时所关心的问题等。对于行业情况，可以通过淘宝自带的免费或付费软件进行数据分析，如阿里指数（原淘宝指数已于2016年3月底下线）、生意参谋、百度指数等。对于消费者关心的问题，可以从宝贝评价中去挖掘对我们有价值的信息，了解买家需求、产品售后遇到的问题等。根据市场调查结果再进行系统的分析总结，罗列出调查中的问题、同行的优缺点，为产品的卖点设计提供理论依据。如图5-179和图5-180所示是使用阿里指数搜索某月份男式风衣的行业情况。

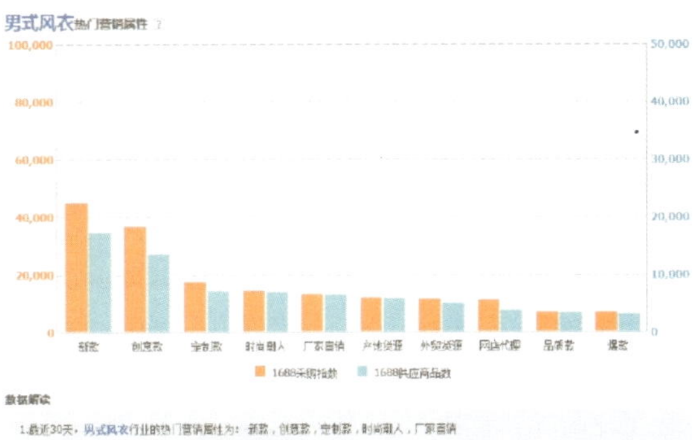

图5-179

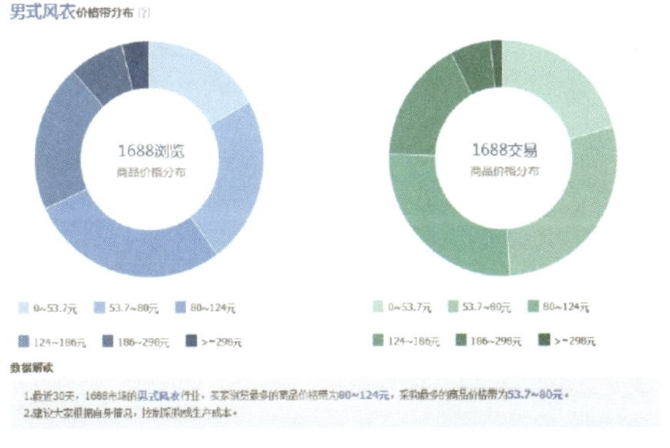

图5-180

产品定位

从上述分析中，我们不难发现产品的消费人群和消费能力，就是产品定位。如我们生活中的路边小吃店，吃一顿饭几十块，卫生一般，虽上不了档次，但卖的是性价比；而餐厅或特色菜馆，消费一次可能几百块不等，卖的是服务和味道好，定位属于中级；而大饭店、私人会所等卖的是服务，这就属于高端消费。对产品进行定位是为了确定产品风格、详情页色彩及字体排版、商品的推广方向等。就拿吃饭这个问题来说，路边摊根本不用广告，普通餐厅会有菜谱，而大饭店则有非常精致的菜色介绍。定位准确就能做到设计有方向、推广有目的。

分析页面

不同的人对设计内容有不同的看法，工作中最让彼此头疼的搭档，莫过于运营和美工了。下面从二者的角度来分析一下，看看他们对于详情页设计都有哪些独特的看法和理解。

运营角度：运营在店铺中扮演着商人掌柜的角色，他们想的是如何赚钱，怎样做到让消费者明白我们卖的产品，抓住顾客购买需求，吸引顾客下单，可以适当使用赠品、返利、优惠券等吸引顾客。运营不需要设计师把页面做得有多好，而更在乎你设计的作品表达出来的思想是否直观明了，这一点也正是设计师考虑页面视觉、运营考虑如何简明扼要的冲突之处。作为网页设计师的你还记得图5-181所示的情景吗？

图5-181

美工角度：店铺美工想着如何把店铺、详情页优化，做得好看、有设计感是美工最大的目标。美工设计的并非一堆任何人都可以敲打上去的文字，而是如何在合理的表达思想的同时又将图做得漂亮。很多时候自己很满意的图，但运营看了不满意，改一次、改两次、改三次……这都是很正常的，因为你没表达在点上，意思不完整，不能让消费者快速直观地理解。作为网页设计师的你，是否有过图5-182中的内心独白呢？因此，作为网页设计师，也要学会换位思考，站在消费者的角度考虑页面表达的问题，学会做一名懂运营的设计师。

图5-182

5.6.3 详情页设计框架结构

对产品进行详情页设计，首先要知道详情页的构成情况，熟悉设计流程。一般来说，详情页的前半部分诉说的是产品价值，后半部分培养顾客的信任感，消费者的信任不光通过各种证书来获得，正确的颜色、字体、排版结构都可以在一定程度上赢得顾客的信任。

国外一家专门研究交易性用品的网站调查显示，人们非常擅长于筛选出一页中的无用信息，而将注意力集中到一小部分突出的网页元素中。不管是用户浏览网页还是搜索引擎，在搜索结果的时候都是按照F型（称为尼尔森网页浏览模式）的规律进行的，如图5-183所示，即从上到下、从左到右，其页面的权重布局也是从上到下、从左到右依次递减。这对于我们网商行业也是非常适用的，设计页面时尽可能按照从上到下、从左到右的F型现象，按照产品卖点的重要性分布模块，尽可能地把页面中相对重要的内容放在详情页的左上方。

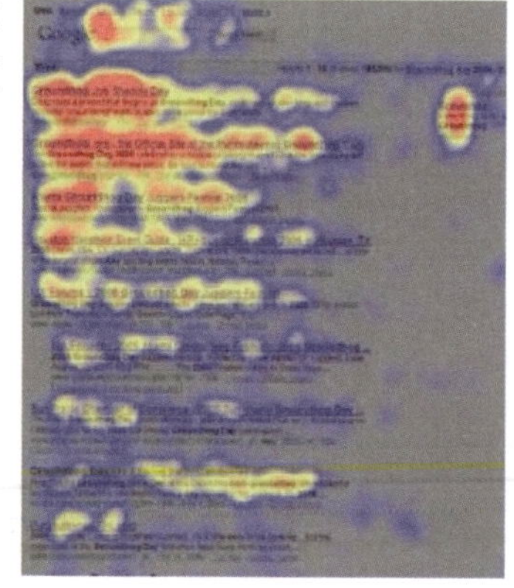

图5-183

下面来介绍详情页的架构。

1.搭配推荐

搭配推荐也就是在浏览宝贝详情时最开始见到的关联产品销售。推荐原则：第一、全店最热销的，第二、本类产品最热销的，第三、本类产品最可取代的，第四、本类产品最相关的。宝贝的关联销售与很多网站的友情链接类似，都是为了增加所关联产品的浏览人气，也就是为了增加销量。关联销售一般位于详情页的最顶端，它还可以与店铺优惠券、活动信息海报等结合展示。图5-184所示是一个化妆品店铺的关联销售模块。

图5-184

2.详情页商品创意海报

根据F型现象分析，在开始时做一张视觉焦点图尤其必要，其设计风格采用能够展示品牌调性以及产品特色的意境图、店铺活动促销信息，它可以第一时间吸引买家、提升阅读兴趣。如图5-185所示是一款笔记本电脑的详情页的页头海报，使用了3D的视觉效果，突出电脑的卓越性能。

图5-185

3.宝贝卖点/功能作用

根据FAB原则（特性>作用>好处）对宝贝优势进行排序。F（Feature）指的是产品品质，如面料材质、设计特点等，这些是可以从宝贝中看到、感受到的信息；A（Advantage），即这些用途将会给顾客带来的优势；B（Benefit），即产品的独特之处可以给顾客带来的利益。图5-186所示是一双鞋子，特点是透气、柔软、耐磨，采用复合鞋底和弹性面料设计，鞋底防滑，保护孩子不摔跤，功能作用是可以保护脚踝在跑跳时不受伤害。

图5-186

4.宝贝规格/参数

如果产品属于实体产品，参数信息就可以采用可视化的方法设计，实物与宝贝的对比能让顾客感受宝贝的尺寸，避免收货后出现心理落差而给店铺差评。图5-187和图5-188所示是两种不同类目的宝贝的参数图，前者是生活中常用的商品，大家在乎的是商品容量，所以没有必要标明尺寸，后者则使用了实际的人物和尺寸参照，让顾客更清楚宝贝的实际效果。

图5-187

图5-188

5.与同行宝贝对比

对比可以强化宝贝卖点，提升顾客的信任感。将产品与众不同的地方展示出来，和其他同行业产品对比，突出优势所在。如价格优势、质量优势、客户评价等。图5-189展示了宝贝与同行其他宝贝的效果对比。

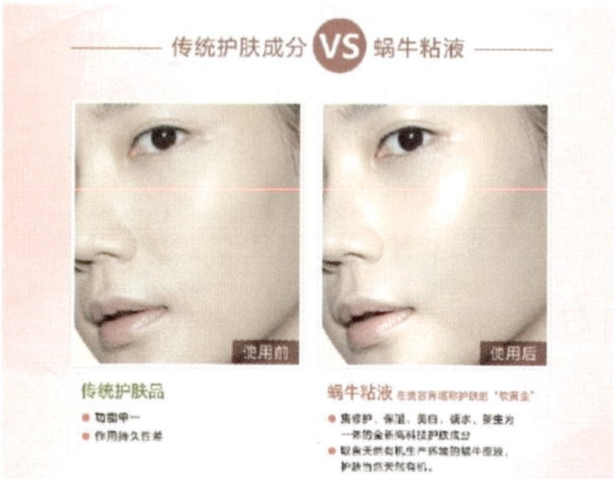

图5-189

6.场景展示/模特展示

宝贝展示以主推颜色为主，服饰类有模特三围、身高的参考会更进一步提升顾客对商家、对产品的信赖，如果后半部分或评价中有买家的真人秀展示，在拉近与顾客之间距离的同时，还可以让顾客了解宝贝是否适合自己。图5-190所示是一款服装的模特展示图。

图5-190

7.细节展示说明

细节图片要非常清晰地体现宝贝的材质、做工、功能等，附带相应细节处的文案介绍。图5-191所示是一个宝贝的简易的细节展示效果，图5-192所示是一个详细的细节展示效果。

图5-191

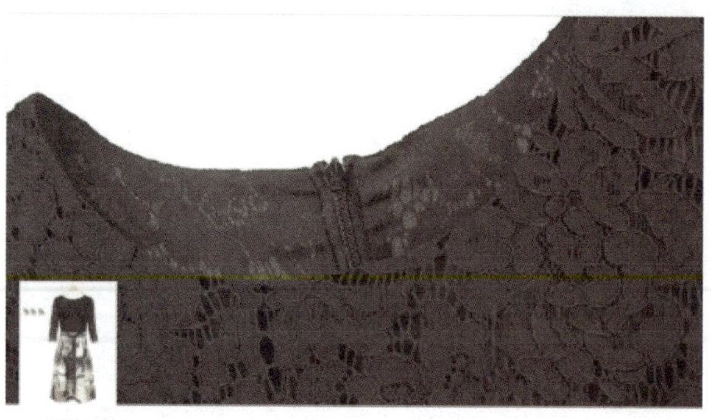

图5-192

8.包装展示

这里的包装并不是单纯指产品外包装，还包含企业形象、企业信誉等。不同的类目，这个模块的展示内容就各不相同，服务类产品会偏向于展示团队的专业性，实体产品行业则偏向于生产车间、精美的外包装等。但无论是哪一种，都是为了烘托品牌和实力。当然，这并不是通过几张图片或几个故事就可以得到效果的，这个模块只是在这个交易过程中，通过各种细节带给消费者一种实际的感受。图5-193和图5-194所示是两种意义上的产品包装，你读懂了吗？

图5-193

图5-194

9.发出购买号召

如“为什么、立刻、现在、马上在我店购买”，替客户做决定，这就是常见的压迫营销。

10.购物须知

购物须知包括邮费、发货、退换货、产品保养、售后服务（售后服务就是解决顾客收到宝贝之后的各种问题，如无理由退换货、几天可以到货、质量问题如何解决等）等。这一块的设计最本质的目的是减轻客服的工作量，增加默拍率（默拍有两面性，视具体商品而定），虽然我们在设计时会复杂一些，但留给顾客却简单很多，这当然也算提升顾客购买体验的手段之一了。图5-195所示是一个简单的购物须知。

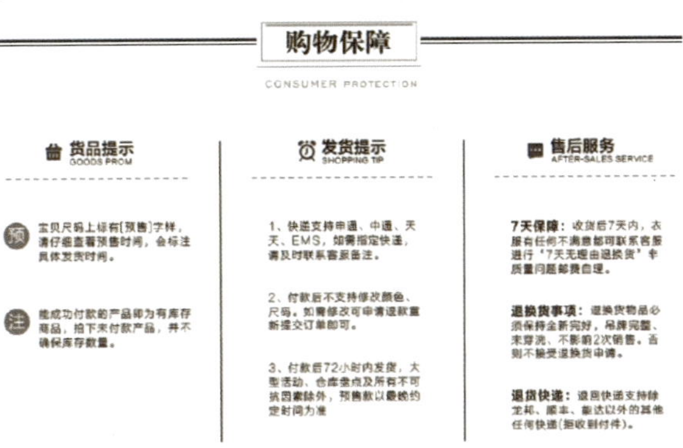

图5-195

当然，上述说的仅仅是一个参考的框架，不同行业有不同的设计需求，最好的方法就是搜集同行业销量领先的宝贝描述页，分析它们详情页的布局和模块构成，然后模仿创作。网页设计师不应该仅仅停留在技术层面，应该有自己的思路和想法，让自己有更大的提升空间。详情页的好坏与整个运营设计团队的文化素养和学识都有着密不可分的关系。

5.6.4 详情页设计原则

详情页的设计基本遵循以下顺序。

引发兴趣>激发潜在需求>赢得消费者信任>替客户做决定，具体的步骤可以从详情设计框架中找到相关的模块。需要特别注意的是，由于客户不能真实体验产品，我们的宝贝详情页就要打消买家顾虑，从客户角度出发，关注顾客所关注的几个方面，并不断在设计中强化，告诉顾客我们是这个产品的“专家”，我们很值得信赖，购买过的顾客评价都很好，而且店铺正好有活动，现在下单最实惠等。详情页的案例设计会在后续使用单独的一个章节来为大家讲解，这里点到为止。

1.文案描述

文案要运用情感营销，引起消费者的共鸣，对于卖点的提炼要简短，如果卖点太少，也可以反复强调和暗示已经挖掘出来的卖点。有需求才有产品，我们卖的不是产品，而是顾客买到宝贝之后可以得到什么价值、满足什么需求，这也就是专业术语说的FAB法则（“特性/作用/好处”原则，说服性演讲结构）。能让理性的顾客进来，最后感性的下单，这就是宝贝详情页要做到的事情。图5-196所示是一个旅游详情页，开篇就使用了让人耳目一新的宣传语做海报，提起顾客兴趣。

图5-196

2.细节展示

细节的定义很广泛，这里笔者想说的细节是注意产品分类页和一些动画展示效果在店铺中的搭配。产品分类最好不要直接用文字去分类，那样会让人觉得分类很乱，而且字体一般不要设置得太小，间隔也不要太小，否则看起来比较费力，如果分类不太多的话最好设置统一的图片做背景，上面的文字表达，文字的总宽度尽量保持一致，最好不要用太跳的动画作分类标，长长的一大段全是文字或动画的话，也会给人一种很乱的感觉。动画在整个首页的占有比率不能太高，太高的话整个版面都在闪让人不知道点哪个好，一般在1~3个动画为宜。

3.产品修图很重要

修图时大家可以结合第3章第4节中的多种工具来进行效果的制作，修图是一个细活，耐心、细心都是很重要的，特别是对化妆品、珠宝的效果处理，不仅要求基本功，还要求我们有足够的耐心。图5-197和图5-198所示是一个产品简单的修图前后的效果对比。

图5-197

图5-198

5.6.5 详情页卖点挖掘

在前面讲到的详情页设计框架结构中，卖点的挖掘是至关重要的。随着各个行业的商业模式日趋成熟，在同一产品定位的层面上，品牌拉力、产品技术，甚至营销手法、推广手段都越近乎雷同时，如何进行差异化卖点提炼就成为决定营销能否成功的关键因素，我们的产品必须有优于其他同类产品的特点，才能获得消费者的青睐。因此，把产品卖点提炼出来，用最直接、生动的，富有冲击力和记忆点的语言加以概括和描述，并通过有效的途径传递给消费者，让他们认定“你就是好的”。下面来讲宝贝详情页卖点提炼的“五大法则”。

1.确有其实

是否“确有其实”是商家与“骗子”的分水岭。卖点永远不能代替产品，卖点必须建立在产品实物的基础上，从产品本身入手。宝贝品质、宝贝功能、宝贝品牌等都属于宝贝的卖点，这些因素的设计意在让消费者对我们的产品质量放心。图5-199所示是一个女士牛仔紧身裤的卖点展示图，图中模特的穿着效果与所列出的产品卖点都是一致的，这种图文方式的卖点展示最容易打动消费者。

图5-199

通常一个产品的卖点不会只有一个，而将哪一点提炼为核心卖点并不取决于产品自身实际功效（或特色）强度的排序，也不是由技术人员确定的，而是按照市场需求排列的。但是，要记住“不实在就是骗”“太实在就是傻”，合理提炼卖点。

2.确有其理

消费者在得知你的产品核心卖点时，一般会在口头或者心理追问一句：你凭什么这么说？这时你的产品必须有充分的说服力，这就是产品核心卖点的理论支撑体系。

支撑产品核心卖点的理由必须可信、易懂、便于表达，切记要用消费者听得懂的语言去表达和交流。图5-200所示展示了该化妆品的几种使用效果，有的顾客可能会怀疑产品是否真的有这样的效果。那接下来就设计图5-201所示的展示，提取出有效的产品成分并详细分析其具体的功效作用，而这些产品成分在产品本身的说明中就已明确指出，是真实的。所以这样的搭配设计可以完全打消顾客的怀疑态度，促成交易。

图5-200

图5-201

3.确有其需

选择的产品必须要有市场，消费对象必须要有相对于商品价格的购买能力。而且我们的产品核心卖点目前在市场上尚未被很好地满足，这样一来，会节约很多宣传成本，快速锁定市场。图5-202所示设计的是产品的适用场景，其实就暗示了这些场所或人物对该宝贝存在需求，同时也表达了该宝贝可以广泛用于生活工作。

图5-202

4.确有其特

产品要有优于其他同类产品的卖点，要有自己的个性。这些我们可以从同行其他店铺的顾客评价中，找到买家关心的问题，总结出来，并在设计过程中，将这些顾客关心的、其他店铺还未解决的问题，在产品详情中设计出来，突出买家诉求，说明售后保障，消除顾客顾虑。例如，我们分析出大部分消费者对于笔记本电脑的诉求，一些男生希望笔记本能畅玩游戏，他们对电脑处理器、显卡等要求很高；设计工作者则希望电脑能顺畅地进行设计工作，对笔记本的显卡、内存等要求高；一些女生喜欢用笔记本来看电视，希望待机时间可以足够长。根据这些诉求，在笔记本电脑详情页设计时，就有了大致的方向，如图5-203的开门见山，指出宝贝的整体性能，图5-204表达宝贝的显卡独特之处，图5-205指出对于主流设计软件可以畅通运行，图5-206设计的是宝贝电池的超长续航时间。整个页面都按照我们分析的买家诉求进行设计，完全抓住了顾客的心理。

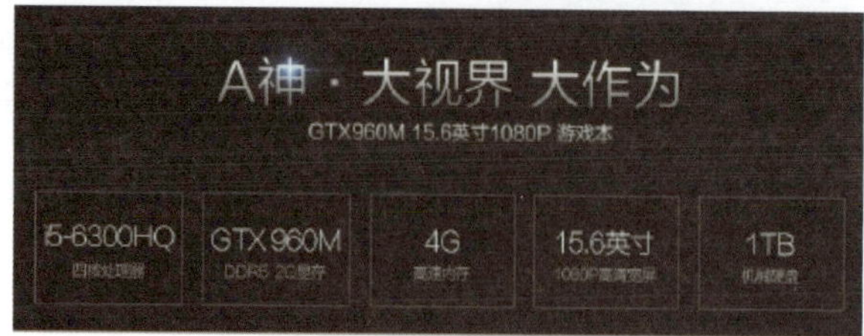

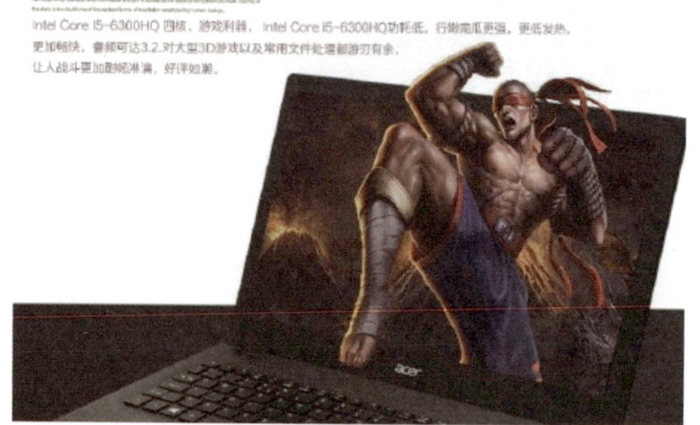

图5-203

图5-204

图5-205

图5-206

5.确有其途

这里我们可以理解为两个“途”——用途和传播途径。用途自然不必多说，没有人愿意花钱买一个没有用的产品。每一种商品都需要传播，但达到同样的传播效果，所付出的代价往往是要有很多的资金支持。好的核心卖点能够找到传递给目标客户群的“廉价”的传播途径。图5-207所示是一个扫地机的功能用途。

图5-207

这些是设计宝贝详情页的时候需要重点做出的几方面，产品不同，做法和卖点也不一样。需要根据产品的特性和卖点，了解买家进店的需求，让他们快速下单。在这样一个“什么都不缺”的社会，谁也不会急需一个包包，非得买一件衣服，其实大多数买家对这件商品都可有可无。换句话说，顾客不在这家买，别家也有同样甚至更好的商品，因此在买家停留在你的店铺里的时候，需要抓住顾客的心理，促使其下单。

详情页的分析就讲到这里，本节主要分析宝贝详情页的设计框架和宝贝卖点的挖掘方法，下一章会为大家讲述设计方法，以及对不同类目下不同商品的设计分析，此处不再赘述。

5.7 活动图片设计

5.7.1 淘宝网常见的活动

在网店中随处可见形式多样的促销活动，网店卖家可以通过Photoshop让活动信息图片更具吸引力，并让活动内容一目了然，这些随处可见的促销很多是卖家为了提升销量而自行创办的，除此之外，还有很多官方创办的促销活动，如聚划算、各种国家或国际节日、年终盛典、双十一等。官方活动可以在卖家中心的“营销中心>我要推广”里找到，如图5-208和图5-209所示。

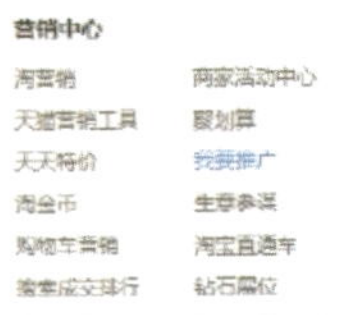

图5-208

图5-209

说到这些活动，自然就离不开活动图片和页面的设计，直通车图片的设计我们在前面的章节中已经详细为大家讲解过，下面我们就挑选另外几种活动的图片设计来为大家做大致的介绍。

5.7.2 钻石展位图片设计分析

1.钻石展位

钻石展位就是我们常说的钻展，它是淘宝网图片类广告位竞价投放平台，是为淘宝卖家提供的一种营销工具。钻石展位依靠图片创意吸引买家点击，获取巨大流量。钻石展位是按照流量竞价售卖的广告位，按照出价从高到低进行展现。卖家可以根据群体（地域和人群）、访客、兴趣点这3个维度设置定向展现。图5-210所示就是打开淘宝后最醒目的钻展图片。

图5-210

钻展图片作为店铺的营销工具，具有流量巨大、定向精准、形式灵活等特点，所以它最直接的目的就是实现短时间内的大量引流，以带动热卖单品或实现品牌推广。但从设计的角度来看，钻展更应该是展示品牌形象，体现店铺活动的一种展示资源。

2.钻展图片尺寸

钻展图和直通车图不同，钻展的位置众多且尺寸各异，其位置涵盖天猫首页、淘宝首页、淘宝旺旺、站外门户、站外社区、无线淘宝等，不同的钻展位置由于针对人群不同，其消费特征和兴趣点也各不同，不同尺寸的钻展位置给了我们不同的设计发挥空间。因此我们在制作钻展图片时，要根据位置、尺寸等信息调整广告诉求，并采取合适的表达方式，这就是钻展图片的个性化和差异化特征。钻展图片的尺寸众多，大家简单了解即可，实际设计中需要根据具体的展位要求再做调整，钻展图片的尺寸参数如图5-211所示。

图5-211

3.钻展图片设计分析

如果是第一次接触钻展图片设计，大家肯定会有这样的经历：拿到图片尺寸，但不知道该从何处入手进行设计。为了避免大家在初次遇到钻展设计时手足无措，下面来说说钻展图设计的版式及设计时需要注意的问题。

(1)两栏式构图。指将图片和文字分离在钻展图的两端，这是最简单的构图方法，也是很多海报常用的设计方法，一般主体占整个画面的三分之二左右，使用这种设计方法时文案排版一定要突出中心思想，如图5-212所示。

图5-212

(2)三栏式构图。指中间放文字两边放图片，图片以大小不同或者角度不同来展示，给整体效果形成空间感，该方法适合多产品或者多色彩的情况，如图5-213所示。

图5-213

(3)组合式构图。使用模特+文字+图片的展示方法进行设计，给人画面丰满、内容丰富的感觉，如图5-214所示。

图5-214

(4)纯文本+背景构图。适合小图尺寸，重点突出文字信息，需要简单直白地表达活动思想，切忌文案烦冗复杂，如图5-215所示。

图5-215

(5)斜切式构图。该方法可以让整个画面富有张力，让主体和需要表达的内容更醒目。需要注意，使用该方法时，文字一定要与斜向的透视对齐，如图5-216所示。

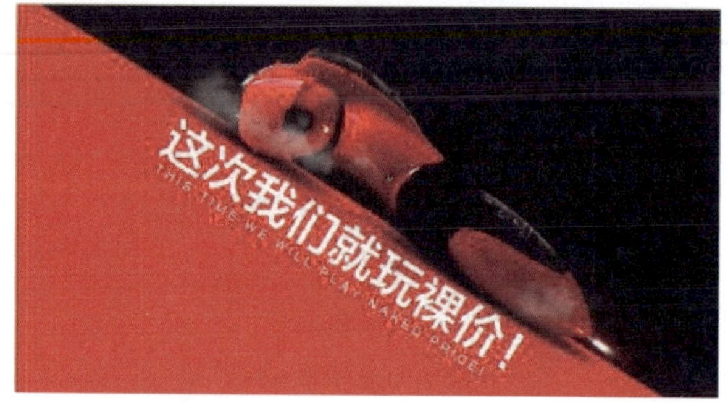

图5-216

(6)极限构图。该方法是将产品局部细节放大展示，对页面大面积留白，因为产品才是主角，品牌Logo稍微大一些，文案信息使用小号纤细的字体放在配角的位置，如图5-217所示。这种形式适用于奢侈品，彰显产品的大牌，也适用于数码电子产品，数码电子产品也喜欢走这种高冷路线，因为冷酷，有格调，让人觉得拥有它很有面子。而那种一般的商品，如衣服有线头、褶皱，产品用料不高档、做工不精致的产品不适合这种构图，因为这种构图会把瑕疵、缺点展示出来，会起到反作用。

图5-217

5.7.3 聚划算图片设计分析

聚划算作为一种打造爆款、提升品牌曝光、促进店铺销量和整体数据的营销工具，在淘宝官方的活动中属于要求较严格的一种，不管是店铺本身的销售数据、图片设计还是报名条件，都有详细明确的规定，报名审核也是由专门的淘宝工作人员协助完成，感兴趣的读者可以在聚划算的规则中心里进行了解，当然，这些都是运营做的事情，下面还是回到图片设计上来。

1.聚划算图片要求

（1）报名图。聚划算的报名图片要求PC端尺寸为960像素×640像素，大小在1MB以内；移动无线端尺寸为1280像素×1280像素，大小在1MB以内。产品的摆放位置处于图片的正中间，图片要干净整洁、卖点突出，尽量避免牛皮癣，如图5-218所示。

图5-218

（2）产品主图。参加聚划算的商品还需要设计主图，图片中不能出现除Logo之外的信息，如果出现了，在图片上传审核时系统就会判定为不通过。至于产品的卖点，卖家可以在后台填写“产品特性”和“价格卖点”时完成，审核通过后会以标签的形式展示在图片上，填写的内容和关键词需要根据行业具体规定来进行。淘宝给出的移动端聚划算主图的版式要求如图5-219所示。

图5-219

2.聚划算页面

在聚划算活动中，除了报名图片和产品主图的设计，为了让店铺产品达到更高的曝光和转化，可以对宝贝的详情页和首页做适当地调整，特别是详情页的关联销售，可以很好地将流量引到店铺的其他宝贝中。图5-220所示就是将店铺的优惠活动展现出来，引发顾客购买欲，从而提升转化率和销量。

图5-220

首页中也可以将店铺的优惠信息设计展示出来，并将活动商品突出处理，位置放在顾客容易看到的第一屏，或者将活动商品的模块使用艳丽的色彩突出，如图5-221所示。再者，我们可以在聚划算期间，把店招换成聚划算的活动展示店招，如图5-222所示。

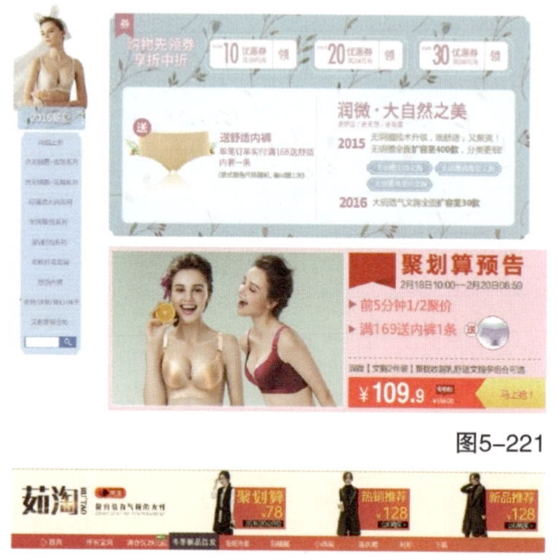

润微·大自然之美
聚划算预告
前5分钟1/2聚价
¥109.9

图5-221

茹淘
聚划算
热销推荐
新品推荐

图5-222

5.7.4 节日促销活动页面分析

纵观生活中的商场，每到各种节日时就会大张旗鼓地搞促销，把铺面装修得贴近节日主题以增加活动气氛，吸引顾客进店。在网店中也一样，每逢节日，也很多卖家会重新设计店铺，举办各种各样的优惠活动，增加店铺的销量。跟实体店不一样的是，实体店的装修要用具体的装修材料和人员，而网店的装修则只需要设计师通过色彩就能轻松搞定，不仅降低了人力、物力的成本，也让店铺风格可以依照卖家的意愿灵活改变。

1.活动页面的布局

既然是活动促销页面，当然要把需要传达给顾客的活动内容展示出来。图5-223所示为活动页面设计时大致的框架结构。

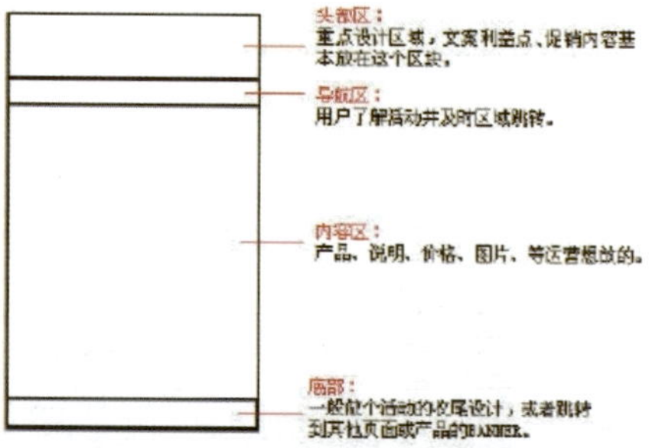

头部区：
重点设计区域，文案利益点、促销内容基本放在这个区块。
导航区：
用户了解活动并及时区域跳转。
内容区：
产品、说明、价格、图片、等运营想放的。
底部：
一般做个活动的收尾设计，或者跳转到其他页面或产品的BANNER。

图5-223

一般来说，活动页面的设计原则是让顾客第一眼就能抓住卖家的活动内容，因此显示器的第一屏，也就是头部和导航区域是我们设计的重点区域，我们要将活动的具体内容和活动利益点在头部区域充分展示。顾客了解内容后，紧接着肯定想马上进入活动商品了解详情，这时的导航区就起到了至关重要的作用，如果要顾客自己花时间去找活动的入口，估计绝大多数顾客会选择关闭页面去浏览其他店铺的商品。图5-224所示是某店铺的一个简单的满减活动页面，页头用海报说明满减活动，下面是优惠券和商品导航，让顾客一目了然。

新年快乐
season's greetings

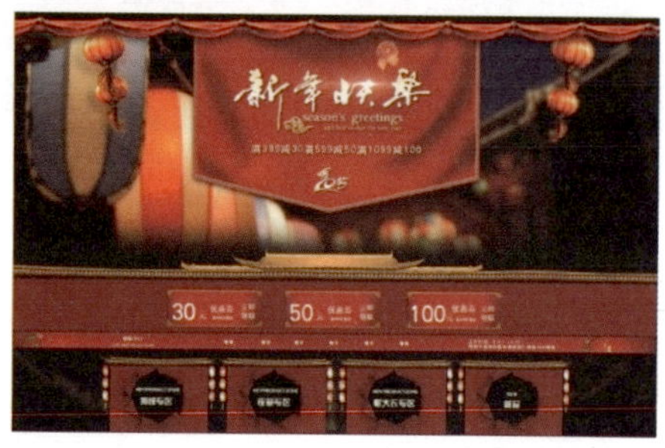

图5-224

接着是页面的内容区域。内容区域简单地说就是商品列表。设计内容时需要注意几点，第一，活动页里的模块样式不要超过3种，否则会显得页面凌乱，没有品质感；第二，注意留白，这一点无论在什么设计中都要注意，特别是模块与模块之间的间距尽量大一些，这样不至于使内容让人产生压迫感；第三，价格按钮不要太突出，使用半透明按钮或使用官方活动主色调作为背景，可以让页面与主题更契合；第四，页面干净整洁，背景使用活动主题色，始终记得商品才是视觉核心，不要让其他修饰元素喧宾夺主。下面我们来看一张活动内容图，如图5-225所示。

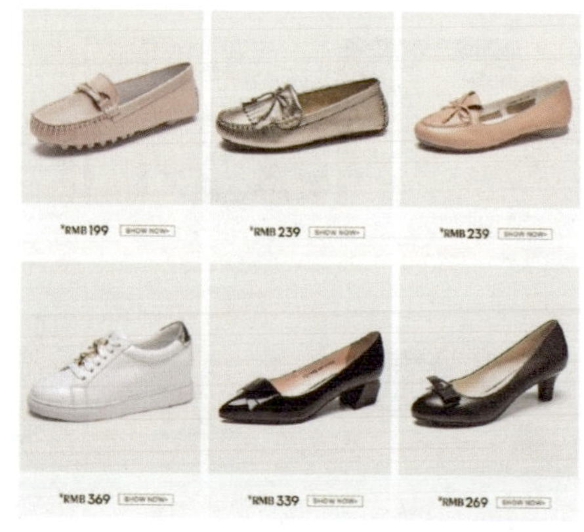

图5-225

上图的内容区使用简单的列表排版，产品间适当的留白让页面更加干净整洁，购买按钮和价格的面积很小，但足够让人捕捉到，视觉效果充分达到了顾客的心理需求。再看看图5-226，同样卖的是鞋子，视觉上的差距大家一眼就能觉察出来，后者文字和按钮占的比重比商品本身还大，整个画面元素太挤，让人感觉密不透风，相信没有多少人能把文字慢慢看完。

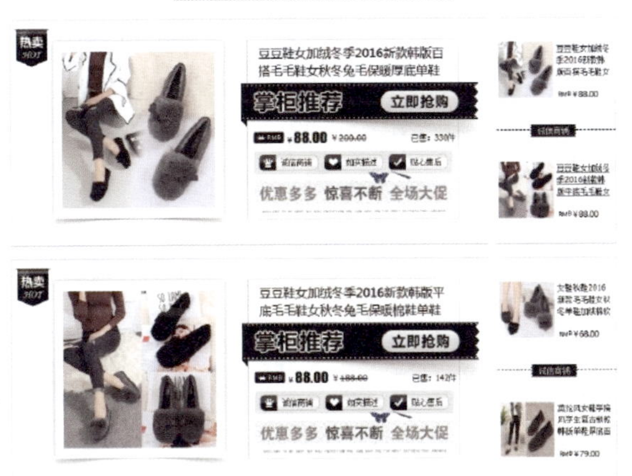

图5-226

内容区设计完成后还应设计一个底部导航，整个页面才算有头有尾，同时底部导航还能有效解决顾客看完不想回到顶部，而想直接跳转的心理诉求，顾客的时间很宝贵，他们与其花几秒钟将鼠标滑到顶部，倒不如直接关闭页面，转而浏览其他店铺，除非你的店铺里有他想要的在别处找不到的东西。图5-227所示是一个简单的底部导航设计效果。

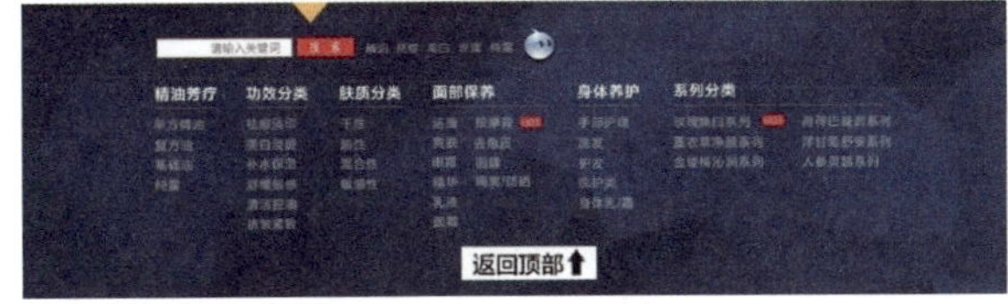

图5-227

2.节日活动图片分析

这里只从设计方法上来为大家分析活动图的制作，实际的操作在前面的章节中已经说了很多，后面的章节也会围绕实例进行，所以此处不再为大家展示设计步骤，我们只从活动内容与页面结构以及色彩两个方面给大家做简单的分析。

双十一/双十二电商节

提起电商节，经常网购的人对这两个活动应该不会陌生，作为淘宝最火热的两个官方活动，它们带给卖家的效益就不用多说了，那卖家在准备这些活动前，页面的设计应该如何着手呢？我们先来看看两个双十一的活动页面，如图5-228和图5-229所示。

图5-228

图5-229

从两张页面的设计效果中大家一眼就能看出，电商节日的活动页面采用的颜色鲜艳绚丽，充满活力，而且纵观电商节所有卖家的店铺设计效果，大多都围绕上图中的几种颜色进行，至于为什么大家不约而同地都朝着这个方向对店铺进行设计装修，就得从双十一Logo的设计来讲了。双十一全球狂欢节的Logo设计，主色采用的是两个红色，如图5-230所示。官方延伸色就是大家在上面的效果图中看到的，如图5-231所示。

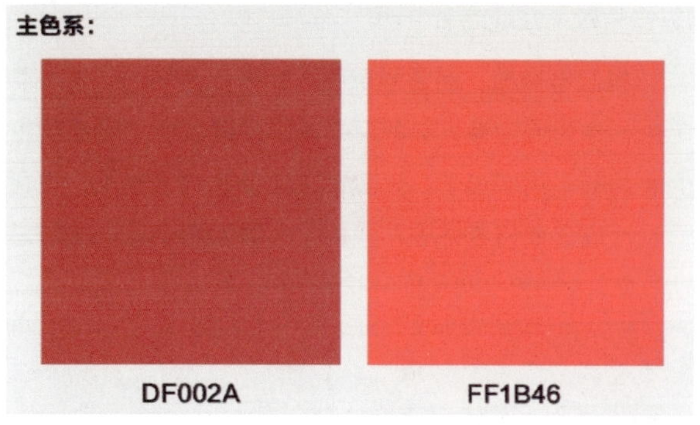

图5-230

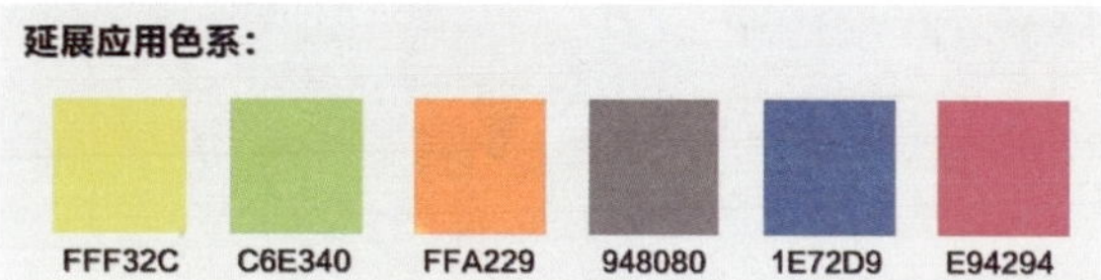

图5-231

这么一说，想必大家也就明白双十一/双十二活动的店铺页面使用的颜色为什么绚丽多彩了。在图5-228和图5-229中，页面的背景均采用活动的主色调红色，内容中的色彩设计均围绕图5-231中的几种颜色或其邻近色进行，加上天猫Logo在页面中的使用，顾客一看便知卖家正在进行电商活动促销，充分响应了官方的主题。

年终大促

淘宝的活动，除了双十一和双十二，年终大促应该也算是一个大活动了。年终大促分为元旦的新年大促和春节过年大促两种，二者相似之处在于设计的页面大多以红色为主调，不同之处则是前者会结合西方的圣诞节来设计，主色也会根据圣诞节来选择，后者则会使用更多的中国元素显示在页面中，如图5-232和图5-233两张效果页面所示。

图5-232

图5-233

两张效果图中，前者的年终大促页面，采用了灯笼、中国结边框、生肖吉祥物等具有传统特色的设计元素；后者更多偏向于圣诞节的雪松、雪花、礼品盒等。二者都紧抓活动的主题，设计的页面效果也能让顾客对卖家的活动一目了然。

换季促销

跟淘宝官方活动不同，换季促销是卖家根据自身的产品自行创办的促销活动，更多的集中于季节性产品类目的商家中，这种活动对服饰类的商品影响最大。春夏季页面大多采用冷色调作为主色调，或从模特的穿着侧面表达出来。秋季采用的主色调为金黄，冬季的页面冷色调则会更多。下面几张效果图可以明显地看出季节的特征，如图5-234~图5-236所示。当然，具体采用什么色调，还要根据产品类型和设计师的设计偏好来决定，这里强调的只是页面中突出的季节性。

大面积的绿色作为主色调，使页面视觉上清爽自然，凉意十足。

图5-234

金黄色的枫叶飘零在背景中，让秋季的色彩体现出来。

图5-235

雪花的大面积使用增加了冬季的寒冷气息。

图5-236

其他节日促销图片

除了上面说到的这些促销活动，针对不同类目的商品，相应的卖家也会在节日时间自行创办各种优惠活动，如花店、珠宝店或服饰箱包店会在情人节的时候进行促销，色彩的选择偏向于粉色、紫色或红色，图5-237所示是一个情人节的活动页面。

图5-237

还有很多食品店会在中秋节举行各种促销活动，图5-238所示是为中秋节促销设计的一个活动页面。

图5-238

06

店铺首页设计分析与制作

首页分析与制作——服饰类

首页分析与制作——饰品箱包类

首页分析与制作——美妆护肤类

首页分析与制作——膳食保养品类

首页分析与制作——家纺生活类

首页分析与制作——儿童类

首页分析与制作——户外旅游类

6.1 首页分析与制作——服饰类

实例位置　实例文件>CH06>6.1>服饰类.psd、服饰类.jpg
素材位置　素材文件>CH06>6.1>素材文件夹
视频位置　视频文件>CH06>6.1服饰类首页设计.mp4
难易程度　☆☆☆☆☆
知识要点　页面框架结构搭建技能、服饰店铺商品展示陈列知识、色彩搭配设计、软件基础工具的灵活运用、图文搭配技巧。

6.1.1 页面说明

店铺的首页体现了店铺的定位。服饰是表现时代潮流的商品，设计这类商品首页的前提条件就是要掌握时代潮流。好的店铺设计，不仅可以体现店铺的档次，给顾客留下深刻印象，还能体现店铺个性。在本案例的首页设计中，先设计一张店铺海报，紧接着是店铺的商品类目索引，然后将店铺中的商品设计成列表的方式进行分类展示。虽都是商品列表，但为了丰富店铺的画面感觉，将两个商品列表区进行了适当的变换设计。最后展示企业文化、品牌介绍等的信息，旨在表明企业的实力和商品的品质。

6.1.2 页面配色分析

服装一直都是体现时尚潮流的商品，不同的服装风格，在一定程度上可以大致反映出一个人的性格特征。而在色彩方面，黑白系可能是体现商品个性最普遍的色彩，因此，在本案例的设计中，使用黑白搭配来体现整个店铺的效果。配色如图6-1所示。

R255、G255、B255	R54、G29、B50	R0、G0、B0

图6-1

6.1.3 布局说明

服饰类店铺的设计，不仅需要网页设计师掌握专业技能，还要求其多注意实体店铺中，商品陈列展示的风格。网店其实和实体店是一个道理，将实体店中装修效果很好的色彩框架运用到网络店铺中，也可以得到很好的视觉效果。在本案例中，使用“海报>类目>商品列表>企业品牌介绍”的架构来进行首页的设计，在商品列表区，设计了一个层次感极强的排版方式，不仅视觉冲击力强，而且可以体现该店铺的服饰个性，吸引追求潮流时尚的顾客的关注。同时，模特的穿衣展示在很大程度上会增加品牌的档次，让顾客更加直观地了解服饰搭配后的真实效果。最后的效果图和布局图分别如图6-2和图6-3所示。

图6-2

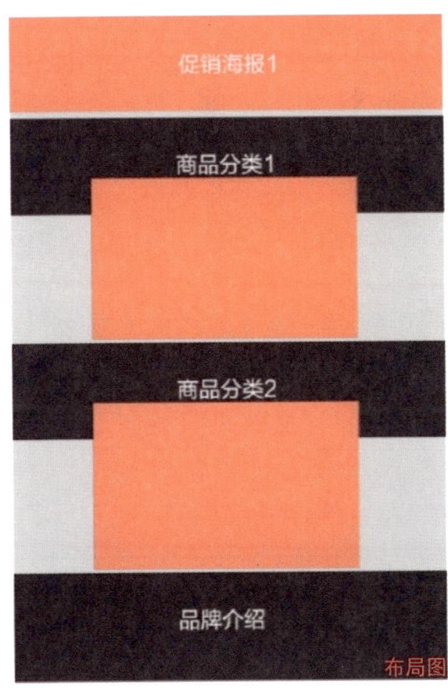

图6-3

6.1.4 制作流程

01 打开Photoshop，执行“文件>新建”菜单命令，或按快捷键Ctrl+N打开新建对话框，新建画布，设置参数如图6-4所示。

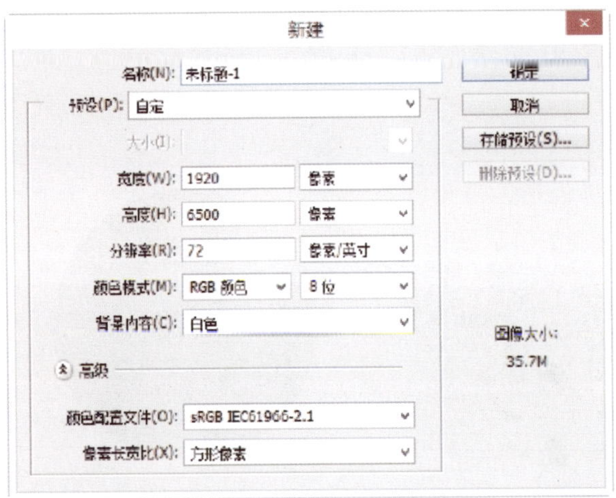

图6-4

02 建好画布和制作好参考线之后，开始设计首页的海报部分。添加素材“背景”，调整大小，使其宽度铺满整个画布，如图6-5所示。

图6-5

> **提示**
>
> 现在很多设计素材网站都会提供现成的免费设计素材，如图6-5的海报背景，直接找到比较合适的海报背景（注意版权问题），修改之后就可以使用，这也是一种提升工作效率的方式。有效的利用好手中的资源，会让我们的工作变得更加高效、简单。

03 添加素材“模特1”，调整大小，将其移动到内容区的左侧，如图6-6所示。

图6-6

04 使用“横排文字工具”将海报中的文案部分设计出来，效果如图6-7所示。为了让文案部分的效果更加绚丽，在文字图层上方添加素材“绿色”和“服饰”，将素材移动到相应的图层位置，并让它们分别对文字图层创建剪贴蒙版，图层如图6-8所示，效果如图6-9所示。

图6-7

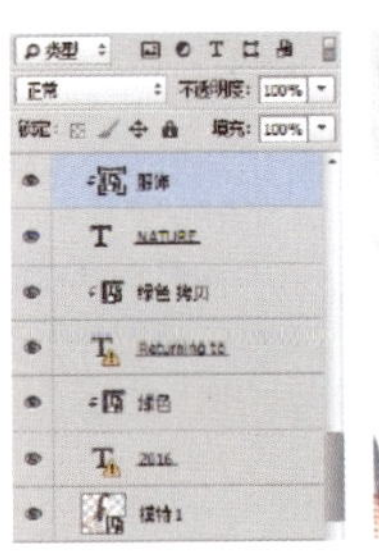

图6-8

图6-9

> **提示**
>
> 文案下方的英文是黑色的，只是在输入之后将图层的不透明度降低了。
>
> 细心的读者会想到，我们在页面设计中，使用过很多类似这种给文字添加效果的方法，这种方法本质上与给文字添加渐变的图层样式是一个道理。

05 现在再看看海报的效果，文案部分有些单调、空旷，在文字上方，可以为其设计一个简单的效果。使用“椭圆工具”绘制一个圆形图层“椭圆6”，填充颜色（R:8,

G:103，B:20），禁用描边，为“椭圆6”添加图层蒙版，使用“多边形选框工具”绘制一个多边形选区，如图6-10所示。在蒙版中对该选区进行遮盖，如图6-11所示。

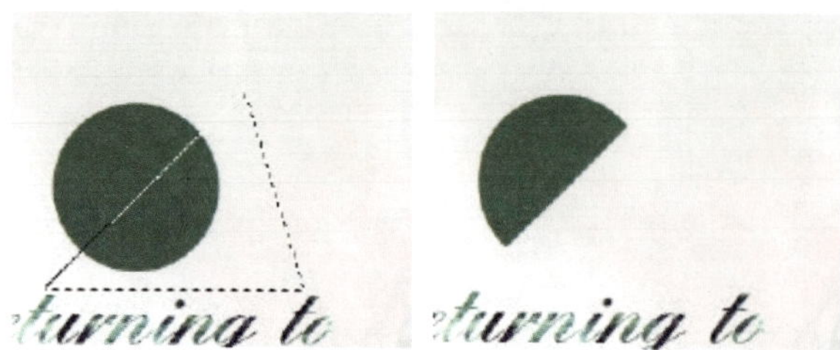

图6-10　　图6-11

06 复制“椭圆6”，得到拷贝图层，将其做成与“椭圆6”对称的效果，适当将二者移动错位，使用“直线工具”绘制一条与椭圆颜色相同的直线分隔开，效果如图6-12所示。

图6-12

07 添加素材“森林”，复制一层得到森林的拷贝层，将二者分别对“椭圆6”和“椭圆6 拷贝”创建图层剪贴蒙版，适当调整位置，这时图层如图6-13所示。“森林”图层的不透明度要适当降低。再添加素材“小鸟”，适当缩放后，将其置于该部分的右上方，效果如图6-14所示。

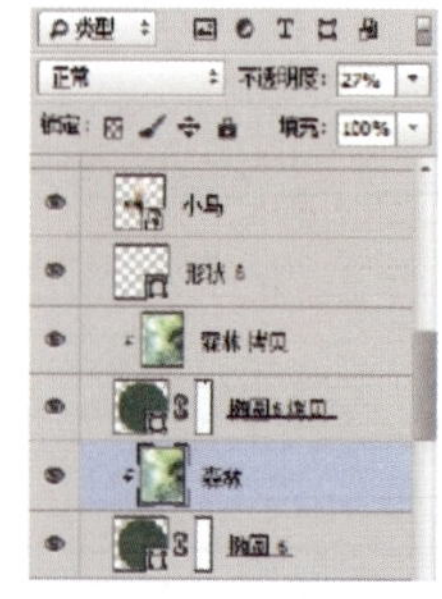

图6-13　　图6-14

08 使用“横排文字工具”将这部分区域的效果设计出来。至此，一张简单明快的海报就设计出来了。对这部分的图层进行建组保存，命名为“海报”，效果如图6-15所示

图6-15

09 接下来设计商品的分类区，这一部分设计3个分类：新品区、限时折扣区、精品区，这里以第一个分类为例进行讲解。使用“椭圆工具”绘制圆形图层“椭圆3”，填充任意色，禁用描边，添加素材“模特2”并对“椭圆3”创建剪贴蒙版，效果如图6-16所示。

图6-16

10 复制“椭圆3”，将拷贝层移动到“模特2”图层的上方，填充黑色，禁用描边，同时将图层不透明度降低到50%，如图6-17所示，效果如图6-18所示。

图6-17　　图6-18

提示

这里是分类设计，要突出的是分类文字，而不是商品图片，所以这里使用了一个遮罩的效果来降低商品的透明度，为之后要添加的文字进行对比度的处理。

11 在图片区域中，使用“直线工具”绘制两条斜线，填充白色，禁用描边，粗细为1像素，然后将图层“不透明度”适当降低，如图6-19所示。最后使用“横排文字工具”输入分类文字，效果如果6-20所示。

图6-19

图6-20

12 使用同样的方法将另外两个商品的分类信息设计出来，效果如图6-21所示。

图6-21

13 商品类目设计完成，接着开始设计商品的列表区域。在该模块中，首先设计一个全屏的背景效果，再进行商品的列表设计。使用“矩形工具”绘制一个宽度铺满画布的“矩形11”，填充任意色，禁用描边，然后添加素材“模特10”，并对“矩形11”创建剪贴蒙版，调整“模特10”的大小，如图6-22所示。

图6-22

14 复制“矩形11”图层得到拷贝层，将其移动到“模特10”图层的上方，将填充颜色改为黑色，同时将图层的不透明度降低到85%，如图6-23所示，效果如图6-24所示。

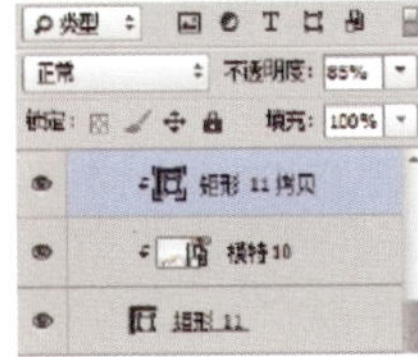
图6-23

图6-24

15 使用“横排文字工具”和“直线工具”将文字描述部分设计出来，背景效果如图6-25所示。

图6-25

16 使用“矩形工具”绘制一个白色图层“矩形12”，然后复制“矩形12”得到拷贝层，将拷贝层的颜色设置为（R:54，G:29，B:50），如图6-26所示。按快捷键Ctrl+T，对拷贝层进行适当缩小，如图6-27所示。

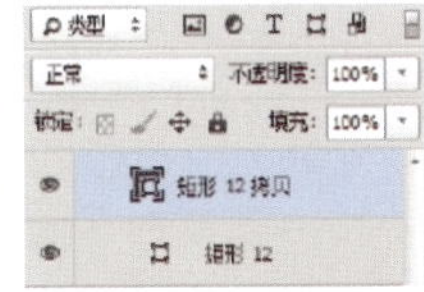
图6-26

图6-27

17 在该区域中，左侧用来放置模块文字，右侧则用来堆放一些商品图，在左侧使用“横排文字工具”和“直线工具”排版出模块文字，如图6-28所示。

图6-28

18 使用“矩形工具”在右侧部分绘制一个图层“矩形14”，然后添加素材“模特6”并创建剪贴蒙版。使用相同的方法设计出其他几个商品的图片展示，效果如图6-29所示。

图6-29

19 继续设计商品列表的部分，使用“矩形工具”绘制商品图背景，添加商品图并对背景创建剪贴蒙版，得到如图6-30所示的效果。

图6-30

20 使用“自定义形状工具”（其中的三角形图标）或“多边形工具”（边数为3），搭配“横排文字工具”，在空白区域对商品进行描述设计，效果如图6-31所示。

图6-31

21 此时左侧的空白区域还很大，因此，我们先在左侧使用“矩形工具”绘制一个形状“矩形15”，填充颜色（R:54，G:29，B:50），再使用“横排文字工具”输入该模块的大致描述信息，最后在该部分上方输入模块标题字体，完成该部分的设计，效果如图6-32所示。

图6-32

22 接下来继续设计两个商品展示大图，方法与上述商品的展示相同。先绘制出矩形的背景，然后添加商品图对背景创建剪贴蒙版，最后使用“横排文字工具”设计出商品的描述信息，这部分的效果参考如图6-33所示。将上述商品展示的3个部分分别建组保存，如图6-34所示。

图6-33

图6-34

23 与商品列表2模块的背景设计方法一样，先使用“矩形工具”绘制背景“矩形20”，填充任意色，禁用描边，然后添加素材“模特5”，并对“矩形20”创建剪贴蒙版，调整大小和位置，如图6-35所示。

图6-35

24 右侧没有填充到的部分，我们可以使用“矩形工具”在“模特5”上勾选出选区“修补”，然后将其复制出来向右移动，进行融合，如图6-36所示。使用“橡皮擦工具”对复制出来的“修补”图层进行适当涂抹，使其自然融合到“模特5”图层中，效果如图6-37所示。

图6-36

图6-37

25 复制“矩形20”得到拷贝层，将拷贝层移动到“修补”图层上方，填充颜色设置为黑色，同时将图层不透明度降低到85%，如图6-38所示。此时的效果如图6-39所示。

图6-38

图6-39

26 使用“横排文字工具”输入模块该模块信息，再使用“矩形工具”绘制一个白色填充图层“矩形22”，最终效果如图6-40所示。

图6-40

27 这部分的商品列表设计，仍然以第一个商品为例。使用“矩形工具”绘制图层“矩形23”，填充任意色，禁用描边，然后添加素材“模特4”，并对“矩形23”创建剪贴蒙版，如图6-41所示。

图6-41

28 使用“矩形工具”在商品图上方绘制图层“矩形24”，填充黑色，禁用描边，将“矩形24”图层的不透明度降低到80%，如图6-42所示。使用“横排文字工具”和“直线工具”完成文字部分的设计，效果如图6-43所示。

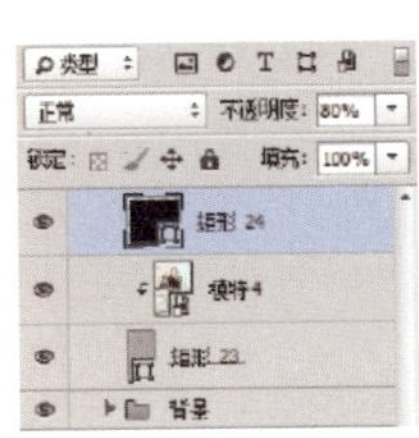

图6-42 图6-43

29 使用上述的设计方法，完成右侧空白区域的商品列表设计，最终此部分的效果如图6-44所示。

图6-44

30 对下一个商品列表进行设计，标题部分先使用“矩形工具”绘制一个黑色的标题图层“矩形26”，再输入标题内容，如图6-45所示。

2016 SPRING COLLOCATION
春日奢美印象

图6-45

31 使用“矩形工具”“文字横排工具”配上商品图完成商品列表区简单的排版效果，这里不再重复讲解，最终该部分的效果如图6-46所示。

图6-46

提示

这部分的排版就是典型的商品堆叠，这样的排版方式适合在企业文化统一、店铺单品相对较多的情况下使用。这样的排版大方简单，而且只要商品图的效果合格，角度统一，视觉效果也会增加不少。

32 使用“矩形工具”绘制模块背景“矩形30”，再添加素材“店铺4”，并对“矩形30”创建剪贴蒙版，如图6-47所示。复制“矩形30”得到拷贝层，将拷贝层的填充颜色设置为黑色，图层“不透明度”降低为90%，如图6-48所示。背景效果如图6-49所示。

图6-47

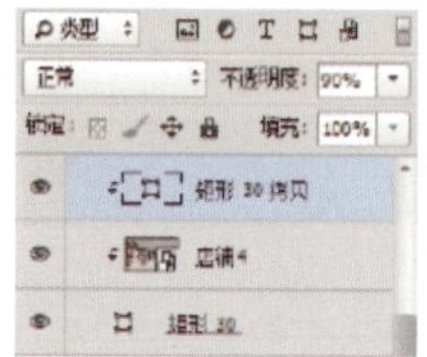

图6-48

图6-49

33 添加素材“模特5”，调整大小，移动到内容区的右上侧，如图6-50所示。

图6-50

34 为“模特5”添加图层蒙版，使用“黑色到透明”的径向渐变，对蒙版进行处理，如图6-51 所示。处理后的效果如图6-52所示。

图6-51

图6-52

35 在“模特5”的效果下方使用“矩形工具”绘制出3个矩形框，填充任意色，设置5像素的白色描边，添加图片素材后的效果如图6-53所示。

图6-53

36 使用“横排文字工具”和“直线工具”完成内容区域右上侧的品牌介绍文字，排版后效果如图6-54所示。

图6-54

6.2 首页分析与制作——饰品箱包类

实例位置 实例文件>CH06>6.2>饰品箱包类.psd、饰品箱包类.jpg
素材位置 素材文件>CH06>6.2>素材文件夹
视频位置 视频文件>CH06>6.2箱包饰品类首页设计.mp4
难易程度 ☆☆☆☆
知识要点 创意效果的合成、页面色彩搭配、页面框架创意布局以及软件基础工具的灵活使用。

6.2.1 页面说明

女士包包不仅可以用来存放各种私人物品，还能体现一个人的身份、地位、经济状况乃至性格等。同时，包包也是一种与时俱进、充满时尚感的商品。一个经过精心选择的皮包对于女士的装扮来说具有画龙点睛的作用。本案例的设计中，首先设计了一张商品展示的海报。其次，将3个不同的商品大类目分模块来进行设计，将商品在这3个模块中展示出来，每一个模块都单独使用了一种色彩，让模块之间的区分更加清晰，也让顾客浏览起来更加方便。最后则是一个简单的“返回顶部”的按钮设计和店铺商品更新的公告，由此组成了一个完整的首页框架。

6.2.2 页面配色分析

在生活中，根据人们的穿衣风格和服饰颜色，在某种程度上，可以判定出此人的性格特征，这就是性格色彩，如红色代表豁达活泼，粉色代表感性温和，蓝色代表宁静沉稳等。在性格色彩学中，也将人物性格分为红、绿、蓝、黄4种色彩。因此，从这些信息中，在设计该页面时，色彩的搭配均采用了这一系列的颜色，如图6-55和图6-56所示。

主色表

图6–55

R2、G198、B113
R232、G96、B82
R184、G227、B243
R247、G235、B128
R163、G185、B103

辅色表

图6–56

6.2.3 布局说明

案例的框架结构采用了模块化的设计，每个模块都使用了一种主色调进行设计，不同的模块颜色也让各个模块间的关系更加容易区分。本案例采用了“海报>商品列表>店铺公告”的框架进行设计，模块中的商品列表使用了不规则的商品排版方式，让页面更加充满个性和时尚感，在一定程度上提升了商品在顾客心中的整体印象。最后的效果图和布局图分别如图6-57和图6-58所示。

首页缩览图

图6–57

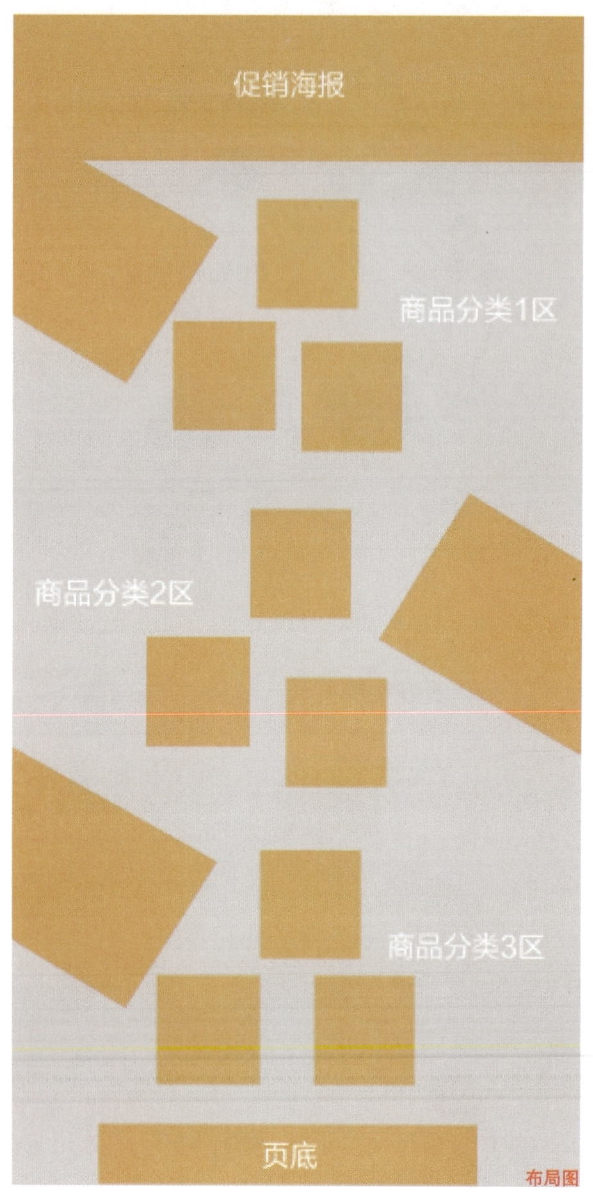

图6-58

6.2.4 制作流程

01 打开Photoshop，执行“文件>新建”菜单命令，或使用快捷键Ctrl+N打开新建对话框，新建画布，参数设置如图6-59所示。

02 新建画布之后，使用“切片工具”在画布两边切出两片宽度为465像素的区域，并从标尺中拉出参考线与切片的边缘对齐，参考线绘制出来后，开始设计首页的海报。使用“矩形选框工具”绘制宽度铺满画布的选区“海报背景”，填充颜色（R:163，G:185，B:103），如图6-60所示。

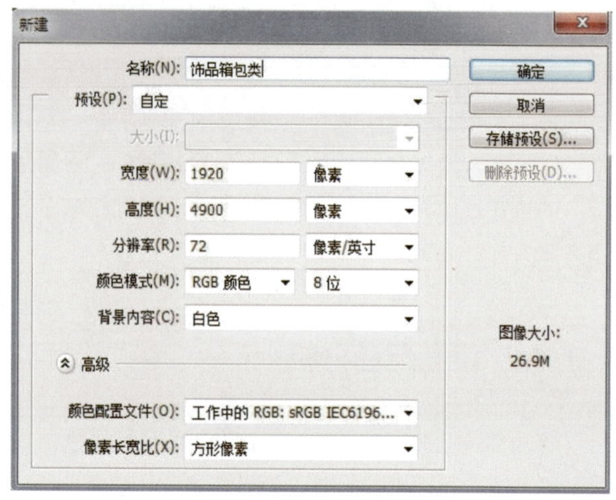

图6-59

图6-60

03 添加素材“模特1”并对“海报背景”创建剪贴蒙版，在“模特1”下方新建一个图层“阴影”，然后按住Ctrl键并单击“模特1”图层缩略图，将其边缘载入选区，回到“阴影”图层，为“阴影”图层填充颜色（R:47，G:62，B:6），同时将图层不透明度降低到60%左右，如图6-61所示，效果如图6-62所示。

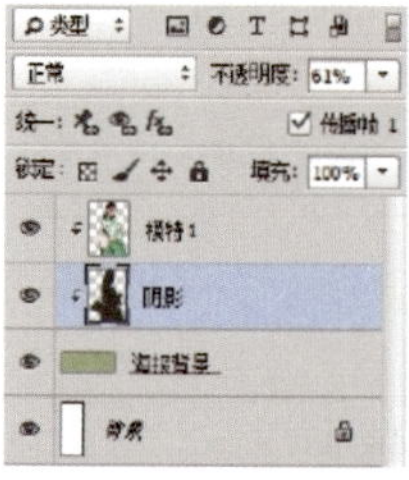

图6-61

图6-62

04 添加素材“包1”“包6”和“包3”，调整大小，将它们不规则地排列在内容区的右下方，右上方用来设计海报文案，如图6-63所示。同时为3个商品图层添加图层样式“投影”，参数设置如图6-64所示，效果如图6-65所示。

图6-63

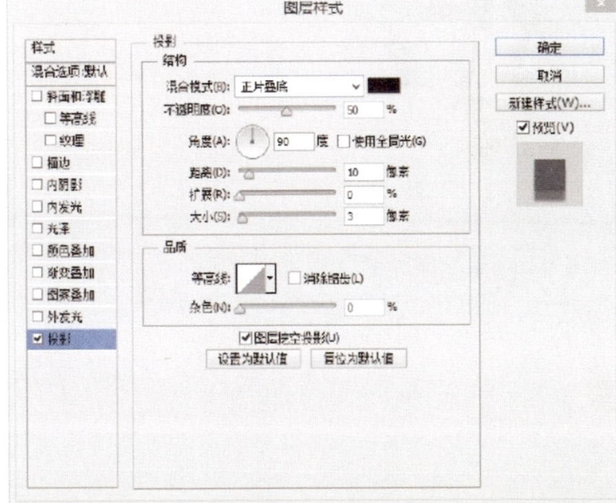

图6-64

图6-65

05 将商品添加到画布中，接着设计海报的文案部分。首先使用“矩形工具”绘制一个形状“矩形1”，禁用填充，描边设置为6像素的白色，然后为“矩形1”添加图层蒙版，对“矩形1”的局部进行遮盖处理，如图6-66所示。

图6-66

06 在“矩形1”区域中，输入海报的描述文字，进行简单的排版之后，效果如图6-67所示。使用“矩形选框工具”对部分文字做适当的底色修饰，然后对文字“QUEEN”和“百变女王”做一个“渐变叠加”的图层样式，设置渐变颜色从（R:0，G:79，B:41）到（R:2，G:169，B:102），最终的效果如图6-68所示。

图6-67

图6-68

07 由于海报的整体色彩单一，文案和商品图部分不够凸显，因此，在海报内容的右侧做一个简单的提亮处理。回到图层“模特1”，在其下方新建一个图层“提亮”，如图6-69所示。使用“大笔触的白色柔角画笔”并降低画笔的不透明度，对背景区域进行适当涂抹，为该部分设计一个“发光”效果，完成海报的设计，效果如图6-70所示。

图6-69

图6-70

08 下面开始设计商品模块。在画布左侧新建一个图层“单肩包”，使用“矩形选框工具”绘制一个矩形选区，填充颜色（R:194，G:232，B:245），如图6-71所示。按快捷键Ctrl+T，对“单肩包”做适当地旋转，使其倾斜置于画布中，如图6-72所示。

图6-71

图6-72

09 在超出海报区域的部分为“单肩包”添加图层蒙版，使用“矩形选框工具”选中超出的部分，默认背景为黑色，按住快捷键Alt+Delete对其选中的部分进行遮盖。在“单肩包”的下方新建图层，使用颜色为（R:196，G:233，B:246）的直线工具，粗细为3像素，绘制出围绕“单肩包”的形状，如图6-73所示。

图6-73

10 添加素材“模特3”，对“单肩包”创建剪贴蒙版，为“模特3”添加图层蒙版，如图6-74所示，对右侧未显示完的图像进行擦除，使其与背景融合，效果如图6-75所示。

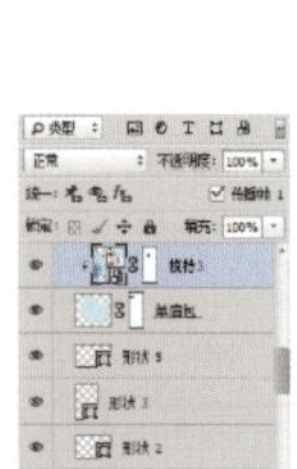

图6-74

图6-75

11 这里对“模特3”做了剪贴蒙版之后，右上方的部分被隐藏，为了让它显示出来。复制一层“模特3”得到其拷贝层，效果如图6-76所示。拷贝层大小不要调整，避免原图层与拷贝层不重合。

图6-76

12 从图6-75中可以看出，只需要显示出上半部分的效果即可，所以对下半部分就要进行蒙版遮盖，按住Ctrl键并单击图层“单肩包”缩略图，将“单肩包”载入选区，要编辑该选区之外的部分，只需要按住快捷键Ctrl+Shift+I即可反向选择选区，使用“硬边画笔”对“模特3 拷贝”的下半部分进行涂抹遮盖，同时对上半部分的外边缘也进行遮盖处理（软角画笔和硬角画笔交替使用），如图6-77所示，效果如图6-78所示。

图6-77

图6-78

13 从图6-78中可以看出，头部的发丝在蒙版中很难处理，所以上一步直接将头发边缘进行了蒙版遮盖，发丝的处理要单独在图片中进行。使用第3章中讲到的通道抠图法，对“模特3”单独进行抠图，重点将头部的发丝抠取出来，保存为素材文件“头部”，然后将素材“头部”添加到画布中，调整大小使之与图层“模特3”和“模特3 拷贝”重合在一起，这时发丝的部分就填补完整了，效果如图6-79所示。

图6-79

提示

对于这部分的设计，可能做出一个效果就会涉及很多图层和方法。慢工出细活，要想让页面看起来高大上，有时繁杂的设计步骤也是很有必要的。从这部分的设计可以看出，如蒙版、各种绘图工具和抠图方法等在网页设计中常用的手法在这里都用上了。所以，只要掌握了软件工具的使用，就可以做出很不错的页面效果。

14 左侧的部分处理完了，接下来就开始填充商品列表的内容。首先使用中英文的文案排版出该模块的名称，效果如图6-80所示。

图6-80

15 这一步设计商品列表。商品列表中，每个商品的设计方法均相同，所以这里仍然以第一个商品为例进行讲解。添加素材“包14”，调整大小和位置，如图6-81所示。使用“矩形工具”和“横排文字工具”完成商品信息的排版，效果如图6-82所示。

图6-81

图6-82

16 复制上一步的商品效果，应用到其他几个商品列表中，完成其他商品的信息设计。该模块的最终效果如图6-83所示。完成后将相关的图层分别创建图层组进行保存，如图6-84所示。

图6-83　图6-84

17 接着设计商品列表的第二模块“钱包区”，从布局分析图中可以看出，该案例的首页设计，商品列表的各个模块之间是有联系的。因此，后续的列表模块设计就轻松了很多，钱包区的商品列表，第一步仍设计画布外侧的修饰区域，使用“矩形选框工具”绘制矩形选区“钱包”，填充颜色（R:247，G:235，B:131），使用自由变换命令对“钱包”进行适当旋转，置于画布右侧边界，如图6-85所示。

图6-85

18 矩形的边的粗细为3像素，填充颜色（R:247，G:235，B:131），如图6-86所示。添加素材“模特2”并对“钱包”创建剪贴蒙版，如图6-87所示，效果如图6-88所示。

图6-86　　图6-87

图6-88

19 将模特上半部分显示出来，添加抠好的“头部1”到画布中，调整大小使之与“模特2”重合在一起，如图6-89所示。

图6-89

20 装饰区的设计完成后，回到商品列表的设计上来，模块标题的设计与“单肩包”模块相同，只是字体颜色换成了这个模块的主色（R:247，G:235，B:131），效果如图6-90所示。

图6-90

21 除了色彩的更改和商品信息的替换，商品列表中各个商品的排版设计与上模块的方法相同，这里就不再赘述了。大家参考上一模块的设计即可完成该部分的商品列表设计，最终的效果如图6-91所示。

图6-91

22 第三个商品列表模块是"手提包"模块，与上述两个模块的设计思路和设计方法完全相同，此处不再赘述，效果如图6-92所示。

图6-92

23 最后设计一个页面的结尾。

提示

首页底部的设计，一般来说有下面的几种情况。

第1种：首页底部设计一个品牌宣传的模块，用来对品牌的服务项目和服务水平做一个简单的介绍；

第2种：底部设计一个企业文化的栏目，让浏览者看到企业的发展过程和经营概况等企业基本信息；

第3种：设计一个小公告，用来提醒浏览者注意关注店铺的最新动态和促销信息；

第4种：设计一个店铺商品分类导航，省去顾客向上翻页的麻烦，减少流量的跳失率，让浏览者更加方便地浏览其他分类的商品信息。

24 在该案例的首页底部，设计一个更多商品的链接和一个"返回顶部"的按钮，设计方法很简单。首先使用"矩形工具"绘制一个新的图层"矩形4"，禁用描边，填充颜色（R:47，G:201，B:254），如图6-93所示。

图6-93

25 添加素材"Logo"，使用"横排文字工具""直线工具"和"椭圆工具"设计出其他文案区域的内容，效果如图6-94所示。

图6-94

6.3 首页分析与制作——美妆护肤类

实例位置	实例文件>CH06>6.3>美妆护肤类.psd、美妆护肤类.jpg
素材位置	素材文件>CH06>6.3>素材文件夹
视频位置	视频文件>CH06>6.3美妆护肤类首页设计.mp4
难易程度	☆☆☆☆☆
知识要点	色彩的搭配、创意海报的合成、店铺首页框架结构的布局、商品列表的排版等，还有软件的基础工具使用。

6.3.1 页面说明

随着人们生活水平的提升，不管是年轻的女性，还是大龄的女性，化妆品、保养品越来越受到她们的追捧。化妆品店铺在网络中也是琳琅满目，要使自己的店铺在众多淘宝店中脱颖而出，除了自己的商品有过硬的品质外，还需要有一个与商品品质搭配的漂亮首页。因此在该案例的设计中，先设计了一张创意十足的商品海报，然后给出店铺的优惠券，接着又使用一张海报过渡上下页面，再在下面进行商品的列表设计。使用这种"海报>商品列表"的版式进行设计，让店铺模块化、分类化，提高了顾客搜索商品的速度。

6.3.2 页面配色分析

化妆品带给人们的是舒适干净、清爽有格调的感觉，所以在页面色彩的选择和效果设计中，就不能在页面中掺加太多杂乱的元素，干净的页面才能给顾客带来舒适的购物体验和视觉享受。在本案例的色彩选择中，选择了较为温和的青色、淡灰色和紫色作为页面的主导色彩如图6-95所示。海报和商品列表的设计使用比较简洁大方的版式和素材搭配，最大程度上减轻浏览者的视觉负担，提高商品的亲切感，如图6-96所示。

主色表

图6-95

R1248、G248、B248 | R249、G244、B230 | R197、G215、B217 | R151、G199、B108 | R234、G182、B36

辅色表

图6-96

6.3.3 布局说明

该案例的框架结构，采用“海报>优惠券>海报>商品列表>海报>商品列表”的模式展开，每张海报都采用了简洁大方的设计风格，适当的素材搭配让海报的档次瞬间提升很多。商品列表的设计中，采用了很有特点的柜台展架方式，提升了商品的档次，增加了商品的层次感。最后的效果图和布局图分别如图6-97和图6-98所示。

图6-97

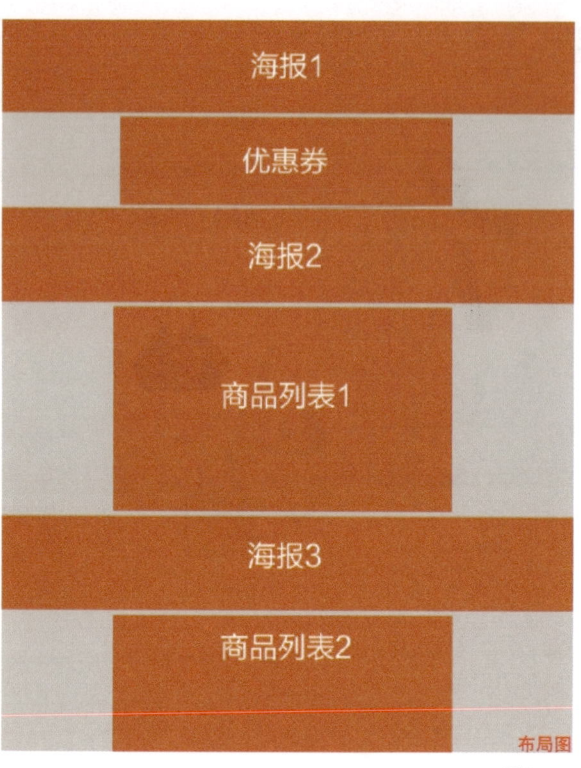

图6-98

6.3.4 制作流程

01 打开Photoshop，执行“文件>新建”菜单命令，或使用快捷键Ctrl+N打开新建对话框，新建画布，参数设置如图6-99所示。

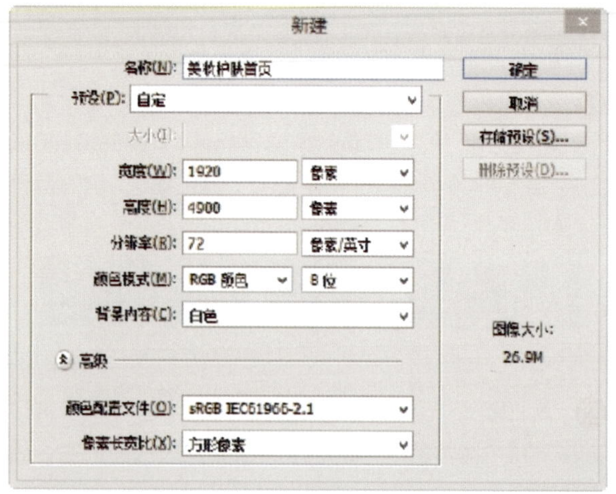

图6-99

02 画布新建好后，为了方便设计过程中对内容的对齐和其他处理，先为画布拉出两条边界参考线。使用“切片工具”在画布两边切出两片宽度为465像素的区域

（天猫首页尺寸规格），然后拉出参考线与切片的边缘对齐，如图6-100所示。

图6-100

提示

参考线绘制出来之后，在切片区域内单击鼠标右键，单击“删除切片”，或单击Photoshop菜单栏上的“视图”，按快捷键C键即可删除切片，注意，前者只能逐一删除，后者可以一次删除所有切片。

03 开始制作页面的背景。该案例中的背景使用了一个纹理素材进行填充，大家也可以自己动手设计这样的纹理，方法是在图层样式中的“图案叠加”中找到合适的纹理进行填充。添加素材“背景”，调整大小，使其铺满画布，按快捷键Alt+Shift并拖动“背景”图层，复制多个拷贝图层，向下填满整个画布，效果如图6-101所示。将这些拷贝的“背景”图层合并，仍命名为“背景”，如图6-102所示。

图6-101　图6-102

04 在“背景”图层上方添加素材“海报1”和“海报2”，将素材“海报1”置于“海报2”下方，然后将“海报2”的图层不透明度降低至35%，如图6-103所示，效果如图6-104所示。

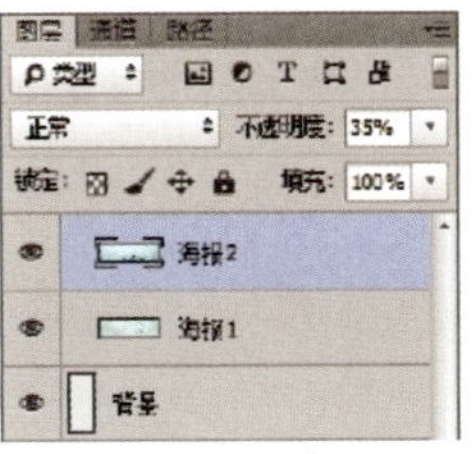

图6-103

图6-104

05 海报背景添加了之后，开始添加商品图片“图1”，调整大小，将其置于首页内同区域的右侧，如图6-105所示。

图6-105

06 为海报设计文字描述的促销信息。使用“矩形工具”与“横排文字工具”完成文案区域的排版，效果如图6-106所示。

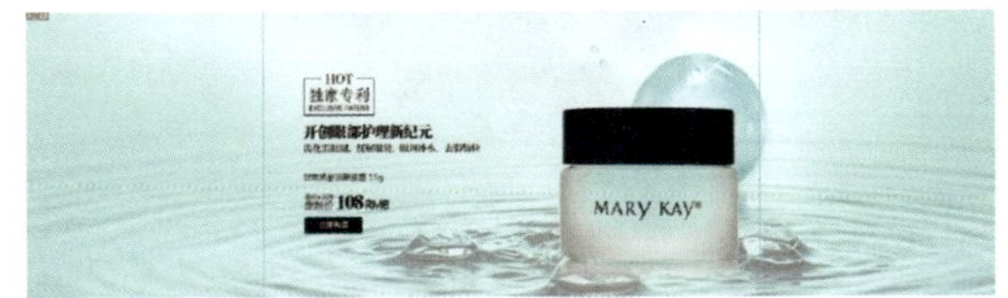

图6-106

提示

文案的排版方法和技巧，在之前的章节中，有详细讲解，这一节中重点为大家呈现页面的排版布局和色彩搭配的分析讲解，从宏观上教会大家把控首页的设计方法。

07 到这一步，海报的设计就完成了，对于初学者，做出这样的效果就算完成工作，不过这里为了让大家了解更多的素材使用与搭配技巧，可以再为海报添加一些修饰的素材。添加素材“百合花”，将其移动到“图1”的下方，如图6-107所示。调整“百合花”的大小和位置，使其置于“图1”的后面作为陪衬，效果如图6-108所示。

图6-107

图6-108

08 回到图层最上方，添加素材“百合花瓣”，使用“套索工具”将素材中的百合花瓣剪切出来，让其零散分布在海报中，使海报的画面更加协调，充满独特的意境，最终效果如图6-109所示。

图6-109

09 常规的首页设计中，第一张海报设计完成之后，就会设计店铺的促销信息、公共模块和商品分类等比较有针对性的页面信息。这个案例中，这里设计一个店铺优惠券的领取模块，该模块的标题使用“横排文字工具”完成输入，效果如图6-110所示。

图6-110

10 接下来设计优惠券的领取信息，这里仍然以第一个优惠券设计为例进行讲解。首先使用“矩形工具”绘制图层“形状3”，填充白色，描边颜色为（R:192，G:192，B:192），描边大小为1像素，对“矩形3”添加一个图层样式“投影”，如图6-111所示。将“矩形3”的图层不透明度降低至70%左右，使其与背景的纹理对比不至于太突出，使画面更加协调，如图6-112所示。此时优惠券的背景就设计好了，将3张优惠券的背景都复制出来查看效果，如图6-113所示。

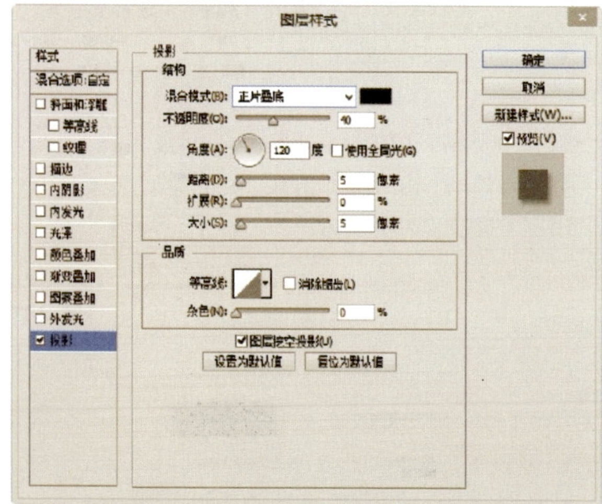

图6-111

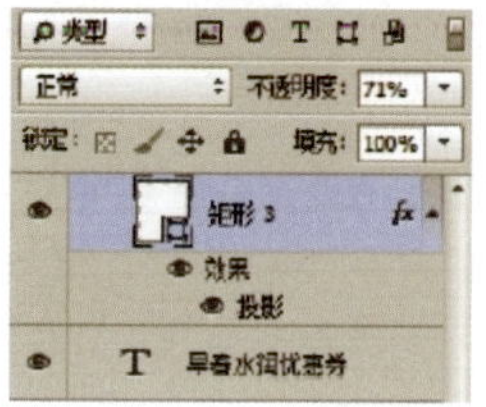

图6-112

图6-113

11 在这些优惠券的背景中添加优惠券的信息。在第一张优惠券中，添加“微信”素材，使用“横排文字工具”输入优惠信息，完成第一张优惠券的设计，如图6-114所示。其他优惠券也是同样的设计方法，添加素材“抽出”，配合“横排文字工具”完成文字的排版，后两张优惠券多了一个“抽走”的按钮，使用的是“矩形工具”（禁用填充，描边为1像素）绘制出按钮形状，然后输入文字“抽走”即可，效果如图6-115所示。

图6-114

图6-115

12 3张优惠券的设计完成后，对它们分别建组保存为“券1”“券2”和“券3”，如图6-116所示。为了让3张优惠券之间存在联系，在3张券之间，使用“直线工具”绘制一个向右的方向箭头，让画面更丰富一些，效果如图6-117所示。最后将这一模块的图层均建组为“优惠券”进行保存。

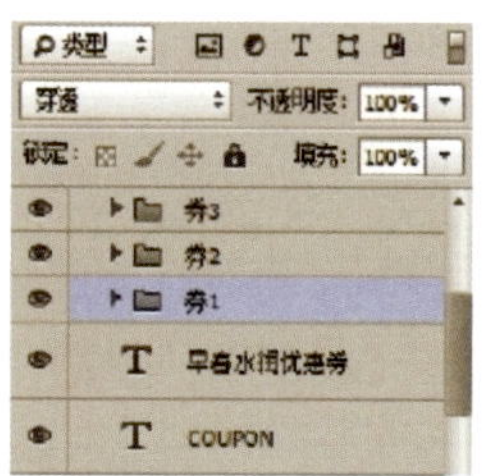

图6-116

图6-117

13 优惠券的模块已设计完成，接下来再做一张过渡海报来承上启下，同时海报的商品展示也使用店铺的热销商品来进行宣传，这样不仅提升了整个页面的美观度，也对热卖的商品进行了一个专题的展示。首先使用“矩形选框工具”绘制一个矩形选区，填充颜色（R:200，G:225 B:229），如图6-118所示。

图6-118

14 在内容区的左侧，使用“白色柔角画笔”，将笔触大小设置为300像素，将画笔的“不透明度”设置为30%左右，在海报内容区左侧涂抹，做出一部分泛白的效果，这部分要用来放置商品图片，效果如图6-119所示。

图6-119

15 再对海报的背景进行一些简单的处理，添加图层样式“内阴影”和“投影”，参数设置分别如图6-120和图6-121所示，最后的效果如图6-122所示。

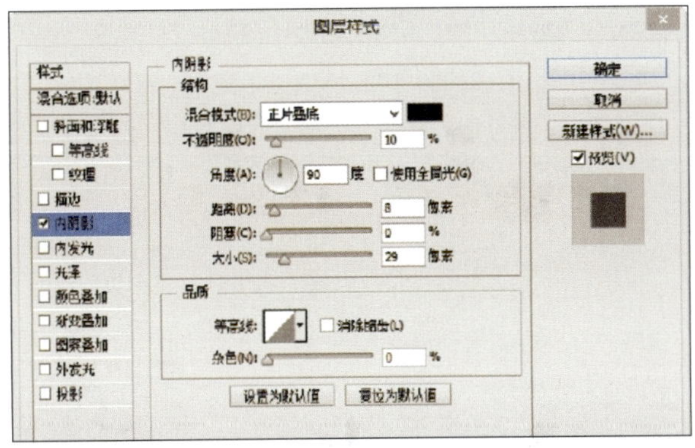

图6-120

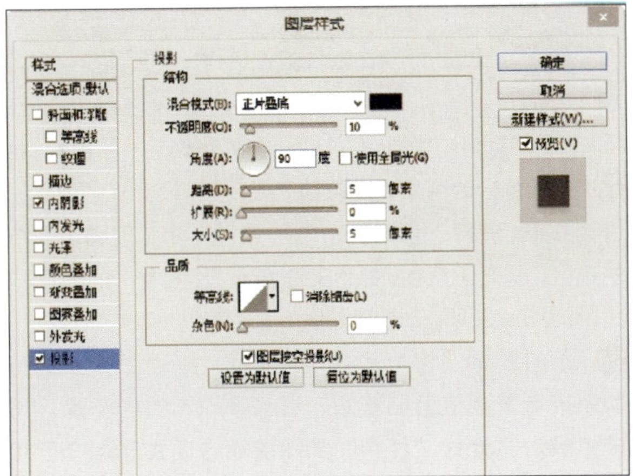

图6-121

图6-122

16 下面在海报中填充内容。首先添加商品素材“图2”和装饰素材“树叶”“鹿”，调整大小，适当移动位置，排版出如图6-123所示的效果。

图6-123

17 为商品“图2”制作阴影效果。复制一层“图2”得到“图2 拷贝”层，按快捷键Ctrl+T使拷贝层进入自由变换状态，单击鼠标右键，执行“垂直翻转”命令后，将其移动到“图2”底部，使其呈现出镜面对称效果。对拷贝层的局部进行适当移动处理，并为拷贝层添加图层蒙版，使用线性渐变对“图2 拷贝”的下方进行遮盖处理，如图6-124所示，最终效果如图6-125所示。

图6-124

图6-125

提示

在为“图2”绘制阴影时，提到了要到拷贝层的局部图中进行处理，其实就是将左侧的小瓶和右侧的碗盏向上移动一些，方法就是用“套索工具”选取出这两个局部位置，然后使用“移动工具”将选区的内容向上移动。这里仅做粗略的制作即可，目的只是让镜面效果更加真实。如果觉得烦琐，此处可以省略不做。

18 商品的排列设计完成后，在右侧的空白区域进行文案的设计。大致讲解一下用到的工具，排版效果大家可以参考给出的效果图。使用“横排文字工具”输入文案后，还需要设计一些效果，该突出的突出，该弱化的弱化。这里的文案“买2瓶送1瓶”的周围使用了多个大小不一的圆形进行了修饰，使用的工具为“椭圆工具”；

文案“不如你亲自来感受”，使用了“矩形选框工具”[禁用填充，描边为1像素，描边颜色为（R:137，G:172，B：177）]，该文案的左侧还使用多边形工具绘制了一个方向按钮[禁用描边，填充颜色（R:153，G:153，B:153）]；文案“优惠价27元包邮”使用了底纹效果，使用的工具是“多边形选框工具”，制作选区后填充颜色（R:126，G:151，B:155），最终效果参考如图6-126所示。

图6-126

19 过渡海报设计完成，现在开始制作商品列表。将店铺中的热门商品都罗列在首页，增加商品的展示数量。设计该模块时首先是模块标题的设计，添加素材“标题”，调整大小，将其置于首页内容区域的中间，使用“横排文字工具”输入模块的标题文案，效果如图6-127所示。对标题单独建组保存，如图6-128所示。

图6-127

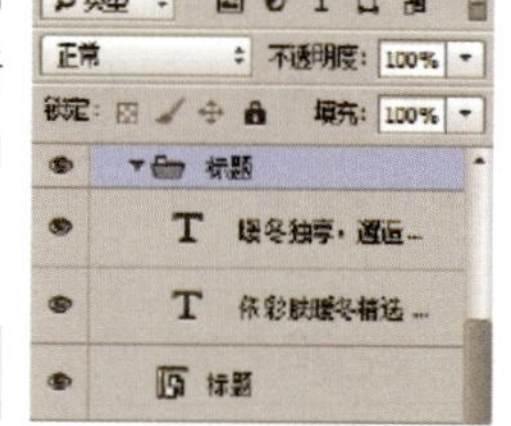

图6-128

20 添加素材“展架”，调整位置如图6-129所示。再添加素材“图3”和素材“图4”，调整大小，将其置于“展架”的两侧，效果如图6-130所示。

图6-129

图6-130

21 为商品图添加名称、价格等商品信息。首先使用“横排文字工具”输入文案，使用“直线工具”绘制一条分隔线，然后使用“圆角矩形工具”（圆角半径为5像素）绘制“立即购买”的点击按钮，最后添加素材“标签”，将其置于商品图右上方，设计出商品的特点，完成商品信息的设计，效果参考如图6-131所示。完成商品信息的设计后，为了后期修改方便，对每个商品的图片和文案进行单独的建组保存，如图6-132所示。

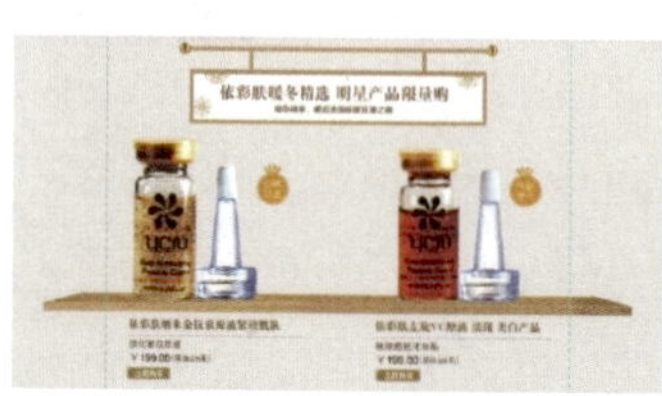

图6-131

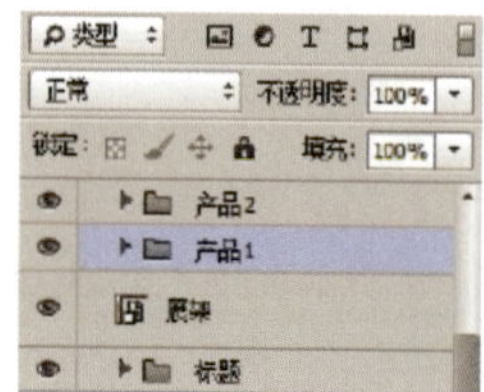

图6-132

22 可以复制上一步中得到的效果来完成下面商品列表部分的设计，复制后，修改商品图片和文案信息，得到相应的商品列表信息，这里为大家提供的参考效果图如图6-133和图6-134所示。这时的图层如图6-135所示。将它们都移动到“商品列表”组中，这样一看，就会对商品列表的详细内容有了大致的了解，后期的修改中，也可以打开这个组，准确找到商品所在的图层组。

图6-133

图6-134

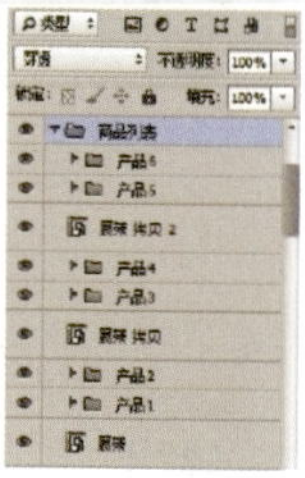

图6-135

23 第一部分的商品列表设计完成，接着设计一张中间的过渡海报。使用“矩形选框工具”绘制一个宽度铺满画布的选区，填充任意色，并为其添加一个“投影”的图层样式，如图6-136所示，效果如图6-137所示。

24 添加素材“海报3”“丝带”，并对上一步绘制的海报背景创建剪贴蒙版，适当移动它们的位置，完成排版。将素材“丝带”的图层混合模式改为“正片叠底”，并将图层不透明度降低至30%，如图6-138所示，效果如图6-139所示。

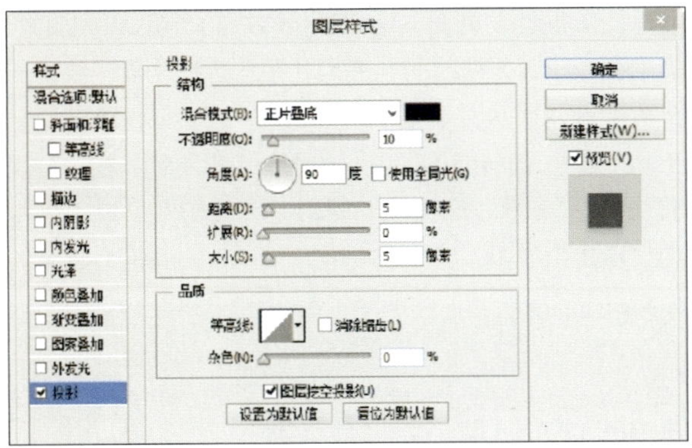

图6-136

图6-137

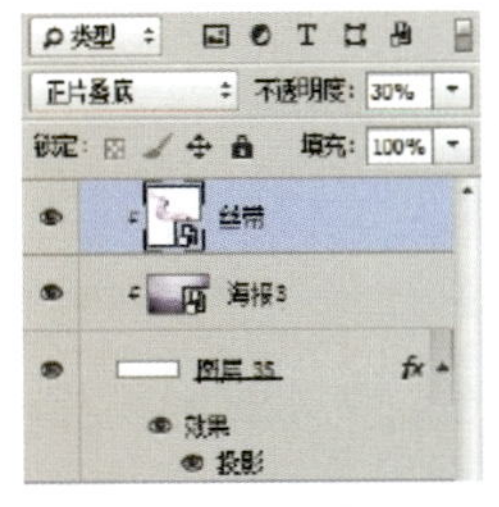

图6-138　　图6-139

25 背景设置完成后，开始添加商品图片展示，这里添加素材“图9”和“图10”，移动位置，将其置于内容区的右侧，复制两个素材“图9”图层，将3个图层进行堆叠排放，如图6-140所示，效果如图6-141所示。

图6-140　　图6-141

26 添加装饰素材“水珠”和“薰衣草”，调整大小后，置于图6-142所示的位置。

图6-142

27 在左侧空白区域完成文案信息的排版设计，设计方法同上一模块过渡海报的设计，这一模块中使用到的工具有“横排文字工具”“椭圆工具”（禁用填充，描边为1像素）“矩形工具”（禁用填充，描边为1像素）“多边形选框工具”和“多边形工具”（边数设置为3），最终效果如图6-143所示。

图6-143

28 在过渡海报的下方，继续对商品进行列表展示，在堆放商品之前，先设计一个简单的促销标题，使用“横排文字工具”“椭圆工具”（禁用填充，描边为1像素）和“直线工具”完成制作，效果如图6-144所示。

图6-144

29 商品列表的设计，这一模块与上一模块中的商品列表设计有所区别，改变一下视觉体验。以第一个列表商品的设计为例进行讲解，首先新建一个图层“列表1”，使用“矩形选框工具”绘制一个矩形选区，使用从(R:220, G:239, B:240)到白色的径向渐变对“列表1”进行渐变填充，如图6-145所示。在图层“列表1”下方新建一个图层“阴影”，使用“黑色画笔”绘制出“列表1”的阴影效果，用“橡皮擦工具”或其他工具辅助完成细节的描绘，效果如图6-146所示。

图6-145

图6-146

30 添加素材"图11"，调整大小后对"列表1"创建剪贴蒙版，如图6-147所示。在"图11"下方新建一个图层"阴影1"，使用"画笔工具"绘制出大致的商品阴影效果，如图6-148所示，效果如图6-149所示。

图6-147

图6-148

图6-149

31 商品的展示基本上制作完成，下面是商品信息的排版。在左上角，使用"直线工具"和"横排文字工具"设计一个商品的折扣信息，在商品的右上角使用"横排文字工具"排版出商品的名称，最后添加一个购买的按钮素材"购买按钮"，完成商品的信息设计，最终效果如图6-150所示。将这一部分的图层信息添加到组"商品11"中保存。

图6-150

32 在首页内容区的右侧，再添加一个商品，设计的方法与"商品11"完全相同，大家可以复制上一步得到的效果来修改信息或者参照上述方法来动手实现具体效果，这里不再赘述。参考效果如图6-151所示。将组名称修改为"商品12"。

图6-151

33 下面设计"商品13"的列表效果，与上述两个商品的列表设计方法相同。使用"矩形选框工具"绘制一个宽度铺满首页内容区域的选区"列表3"，填充颜色（R:221，G:239，B:241），如图6-152所示。在"列表3"的下方新建一个图层"阴影"，使用"画笔工具"和"橡皮擦工具"绘制出图层"列表3"的阴影效果，如图6-153所示。

图6-152

图6-153

34 添加素材"彩色"，并对"列表3"创建剪贴蒙版，将图层混合模式改为"明度"，图层不透明度改为15%，如图6-154所示，效果如图6-155所示。

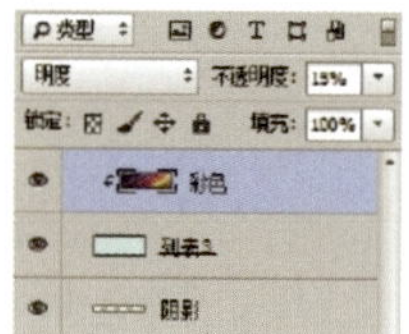

图6-154

图6-155

35 添加素材"图13""植物"和"绿植"到画布中，调整大小并对"列表3"创建剪贴蒙版，如图6-156所示。复制一层"图13"并结合自由变换命令，将其垂直翻转，将原图层和拷贝层进行镜面对称移动，为"图13 拷贝"层添加图层蒙版，使用黑色到透明的线性渐变，制作出阴影的效果，效果如图6-157所示。

图6-156

图6-157

36 商品展示设计完成，开始设计左侧的文案区。新建一个图层，使用"矩形选框工具"绘制一个选区"文案背景"，对图层"文案背景"填充白色，图层不透明度设置为60%，如图6-158所示，效果如图6-159所示。

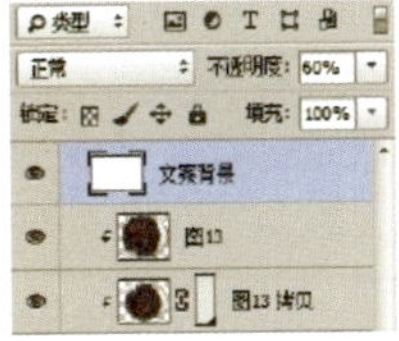
图6-158

图6-159

37 文案内容部分的排版，不再过多讲解，大家可以多学习、模仿优秀的排版作品，提高自己对文案的排版能力。这里添加二维码和购买按钮，配合"横排文字工具"完成相应的效果排版，最终的效果如图6-160所示。最后再展示一张第二部分的商品列表的效果图，供大家从整体视角来看设计效果，如图6-161所示。

图6-160

图6-161

总结

美妆护肤品的首页设计，我们这里使用的主色都是比较柔和的，商品的装饰和描述信息也都与商品本身的色彩能够协调起来，该类商品需要给顾客营造的感觉是清爽的、舒适干净的。在首页的设计中，我们并没有将某一种颜色大量应用在页面中，而是根据不同的商品属性来决定使用的页面色彩，让文字、搭配物与商品完美结合起来，凸显出美妆商品清爽干净的感觉，给顾客带来视觉上的舒适体验，提升商品本身的品质和档次。辅助色彩的使用，可以让画面信息更加充满层次感和主次地位。

6.4 首页分析与制作——膳食保养品类

实例位置 实例文件>CH06>6.4>膳食保养品类.psd、膳食保养品类.jpg

素材位置 素材文件>CH06>6.4>素材文件夹

视频位置 视频文件>CH06>6.4膳食保养品类首页设计.mp4

难易程度 ☆☆☆

知识要点 应用到的基础工具有Photoshop的矩形工具组、横排文字工具组、画笔工具、橡皮擦工具、蒙版工具、图层样式、图层混合模式等。应用到的设计知识有页面的配色关系、创意展示的设计、素材的特效合成、文案的创意排版等，同时还要求网页设计师需要掌握基本的商品卖点挖掘能力、详情页版式的创意设计等技能。

6.4.1 页面说明

物质生活水平迅速提升的今天，健康绿色的生活方式受到越来越多人的关注，人们不再满足于吃饱喝足，而更注重绿色健康的养生之道。膳食保养品的受众也逐渐增多，这一节中，我们就来跟大家讨论这种产品的页面设计。首页的设计，仍然采用常用"海报>商品列表"的结构来展开，使用礼盒包装的产品来制作海报，增加了产品的高端特性，吸引顾客眼球；接着将产品外包装和产品本身效果结合，设计出列表部分，这样顾客不仅可以看到产品包装，还可以看到实际产品的色泽等，增加了商品的真实性和说服力。

6.4.2 页面配色分析

该案例由于单品少，因此设计的页面相应较短，色彩的搭配也比较简单。整个页面使用了红色与黑色构成了整个案例的主色代表，再加上一个简单的背景就搭建起了店铺的框架结构。对于这样单品少的店铺首页设计，建议大家可以用一个单品一个海报的方式进行设计，这样不仅可以充分地将单品的卖点表达出来，还可以提升店铺的视觉层次。图6-162和图6-163所示是该页面的主次色彩构成。

主色表

图6-162

辅色表

图6-163

6.4.3 布局说明

该店铺的架构布局在上文已经提到过，简单的一个合成海报和一张背景图就搭建起了整个框架，按照“海报>商品列表”的版式完成设计。最后的效果图和布局图分别如图6-164和图6-165所示。

图6-164

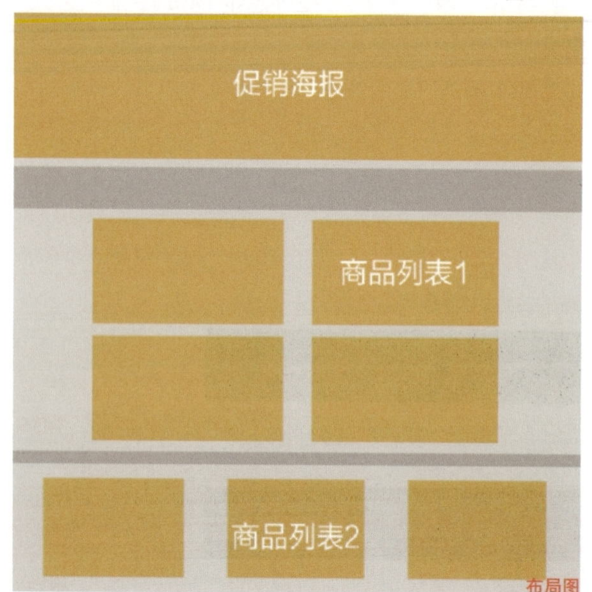

图6-165

6.4.4 制作流程

01 打开Photoshop，执行“文件>新建”菜单命令，或使用快捷键Ctrl+N打开新建对话框，新建画布，参数设置如图6-166所示。

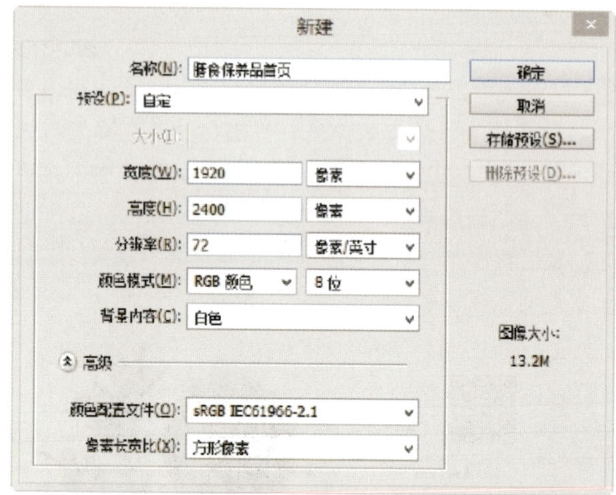

图6-166

02 画布新建好后，为了方便设计过程中对内容的对齐和其他处理，先为画布拉出两条边界参考线。使用“切片工具”在画布两边切出两片宽度为485像素的区域（淘宝首页尺寸规格），然后拉出参考线与切片的边缘对齐，如图6-167所示。

图6-167

提示

因为这是淘宝店铺的首页设计，官方默认的首页尺寸中，淘宝的有效内容区宽度为950像素，比天猫的990像素少40像素，因此，在设计淘宝首页时要区分开这一点。

03 开始制作页面的背景。添加素材“背景”和“山川”，调整“背景”的大小，使其宽度铺满首页画布，如图6-168所示。复制一层“背景”得到其拷贝层，移动拷贝层到画布中的空白区域，调整高度，将首页的画布填满，然后将拷贝层和原图层进行合并，如图6-169所示。

图6-168　　图6-169

04 将图层“山川”的图层混合模式改为“正片叠底”，图层不透明度降低至70%，将它融入“背景”图层，如图6-170和图6-171所示。

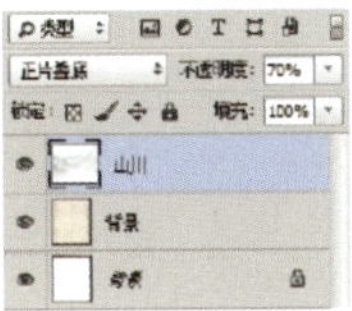
图6-170

图6-171

05 背景填充完成后开始设计首页的海报展示部分，将事先简单处理过的素材“海报”添加到画布中，调整大小，使宽度铺满画布，如图6-172所示。

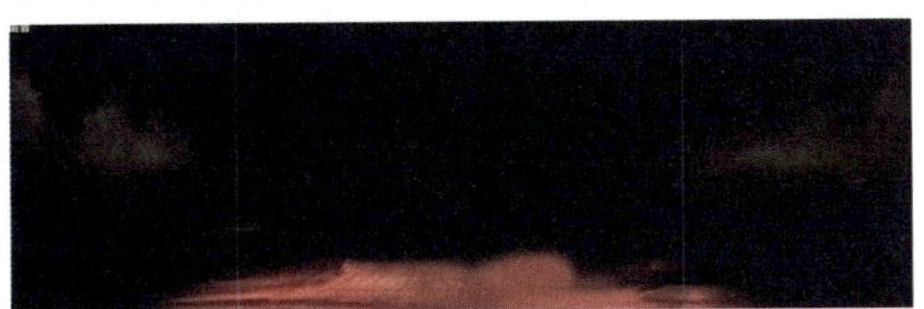
图6-172

提示

首页中的海报的作用是让商品更醒目，增加点击量，细节的东西还是要通过点击链接之后，进入详情页中浏览，所以首页中的海报不需要设计得十分细腻。从上图中大家可以看出，这张图片原本就是一张海报，只是原来的商品经过我们粗略的处理之后被遮盖住了，目的是用这张海报背景来设计我们需要的海报图。

06 添加商品图片素材“三七粉盒”，调整大小，置于内容区的右侧部分，如图6-173所示。

图6-173

07 在商品图层下方新建一个图层“阴影”，使用“多边形选框工具”“画笔工具”和“橡皮擦工具”绘制出商品的阴影效果，如图6-174所示。这里的阴影效果设计，使用到了多边形选框工具，因为商品图的底部是不规则的，所以就要绘制出不规则的阴影才能显得和谐、融洽。

图6-174

08 商品的展示都制作好了之后就是海报的文案设计了，先看设计的效果，然后再讲解设计的方法。文案的效果如图6-175所示。其中，文字“品鉴”输入了两个独立的图层，然后对它们进行了“渐变叠加”的图层样式处理，参数设置如图6-176所示，渐变效果从（R:248，G:192，B:56）到（R:250，G:224，B:177）；在文字“促销价380元”的下方添加了一个背景效果，如图6-177所示，填充颜色为（R:177，G:10，B:13），其他文案均采用常规文本进行输入。

图6-175

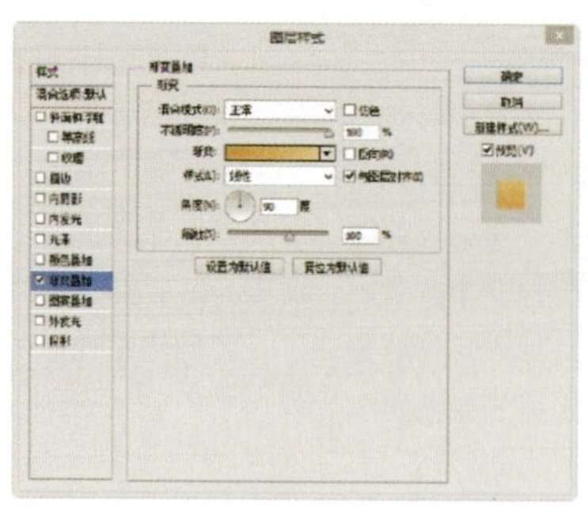

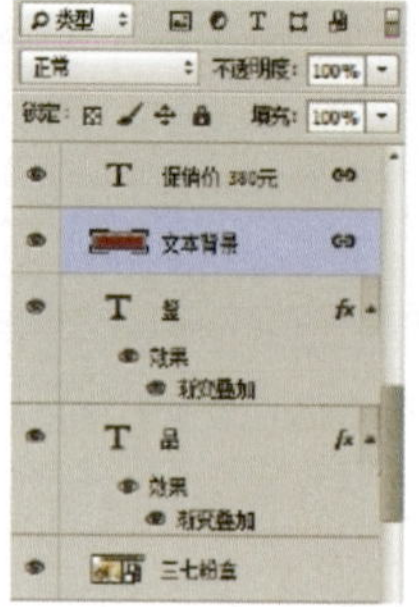

图6-176　　图6-177

09 海报的下方是商品列表区域，在设计商品列表之前，我们先设计一个列表标题，添加素材“横幅”和“条纹”，调整大小，使它们的宽度铺满画布，如图6-178所示。添加素材“印章”，搭配文字工具，设计出标题的文案部分，效果如图6-179所示。

图6-178

图6-179

10 设计“进店必选”模块的商品列表。首先我们对背景进行分割，将内容区分为4个格子，在每个格子中放置一个商品展示。然后使用“直线工具”绘制一条直线“形状1”，禁用描边，颜色填充为（R:168，G:143，B:103），对图层“形状1”添加图层蒙版，使用黑色到透明的线性渐变处理直线的两端，如图6-180所示。使两端出现渐隐的效果，如图6-181所示。

图6-180　　图6-181

11 复制一层“形状1”得到其拷贝层，将拷贝层执行自由变换命令，顺时针旋转90°，二者正好将画布分为上下左右4个格子，如图6-182所示。

图6-182

12 商品列表的设计，以第一个商品的展示为例进行详细讲解。添加素材“丹参粉”和“丹参”，调整大小和位置，将二者进行排版布局，如图6-183所示。

图6-183

13 使用“横排文字工具”输入商品的信息，使用“直线工具”“圆角矩形工具”[圆角半径为10像素，填充颜色为（R:67，G:55，B:49）]绘制购买的按钮，搭配“横排文字工具”完成商品信息的排版设计，效果如图6-184所示。

图6-184

14 复制上述步骤中得到的效果，或参考这里的设计方法，完成后面3款商品的列表展示，如图6-185所示。

图6-185

15 最后是“年度推荐”商品列表的设计。在“进店必选”列表的下方添加素材“条纹”，调整宽度使其铺满画布，用来作为两个列表之间的分隔线。分隔线添加之后，紧接着在下方输入该部分列表的标题，如图6-186所示。

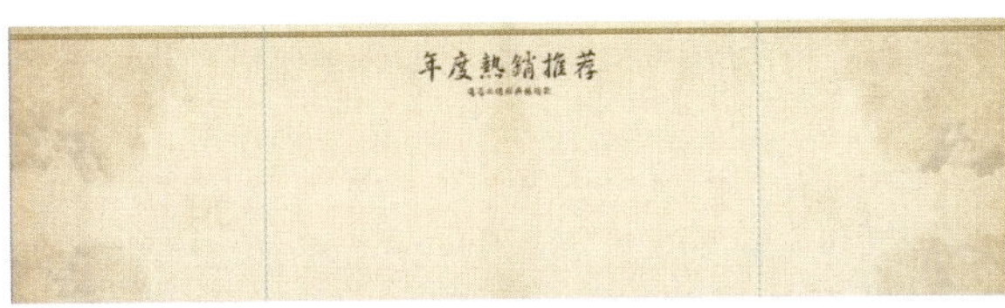

图6-186

16 商品列表部分的设计非常简单，将商品图片搭配对应文字即可完成设计，最终该部分的商品列表效果如图6-187所示。在页面的最下方，还可以复制一层“条纹”来进行修饰，如图6-188所示，最终效果如图6-189所示。

图6-187

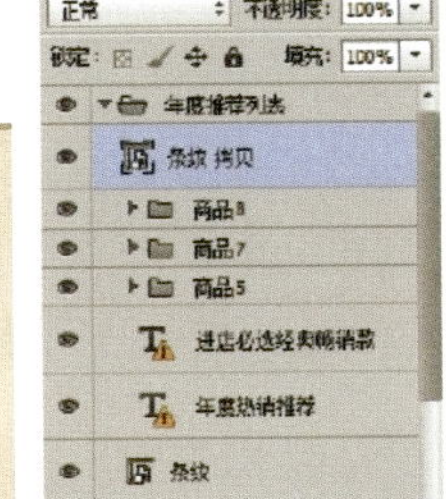

图6-188

图6-189

总结

膳食保养品的首页设计比较简单，从这个案例中大家可以看出淘宝与天猫内容区尺寸规格的不同，像这样商品种类很少的店铺，大家在设计时，可以考虑使用其他更加能提升店铺档次的方法来进行设计，如我们可以使用全海报的方式为每一个商品都设计一张宣传海报。在该案例的设计中，色彩的选择受到了商品本身颜色的启发，商品文案信息的排版中，特意对链接按钮和商品价格进行了特殊颜色展示，从最直观的角度为顾客展现商品的基本信息。

6.5 首页分析与制作——家纺生活类

实例位置　实例文件>CH06>6.5>家纺生活类.psd、家纺生活类.jpg

素材位置　素材文件>CH06>6.5>素材文件夹

视频位置　视频文件>CH06>6.5家纺生活类首页设计.mp4

难易程度　☆☆☆☆☆

知识要点　通过该家纺商品的设计，大家需要掌握特效合成、页面布局、色彩搭配、文案排版设计等方面的知识，使用到的基础工具有横排文字工具、矩形工具、选框工具等。

6.5.1 页面说明

在设计开始之前，需要确定店铺类型、页面色彩以及版式等基本架构，将这些设计的要点绘制在草稿上，然后根据草稿的架构进行设计。该案例中，最开始仍然是一张商品合成海报，紧接着是商品的分类，分类是一个店铺中必不可少的组成部分，通过分类的链接，可以为顾客提供更加精准的商品搜索；接着使用3个版式相同的模块进行商品的列表设计，同时，3个版式也将店铺的商品分为3大类，这让商品排列更加有序，顾客浏览更加精确，想要什么商品，直接转到相应的模块即可找到；最后是店铺推荐区和服务指南，商品推荐区的设计，可以让顾客深度浏览店铺商品，吸引浏览者了解店铺的更多信息，这也从另一种层面上提升了店铺的商品转化率。

6.5.2 页面配色分析

家纺产品的页面设计，在色彩的应用上需要特别注意，页面的色彩不仅表现在产品本身，更重要的是它能带给消费者一种和谐的购物环境。床上用品是一个流行于传统的产物，它不仅是一种物质，同时它也有很强的文化元素。必须充分掌握家纺的特性才能做好家纺店铺的设计。因此，在色彩的选择上，我们在该案例中选择的色彩都是偏向暖色系的，暖色能给人一种舒适、亲切的感受，再搭配产品的室内拍摄图，为顾客营造一个不错的购物环境。图6-190和图6-191所示为该页面的主次色彩构成。

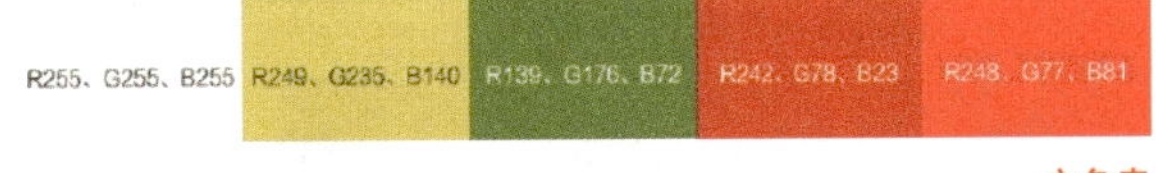

图6-190

图6-191

6.5.3 布局说明

该页面的设计，布局也是很清晰的，我们使用“海报>商品列表>更多推荐”的版式进行设计，让店铺商品更加模块化、精确化，顾客浏览时，既可以根据海报下方的商品类目导航来进行商品的搜索查找，还可以根据下方的3大类目商品列表进行浏览，不管顾客的鼠标点到哪里，都可以随时根据自己的喜好和购买方向准确定位自己想要的商品，最大程度上体现了店铺页面的交互性、人性化等，最后的效果图和布局图分别如图6-192和图6-193所示。

图6-192

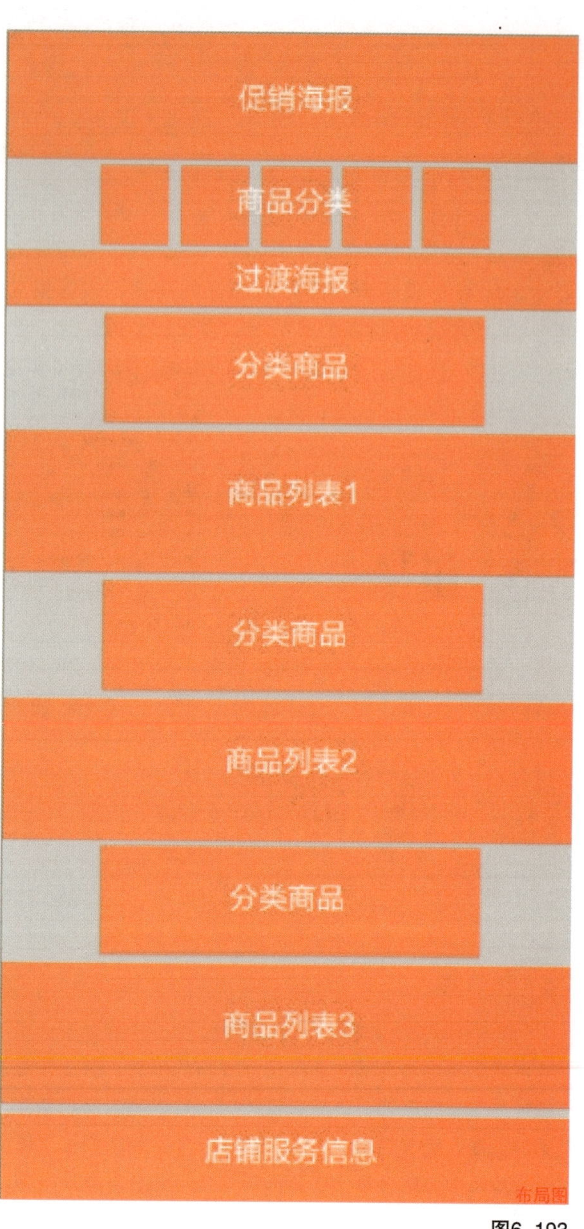

图6-193

6.5.4 制作流程

01 打开Photoshop，执行“文件>新建”菜单命令，或使用快捷键Ctrl+N打开新建对话框，新建画布，参数设置如图6-194所示。

02 为背景图层填充颜色（R:253，G:246，B:240），开始设计首页的促销海报。将背景素材“海报”添加到画布中，如图6-195所示。

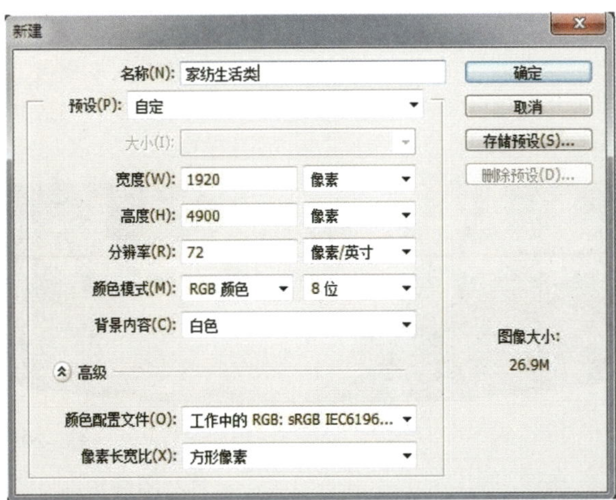

图6-194

图6-195

提示

从前面的章节和案例中大家不难发现，设计海报时，一般思路是，先添加背景素材，接着添加商品图素材，再设计海报促销信息的文案部分，最后回过头来修改细节和微调整。

03 调整好背景，继续添加素材，这里添加一张已经抠取好的商品图片素材“欧式1”，调整大小，将其移动到首页内容区域的右侧部分，将超出素材“海报”的部分使用图层蒙版进行遮盖，如图6-196所示，效果如图6-197所示。

图6-196

图6-197

04 商品图片调整好之后开始设计海报的文案信息，使用“横排文字工具”输入相应文案，进行简单的排版，使用“圆角矩形工具”绘制“立即购买”按钮，填充颜色（R:250，G:33，B:10），禁用描边，使用“自定义形状工具”绘制商品出售信息，初步排版效果如图6-198所示。

图6-198

05 为文案区域的图层添加图层样式，以大标题为例简单的对这些效果进行说明。选择文字图层“夏花绽放 纯棉四件套”，单击图层面板下方的“添加图层样式”按钮，为该图层添加“描边”样式，描边颜色设置为（R:84，G:44，B:5），参数设置如图6-199所示。为该图层添加“渐变叠加”效果，渐变颜色从（R:236，G:190，B:28）到（R:254，G:255，B:188），参数设置如图6-200所示，此时效果如图6-201所示。

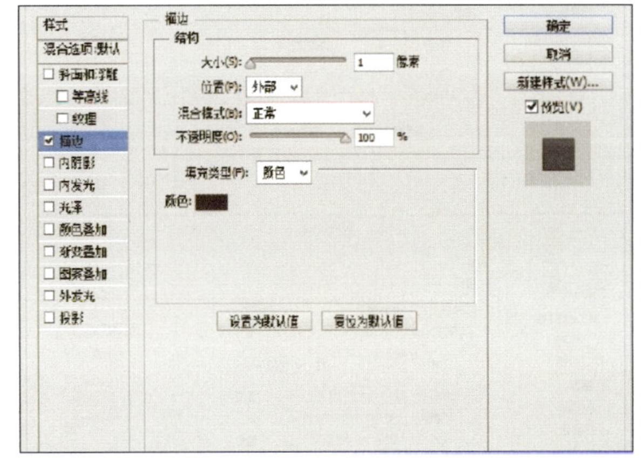

图6-199

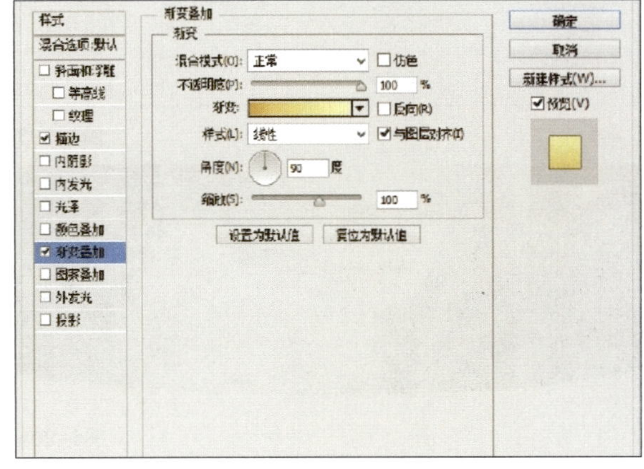

图6-200

图6-201

06 为图层添加“投影”和“外发光”样式，其中外发光样式的发光颜色设置为（R:84，G:44，B:5），投影样式的混合颜色设置为（R:118，G:97，B:19），参数设置分别为6-202和图6-203所示。最终该图层的效果如图6-204所示。

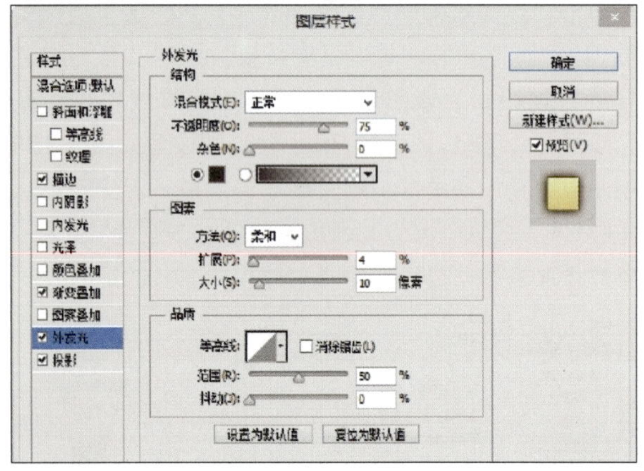

图6-202

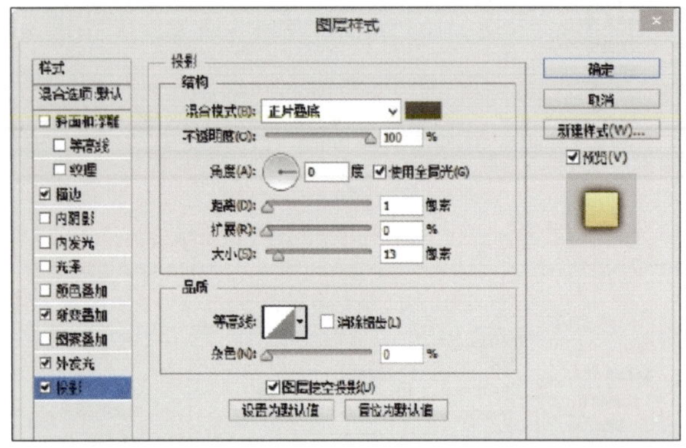

图6-203

图6-204

07 按照上述对图层添加图层样式的方法，对其他图层进行适当处理，实际效果和参数对比，大家可以参考本书附带的案例源文件进行理解和学习，最终的海报效果如图6-205所示。

图6-205

08 海报的设计部分就基本结束了，在开始商品设计之前，还可以在该海报的下边缘添加一个曲线的光线效果，让海报的边缘变得柔和，使其与下面的内容衔接更加顺畅。使用“钢笔工具”沿海报下方的曲线边缘绘制一个如图6-206所示的形状，按住Ctrl+Enter组合键，将形状载入选区，填充颜色（R:201，G:199，B:77），将图层命名为“光晕”，如图6-207所示。

图6-206

图6-207

09 执行“滤镜>模糊>高斯模糊”菜单命令，为“光晕”图层进行模糊处理，模糊参数设置如图6-208所示，效果如图6-209所示。

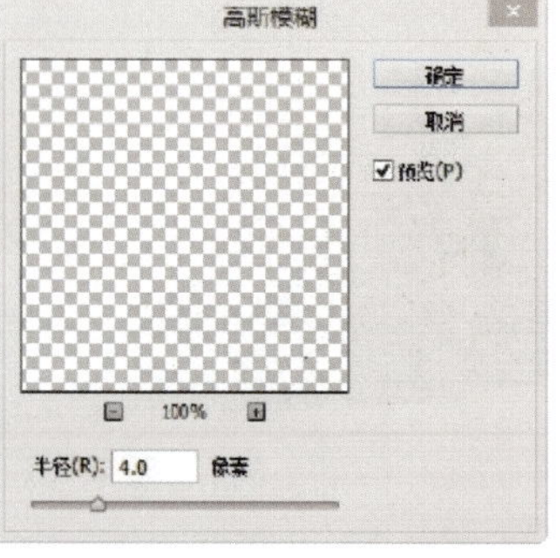

图6-208

图6-209

⑩ 为“光晕”添加“外发光”的图层样式，如图6-210所示。外发光颜色设置为（R:204，G:220，B:20），参数设置如图6-211所示，效果如图6-212所示。

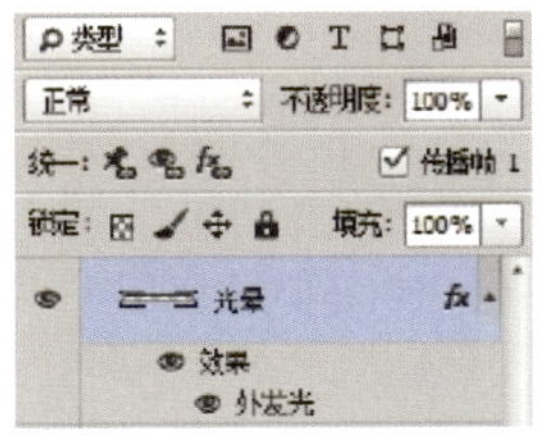

图6-210

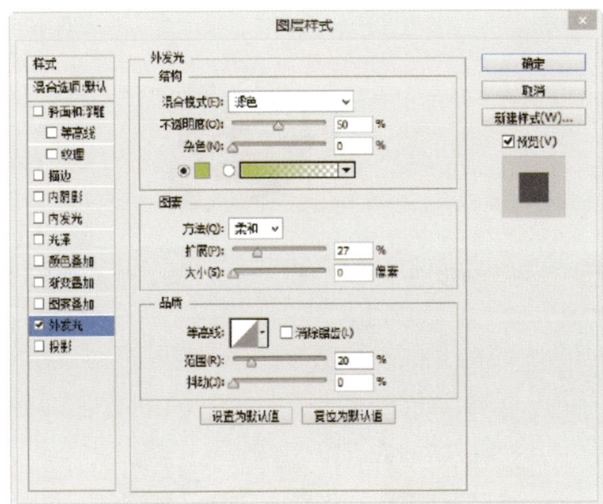

图6-211

图6-212

⑪ 往下开始设计商品的分类信息，分类信息的设计，以第一个分类“分类1”为例进行讲解。使用“矩形工具”绘制一个分类背景“矩形2”，禁用描边，填充任意色，添加素材“被套”并对“矩形2”创建剪贴蒙版，调整大小后效果如图6-213所示。

图6-213

⑫ 在“被套”上方新建一个图层“遮罩”，使用“矩形选框工具”绘制一个矩形选区，填充颜色（R:55，G:123，B:27），同时将图层“不透明度”设置为45%，如图6-214所示，效果如图6-215所示。

图6-214

图6-215

⑬ 选择“横排文字工具”，在“遮罩”图层的上方输入相应的分类名称信息，完成第一个分类的效果设计，效果如图6-216所示。

图6-216

⑭ 将这一效果复制到内容区的其他位置，替换文字和分类商品图片后，完成其他分类效果的设计，最终分类模块如图6-217所示，效果如图6-218所示。

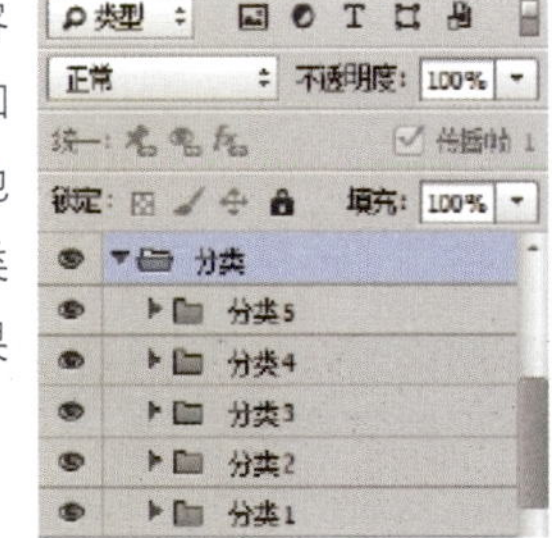

图6-217

图6-218

15 分类模块设计出来之后，在下方设计一张全屏的过渡海报，这张海报用来为店铺做宣传。使用“矩形工具”绘制一个宽度铺满全屏的图层“矩形9”，禁用描边，填充任意色，添加素材“生态”并对“矩形9”创建剪贴蒙版，如图6-219所示。调整“生态”的大小和位置后，效果如图6-220所示。

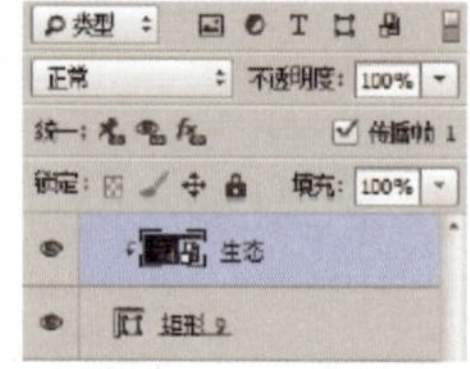

图6-219

图6-220

16 使用“矩形工具”“横排文字工具”完成店铺宣传信息的排版设计，效果如图6-221所示。

图6-221

17 从上图中可以看到，文案部分的白色字体与背景“生态”产生了融合，以至于文字看起来很吃力，所以这一步需要对文字或者背景“生态”进行适当的调整。为了方便操作，对背景“生态”进行降低“亮度”处理，选中“生态”图层，打开“创建新的填充或调整图层”选项中的“亮度/对比度”对话框，设置参数如图6-222所示。将“亮度”降低后的效果如图6-223所示。

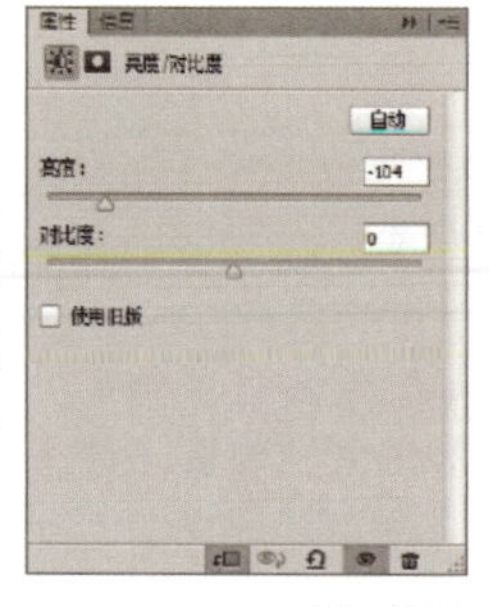

图6-222

图6-223

18 这一步开始商品列表模块的设计。在列表上方设计一个热销款的海报，使用“矩形工具”绘制一个宽度铺满全屏的图层“热销”，禁用描边，填充任意色，再添加素材“纹理”并对“热销”创建剪贴蒙版，做出热销商品海报的背景，如图6-224所示。

图6-224

19 添加素材“泼墨”和“欧式4”，调整大小，将其移动到右侧内容区，将“欧式4”对“泼墨”创建剪贴蒙版，如图6-225所示。为了增加画面感，可以添加素材“花朵1”作为装饰素材，将其置于商品图的右侧下方，效果如图6-226所示。

图6-225

图6-226

20 使用“横排文字工具”输入商品文案，使用“矩形工具”和“圆角矩形工具”绘制文案的修饰背景，完成热销款产品的海报设计，效果如图6-227所示。

图6-227

21 商品列表的设计，先制作列表模块的背景。使用“矩形工具”绘制一个“模块背景”图层，禁用描边，填充任意色，宽度铺满画布，再添加素材“森林”并对“模块背景”创建剪贴蒙版，如图6-228所示。

图6-228

22 从上图大家就可以看到，还需要复制一层“森林”图层来填充右侧的空白区域，复制后，“森林”的拷贝层仍需要对“模块背景”创建剪贴蒙版，如图6-229所示。将拷贝层向右水平移动，使其铺满右侧的空白区域，效果如图6-230所示。

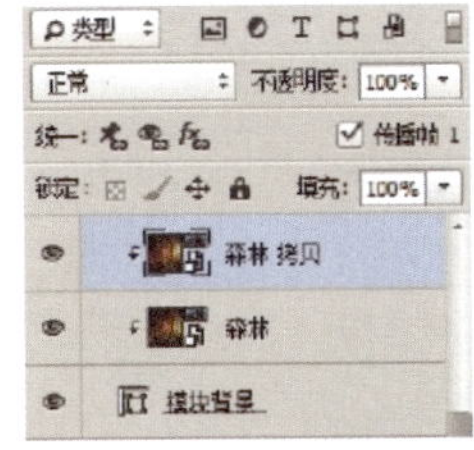

图6-229

图6-230

提示

到这一步，很多读者也许会问，画布中的两个“森林”图层虽然铺满了画布，但中间明显的分隔效果该如何处理？大家别忘了，这个模块是商品列表，首页的内容区域都是要放商品信息的，这些信息足以将分隔线遮盖住，而且这个模块的商品列表，使用了白色的矩形放在中间，根本就不用担心背景的缺陷会对我们的设计造成影响。

23 使用“矩形工具”绘制一个高度与“模块背景”相同的矩形图层“内容区”，禁用描边，填充白色，平铺在内容区域中，如图6-231所示。

图6-231

24 这一步就可以进行商品列表的设计了。商品列表分为两个部分来进行设计讲解，第一部分是列表的左侧，需添加一个列表标题，第二部分是右侧商品的堆放。首先设计第一部分——左侧的列表标题栏，使用“椭圆工具”绘制图层“椭圆1”，添加素材“植物”并对“椭圆1”创建剪贴蒙版，使用“横排文字工具”和“直线工具”排版其他文案信息，效果如图6-232所示。

图6-232

提示

在第一部分的标题栏设计中，为右下角的文字“纯棉区”设计了一个印章的背景效果，这里并没有使用素材，而是使用了图6-233所示中一个叫“干画笔尖浅描”的画笔进行绘制的。绘制出来再对其添加“颜色叠加”的图层样式，叠加该部分的颜色即可。

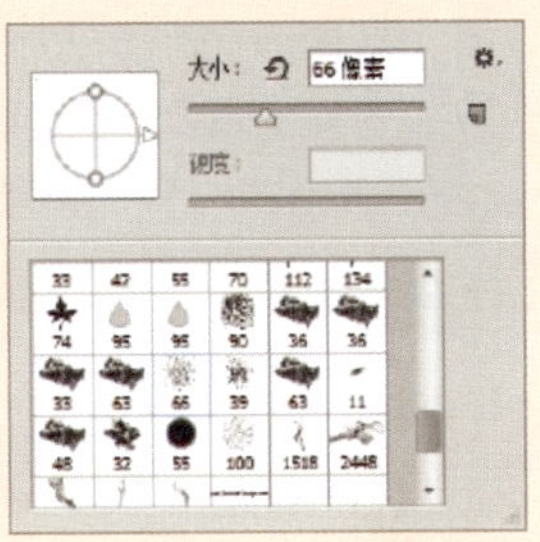

图6-233

25 商品列表的第一部分“标题栏”设计完成后，右侧就开始设计商品列表展示，展示区的商品设计，以第一个商品信息展示为例进行讲解。使用“矩形工具”绘制一个商品的背景图层“矩形10”，禁用描边，填充任意色，添加素材“现代4”并对“矩形10”创建剪贴蒙版，如图6-234所示，效果如图6-235所示。

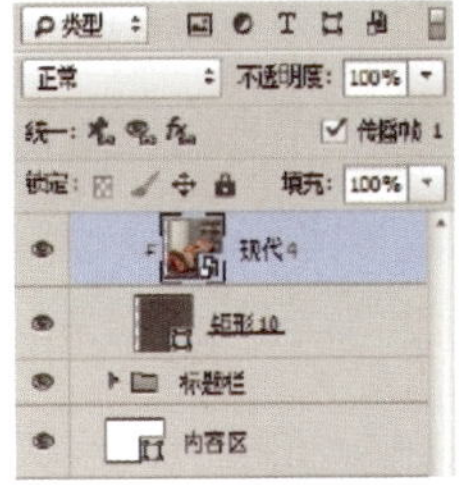

图6-234

图6-235

26 使用“矩形工具”绘制一个商品的标题图层“矩形11”，禁用描边，填充任意色，在“矩形11”中输入商品信息，最后添加购买素材“按钮”和商品价格，完成第一个商品信息的展示设计，效果如图6-236所示。

图6-236

27 将第一个商品的展示建组为“商品1”保存，如图6-237所示。其他部分的商品展示，可以复制“商品1”后修改商品图和信息完成设计排版，这里不再赘述，最终该部分的效果如图6-238所示。将这一模块的商品列表统一建组为“第一组商品列表”后进行保存，如图6-239所示。

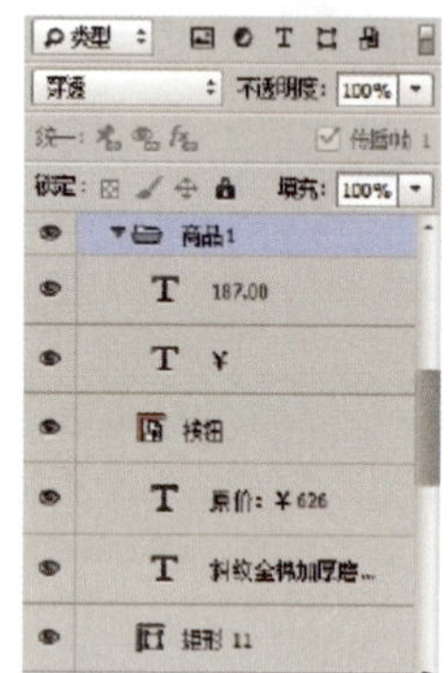

图6-237

图6-238

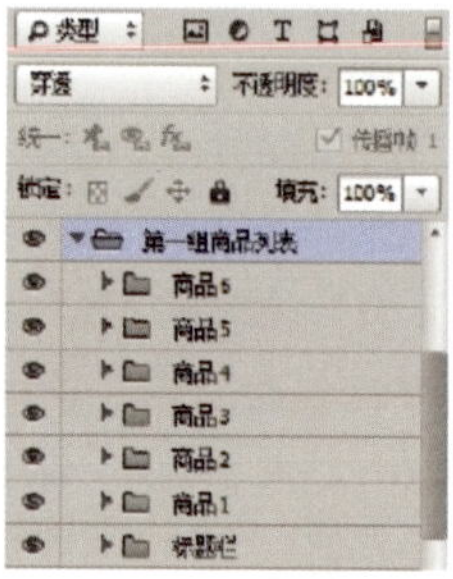

图6-239

28 至此，第一组商品的列表就设计完成了。紧接着的下面两个模块均属于商品列表，设计的版式、方法与第一组商品列表完全相同，大家可以复制上一模块的内容进行修改，适当修改模块色彩并更换商品图片即可，这里不再赘述。在书中附带的案例源文件中也有详细的图层信息和具体的效果设计，此处放上下两个模块的效果图供大家参考，分别如图6-240和图6-241所示。

图6-240

图6-241

29 首页商品的展示就讲到这里了，在首页设计的最后，我们往往还会做一些新品发布公告或店铺热门商品的友情链接。该案例中，在最后的这部分，设计了一个“更多推荐”的模块，将更多商品推荐给浏览者，从而最大程度上吸引顾客深入了解商品信息。使用“矩形工具”绘制一个图层“矩形13”，用来作为“更多推荐”的标题背景，填充颜色（R:86，G:74，B:70），禁用描边，输入文字“更对推荐”，如图6-242所示。

图6-242

30 推荐的商品由于范围有限，所以这里将主推的4类商品进行推荐设计，以第一类推荐的商品为例讲解。使用“矩形工具”绘制商品推荐的背景“矩形14”，填充白色，禁用描边，如图6-243所示。

图6-243

31 使用“矩形工具”绘制推荐商品的背景“矩形15”，禁用描边，填充任意色，再添加素材“现代5”并对“矩形15”创建剪贴蒙版，如图6-244和图6-245所示。

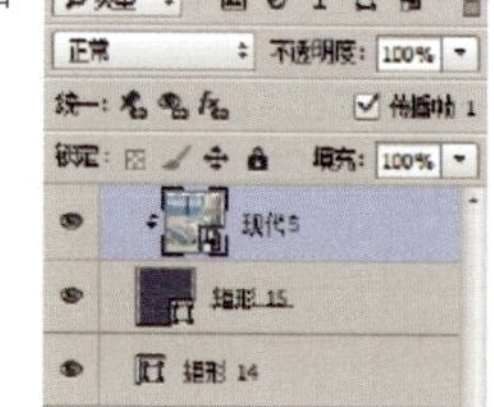

图6-244

图6-245

32 在商品图中，使用“矩形工具”绘制一个分类名称底纹“矩形16”，填充白色，禁用描边，将“矩形16”的图层不透明度降低至80%，如图6-246所示。调整矩形大小，将其移动到“现代5”的中间，输入分类名称信息，效果如图6-247所示。

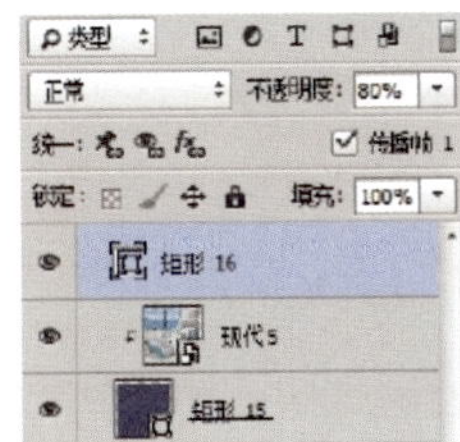

图6-246

图6-247

33 将上一步得到的效果复制3个，将它们平均分布在水平方向上，修改商品信息和商品图片后即可完成推荐商品的设计，效果如图6-248所示。

图6-248

34 在页底位置，设计一个店铺的信誉信息，至此一个完整的首页就设计完成了。店铺信誉的设计，使用“矩形工具”绘制一个矩形“页底”，填充颜色（R:232，G:220，B:196），禁用描边，如图6-249所示。对于店铺信誉信息的设计，因为都是使用素材和文字搭配进行设计，原理简单，所以这里直接添加一张“信誉”素材来填充上去，供大家参考，最终效果如图6-250所示。

图6-249

图6-250

总结

家纺产品的首页设计，主要体现的是温馨和舒适的氛围，所以在该案例的设计中，我们的主色都是采用暖色系的颜色来进行设计的，从开篇前的色彩分析中不难看出这一点。在整个设计过程中个，我们都没有太多使用冷色系的元素，由此看来，我们在着手设计之前，先把商品的基调分析出来，会对我们的设计效果起到很大的帮助作用。

6.6 首页分析与制作——儿童类

实例位置 实例文件>CH06>6.6>儿童类.psd、儿童类.jpg
素材位置 素材文件>CH06>6.6>素材文件夹
视频位置 视频文件>CH06>6.6儿童类首页设计.mp4
难易程度 ☆☆☆☆
知识要点 儿童类商品的页面色彩搭配、卡通效果创意海报的合成制作、钢笔工具绘制卡通图形的方法、Photoshop基础工具的灵活使用。

6.6.1 页面说明

儿童类商品给人的感觉就是纯真、干净、卡通、活泼，因为儿童对色彩的认识是单一的，太复杂的色彩或者偏暗的色彩都不符合儿童的年龄特征，因此，在该案例的配色时，采用了淡蓝色的背景。在创意海报的合成部分，又添加了卡通元素及儿童人物图片素材，增加了页面的趣味性。接着是商品列表部分，首先使用了钢笔工具绘制卡通图案作为模块的背景，然后加上统一的白色商品底纹和干净利落的商品信息文案，让整个页面显得生动、活泼，最后添加的旺旺联系方式，使顾客购买时能随时找到工作人员咨询商品情况，使首页的交互性更强，同时也让顾客能深度了解店铺信息。

6.6.2 页面配色分析

从上述的页面说明中可以得知，儿童类的商品需要体现孩子天真活泼、卡通纯真的特点，因此在色彩上，使用了动感十足的淡蓝色作为页面的整体背景，使用白色作为商品列表的底色，加上与背景对比强烈的文案色彩，清晰的颜色搭配，让顾客一眼就能看到商品的信息和店铺所传达的信息，少量的辅色，让首页不仅不单调乏味，更增强了模块间的层次感，色彩如图6-251和图5-252所示。

图6-251

图6-252

6.6.3 布局说明

该页面使用了“海报>商品列表>海报>商品列表”的设计版式，简单的布局让页面看起来模块清晰，精准地表达了本店铺的经营类目。儿童类的商品，在设计商品列表时要遵循简单清爽的设计原则，此案例中的商品列表，商品统一使用了白色的模块背景，与整体的淡蓝色背景产生清晰的层次分隔，列表中的商品也尽可能地使用了统一的视觉角度，易于辨认，增加整个模块的视觉效果。为了方便顾客了解更多信息，还设计了一个客服区和店铺导航，提升了店铺的交互性。最后的效果和布局图如图6-253和图6-254所示。

图6-253

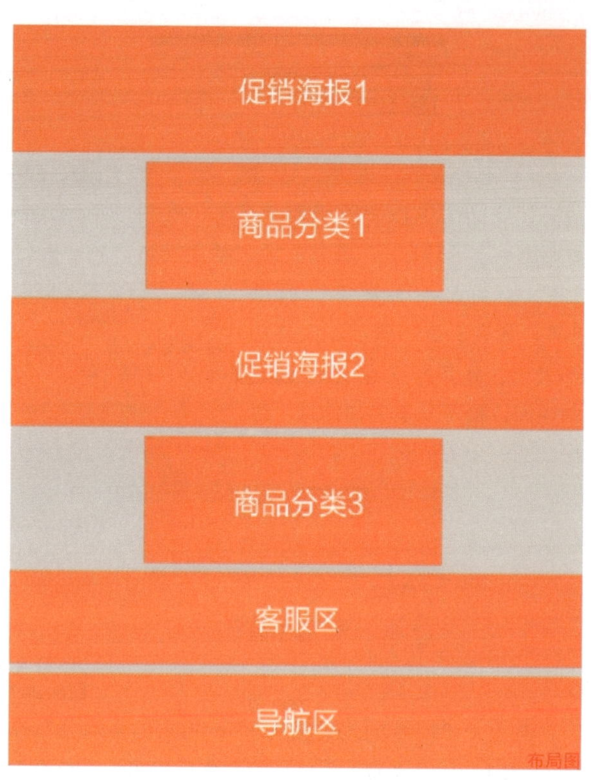

图6-254

6.6.4 制作流程

01 打开Photoshop，执行“文件>新建”菜单命令，或使用快捷键Ctrl+N打开新建对话框，新建画布，参数设置如图6-255所示。

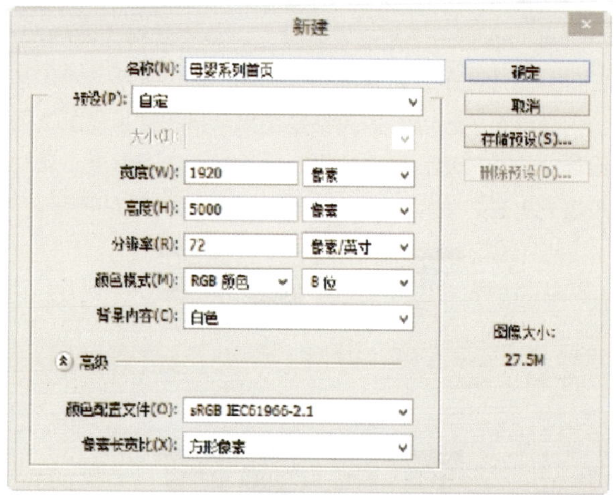

图6-255

02 建好画布，增加设计参考线后，为画布填充主色淡蓝色(R:38，G:223，B:239)，然后开始设计页首的促销海报，添加素材“白云”和“草地1”，调整大小，如图6-256所示。

图6-256

03 打开素材源文件“单0”，将其中的图层“单0”及其阴影图层一起拖入首页画布中，调整大小，将“阴影”的图层混合模式改为“正片叠底”，如图6-257所示。使用“橡皮擦工具”适当处理“阴影”边缘，使其柔和地融入背景，如图6-258所示。

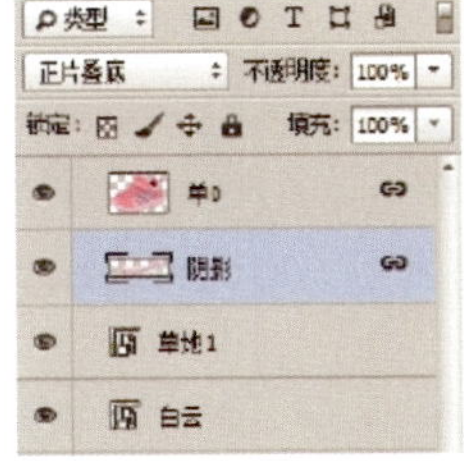

图6-257

图6-258

提示

根据前文对图层混合模式的讲解，这里使用“正片叠底”可以过滤掉白色的像素，将拍摄时自然的阴影效果留下来，省去了我们自己动手绘制阴影的麻烦。

04 海报大部分的内容就添加完成了，接下来添加修饰素材“元素1”，使用“套索工具”对“元素1”中的各种小元素进行排版，大致效果如图6-259所示。

图6-259

05 回到“白云”图层，在它的下方新建一个图层“曲线”，使用“钢笔工具”绘制一个海报的曲线形状，如图6-260所示。接着使用“横排文字工具”输入中文状态下的横线“-”，颜色为白色，图层不透明度降低至55%，大致效果如图6-261所示。如果觉得曲线很细需要加粗，可以在字符设置中加粗或在图层中使用“描边”的图层样式进行加粗处理。

图6-260

图6-261

06 添加素材“装饰”，调整大小和位置，将图层混合模式改为“变亮”，如图6-262所示。此时海报主体部分就设计就完成了，效果如图6-263所示。

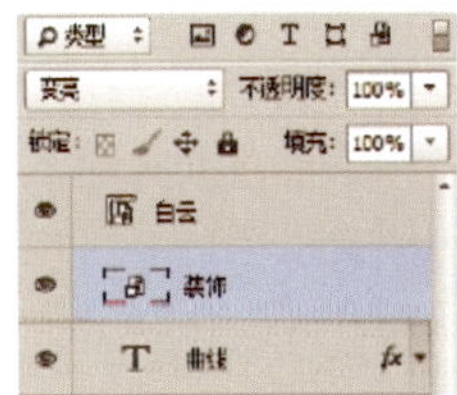

图6-262

图6-263

07 这一步设计商品的促销文案，文案的排版方法在前面已经讲过很多，这里简单地提一下使用到的工具，在该海报的文案设计中，使用了“横排文字工具”“自定义形状工具”和“圆角矩形工具”。“圆角矩形工具”用来绘制购买的点击按钮，因此添加了简单的图层样式来制作出按钮的效果，如图6-264所示，此时的效果如图6-265所示。

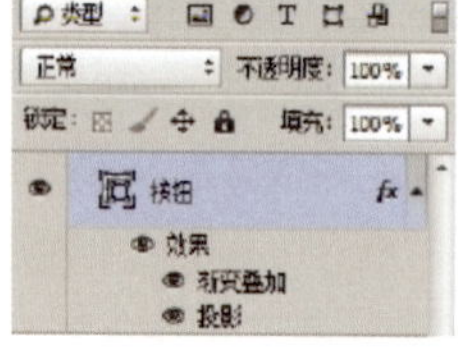

图6-264

图6-265

08 此时海报部分融入了背景的淡蓝色，为了突出海报区域的效果，回到最底层新建一个“提亮”图层，使用“矩形选框工具”绘制海报区域的选区，填充白色，将“提亮”图层的不透明度降低为30%，如图6-266所示，最终海报的效果如图6-267所示。

图6-266

图6-267

09 根据案例的框架结构，海报设计完成后，就需要开始设计商品列表模块，在这部分开始之前，先要为该模块设计一个模块背景。使用“钢笔工具”绘制一个卡通效果的形状图层“边界”，如图6-268所示，使用“横排文字工具”绘制横线“-”，颜色为（R:255，G:108，B:0），如图6-269所示。

图6-268

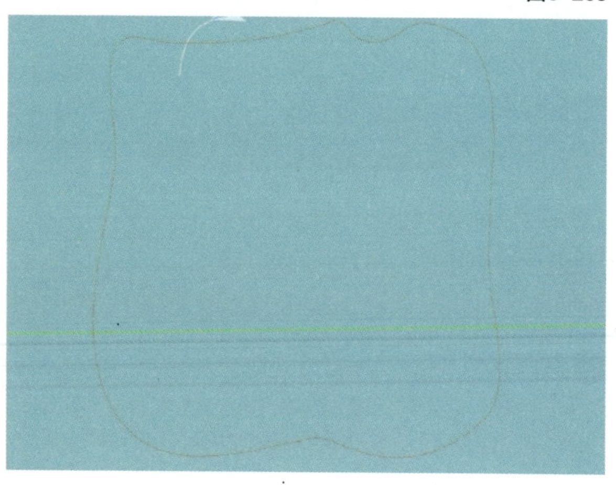

图6-269

10 模块边界绘制好之后，选中“边界”图层，在选中钢笔工具的状态下，按住快捷键Ctrl+Enter，将绘制的路径载入选区，执行“选择>修改>收缩”菜单命令，将选区在“边界”的基础上向内收缩，参数设置如图6-270所示。在“边界”下方新建一个图层“模块色”，为选区填充颜色（R:95，G:237，B:247），如图6-271所示。此时模块背景设计完成，效果如图6-272所示。

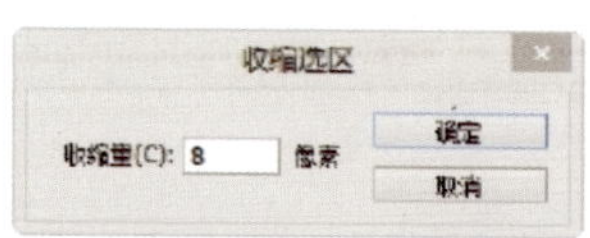

图6-270

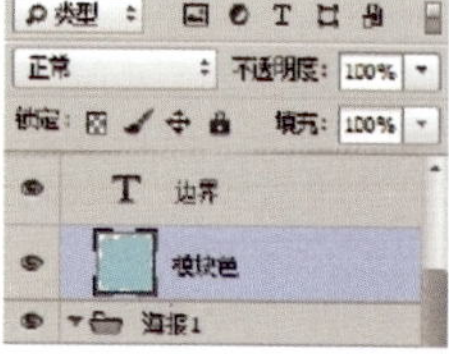

图6-271

图6-272

11 背景制作好后就开始进行商品列表的设计，以第一个商品为例进行讲解。使用“矩形工具”绘制一个商品列表背景“矩形8”，填充颜色（R:254，G:211，B:80），禁用描边，为“矩形8”添加图层样式“图案叠加”，参数设置如图6-273所示。将突出的“矩形8”移动到画布中，如图6-274所示。

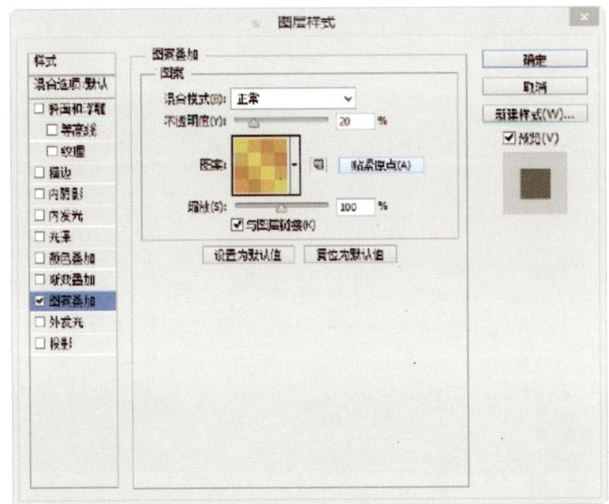

图6-273

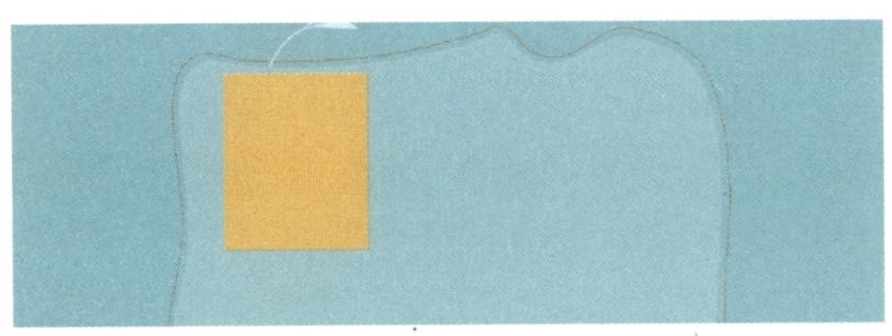

图6-274

12 复制一层“矩形8”得到其拷贝层，将拷贝层的图层样式清除，等比例适当缩小（按快捷键Alt+Shift等比例缩小），将填充颜色修改为白色，如图6-275所示。

图6-275

13 打开商品素材“单1”，将源文件中的“单1”及“阴影”图层一起拖入首页画布，调整大小后，置于上图中的白色区域内，使用橡皮擦工具在“阴影”图层适当涂抹，使其自然形成阴影效果，如图6-276所示。

图6-276

提示

在前文已经讲解过，对鞋子商品进行抠图时，可以将接触地面的部分使用“套索工具”选取出来，然后与抠出来的鞋子本身链接在一起，当移动到其他画布中时，就不用再重复使用画笔工具为商品图绘制阴影了，节省了设计的时间，而且这样得到的效果也更加真实、美观。

14 在鞋子下方的黄色区域，将商品的信息设计出来，使用“圆角矩形工具”绘制购买按钮，使用“横排文字工具”输入商品信息，完成第一个商品列表的设计，最终效果如图6-277所示。将第一个商品涉及的图层建组保存为1，如图6-278所示。

图6-277　　图6-278

15 复制两个图层组1，将它们排列在水平线上，对商品图和相应的商品进行修改、替换，完成其他商品的列表设计，如图6-279所示。复制这3个图层组，用同样的方法替换商品和修改商品信息，最终完成该商品的列表设计，最终效果如图6-280所示。

图6-279

图6-280

16 通过首页架构分析的了解，还需要再完成一张海报和一个商品列表的设计，它们的版式与上述两个模块相似。首先按照第一个模块“海报1”的设计来完成此处的“海报2”的设计，方法与原理相同，这里不再赘述，效果如图6-281所示。

图6-281

提示

为了体现儿童类商品的设计特点，这里都使用了统一的设计风格，所以第二部分的商品海报和商品列表，其实本质上就是对第一个海报和第一组商品列表的复制。

17 同理，将海报2制作完成后，先设计出第二个商品列表的模块背景，这里可以选择复制第一部分中的效果得到，然后设计商品的列表，原理和方法与第一部分的设计相同，这里不再赘述，大家可以参照第一部分或通过复制、修改来完成。第二部分商品列表效果如图6-282所示。

图6-282

18 完成了商品的列表设计之后，开始设计底部区域，增加首页的完整性。第一个部分是店铺的客服区设计，使用“钢笔工具”绘制一个形状图层“形状10”，如图6-283所示。选择“矩形工具”，填充颜色（R:0，G:172，B:185），禁用描边，效果如图6-284所示。

图6-283

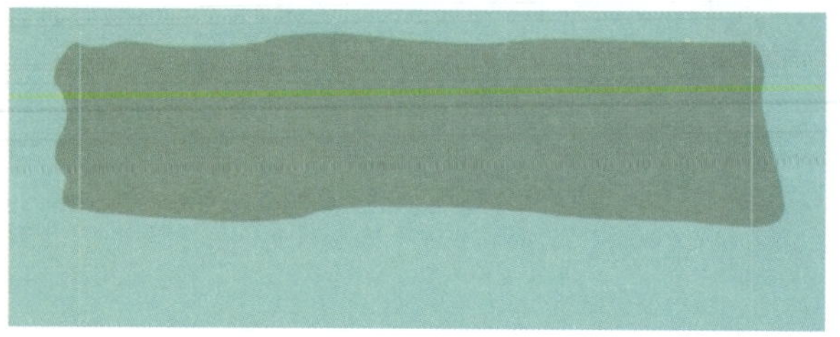

图6-284

19 在“形状10”上方添加素材“闹钟”“旺旺图标”，使用“横排文字工具”输入服务信息，完成旺旺区域的设计，效果如图6-285所示。将旺旺区域的图层建组保存为“旺旺”，如图6-286所示。

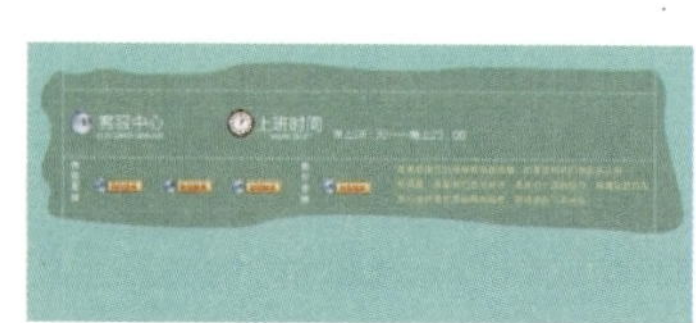

图6-285

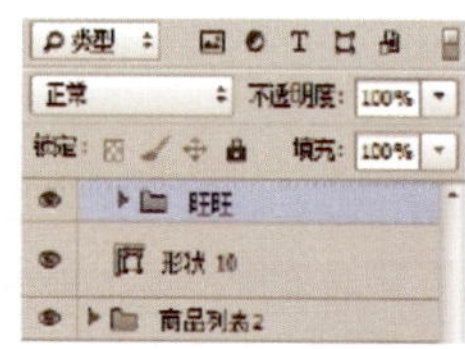

图6-286

20 使用“钢笔工具”绘制一个曲线的形状，填充颜色（R:95，G:237，B:247），如图6-287所示。同理，再绘制一个曲线层，填充颜色（R:38，G:223，B:239），二者形成一个简单的分隔线，如图6-288所示。

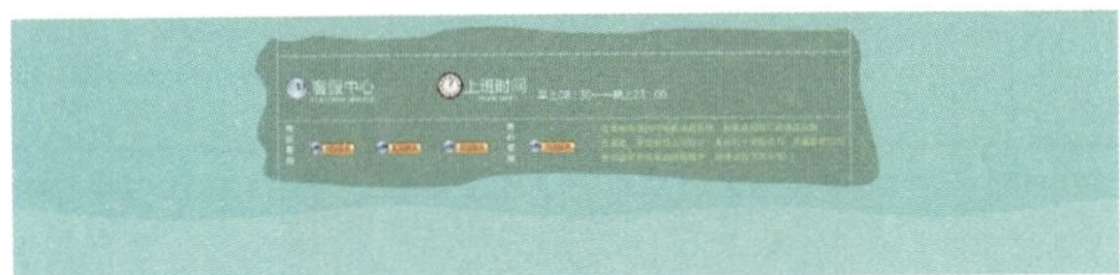

图6-287

图6-288

21 最后，在底部位置使用“矩形工具”绘制全屏导航条背景“矩形20”，填充颜色（R:0，G:172，B:184），使用“横排文字工具”在上面输入导航信息，完成最终的设计，效果如图6-289所示。

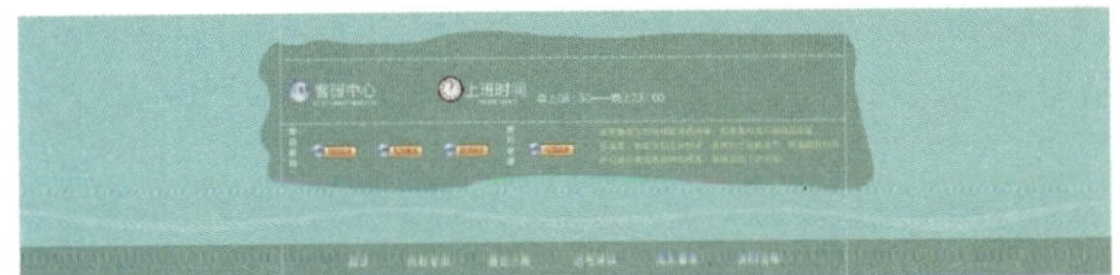

图6-289

6.7 首页分析与制作——户外旅游类

实例位置	实例文件>CH06>6.7>户外旅游类.psd、户外旅游类.jpg
素材位置	素材文件>CH06>6.7>素材文件夹
视频位置	视频文件>CH06>6.7户外旅游类首页设计.mp4
难易程度	☆☆☆☆
知识要点	该案例主要从页面的布局、特效合成、色彩搭配、文案排版设计等方面为大家展示此类首页的设计方法和技巧，从设计过程中教会大家如何设计才能使页面效果更加高大上。

6.7.1 页面说明

在设计开始之前，需要我们对此次设计有一个大致的方向判定，如设计风格属于什么类型、大致使用哪些色彩及页面排版的方式等。脑海中有了这些东西后，接下来要为这次设计绘制大概的框架草图，因为草图在设计中可以引导你的思路。该案例中，首先是页首的促销海报设计，使用休闲的、与旅游相关的元素进行创意合成，主题为暑假出游的宣传；其次是商品的列表区，商品列表分为店铺精华线路、定制线路、国内线路和境外线路4个部分，各个部分都使用了单独的商品排版风格，避免了因整个页面风格重复给顾客造成的视觉疲劳，增加了页面的可读性；再次是企业的服务项目，在这里添加上企业服务项的链接，让顾客有更多的出行服务选择；最后是企业信息和导航，企业信息的设计让顾客更深层次地了解企业文化，使其对店铺产生信任，导航的设计让页面更加人性化，顾客不用再回到顶部就可以进入到自己感兴趣的类目中，提升了店铺的交互功能。

6.7.2 页面配色分析

旅游类商品的店铺设计，需要强调的是放松、愉快、不压抑的特点，所以颜色的选择上不能使用过多的深色，旅游产品的设计页面中，最好可以用一些景区精美的图片来作为设计元素，色彩主要以暖色系为主，让顾客充分感受到自然的气息。页面的背景使用大自然风景的图片，并进行模糊处理，这样既减弱了画面焦点的争抢，也能够很好地衬托出商品的主体地位，让层次感更加强烈，色彩如图6-290和图6-291所示。

图6-291

6.7.3 布局说明

该页面使用了“海报>商品列表>海报>商品列表”的设计版式，模块与模块之间使用了不同的风景图作为背景，每个模块顶部都设置一个模块标题，让页面看起来模块清晰，顾客浏览时，可以一眼就找到自己想要的商品信息，如果商品列表之间大篇幅地使用堆叠排放，不仅会让主推商品“埋没”在众多普通商品中，而且还严重影响了视觉效果，容易让顾客产生视觉疲劳，没有继续看下去的欲望。因此，在设计中，除非店铺单品非常多，否则都不建议用同一个版式去堆叠商品，适当地改变页面版式，会让店铺的视觉效果更上一层楼。最后的效果图和布局图分别如图6-292和图6-293所示。

图6-292

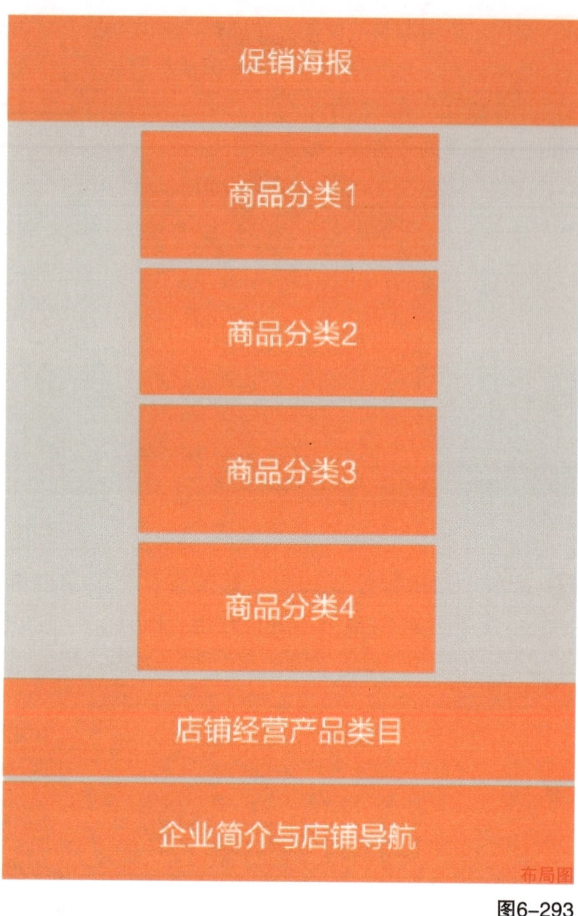

图6-293

6.7.4 制作流程

01 打开Photoshop，执行“文件>新建”菜单命令，或使用快捷键Ctrl+N打开新建对话框，新建画布，参数设置如图6-294所示。

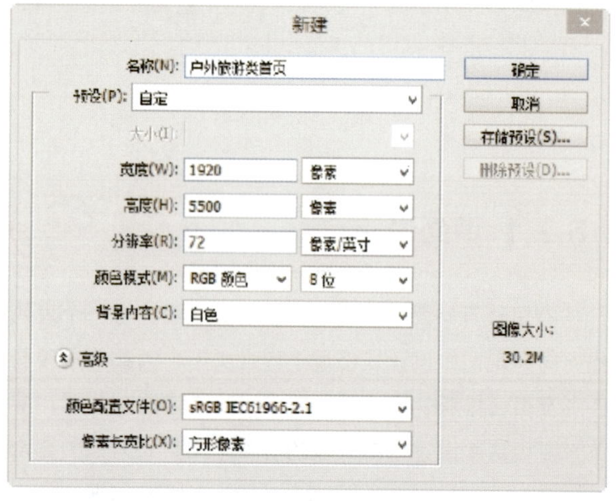

图6-294

02 建好画布，还是按照常规思路，将参考线拉出来，方便后续的商品列表排版。设计页首的海报部分，该案例的海报设计的是一张暑假出行的宣传图，所以轻松、自由、快乐均属于该海报应有的因素。第一步先将海报的背景设计出来，添加素材“背景1”，调整大小使其宽度铺满画布，如图6-295所示。

图6-295

提示

对于创意执行力还不是很高的初学者来说，在海报设计时，一般不用着急去做出很美观的效果出来，设计思路有了，素材有了，那就在画布中逐一添加准备的素材。这个过程，不仅可以再慢慢进行素材的搭配和版式的设计，还可能让你产生新的创意。

03 在“背景1”的基础上继续添加素材“背景2”，同样使其宽度铺满画布，二者共同组成海报的背景区，如图6-296所示。

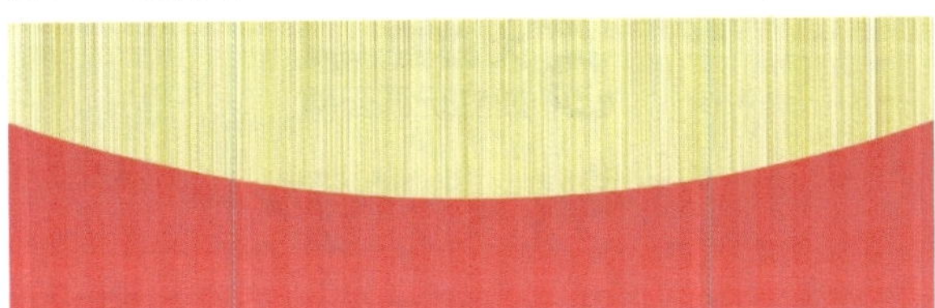

图6-296

04 添加素材“气球”，调整大小后，置于海报的内容区中间，如图6-297，接着再添加素材“男孩”和素材“女孩”，将二者置于“气球”的左右两边，如图6-298。

图6-297

图6-298

05 回到“气球”图层，在它的下方添加素材“云彩”，使用“套索工具”将云彩分成小块选取出来，不规则的分布在画布的各个位置，效果如图6-299所示。将这些零碎的云彩图层均命名为“云”，如图6-300所示。

图6-299　图6-300

06 大致的海报背景就设计完成了，接下来设计海报的文案区域。在图层“男孩”下方新建一个图层“乱涂”（这个图层使用了一些笔触边缘不规则的画笔进行随意涂抹，这就是图层命名为“乱涂”的原因），用来作为文案区域的背景，如图6-301和图6-302所示。可以尝试使用不同的画笔涂抹，效果如图6-303所示。

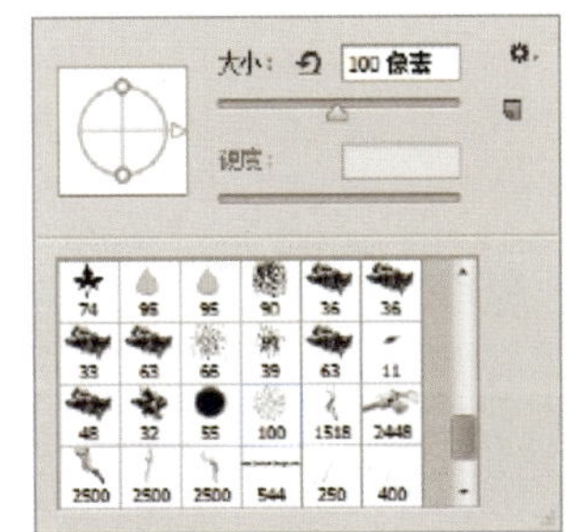

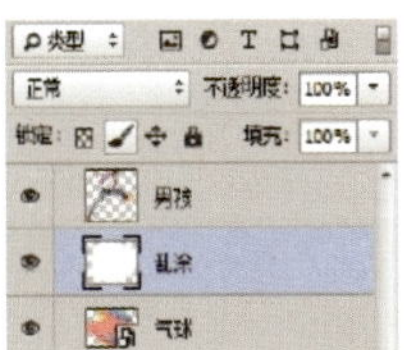

图6-301　图6-302

图6-303

提示

如果大家的Photoshop中没有这些画笔，可以单击图6-302右上角的设置按钮，在弹出的选项栏中进行追加，乱涂的形状大家可以随意发挥，大致的感觉出来了就行。要是实在没有手感，那就推荐大家去找一张泼墨的素材，效果大同小异，为了节省时间，这一步自己绘制即可。

07 接着开始设计海报的文案，使用“矩形工具”和“横排文字工具”将文案的大致架构排版出来，然后对它们进行详细的样式设计，效果如图6-304所示。

图6-304

08 文字的样式设计需要看设计师个人的设计风格和配色习惯，这里简单讲解一下该海报的设计中使用的版式。首先对字体“暑假啦”添加图层样式“描边”，描边颜色设置为白色，再添加图层样式“投影”，投影颜色设置为（R:114，G:38，B:0），参数设置如图6-305和图6-306所示，效果如图6-307所示。

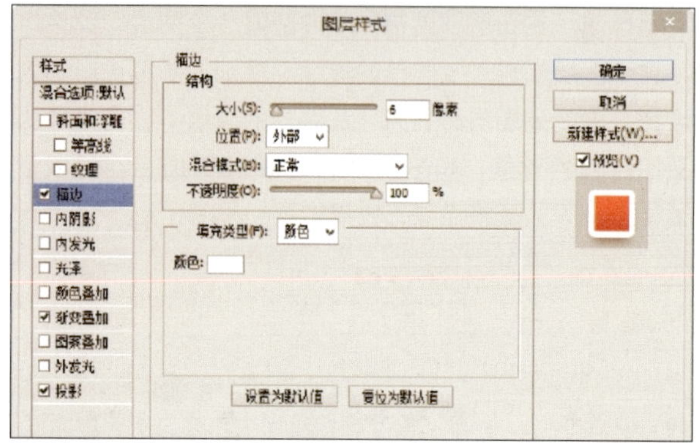

图6-305

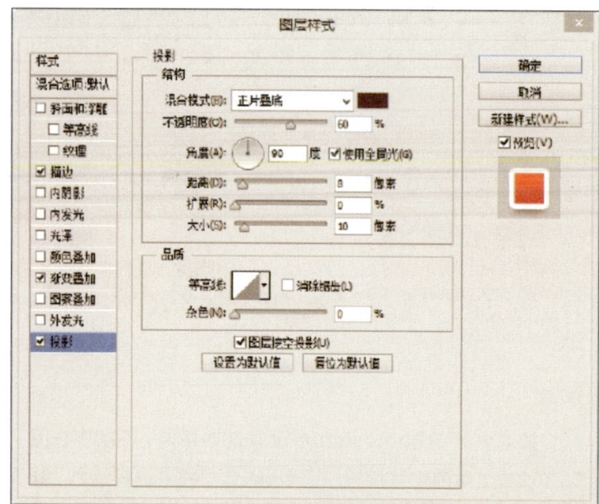

图6-306

图6-307

09 为该文字层添加“渐变叠加”的图层样式，渐变设置为从（R:213，G:0，B:0）到（R:255，G:132，B:0），如图6-308和图6-309所示。

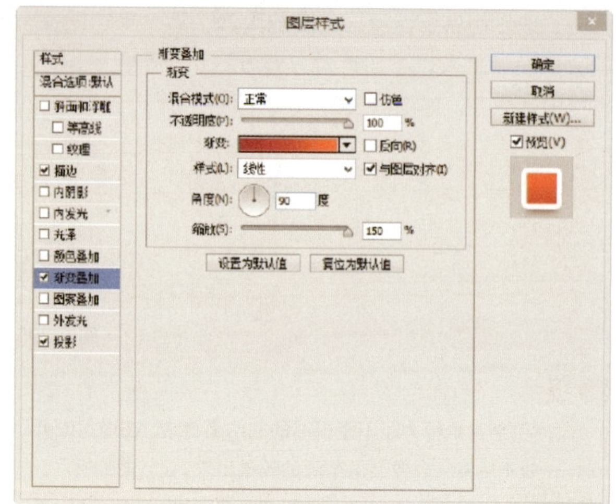

图6-308

图6-309

10 选中文字图层“暑假啦”，单击“拷贝图层样式”，然后分别选中文字图层“5”、图层“套餐”和图层“独立玩遍云南”，分别单击鼠标右键，选择“粘贴图层样式”，将“暑假啦”的图层样式应用到它们身上，如图6-310所示，效果如图6-311所示。

图6-310　图6-311

11 对文案中间的文字背景做一个“投影”效果，如图6-312和图6-313所示。

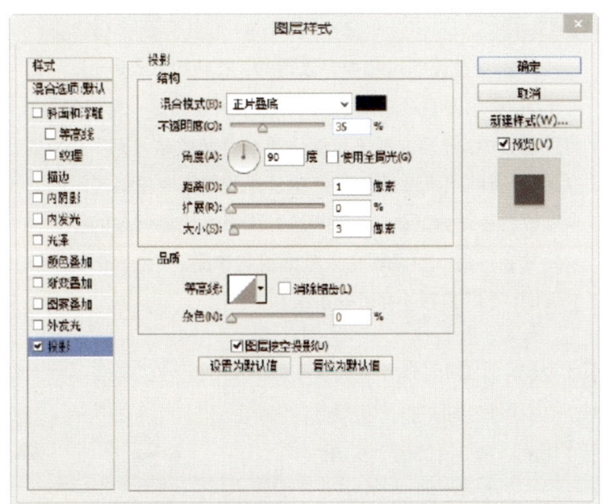

图6-312

图6-313

12 对文字“详情点击”做一个按钮效果，分别添加“斜面和浮雕”“内发光”和“投影”图层样式，其中内发光颜色设置为（R:255，G:247，B:89），将“投影”颜色设置为（R:98，G:2，B:28），参数设置分别如图6 314-‥图6-316所示。将文案部分的图层建组为“文案”并保存，如图6-317所示。海报的初步效果到这里就做好了，如图6-318所示。

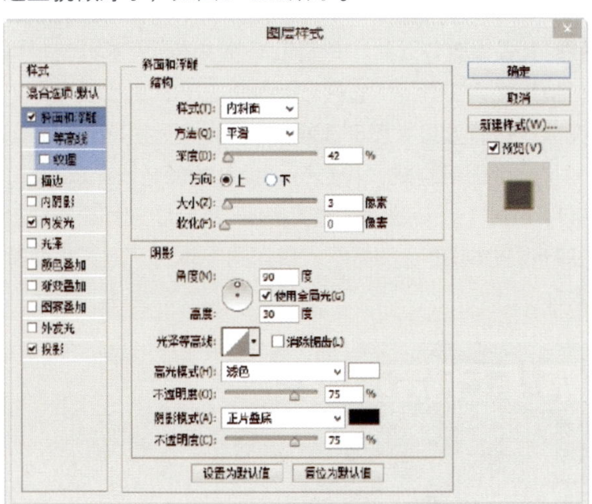

图6-314

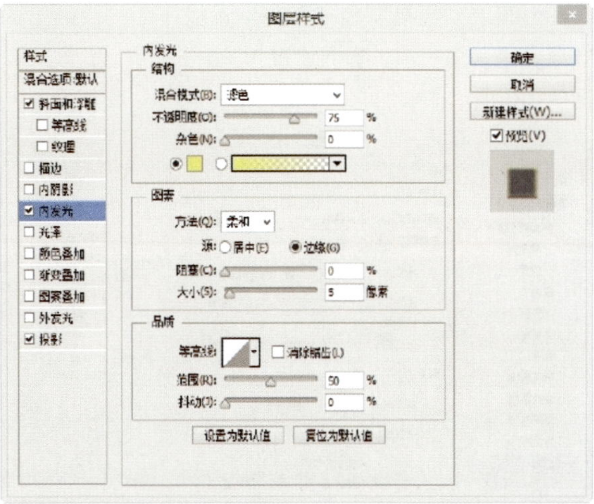

图6-315

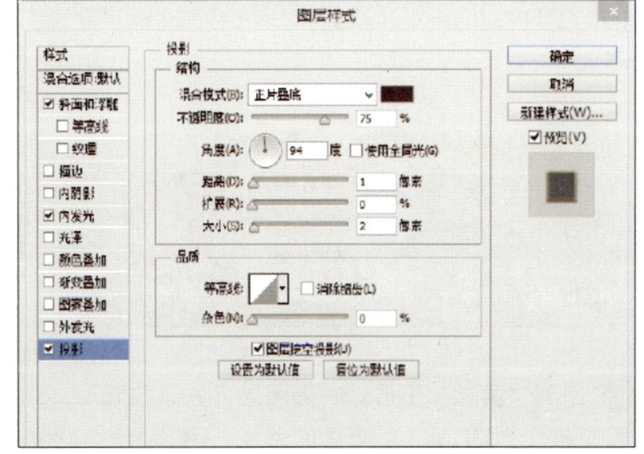

图6-316

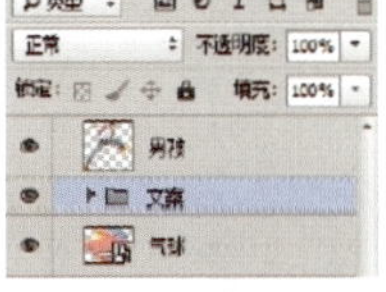

图6-317

图6-318

13 作为初学者，做到这一步的效果就已经很不错了，还想进一步提升画面感觉的话，可以为海报添加一些装饰素材，如添加素材“对话”，使用“横排文字工具”在“对话”区域内输入一个小广告语，将文字和图层“对话”移动到男孩的旁边，如图6-319所示。

图6-319

14 为图层“男孩”和“女孩”添加一个“投影”的效果，增加层次感，参数设置如图6-320所示，效果如图6-321所示。

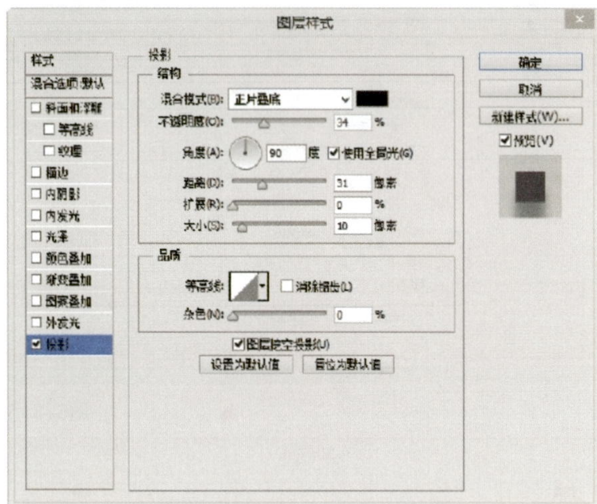

图6-320

图6-321

15 回到“男孩”图层，在该图层下方添加素材“闹钟”和“太阳”，并为它们添加“投影”的图层样式，如图6-322所示。回到图层“背景2”下方，添加素材“大笨钟”和“埃菲尔铁塔”，如图6-323所示。调整大小并置于内容区域的两侧，最终海报的效果如图6-324所示。

图6-322

图6-323

提示

大家从设计的过程中可以得知，最后的3步设计是可有可无的，讲解最后的3步只是为了再给大家灌输一个思想：在网页设计中，任何人都不可能将某个页面效果做到“一步到位”，所有的网页设计师都是在设计的过程中根据实时的效果修改已经做好的内容，不断地为页面做增删修改的操作，最后才会得到一份呈现在大家面前的作品，设计本身就是一个细活，不断完善才会出好东西。

16 根据页面布局，下面开始第一个商品列表的设计模块。先添加模块的背景素材“背景3”，然后执行“滤镜>模糊>高斯模糊”菜单命令，设置模糊半径为3像素，如图6-324所示。添加素材“方格”并置于“背景3”的上方，产生一个纱布叠加在其上的效果，如图6-325所示。

图6-324

图6-325

17 背景设置好之后，开始设计模块的标题部分。使用“横排文字工具”“直线工具”以及“椭圆工具”即可完成排版，效果如图6-326所示。其中为主标题部分添加了一个图层样式“投影”，投影的颜色为（R:228，G:4，B:40），参数设置如图6-327所示。主标题字体与字符设置如图6-328所示，使用的字体为“方正粗谭黑简体”。

图6-326

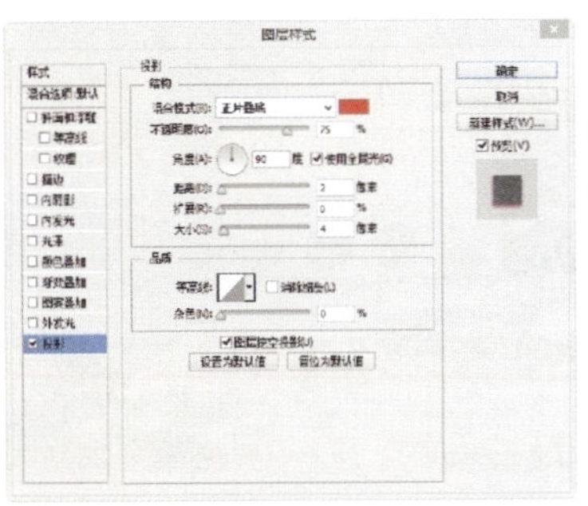
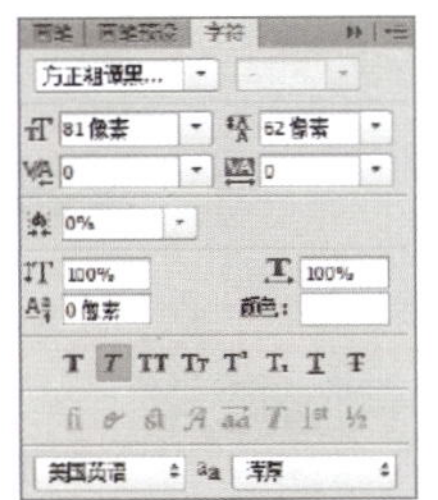

图6-327　　图6-328

18 将标题部分建组保存之后，开始着手设计商品的列表部分，以商品列表的第一个产品为例来讲解，其他都是复制删改即可完成。首先使用“圆角矩形工具”绘制出一个形状“圆角矩形1”作为第一个商品的背景区域，填充白色，描边颜色为（R:101，G:101，B:101），大小为1像素，圆角半径为5像素。复制一个“圆角矩形1”得到其拷贝层，适当将拷贝层进行缩小，禁用描边，得到如图6-329所示的效果。

图6-329

19 添加图片素材“线路1”并对“圆角矩形1 拷贝”层进行剪贴蒙版处理。在“线路1”上方新建一个图层，使用“矩形选框工具”绘制一个商品名称的背景条“名称”，填充黑色，将图层不透明度降低至60%，同样对圆角拷贝层创建剪贴蒙版，位置移动到“线路1”上方，如图6-330和图6-331所示。

图6-330　　图6-331

20 第一个商品设计的最后一步，使用“横排文字工具”和“矩形工具”进行商品名称信息的排版设计，完成后的效果如图6-332所示。

图6-332

21 将上一步得到的效果复制到该模块的其他区域，完成其他商品的排版，然后回到图层“背景3”对其创建图层蒙版，将上下两端超出商品列表的部分进行遮盖处理，完成第一个商品列表的设计，将它们分别建组保存，如图6-333所示。最终该模块的效果如图6-334所示。

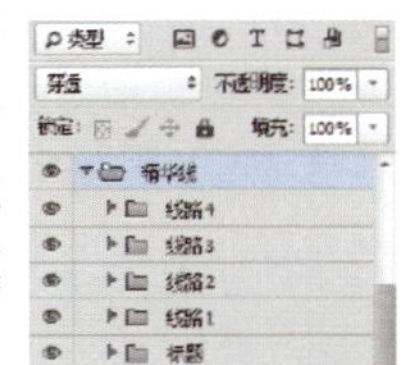

图6-333

图6-334

22 这一步开始设计商品的第二个列表区域，背景和标题设计依然与上一个商品列表的制作原理相同，此处不再赘述。这个模块同样只讲解第一个商品的设计，设计思路与上一模块中第一个商品的相同，先绘制出两个商品背景，然后添加图片素材进行剪贴蒙版处理，大致效果如图6-335所示。

图6-335

23 在右侧空白区域使用“横排文字工具”“矩形工具”（填充颜色后适当降低图层不透明度）完成商品名称信息部分的设计，效果如图6-336所示。

图6-336

提示

在进行文案排版设计时，需要考虑到文案的内容多少、能提供给文案排版的区域和文案的版式与色彩等。在拿到一个商品的信息后，首先要考虑的就是这些问题，然后再按照文案的重要程度进行有层次的排版设计。

24 在右侧下方的空白区域，还可以象征性地添加一些景区图片和相应的名称，将画面整体视觉感受提升一个档次，这里使用“椭圆工具”“矩形工具”（或矩形选框工具填充颜色）“横排文字工具”和图片素材完成排版，设计方法比较简单，效果如图6-337所示。

图6-337

25 按照第一个商品列表模块中的商品设计方法，将其他商品列表设计出来，重复的设计方法这里不赘述，该模块的最终效果如图6-338所示。

图6-338

26 在该案例中，第三个商品列表模块的版式设计与上一步得到的商品列表设计版式一模一样，效果如图6-339所示。

图6-339

27 下面要讲的是商品的第三个列表区域设计，背景设计不再多讲，与上面的模块一样，添加素材和执行模糊处理即可。第三个列表区域与上述模块不同的是，该模块的商品设计，添加了一个白色的“模块背景”图层，如图6-340和图6-341所示。从图中大家不难看出，商品的设计方法与上述模块中的设计方法相同，只是我们为每一个横排的商品添加了一个矩形框的边框效果。

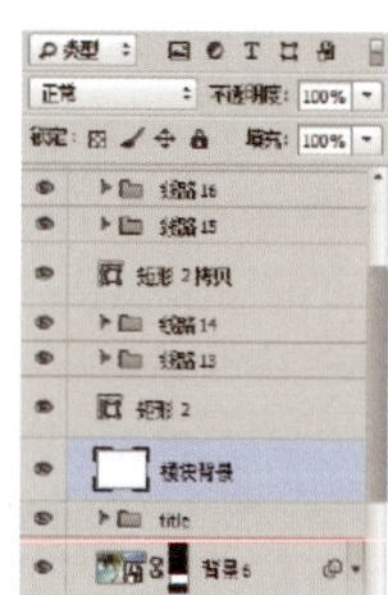

图6-340

图6-341

28 商品的分类列表设计完成后，接下来就是一些辅助模块的设计。首先设计一个简单的企业经营项目分类，使用“矩形工具”绘制一个矩形选区“填充背景”，填充颜色（R:246，G:243，B:234），然后添加素材“花瓣”并调整大小和位置，如图6-342所示。

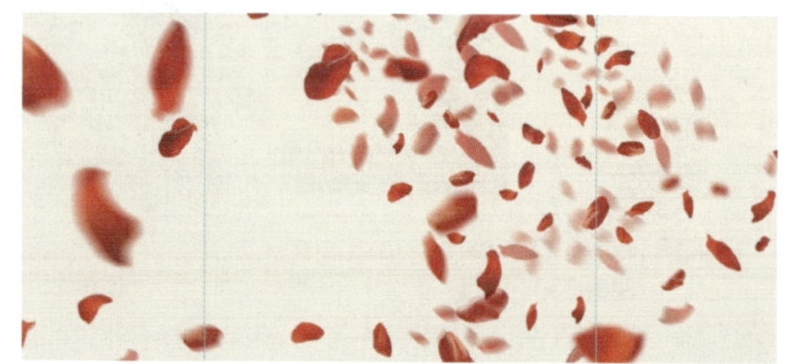

图6-342

29 为图层“花瓣”添加图层蒙版，使用“画笔工具”对画布进行涂抹，将过多的花瓣进行遮盖处理，如图6-343和图6-344所示。

图6-343

图6-344

提示

花瓣的效果要根据内容区域的实际效果来进行设计，这里给出的是最终的效果参考，实际处理过程中，我们需要根据每一步所实现的效果，来决定如何处理花瓣的蒙版效果。

30 模块背景完成后，这里再添加一个店铺手机二维码的信息和一些旅行的宣传语，添加“二维码”和“旅行”素材，将其置于画布两端，对“旅行”添加图层蒙版，将边缘进行遮盖处理，使用“直线工具”在二维码的四角绘制边框效果，如图6-345~图6-347所示。

图6-345　图6-346

图6-347

31 标题部分复制上述模块中的效果进行修改，如图6-348所示。使用“椭圆工具”（填充任意色，描边为白色，描边大小为6像素）和图片素材设计经营类目的效果，绘制好圆形后复制2个拷贝层，排列在水平方向上，如图6-349所示。

图6-348

图6-349

32 添加图片素材对椭圆图层创建剪贴蒙版，再使用“圆角矩形工具”和文字工具做出经营类目的名称，如图6-350所示。最终经营类目的效果如图6-351所示。

图6-350

图6-351

33 最后是企业信息和店铺导航的设计，这里我们分为两个部分，第一部分是企业信息部分，第二部分为店铺导航和页底的服务信息。第一部分的设计，首先使用“矩形选框工具”绘制一个矩形选区“信息”，填充颜色（R:255，G:168，B;0），添加素材“手机”，调整大小，移动到内容区左侧，如图6-352所示。

图6-352

34 在“手机”中间添加素材“Logo”，再使用“直线工具”和“横排文字工具”将企业信息排版出来，效果如图6-353所示。

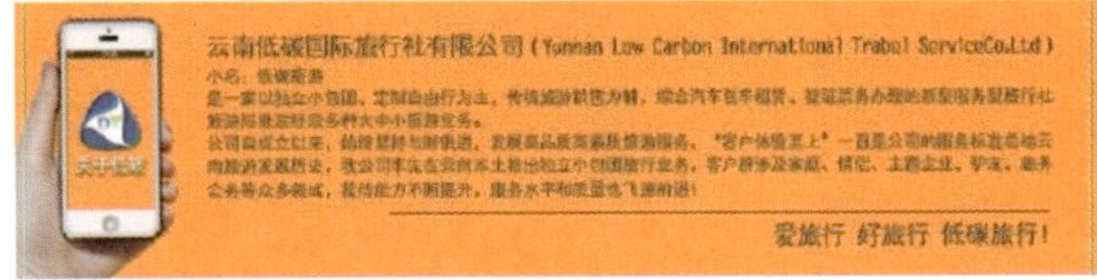

图6-353

35 第二部分是店铺导航和服务信息的展示，先使用“矩形选框工具”绘制背景“服务”，填充颜色（R:98，G:52，B:28），如图6-354所示。再使用“矩形选框工具”绘制一个矩形条“导航”，填充颜色（R:56，G:19，B:3），如图6-355所示。

图6-354

图6-355

36 在导航区域，使用“直线工具”和“横排文字工具”将导航信息排版出来，如图6-356所示。使用相同的方法，在导航下方将企业服务信息排版出来，如图6-357所示。完成最终的首页效果设计，将各个模块分别建组保存，效果如图6-358所示。

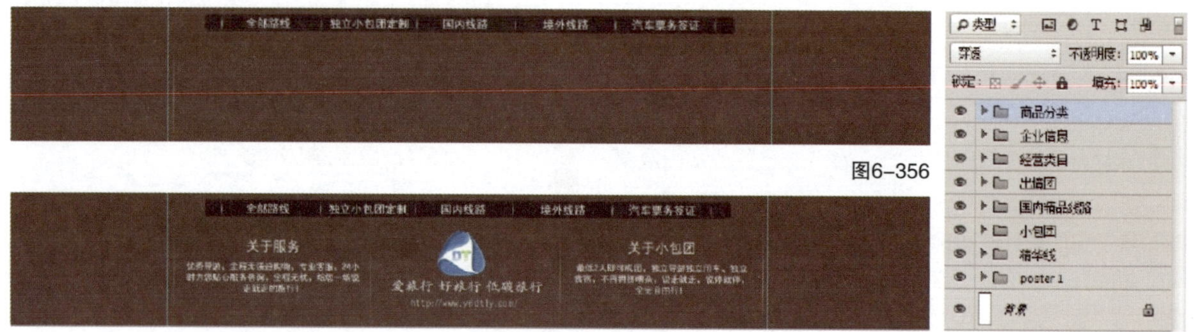

图6-356

图6-357

图6-358

07 店铺详情页设计分析与制作

详情页分析与制作——服饰鞋包类
详情页分析与制作——珠宝饰品类
详情页分析与制作——家居生活类
详情页分析与制作——美妆护肤类
详情页分析与制作——食品类
详情页分析与制作——户外运动类
详情页分析与制作——数码办公类

7.1 详情页分析与制作——服饰鞋包类

7.1.1 包包详情页

实例位置　实例文件>CH07>7.1.1>包包详情.psd、包包详情.jpg

素材位置　素材文件>CH07>7.1.1>素材文件夹

视频位置　视频文件>CH07>7.1.1包包详情页设计.mp4

难易程度　☆☆☆

知识要点　该案例需要读者掌握的知识点有图层样式中“图案叠加”的工作原理和设计方法，灵活使用直线工具在详情页画布中绘制产品的参数表格，使用画笔工具绘制产品投影，使用横排文字工具灵活排版和其他Photoshop基础工具的熟练使用，根据产品有效选择页面的主色调和辅色调等知识点，同时还需要根据产品特点和风格，提供创意设计方案，完成产品的所有模块设计。

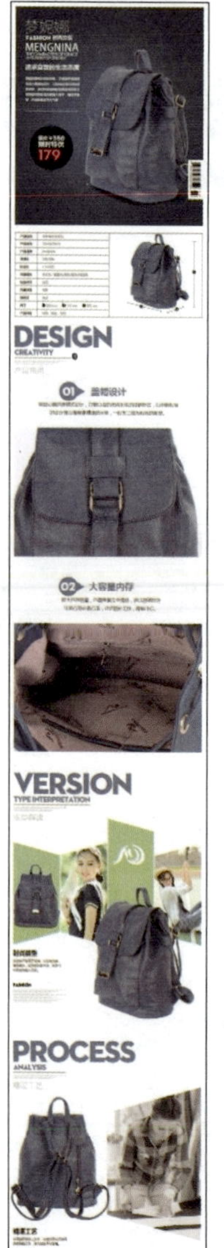

详情页缩览图

1.页面说明

首先确定该款双肩休闲包针对的消费人群是女性，然后分析女性对产品的追求特点是产品外观、基本功能、文案创意、产品的差异化（即本产品独特的优势）和制作工艺等。所以我们在详情页设计中，可以有针对性地进行。在详情页的最开始先设计一张海报，说明产品名称、特点、外观等基本信息，然后提供产品的参数，接着可以直接进行产品的细节设计，从细节的特点和描述中打动女性消费者，最后设计产品的板型、工艺、面料和全方位的实景展示，一步步深入分析产品，挖掘卖点，吸引消费者。

2.顾客从本案例中能够提取到的信息

本案例详情页的模块主要包括基础信息海报、产品参数、细节详细分析、板型与工艺说明、产品结构精讲、全方位产品展示、细节图展示、质量问题保证等。

3.灵感与素材

该双肩休闲女包的详情页设计，灵感主要来自于对女性产品的分析，女性消费者对产品的外观、功能、制作工艺及产品特色等要求偏高，因此我们在设计中，可以重点突出这些特点。页面的基本模块确定后，根据产品拍摄图确定页面的主色调，因为产品的主打色是蓝色，因此页面主色调也初步定为蓝色。素材的选择在分析了产品之后进行，这里需要用一些青春、个性的素材提升详情页的设计质量。整个页面主要从产品的展示和文案描述着手，将产品的细节和优势都详细展现出来，加上外观的展示来吸引消费者，接下来详细讲解设计流程。

4.绘制流程

01 打开Photoshop，执行“文件>新建”菜单命令，或按快捷键Ctrl+N打开新建对话框，设置参数，新建画布，如图7-1所示。

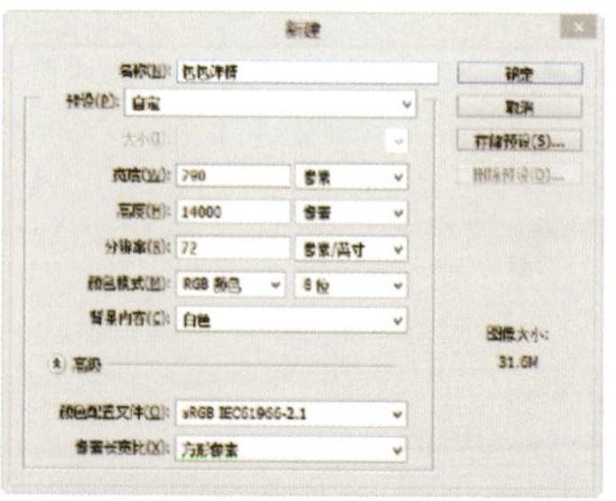

图7-1

02 第一个模块是详情页首图海报的设计。添加素材“背景”，调整大小和位置，再打开“蓝1”素材，将抠取好的包包素材拖入详情页画布，同样调整大小和位置，并对“蓝1”执行“自由变换>水平翻转”菜单命令，如图7-2所示。

图7-2

03 从上一步得到的结果可以看出，背景素材和产品本身的色调并不搭配，所以需要调整背景的颜色，让背景和产品更加协调。这里使用“创建新的填充或调整图层”命令来调色，单击图层面板下方的“创建新的填充或调整图层”按钮，打开“色相/饱和度”面板进行设置，参数如图7-3所示，完成后记得单击对话框下方的按钮（此调整影响下面的所有图层，单击可剪贴到图层）。调整后的效果如图7-4所示。

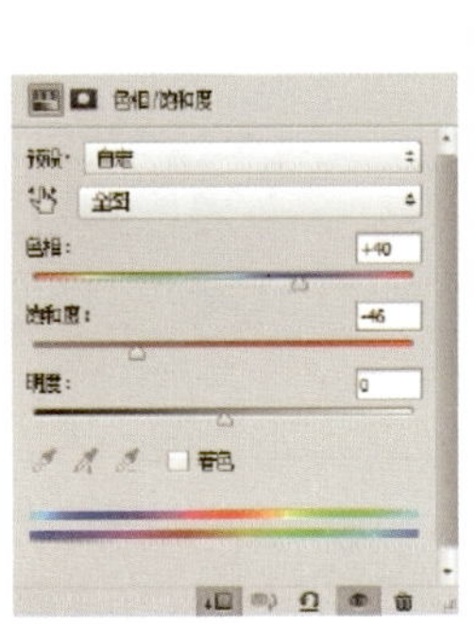

图7-3

图7-4

提示

有一些初学者对软件基础工具的工作原理并不明白，这就限制了素材选择的范围，如第二步中的“背景”素材，如果对色彩原理掌握不够，一般就会跳过这个素材，继续花时间去找其他可以直接用的，但如果掌握了Photoshop色彩调整的方法，就节省了很多时间，只需要一个步骤，一张看似与产品不搭调的素材，就可以很协调地与产品搭配在一起。

04 这一步为包包制作一个阴影的效果，先使用多边形套索工具绘制一个多边形选区，填充黑色，将图层命名为“阴影”，然后隐藏“蓝1”图层，阴影绘制效果如图7-5所示。

图7-5

05 对“阴影”图层进行适当的模糊处理，执行“滤镜>模糊>高斯模糊”菜单命令，参数设置如图7-6所示。将包包“蓝1”显示出来，选择“橡皮擦工具”，适当降低不透明度，参考包包的边缘涂抹“阴影”，使其出现与“蓝1”相似的弧度阴影，再根据实际情况适当降低“阴影”图层的不透明度，如图7-7和图7-8所示。

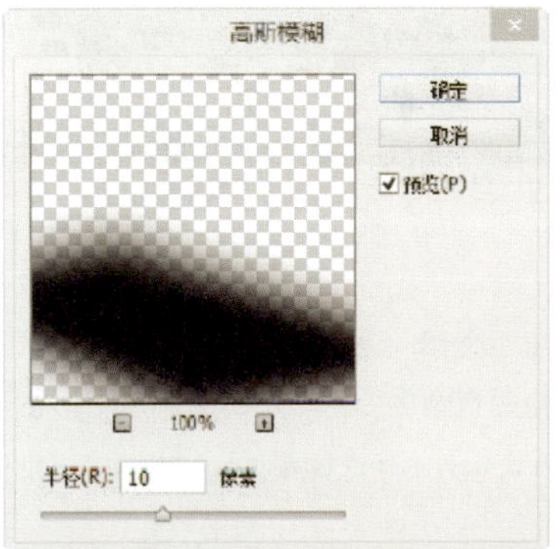

图7-6

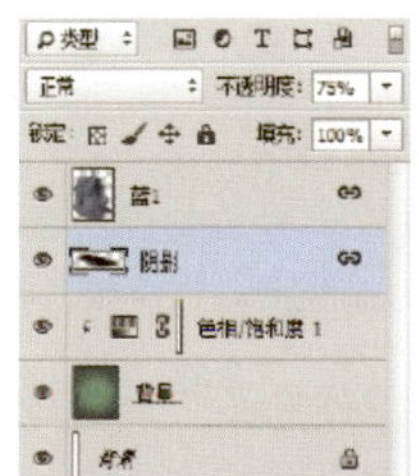

图7-7

图7-8

06 接下来为产品添加描述文案，使用“横排文字工具”输入相应的描述信息，使用“直线工具”绘制分隔线，直线参数设置如图7-9所示。在“蓝1”位置的右下方，添加一张“条码”的素材，如图7-10所示。

图7-9

图7-10

提示

在该案例的详情页设计中，除了特别说明“直线工具”的样式设置、改变描边颜色，其余均与图7-9完全相同，下面的讲解中不再重复展示样式设置。

07 海报的最后一步是添加产品促销价格，使用“椭圆选框工具”在海报的左下侧绘制一个圆形选区，填充黑色，使用“横排文字工具”输入价格促销信息，原价的数据上使用“直线工具”绘制一条线，如图7-11所示。完成后对海报部分的图层进行建组保存，命名为“大海报”。

图7-11

提示

价格促销信息的设计是为了填补海报中左下方的空白，让画面更加丰富。

我们在商场中都会看到，店铺中经常有原价多少现价多少的促销信息，在原价的数字上画一条直线是为了突出促销的力度，这里除了使用直线工具来画线，还可以在字符设置面板中单击下侧字符样式按钮的最后一个，也可以对数字进行画线，如图7-12所示。

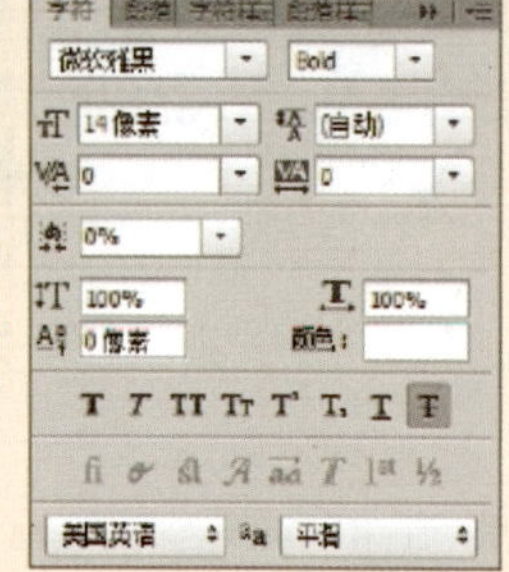

图7-12

08 详情页的第二部分是对产品的参数信息进行展示。在草稿中列出要展示的产品参数，根据列出的样式，使用“直线工具”绘制相应的表格，选中绘制表格的直线，按快捷键Ctrl+E进行合并管理，将图层命名为“表格”，在表格左侧的单元格中输入产品参数，如图7-13所示。

产品名称	梦妮娜时尚女包
产品货号	12345678910
产品品牌	mengnina
吊牌价	358.00元
折扣价	179.00元
可选颜色	桃红色/藏蓝色/黑色/红色/棕红色
包面材质	皮质
内里材质	布料
底材质	牛皮
尺寸	❶350mm ❷140mm ❸500mm
产品风格	时尚、潮流、活力

图7-13

09 表格中“尺寸”参数的序列号代表的数据接下来需要在表格右侧绘制出图示来进行说明。在右侧的空白区域，添加素材“蓝1”，执行“水平翻转”的自由变换命令，使用“直线工具”绘制尺寸位置，使用“椭圆工具”绘制圆形并输入相应序列号，图层样式如图7-14所示，最后的效果如图7-15所示。对产品信息部分建组保存，命名为“产品信息”。

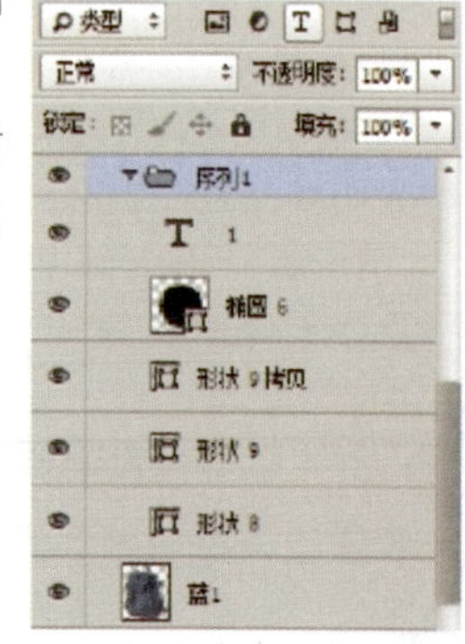

图7-14

产品名称	梦妮娜时尚女包
产品货号	12345678910
产品品牌	mengnina
吊牌价	358.00元
折后价	179.80元
可选颜色	橘红色 / 藏蓝色/黑色/红色/棕红色
包面材质	皮质
内里材质	布料
底材质	牛皮
尺寸	❶ 350 mm ❷ 140 mm ❸ 500 mm
产品风格	时尚、潮流、活力

图7-15

提示

在产品信息模块的设计中，每一个模块单独建组保存会提高我们后期管理文件的效率，否则绘制一张表格用到的直线图层就有很多，如果不对它们建组或者合并，会给我们后期的修改带来很多麻烦。养成对图层管理的良好习惯，是每一位设计师必备的素质。

电子商务产品的设计中，由于顾客对产品的实际尺寸并不清楚，他们仅根据眼睛看到的图片来想象商品的大小，所以在详情页的设计中，如果提供一张商品尺寸对照图或尺寸图，会给顾客的购物带来很大帮助。

10 详情页第三个模块是添加产品的亮点。首先来制作模块的标题，该案例中的标题，采用简单的字体排版，没有用太多的修饰素材，简约大气。字体为Neutraface 2 display，输入DESIGN，字符设置如图7-16所示。然后使用同样的字体，修改字符大小，输入CREATIVITY，再输入用于修饰作用的英文文案。最后用“方正兰亭超细黑简体”输入“产品亮点”，字符样式设置如图7-17所示。使用“直线工具”将文案分隔开，效果如图7-18所示。

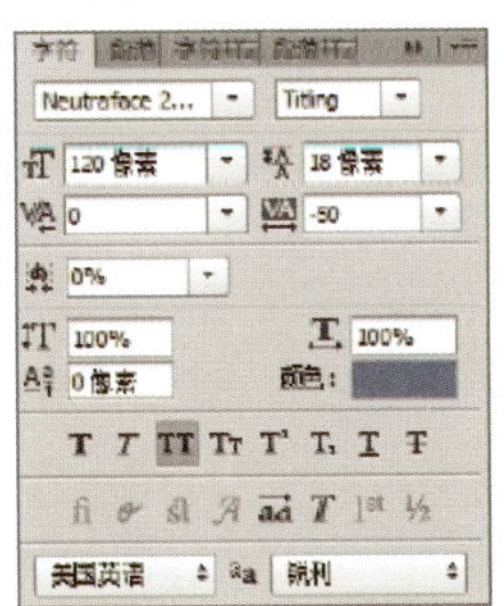

图7-16

图7-17

图7-18

11 产品亮点的展示以第一个亮点为例进行详细讲解。第一个亮点展示的是包包的“盖帽设计”，使用“矩形选框工具”绘制矩形选区，填充任意色，将图层命名为“剪贴”，添加素材“蓝2”并对“剪贴”图层创建剪贴蒙版，调整图片大小和位置，使包包的盖帽部分显示出来，如图7-19所示。

图7-19

12 在图片展示的上方添加亮点的描述文案。使用“椭圆工具”绘制圆形“圆1”，无描边，填充颜色（R：75 G：106 B：150），如图7-20所示。使用“多边形工具”绘制方向标，与“圆1”重合，填充颜色与“圆1”相同，得到形状效果如图7-21所示。

图7-20

图7-21

13 使用“横排文字工具”输入描述文案，字体为“微软雅黑”，完成亮点1的设计，效果如图7-22所示。

图7-22

⑭ 产品的第二个亮点，设计原理与第一个相同，可以复制亮点1后修改文案和图片展示完成设计，这里不再赘述，效果如图7-23所示。

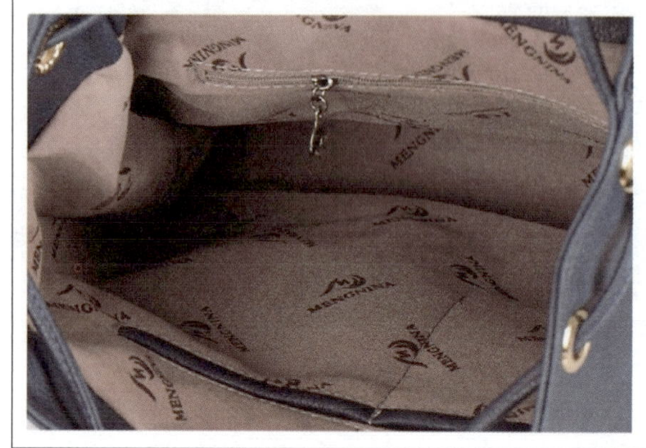

图7-23

⑮ 下面设计详情页的第四个模块。模块的标题部分，可以复制步骤10的效果并修改完成设计。板型展示区使用“多边形选框工具”绘制选区，填充颜色（R:160，G:200，B:120），命名为“背景BG”，复制得到其他背景，如图7-24所示。添加素材“蓝2”“校园”“女孩”素材，分别对“背景BG”及其拷贝图层创建剪贴蒙版，如图7-25所示。

图7-24

图7-25

⑯ 为第三个拷贝层“背景BG 拷贝2”添加修饰文案，添加素材“Logo”，输入白色英文的描述文案。接着添加素材“蓝1”到画布中并水平翻转，调整位置和大小，如图7-26所示。

图7-26

⑰ 从上图中可以看到模块左下方留有空白区域，这里可以添加一些文案填补，使用“横排文字工具”输入板型设计的描述文案，最终效果如图7-27所示。

图7-27

⑱ 第五个模块是产品的“工艺解读”。标题仍然复制之前的效果并修改文案。展示区域使用“多边形选框工具”绘制选区，填充任意色，将图层命名为“工艺”，效果如图7-28所示。添加素材“设计师”并对“工艺”图层创建剪贴蒙版，对素材“设计师”进行去色处理，执行“图像>调整>去色”命令，或按快捷键Ctrl+Shift+U。添加素材“蓝3”，调整大小，将其移动到左侧空白区域，再使用步骤17中的方法，在左下方输入描述文案，完成“工艺解读”的设计，效果如图7-29所示。

图7-28

图7-29

提示

对素材图像执行“去色”命令，是为了淡化图像的视觉层次，不至于抢了产品本身的风头。

对图像进行去色命令时需要注意的是，在执行命令之前，先要对图像本身执行栅格化处理，否则去色命令无法启动。

⑲ 第六个模块是“材料解读”部分。标题的设计采用同样的方法。第一个材料解读是金属扣的设计，使用“圆角矩形工具”绘制形状“材料”，圆角半径设置为10像素，填充颜色与描边颜色均设为黑色，如图7-30所示。添加素材“蓝5”对“材料”创建剪贴蒙版，在展示图下方输入描述文案，完成第一个材料解读的设计，效果如图7-31所示。

图7-30

图7-31

20 “材料解读”的第二个部分是面料的展示。第一张展示图设计方法与步骤18相同，我们可以复制步骤18的内容，然后添加素材“蓝4”并对“材料”图层创建剪贴蒙版，文案部分也通过修改完成，效果如图7-32所示。

图7-32

21 完成上一步的修改之后，在下方绘制两个水平的圆角矩形“材料2”和“材料3”，如图7-33所示。添加素材“蓝7”和“荷叶”，分别对两个圆角矩形创建剪贴蒙版，再在每个图片展示的下方输入相应的描述文字，即可完成第二个材料解读的设计，效果如图7-34所示。

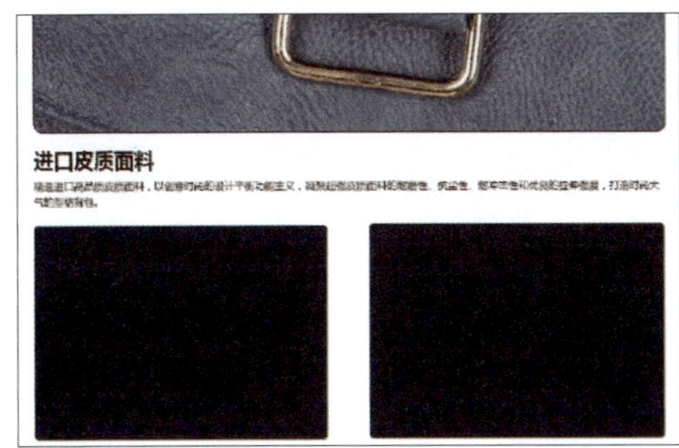

图7-33

图7-34

22 “材料解读”的第三部分是背包松紧带的设计。使用“矩形工具”绘制形状“边框”，参数设置如图7-35所示。新建图层“材料4”，将图7-34中的描边设置为黑色后绘制矩形，如图7-36所示。添加素材“蓝8”并对“材料4”创建剪贴蒙版，在展示图下方输入描述文案，如图7-37所示。

图7-35

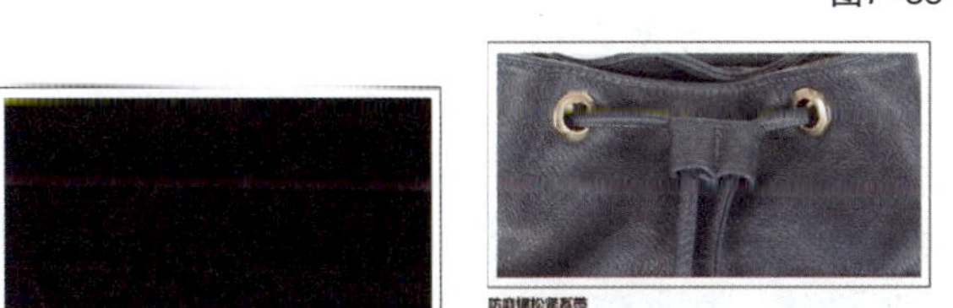
图7-36　图7-37

23 第三部分的设计同步骤21，我们在下方添加进一步的说明内容，这里添加素材“缝制”“皮质”，在各自的下方输入描述说明文案，完成这一部分的设计，效果如图7-38所示。

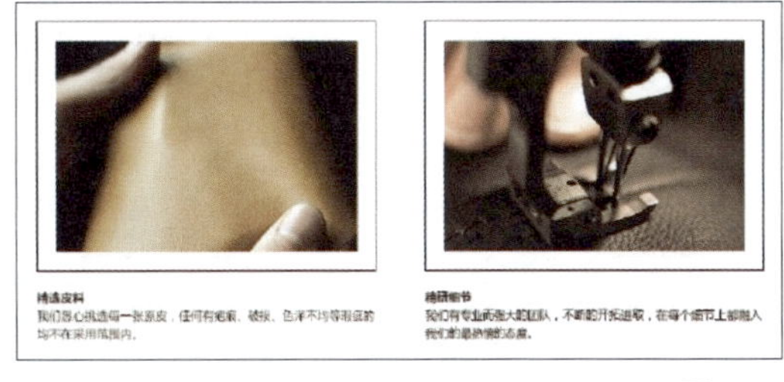
图7-38

24 第七个模块是“产品展示”模块的设计。标题设计采用同样的方法完成。展示部分中分别将抠取的图片素材“蓝2”“棕色”“红色”“橙色”“黑色”添加到画布中，调整大小和位置，在两个颜色之间，输入英文的修饰素材进行分割，局部效果展示如图7-39和图7-40所示。

图7-39　图7-40

25 第八个模块是产品细节的设计，不再赘述。展示区第一部分以不规则的展示方法进行设计，使用“矩形选框工具”绘制矩形选区“细节1”，填充任意色，复制“细节1”得到“细节2”和“细节3”，调整大小和位置后，如图7-41所示。

26 添加素材“蓝9”“系带”“缝线”，分别对3个细节图层创建剪贴蒙版，调整大小和位置，凸显出需要展示的细节部分，如图7-42所示。

图7-41　图7-42

27 为每一个细节部分添加文案描述。使用“横排文字工具”输入相应的文字描述，然后使用“直线工具”绘制3个细节之间的分隔线，最终完成效果的制作，如图7-43所示。

图7-43

28 紧接着在下方同样使用“矩形选框工具”绘制“细节4”“细节5”，将两个图层水平排列，添加素材“蓝4”和“蓝5”并分别对两个细节图层创建剪贴蒙版，再在展示下方输入描述文案，如图7-44所示。

29 同步骤28一样，将剩余的细节展示设计完成，效果如图7-45所示。

图7-44

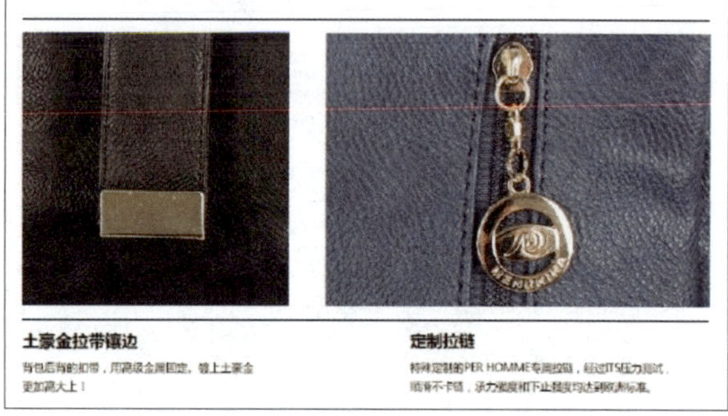

图7-45

30 在页面的最后可以添加一些皮包的养护说明、产品质量保证等辅助信息。首先设计背包的保养说明，使用“矩形工具”绘制图层“背景”，填充颜色（R:238，G:238，B:238），禁用描边，参数设置如图7-46所示。再新建一个图层，将图7-46中的填充颜色设置为白色后绘制矩形“内容”，效果如图7-47所示。

图7-46

图7-47

31 输入背包保养的标题和保养信息，右侧添加素材“蓝1”，执行自由变换中的“水平翻转”命令，添加素材“图标”，将表示图标截取组合后置于背包图片下方，完成养护说明的设计，效果如图7-48所示。

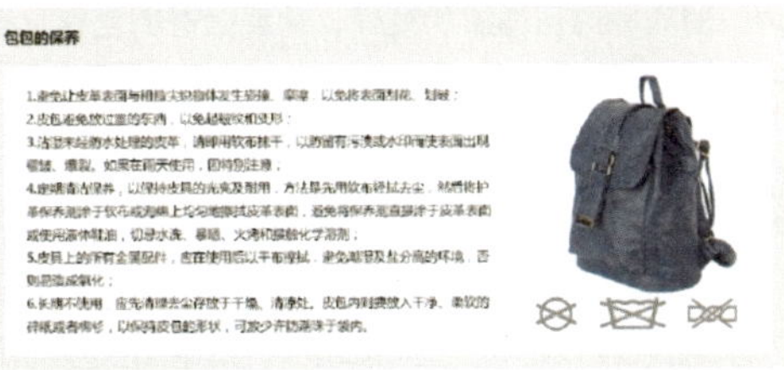
包包的保养

1.避免让皮革表面与相当尖锐物体发生碰撞、摩擦，以免将表面刮花、划破；
2.皮包避免放过重的东西，以免起皱纹和变形；
3.清洁未经防水处理的皮革，请即用软布抹干，以防留有污渍或水印而使表面出现褶皱、爆裂，如果在雨天使用，更须多注意；
4.定期清洁保养，以保持皮具的光亮及耐用，方法是先用软布轻拭去尘，然后将护革保养剂涂于软布或海绵上均匀地擦拭皮革表面，避免将保养剂直接涂于皮革表面或使用添加油剂，切忌水洗、暴晒、火烤和接触化学溶剂；
5.皮具上的所有金属配件，应在使用后以干布擦拭，避免潮湿及盐分高的环境，否则易造成氧化；
6.长期不使用，应先清理去尘存放于干燥、清净处，皮包内则填放入干净、柔软的碎纸或者棉衫，以保持皮包的形状，可放少许防潮珠于袋内。

图7-48

32 接下来是退换货保证部分，复制背包保养部分的内容，然后简单的修改文案，完成设计，如图7-49所示。

15天包邮退换货 24小时内闪电发货

实物拍摄	100%实物拍摄，如实描述，为您呈现最自然最真实产品看，让你安心选购。
专业服务	专业热情售前，为您解答一切疑问，专业贴心售后，为您解决一切问题。
发货快递	均按拍下的顺序发货，普通款为拍下1-3天内发货，预定款为拍下7-10天左右发货，默认申通快递。
关于差评	购买后如发现质量问题请勿直接给差评，请您先跟本店亲们客服联系，我们将竭诚为你解决问题。

图7-49

总结

由于篇幅高度过长，效果预览详见附赠资源中的源文件。

该产品的详情页设计，创意性的模块不多，模块之间的设计中有很多设计原理都是相同的，在讲解过程中，模块标题都是通过复制后修改来完成设计的，这是为了保证详情页的清爽干净及页面整体的统一性。对质量要求高的产品，除不错的图片展示和创意的设计之外，描述文案也是重要的组成部分，好的文案，也会使详情页看起来更加完美。

7.1.2 现代风服饰详情页

实例位置 实例文件>CH07>7.1.2>现代风服饰详情.psd、现代风服饰详情.jpg
素材位置 素材文件>CH07>7.1.2>素材文件夹
视频位置 视频文件>CH07>7.1.2现代风服饰详情页设计.mp4
难易程度 ☆☆☆☆
知识要点 该服饰详情页的设计，覆盖的知识有矩形工具组、钢笔工具、画笔工具、蒙版工具、调色工具、图层样式、渐变工具等软件基础工具的使用方法，掌握基本的服饰搭配技巧和页面配色技巧；根据服饰风格，书写相关文案；选择恰当的字体，设计符合产品特点的页面版式，将产品衬托得更加高大上。

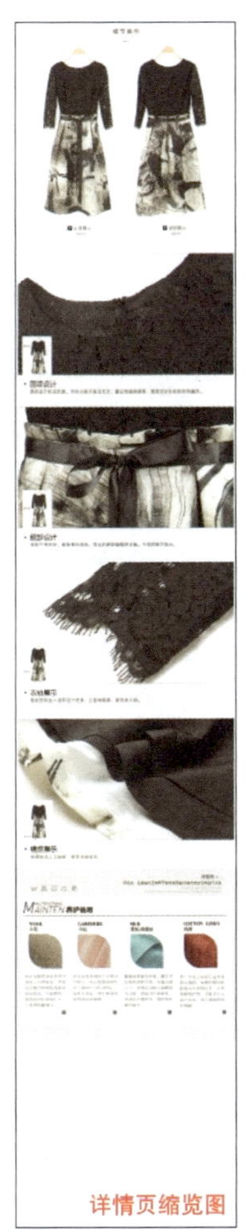

详情页缩览图

1.页面说明

现代风格的服饰最大的特点便是时尚、个性、潮流。随着人们生活质量和审美情趣的不断提升，人们对于消费的观念，并不仅限于吃饱穿暖，而是更加注重追求和享受，拥有时尚的外观，精致的设计细节，必定能打动众多爱美的女性，推动商品的销售。详情页的设计，一开始便采用现代视觉感很强的设计，欧美模特完美的身材展示，现代范儿十足；中英文的字体排版，更突显海报的潮流感；商品参数的设计，给了顾客一个直观的尺寸数据；服饰搭配为穿衣选择困难的美女们提供不错的参考；模式展示呈现全方位的穿戴体验，细节的强化，保证了商品材质的可靠性。多个模块配合展示，商品的优势被全面展现出来。

2.顾客从本案例中能够提取到的信息

本案例详情页的模块主要包括潮流展示海报的创意设计、服饰的设计灵感、产品参数与尺寸对照、服饰合理搭配建议、服饰外观解读、模特全方位展示、商品细节说明和商品洗护小常识等。

3.灵感与素材

现代风格的服饰给人最直接的感受便是时尚、潮流、个性。详情页的设计，需要设计师动手解决的问题，便是如何设计商品，将它制作成现代感十足、潮流范儿十足的商品详情页。现实生活中，我们在逛大商场时会发现，商场外面的墙上，通常都会打出欧美模特搭配英文广告语的墙体海报，海报的元素仅仅是模特和字体，但仍然给人很潮流时尚的感觉。所以，在详情页的设计中，使用欧美模特的实景展示，中英文的文案排版设计，更能体现出商品的国际时尚感，再配以其他各个模块的设计，将服饰的特征全方位展示出来，既提升了商品的档次，又吸引了众多追求个性时尚的人购买。

4.绘制步骤

01 打开Photoshop，执行“文件>新建”菜单命令，或按快捷键Ctrl+N打开新建对话框，设置参数，新建画布，如图7-50所示。

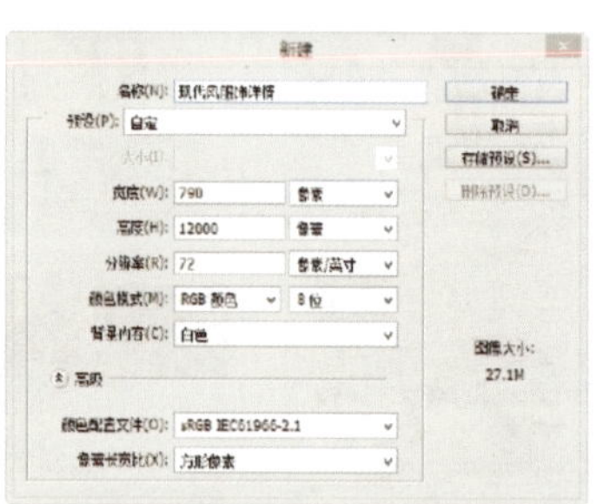

图7-50

02 服饰类的商品，在详情页最开始的位置制作展示海报是很有必要的，如果促销信息和创意设计得好，会让顾客第一眼就产生深刻的印象，这也是刺激他们往下浏览的卖点。首先添加素材“纹理”，将其作为海报的背景。打开素材“模特2”PSD源文件，将图层“模特2”及阴影图层一起拖到画布中，按快捷键Ctrl+T结合自由变换命令，将其缩放到合适位置，使用“橡皮擦工具”在“阴影”图层边缘进行擦除，使人物的阴影效果自然协调，如图7-51所示。

图7-51

提示

背景纹理的素材可以从网上搜集，也可以使用“矩形选框工具”绘制矩形选区，填充任意色之后，打开“添加图层样式”按钮中的“图案叠加”命令，进行图案的叠加。对人物阴影图层的处理，需要随时调整橡皮擦工具的不透明度及笔触大小。

03 海报的右侧部分用于放置促销信息或者服饰修饰素材。首先放置两张图片素材，增强画面的协调性及填充右侧的空白，使用“矩形工具”绘制矩形“图1”，填充任意色，描边颜色为（R:68，G:62，B:65），绘制好“图1”后拷贝一层，或按快捷键Ctrl+J，得到拷贝图层“图1 拷贝”，效果如图7-52所示。

04 添加图片素材“蕾丝”和“性感”，并分别对上一步中绘制的两个矩形图层创建剪贴蒙版，效果如图7-53所示。

图7-52

图7-53

05 海报中其余的空白部分，添加文字信息进行填补。使用“横排文字工具”输入英文标题，字符设置如图7-54所示。图层不透明度改为80%，如图7-55所示。输入副标题“性感蕾丝，潮流时尚”，再为副标题制作简单的质感效果。新建一层“高光1”，使用“多边形选框工具”绘制任意的多边形选区，使用白色画笔在“高光1”中涂抹，涂抹时适当调整画笔的不透明度和大小，如图7-56和图7-57所示。

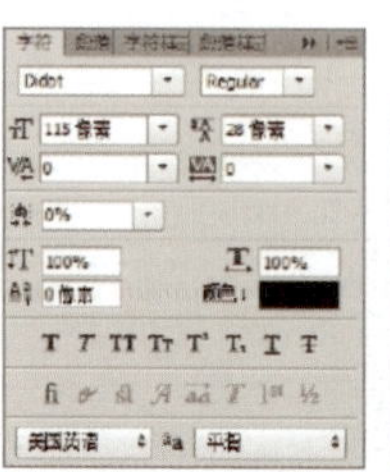

图7-54

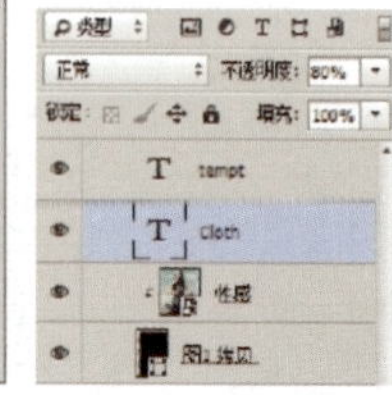

图7-55

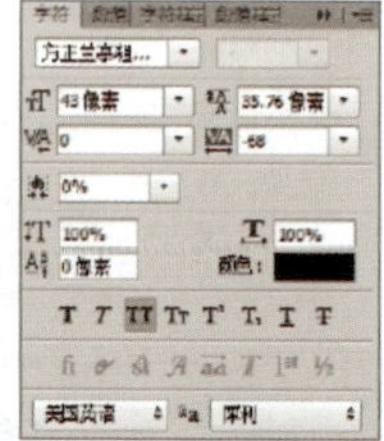

图7-56

图7-57

06 将绘制好的第一个选区内容复制两份（仍然在图层“高光1”中进行复制），分布在副标题的区域中，将图层“高光1”对副标题文字图层创建剪贴蒙版，如图7-58所示。使用“橡皮擦工具”擦除“高光1”的边缘，将生硬的质感做得更加柔和一些，擦除时，不同的位置要随时调整画笔的不透明度和笔触大小，使效果更加自然，效果如图7-59所示。

图7-58

图7-59

提示

上述两步中的质感设计，虽然使用的工具简单，只使用了画笔工具、选区工具和橡皮擦工具，但也是很有难度的，因为这种质感的绘制，考验的是大家对工具的使用灵活度，对光影关系的认知。如果一时把握不好这些关系，大家也可以通过网络搜集一些渐变的光线效果，对这一步中设计的质感效果进行加工处理。

07 最后输入一些辅助文案，充实画面的视觉感受。将副标题部分往上移动一些，在副标题下方输入描述信息，参数设置如图7-60所示。图层的不透明度和填充都降低为80%。在修饰图片下方使用英文字体输入修饰文案，字符设置如图7-61所示。图层不透明度降低至50%。效果如图7-62所示。

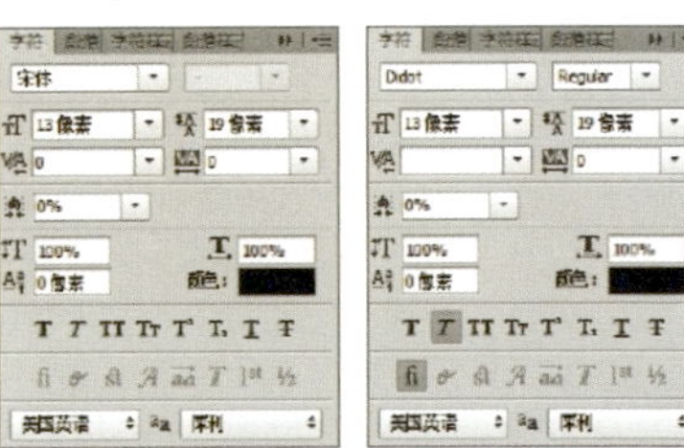

图7-60　图7-61

图7-62

08 设计海报时，还有一个问题需要注意，就是人物肤色和背景、文案区域不协调。人物肤色偏暖，而文案和背景颜色则比较冷，这就需要我们为背景和文案做一些色彩的改变，让画面整体看上去和谐一些。先将之前涉及的图层建组保存，命名为“内容”，然后单击图层面板下方的“创建新的填充或调整图层”按钮，打开“渐变映射”对话框，设置从（R:40，G:10，B:90）到（R:255，G:125，B:0）的渐变，如图7-63所示。记得单击图7-63下方最前面的剪切范围按钮，使渐变的效果仅作用在海报区域。初步效果如图7-64所示。

图7-63　　图7-64

09 从前面的分析中我们知道，模特部分已经是暖色调了，这里不需要再进一步加暖，所以这里要将图层“模特”以及“阴影”提出来，将其移动到渐变图层的上方，然后将渐变图层的混合模式改为“叠加”，将图层不透明度改为40%，将图层填充改为50%，如图7-65所示，最终效果如图7-66所示。将它们建组命名为“海报1”保存。

图7-65　　图7-66

提示

设计就是这样，每完成一步，都要检查现在的效果有没有影响到之前做好的部分，还要根据效果的作用范围，随时调整图层的顺序和位置，每一个效果都不是简单的工具运用，而是需要运用大量的知识积累和实践进行设计。

10 第一张海报完成了，下面开始第二个模块的设计。第二个模块为“设计师解读”，图片展示与产品说明都是第二个模块的内容。使用“矩形选框工具”绘制矩形选区，得到新的图层“解读”，填充颜色（R:228，G:230，B:238），如图7-67所示。

11 添加素材“模特7”，适当调整使其覆盖“解读”图层，然后单击鼠标右键选择“水平翻转”，再一次调整模特位置（注意：素材添加进来的时候，就已经处于自由变换命令状态，可以直接对其进行自由变换的所有命令操作），然后对“模特”添加图层蒙版，在画布右侧使用黑色到白色的线性渐变，使图7-68中的右侧部分融入背景图层“解读”，如图7-69所示。

图7-67　　图7-68

图7-69

12 添加文案区域的素材，文案计划放置于右侧的空白区域。字体设置为Didot-HTF-L24-light-ital，输入英文标题，如图7-70和图7-71所示。

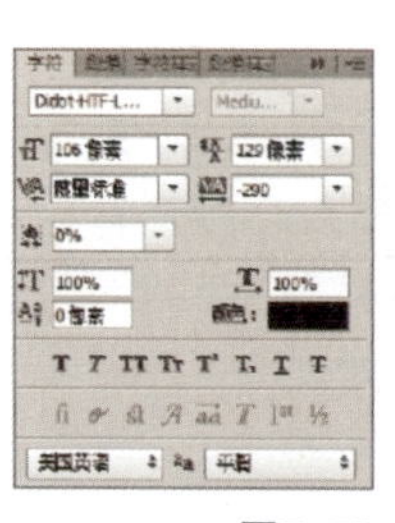

图7-70　　图7-71

提示

从字符设置中可以看出，在Photoshop软件的字符设置中，字符间距和行距在设置面板中都有极限值，如果面板中的极限值满足不了我们的设计需求，我们可以直接手动输入相应的数值来进行设置，手动设置的字符间距极限范围为-1000~10000，手动输入的行距范围为0.01~5000。

13 最后在文案描述下方添加一个产品的局部图片，增强画面视觉效果。使用“矩形工具”绘制矩形“图2”，填充任意色，描边为（R:161，G:161，B:161），如图7-72所示。添加素材“细节7”，调整大小后对“图2”创建剪贴蒙版，效果如图7-73所示。

图7-72

图7-73

14 “设计师解读”模块完成后，设计产品的“参数信息”部分。仍然先设计模块的标题部分，使用“横排文字工具”输入标题，再输入一行小数点作为标题的分隔线，小数点中间使用“自定义形状工具”并找到形状“箭头2”，绘制3个方向箭头，如图7-74所示。

图7-74

15 内容部分采用左右排列的方式进行设计，左侧展示产品图，右侧设计商品参数。使用“矩形工具”绘制矩形“参数”，填充任意色，禁用描边，如图7-75所示。添加素材“模特5”并对“参数”创建剪贴蒙版，如图7-76所示。

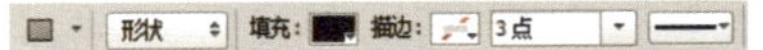

图7-75

图7-76

16 右侧的参数展示分为了两个部分，上部分是产品指数，下部分是洗涤说明。上部分使用简单的文字工具组和矩形工具组即可完成，排版简单，小标题使用“直线工具”“自定义形状工具”中的“五角星”形状及微软雅黑字体完成排版，如图7-77和图7-78所示。

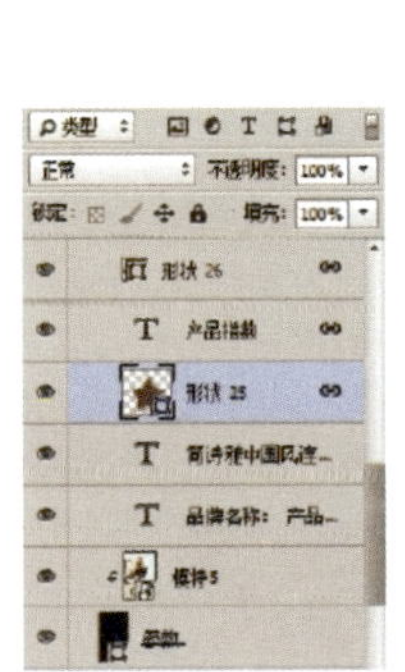

图7-77 图7-78

17 下半部分的洗涤说明，小标题的设计同上一部分，然后添加素材“图标1”，排列在小标题下方，如图7-79所示。再分“款式柔软度”“面料弹力指数”“款式厚薄指数”及“款式修饰指数”4个方面来进行图示说明，使用“横排文字工具”输入4个图示的标题文字，如图7-80和图7-81所示。

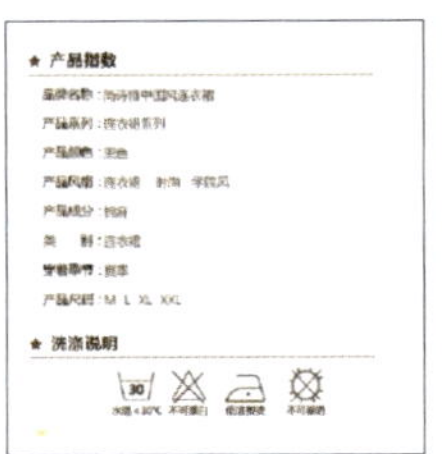

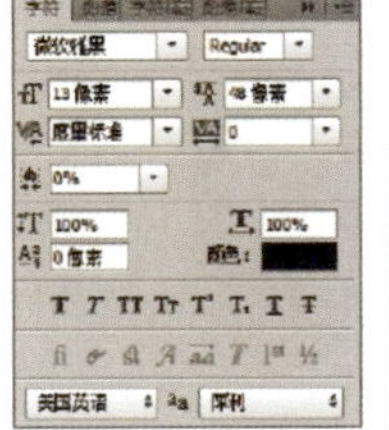

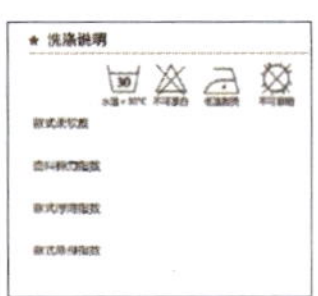

图7-79 图7-80 图7-81

18 下方的4个图示内容，以第一个“款式柔软度”为例进行讲解，其余使用相同方法设计即可。新建一层“浅色块”，使用“矩形选框工具”绘制矩形选区，填充颜色（R:148，G:148，B:148），将图层不透明度降低为50%，然后使用“矩形选框工具”绘制一个宽度1像素，高度超过“浅色块”的选区，并按住Delete键删除选区内容，重复上一步的动作，将图层“浅色块”分割为5个区间，如图7-82和图7-83所示。

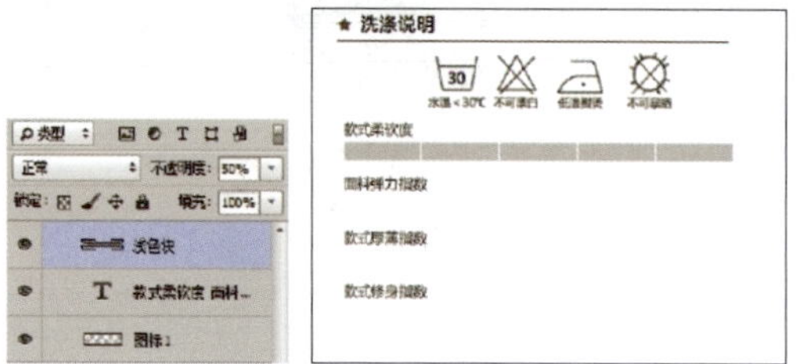

图7-82　图7-83

19 新建一层“深色块”，绘制第三段的选区，填充刚才的颜色（R:148，G:148，B:148），其他参数不变，然后输入款式柔软度参数。其他部分的设计同上，如图7-84和图7-85所示。

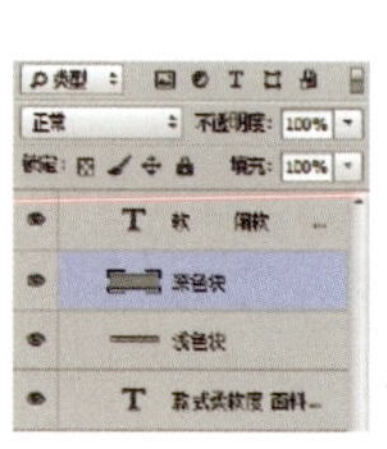

图7-84　图7-85

20 将商品信息部分进行建组，命名为“参数”并保存。在参数模块的下方添加一个“尺码对照”模块，该模块的标题首先使用“矩形工具”绘制矩形“尺码”，填充颜色（R:243，G:243，B:243），然后添加素材“图标”，使用“横排文字工具”输入相应信息，如图7-86和图7-87所示。

图7-86

图7-87

21 使用“直线工具”和“横排文字工具”完成尺码表的设计，使用1像素粗细的直线工具绘制表格，然后使用“横排文字工具”输入相关的尺寸和提示信息，完成尺码对照表的设计。将标题部分和尺码表部分分别建组命名为“尺码 标题”和“尺码”并保存，如图7-88所示，效果如图7-89所示。

图7-88

尺码(cm)	衣长	胸围	腰围	肩宽	袖长
S	102.5	88	68	36.5	40
M	104	92	72	37.5	41
L	105.5	96	76	38.5	42
XL	107	101	80	39.5	43

图7-89

22 接着设计详情页的“产品搭配”模块，标题部分的设计同步骤15。添加素材“正面”“模特3”，将素材“模特3”置于右侧，下方使用“矩形工具”绘制矩形“搭配”，然后将“模特3”对其创建剪贴蒙版，效果如图7-90所示。

图7-90

23 添加素材“搭配”，将“搭配”中的物件使用“套索工具”选取出来，排列在画布左侧，输入搭配的修饰文案，即可完成该部分的设计，效果如图7-91所示。

图7-91

24 “商品搭配”模块制作好后，接下来制作“品质解读”模块，该模块分为“修饰腰带”和“裙摆”两个部分，这里我们以第一个部分“修饰腰带”为例进行讲解。首先，为了两个模块之间衔接自然，这里设计一个过渡的分割线，使用“直线工具”绘制直线“分隔1”，填充黑色，禁用描边，复制一层得到“分隔1 拷贝”，两条直线水平排列，中间位置输入英文LE MEI FASHION，如图7-92所示。

图7-92

25 对于内容区，先使用“矩形工具”绘制矩形“腰带”，填充（R:243，G:248，B:249），然后使用“多边形套索工具”绘制选区，填充（R:243，G:248，B:249），置于模块背景的上方，命名为“剪贴”。添加素材“模特6”并对“剪贴”图层创建剪贴蒙版，如图7-93所示。

图7-93

26 对“模特6”添加蒙版，使用“黑色画笔”涂抹左上方与模块背景融合的边缘，使“模特6”左侧融到背景中，然后使用“椭圆工具”并按住Shift拖动鼠标绘制圆形“椭圆1”，禁用描边，填充任意色，置于“修身腰带”部分的左下方，如图7-94和图7-95所示。

图7-94

图7-95

27 添加素材“细节1”并对“椭圆1”创建剪贴蒙版，这时可以为“椭圆1”绘制一个外边框作为装饰，复制“椭圆1”得到拷贝图层“椭圆1 拷贝”，将拷贝图层移动到“椭圆1”下方，按快捷键Ctrl+T将其切换到自由变换状态，按住Ctrl+Shift组合键并拖动4个角，从中心放大，设置拷贝图层“椭圆1 拷贝”的描边颜色为（R:147，G:147，B:147），输入腰带的描述文案，完成这部分的设计，如图7-96和图7-97所示。

图7-96

图7-97

28 “品质解读”模块的第一部分“修身腰带”已经设计完成，第二部分“裙摆”的设计原理与上一部分相同，大家可以自行尝试，独立完成设计，效果如图7-98所示。模块的最后添加素材“手工”作为修饰过渡内容，效果如图7-99所示。并将这一模块的两个部分分别建组保存。

图7-98

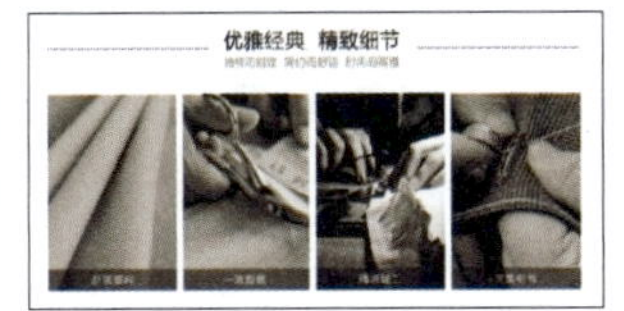

图7-99

29 开始设计详情页的“模特展示”模块。标题的设计同步骤15，这里不再赘述。开始第一张模特展示的设计，使用“矩形工具”绘制矩形“展示1”，禁用描边，填充任意色。添加素材“模特2”并对“展示1”创建剪贴蒙版，下方再添加素材“装饰”，使用“套索工具”选取其中的局部来作为模特展示之间的修饰过渡，效果如图7-100所示。

30 第二张模特展示仍然使用矩形工具绘制“展示2”，添加素材“模特1”并创建剪贴蒙版，效果如图7-101所示。

图7-100

图7-101

31 后续的模特展示，设计工具均为“矩形工具”，素材为模特图和“装饰”素材，排版都比较常规，这里只做简单的效果欣赏，第三张模特展示效果如图7-102所示，第四张模特展示效果如图7-103所示。

图7-102

图7-103

32 详情页的最后一个模块是商品的“细节展示”。标题部分的设计同步骤15，内容上，先使用一张裙子的正反面展示图来开篇，添加素材“正面”“反面”，将它们水平排列在画布中，使用“矩形工具”和“自定义形状工具”配合“横排文字工具”说明正反面，如图7-104和图7-105所示。

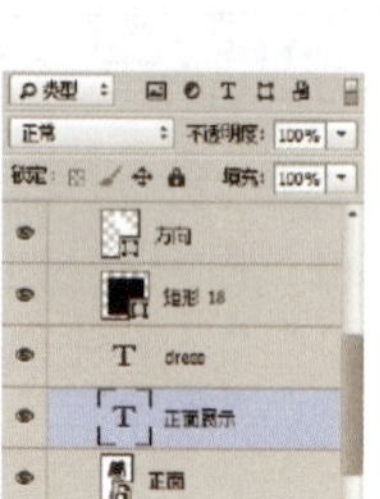

图7-104

图7-105

33 细节展示部分以第一个细节为例，其余细节可参考第一个或者直接复制后修改相关图片和信息即可完成。使用“矩形工具”绘制图层“细节1”，填充任意色，描边为（R:206，G:206，B:206），添加素材“细节2”并对“细节1”创建剪贴蒙版，如图7-106所示。可以看到素材“细节2”偏暗，这里使用色阶命令对其进行调整，单击图层下方“创建新的填充或调整图层”按钮，打开“色阶”对话框，参数设置如图7-107所示。效果如图7-108所示。

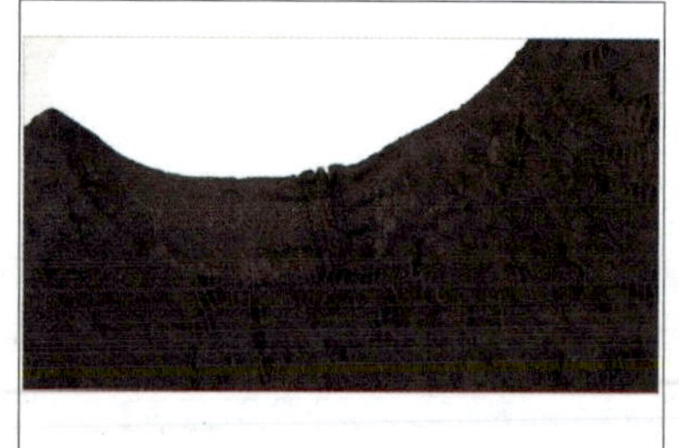

图7-106

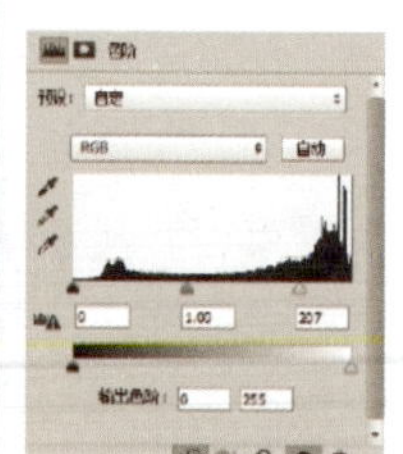

图7-107

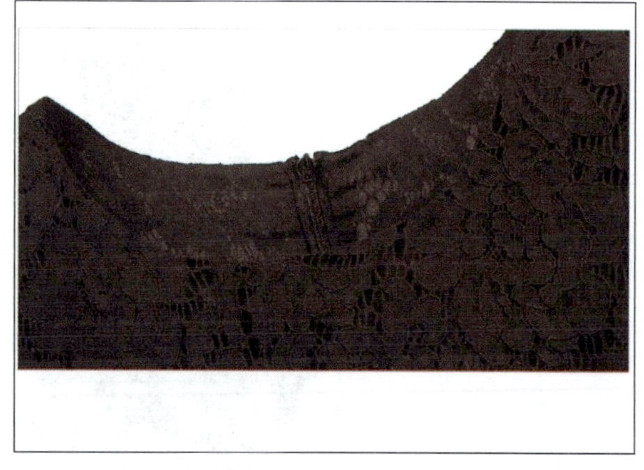

图7-108

34 在“细节1”的左下方设计一个小图标，展示服饰的全貌，方便顾客辨认。使用“矩形工具”，禁用描边，绘制矩形，添加素材“正面”并对矩形创建剪贴蒙版，使用“矩形工具组”和“文字工具组”完成设计，效果如图7-109所示。

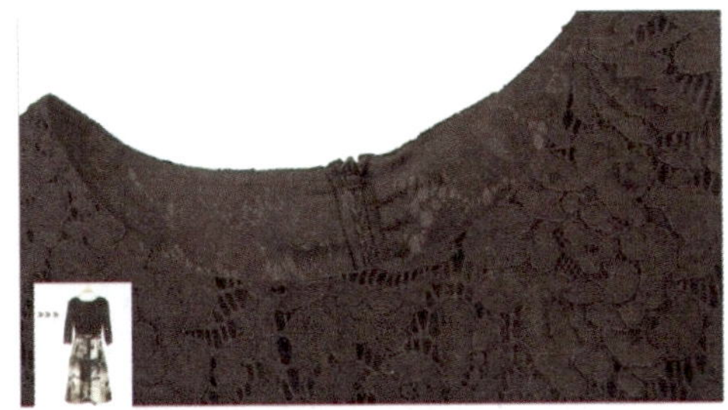

图7-109

35 其余细节部分同“细节1”设计原理相同，此处不再赘述。最后再添加一个“养护说明”的部分，用来告诉顾客服饰的保养小常识。“养护说明”的标题设计同步骤21，然后添加素材“养护”，在每一个材料的下方输入相应的护理常识文案，效果如图7-110所示。

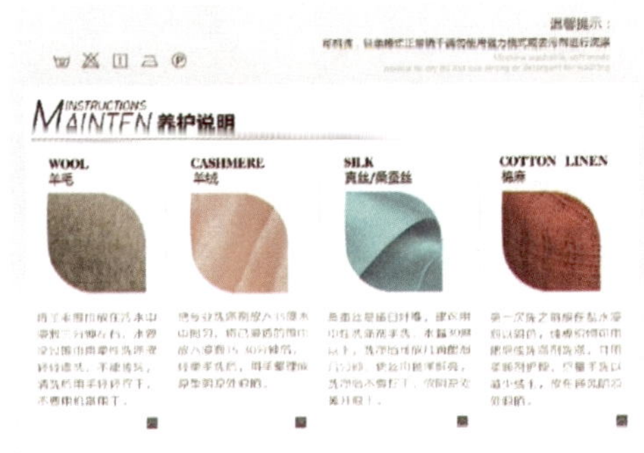

图7-110

总结

由于篇幅高度过长，效果预览详见附赠资源中的源文件。

现代服饰详情页的整个绘制过程，其实难点并不多，除了页首的海报设计考验创意和色彩、排版能力，其他部分都是常规的模块设计。页面的设计并不难，难的是网页设计师需要有丰富的创意，如在模特展示部分，很多初学设计师想不出有什么好的排版方法能让商品显得高大上，其实从该案例的模特展示中可以看出，用的方法其实都很简单，但整个页面看上去是比较上档次的，视觉感受非常不错，这主要是看设计师们能不能想到这些简单的设计方法，而这些都是基于平时我们的多练、多看、多收集。

7.1.3 运动鞋详情页

实例位置　实例文件>CH07>7.1.3>运动鞋详情.psd、运动鞋详情.jpg

素材位置　素材文件>CH07>7.1.3>素材文件夹

视频位置　视频文件>CH07>7.1.3运动鞋详情页设计.mp4

难易程度　☆☆☆☆

知识要点　通过本案例的讲解学习，要求读者熟练掌握Photoshop软件的矩形工具组、画笔工具、横排文字工具等基础工具的操作和灵活使用，对钢笔工具和快速选择工具等抠图工具的灵活使用；过分析产品拍摄图，提供相应的创意设计方案，恰当选择详情页设计的主色调和辅色调，挖掘产品卖点并通过详情页展示出来，要求设计的详情页有一定的创意性，卖点鲜明有吸引力。

详情页缩览图

1.页面说明

服饰类的产品设计与儿童类不同，儿童类的产品设计强调的是纯色、卡通、可爱、温暖，目的是方便儿童快速识别。而成人类的产品，则更多强调个性、时尚，对产品的性能追求就更大，所以色彩的选择会更加丰富，要表达的产品思想也会更多。该鞋子的详情页开始使用两个很有动感、个性的海报展示了鞋子本身的外观，先给顾客一个最直观的视觉感受，然后设计产品的基本信息，进一步让顾客更加详细地了解产品本身，接下来就是鞋子的结构、购买理由、优势及细节等模块的制作，目的是将本款鞋子的卖点和所有信息都展现出来，让顾客全方位进行了解。

2.顾客从本案例中能够提取到的信息

本案例详情页的模块主要包括外观展示海报、产品基本信息和尺寸对照、结构分析、产品亮点、细节精讲与产品拍摄图展示等。

3.灵感与素材

该详情页属于成人鞋子的设计，根据初步分析，成年人对鞋子的要求更多的是偏向于外观时尚个性、穿着舒适、材料优质等，该产品属于运动鞋，所以还要求产品必须拥有动感的外观。由此分析，在详情页设计的最开始，我们就专门设计了两张海报，不仅充分体现了体育用品积极、动感的特点，还多方位地展示了产品图片，让顾客一眼就能对产品有一个大致的了解，视觉上也具有很强的冲击力。为了凸显产品本身的运动色彩，详情页背景使用了白色，干净清爽，接着罗列出产品的基本参数，为顾客提供最直接的选择数据，再设计产品的结构特点、优势所在、细节等模块，逐层剖析，这同时也是再逐层筛选产品浏览者，最后留下的，都是成交率极高的优质客户群。

4.绘制流程

01 打开Photoshop，执行“文件>新建”菜单命令，或按快捷键Ctrl+N打开新建对话框，设置参数，新建画布，如图7-111所示。

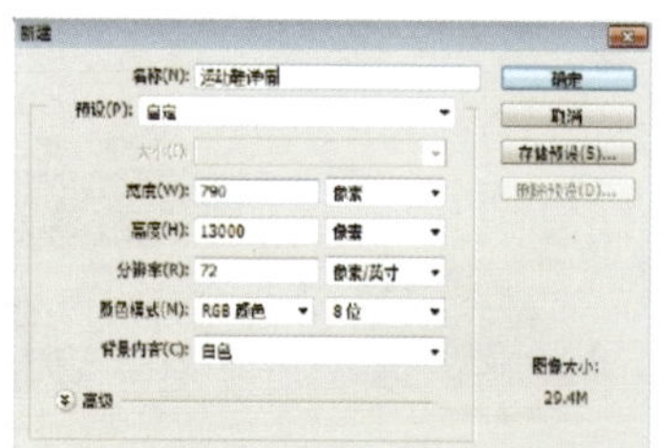

图7-111

02 第一个模块设计一张动感十足的海报图。使用“矩形选框工具”绘制背景选区“墙体”，填充颜色（R:219， G:218，B:223），再新建图层，绘制矩形选区“地面”，填充颜色（R:201，G:200，B:205），如图7-112所示。

图7-112

03 在画布最上方，设计产品的宣传文案，在画布下方展示鞋子图片。使用“横排文字工具”输入文案，字体颜色为（R:44，G:49，B:78），副标题处使用“矩形工具”绘制边框进行修饰，禁用填充，描边颜色为（R:44，G:49，B:78），如图7-113和图7-114所示。

图7-113

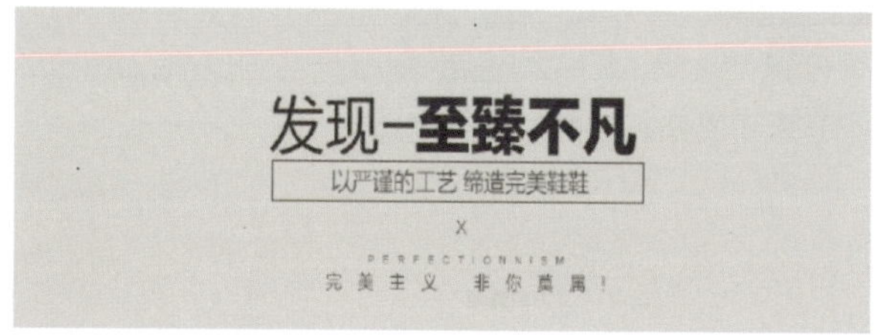

图7-114

04 使用“矩形工具”绘制一个边框“矩形2”，描边半径设置为10像素，其他参数同步骤3，然后添加素材“蓝3”和“绿2”，调整大小和方向，使其排列在边框“矩形2”中，如图7-115所示。

图7-115

05 为素材“蓝3”和“绿2”添加图层蒙版，对边框“矩形2”和鞋子的层次进行处理，设计出立体空间感。为两只鞋子的素材图层添加图层蒙版，使用“矩形选框工具”绘制10像素的选区（刚好同绘制的矩形边框宽度），前景色为黑色时使用硬边的画笔工具处理“绿2”的左下侧和“蓝3”的左下侧，使这部分的边框显示在鞋子前面，从而提高海报的层次感和立体感，如图7-116和图7-117所示。

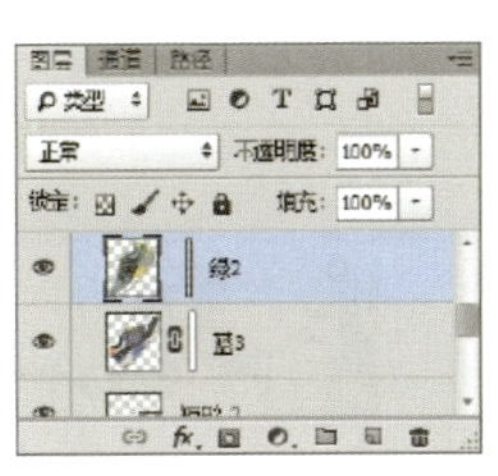

图7-116

图7-117

06 最后一步，为两只鞋子制作阴影，首先制作“蓝3”的阴影。新建图层，使用“椭圆选框工具”绘制椭圆，填充黑色，如图7-118所示。使用柔角的“橡皮擦工具”对阴影层进行涂抹处理，不断调整橡皮擦的不透明度和笔触大小，缓慢擦除椭圆，制作出鞋子的阴影。对鞋子“绿2”使用同样的方法进行处理，制作出阴影，效果如图7-119所示。

图7-118

图7-119

提示

阴影的制作，通常使用的工具是“画笔工具”或“橡皮擦工具”。上述步骤中，根据阴影的成像原理，可以确定，鞋子离地面越近，阴影就越黑，因此，我们在使用橡皮擦工具进行擦除时，离鞋子很近的区域，我们使用不透明度低的橡皮擦进行处理，离鞋子越远的区域，笔触的不透明度可以设置得高一些，这样制作出的阴影就会更加自然。值得注意，最后对“绿2”进行阴影制作时，由于“绿2”接触地面的部分位于边框“矩形2”的下方，因此阴影图层也要移动到边框的下方，如图7-120所示。

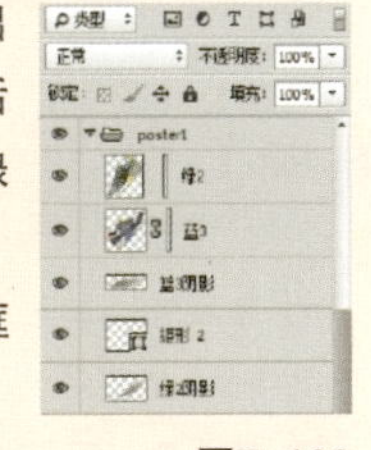

图7-120

07 第一个模块的第一张海报制作完成后，下面再设计一张动感的海报进一步展示鞋子外观。先使用“横排文字工具”输入海报文案，用直线修饰小标题部分，参考效果如图7-121所示。

自由呼吸

BREATHE FREELY

韩版轻便透气时尚男款跑鞋

图7-121

08 在文案下方使用“矩形选框工具”绘制一个矩形选区“橘色”，填充颜色（R:238，G:129，B:61），复制一层“橘色”得到新的图层“蓝色”，为“蓝色”添加“颜色叠加”的图层样式，叠加颜色为（R:108，G:153，B:240），位置移动到“橘色”的下方，效果如图7-122所示。图层样式如图7-123所示。

图7-122

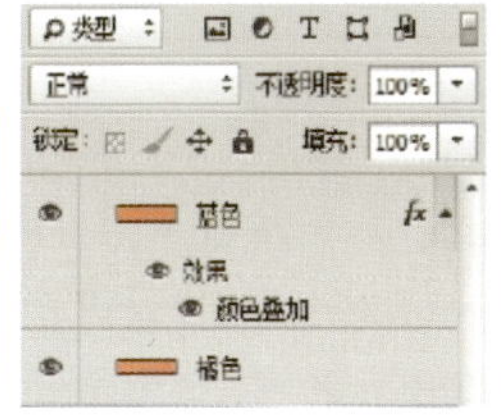

图7-123

09 打开源文件素材“蓝1”和“蓝2”，分别将它们及其阴影拖入详情页画布，调整大小和位置，将二者的阴影图层混合模式均改为“正片叠底”，如图7-124所示。海报设计完成后的效果如图7-125所示。

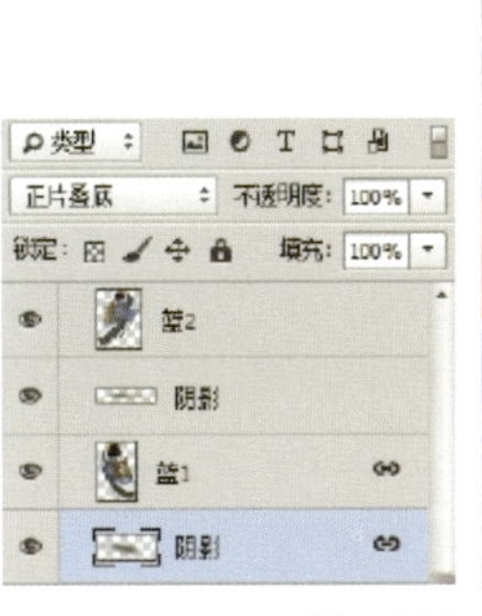

图7-124

图7-125

提示

大家看这张海报的背景和产品本身的搭配是不是很协调呢？其实在设计页面的背景时，我们很多时候要参考产品本身，使用产品自带的色彩来制作背景，会让产品与背景融合得更加自然，这一点，在前面的案例中都有体现，后续案例也会讲，读者可以学习这些案例后，试着自己找产品来进行设计，体会其中的乐趣。

10 详情页的第二个模块是产品的基本信息。先制作模块的标题，使用“矩形工具”绘制“矩形3”，填充颜色（R:231，G:231，B:231），禁用描边，参数设置如图7-126所示。复制一层“矩形3”得到“矩形3 副本”，将副本层移动到下方，结合自由变换命令适当缩小，在两个矩形间输入文案“经典潮流 不可复制”，如图7-127所示。再使用“横排文字工具”输入标题“基本信息”，使用“直线工具”进行修饰，完成标题的设计，效果如图7-128所示。

形状 填充： 描边： 3点

图7-126

经典潮流 不可复制

图7-127

经典潮流 不可复制

基本信息

图7-128

11 产品信息的内容区域首先使用“矩形工具”绘制“矩形5”，填充任意色，描边为黑色，如图7-129所示。将矩形的位置移动到画布左侧（右侧用于产品信息参数的展示），添加素材“绿1”并对“矩形5”创建剪贴蒙版，如图7-130所示。

形状 填充： 描边： 1点

图7-129

图7-130

12 右上角区域可以使用一张运动的图片作为装饰，使用“矩形选框工具”绘制矩形选区“右上”，填充任意色，添加素材“运动”并对“右上”创建剪贴蒙版，如图7-131所示。在右下角的区域使用“横排文字工具”输入产品参数，效果如图7-132所示。

图7-131

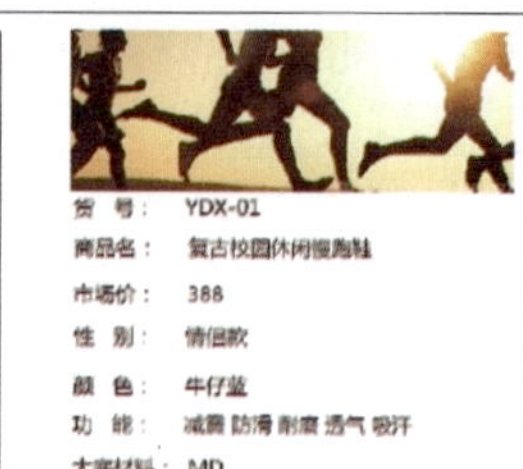

图7-132

13 在参数部分的最后，添加一张鞋码对照表和测量脚长的示意图，添加素材“尺码表”和“尺寸”，在红色框中输入注意事项，在尺寸图中输入测量脚长的方法，效果如图7-133所示。

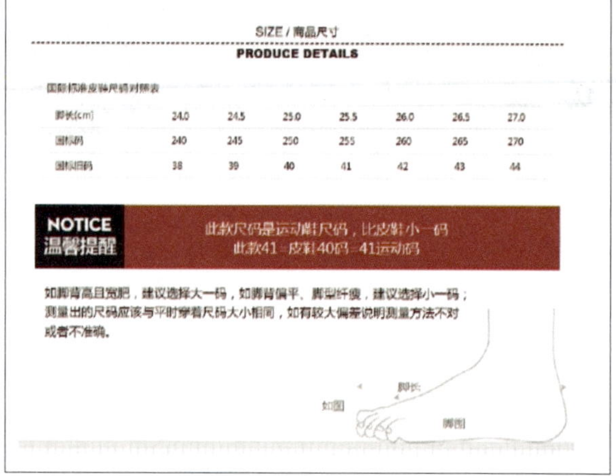

SIZE / 商品尺寸

PRODUCE DETAILS

国际标准皮鞋尺码对照表

脚长(cm)	24.0	24.5	25.0	25.5	26.0	26.5	27.0
国标码	240	245	250	255	260	265	270
国标旧码	38	39	40	41	42	43	44

NOTICE 温馨提醒

此款尺码是运动鞋尺码，比皮鞋小一码
此款41=皮鞋40码=41运动码

如脚背高且宽肥，建议选择大一码，如脚背偏平、脚型纤瘦，建议选择小一码；测量出的尺码应该与平时穿着尺码大小相同，如有较大偏差说明测量方法不对或者不准确。

图7-133

提示

因为国际尺码都是相同的，所以这里我们就没有必要亲手去制作，可以搜集尺码表的图片素材直接使用，稍加改动就可以使用，方便快捷。下面教大家如何有效的“偷懒”来达到很不错的页面设计效果。

14 下面是第三个模块“结构解析”的设计，在这之前，插入一张海报对“产品信息”模块和下面的“结构解析”模块进行过渡。添加素材“鞋子”，打开“绿2”源文件，将“绿2”拖入详情页画布，按组合键Ctrl+T切换到自由变换状态，旋转至适当角度，使“绿2”与素材“鞋子”中的鞋子部分重合，如图7-134所示。

15 接下来设计产品的“结构解析”模块。模块标题复制步骤10中的效果并修改文字完成，内容区域首先打开素材“绿1”源文件，将抠好的两个图层同时拖入详情页画布并分别命名为“绿1”“阴影”，调整大小和位置，使用“橡皮擦工具”对“阴影”的边缘进行擦除，使其过渡自然，如图7-135所示。

图7-134

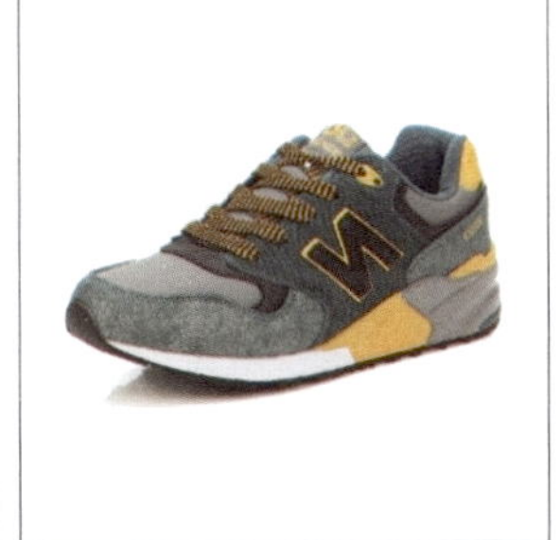

图7-135

16 “结构解析”部分以第一个结构为例进行讲解。使用“椭圆工具”绘制圆形“内框”，填充白色，禁用描边，参数设置如图7-136所示。同样使用“椭圆工具”绘制圆形“外框”，禁用填充，描边颜色为（R:150，G:150，B:150），参数设置如图7-137所示。使用“直线工具”和“椭圆工具”（填充和描边均设置为黑色）绘制结构特点的指向标，再使用“横排文字工具”输入结构解析特点说明，如图7-138所示，效果如图7-139所示。

图7-136

图7-137

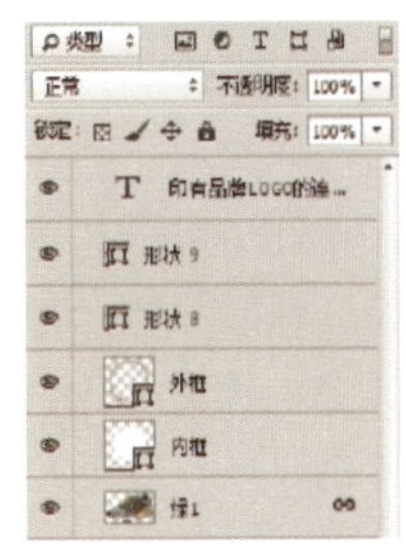

图7-138

图7-139

17 其他结构特点的设计，可以复制上述中的结构1的效果来修改完成，最终效果如图7-140所示。

图7-140

18 下面开始设计详情页的第四个模块“亮点解析”。标题部分的效果还是通过复制修改得到，这里需要注意的是，为了凸显画面的吸引力，使用了红色的大号字体，其余没有发生改变。修改后的标题效果如图7-141所示。

图7-141

19 内容展示部分首先使用“多边形选区工具”绘制一个多边形选区“背1”，填充黑色，复制三层“背1”，将4个多边形水平分布在画布中，如图7-142所示。添加素材“女生”“男生”“健身”和“户外”并对4个黑色图层创剪贴蒙版，调整大小和位置，如图7-143所示。

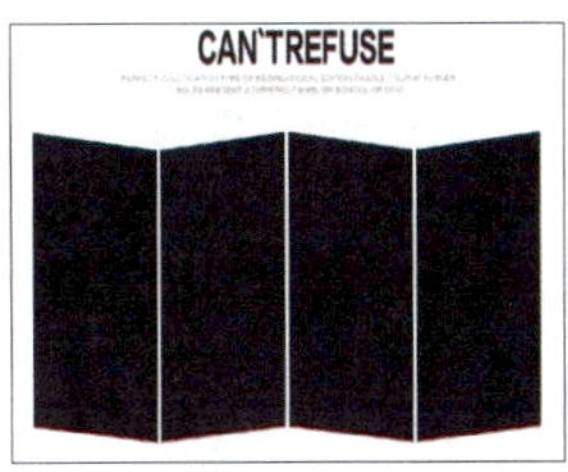

图7-142

图7-143

20 使用“椭圆工具”绘制圆形“椭圆1”，填充颜色为（R:255，G:0，B:0），禁用描边，如图7-144所示。复制一层“椭圆1”得到“椭圆1 副本”，将副本的填充颜色设置为（R:160，G:0，B:0），其他参数同“椭圆

1”，将副本对“椭圆1”创建剪贴蒙版，位置移动到“椭圆1”的上方，如图7-145所示。

21 在两个不同颜色的椭圆区域内输入相应文案，简单排版，效果如图7-146所示。

图7-144

图7-145

图7-146

22 打开源文件素材“绿2”，将抠好的两个图层同时拖入画布，命名为“绿2”“阴影”，使用“橡皮擦工具”擦除“阴影”的边缘，使其与背景衔接自然、柔和。然后添加素材“修饰”，使用橡皮擦擦除多余部分，使留下的装饰素材零散分布在画布中，如图7-147所示。

图7-147

23 模块的最后，使用四张细节展示图来说明产品的亮点。使用“直线工具”绘制一条分割线“形状10”，填充颜色为（R:85，G:85，B:85），禁用描边，如图7-148所示。使用“矩形工具”绘制一个矩形，颜色为（R:140，G:140，B:140），命名为“矩形8”，如图7-149所示。复制3个“矩形8”并得到其副本，将4个矩形水平排列在画布中，如图7-150所示。

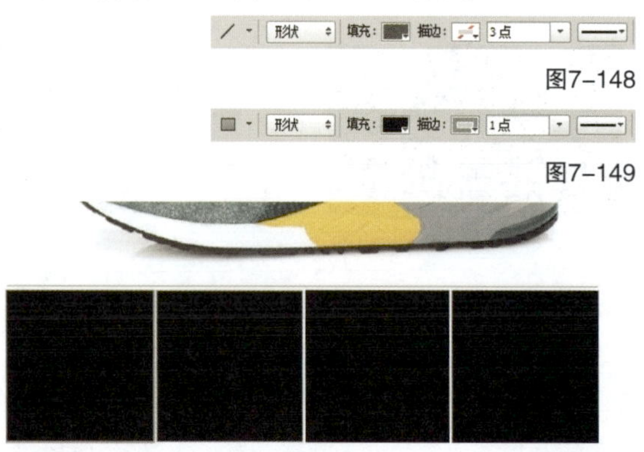

图7-148

图7-149

图7-150

24 添加素材“绿2”~“绿5”并分别对4个矩形图层创建剪贴蒙版，在每个矩形下方输入亮点说明文字，完成亮点的设计，效果如图7-151所示。

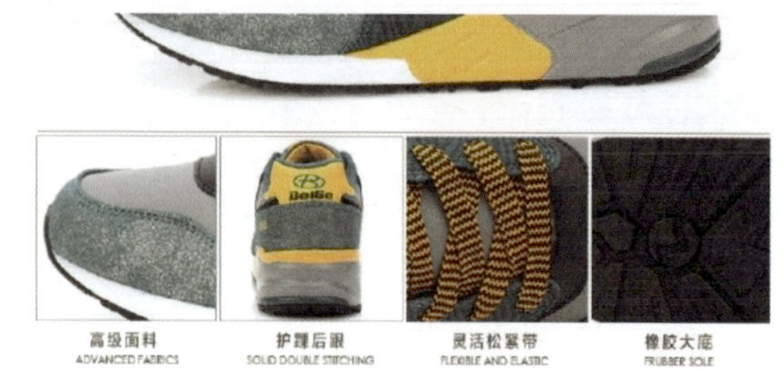

图7-151

25 下一个模块是“产品细节”的设计，标题部分复制步骤10的效果进行修改，内容区以第一个细节说明为例来详细讲解，因为其他的细节点设计原理与细节1相同，所以不再一一讲解。首先使用“矩形工具”绘制“矩形9”，填充任意色，描边为（R:140，G:140，B:140），如图7-152所示。完成后添加素材“绿1”并对“矩形9”创建剪贴蒙版，调整大小和位置，如图7-153所示。

26 图片展示设计完成，开始设计细节的说明部分，使用“横排文字工具”输入文案，字体颜色设置为（R:90，G:90，B:90），使用直线工具进行修饰，完成标题设计后效果如图7-154所示。

图7-152

图7-153

图7-154

27 图片展示下方还可以添加一个辅助说明的部分，对细节1中产品的面料材质进一步说明。这一部分，我们采用左右对称的展示方式进行设计，左侧设计文案说明，右侧展示辅助图片素材。先使用“矩形选框工具”绘制矩形选区“剪贴”，填充任意色，将其移动到画布右侧，添加素材“PU皮”的同时对“剪贴”图层创建剪贴蒙版，如图7-155所示。左侧空白区域同步骤26一样，使用“横排文字工具”输入描述文案，使用直线工具进行修饰，简单排版后完成这一部分的设计，效果如图7-156所示。

图7-155

图7-156

提示

这里的虚线效果也是使用“直线工具”绘制的，只是描边的样式换成了虚线，其余的绘制原理都与实线相同。

28 “产品细节”模块的其他细节部分的设计方法同“细节1”，找不到感觉的读者可以直接复制“细节1”后修改图片和文案完成，这里不再重复讲述。详情页的最后一个模块是产品实拍效果展示，标题效果仍然通过复制修改得到，展示区域就是简单的鞋子图片，这里简单地提一下设计方法。每一种颜色展示的左上角，使用“矩形选框工具”绘制选区，填充相应产品的颜色，输入文字。图片与图片之间使用“横排文字工具”输入“角度展示ANGLE DISPLAY”并使用虚线修饰。实拍展示部分的局部效果如图7-157所示。

图7-157

总结

由于篇幅高度过长，效果预览详见附赠资源中的源文件。

该产品的详情页设计，重点在于通过设计页面，将产品的运动性展现出来，在页面的开始，我们就设计了两张很有运动感的海报，有效的凸显出运动鞋的特点。难点是海报创意和细节说明部分，海报设计部分要求读者需要足够的创意思维和对工具的操作基础，细节设计部分难点在于文案的排版，如何使用简单的直线工具和文字工具，设计出协调、有创意的文案说明，是每一位初学者学习的重点。而文案的排版并没有太多的技巧可言，这需要我们在平时工作和生活中，善于发现和总结文案的创意，并多动手尝试设计，慢慢的才能提升自身文案排版的能力。

7.1.4 商务男袜详情页

实例位置　实例文件>CH07>7.1.4>商务男袜详情.psd、商务男袜详情.jpg

素材位置　素材文件>CH07>7.1.4>素材文件夹

视频位置　视频文件>CH07>7.1.4商务男袜详情页设计.mp4

难易程度　☆☆☆☆☆

知识要点　该案例的设计，主要是考验大家根据商品类型来进行页面配色，商务男士型的产品，在我们印象中都是以暗色系为主，为的是体现商务男士沉稳、成熟与高贵的特点，而暗色系的页面，搭配的辅色和文案排版所要选择的色彩就更加考验网页设计师的配色技能了，案例设计过程中会为大家详细介绍这些需要重点掌握的知识点。

详情页缩览图

1.页面说明

商务男袜详情页的设计，要体现商务男士的沉稳、成熟的风格，首先采用了浅灰到深灰的径向渐变作为详情页的主色调，再使用一个“图案叠加”的样式添加背景的颗粒感，使主色不至于太沉闷；文案排版的部分，色彩主要以橘红与浅黑为主，简约的页面风格，不仅使产品清晰干净，色彩的搭配更提升了页面的档次和视觉效果。

2.顾客从本案例中能够提取到的信息

本案例详情页的模块主要包括产品信息的宣传海报、产品特点、产品材质解析、产品相关信息、产品实拍效果展示、产品关联与产品优势。

3.灵感与素材

该产品的设计灵感来自于商务男士的常识性特征：黑色西服、冷酷、清爽、高贵等。很多欧美的品牌海报，都用到极少数的字体搭配模特图进行创意设计，给人简约清爽而且不失高大上的感觉。因此本页面的最开始使用了暗色系的渐变作为背景，加入产品实拍图，选择沉稳的字体颜色搭配背景，使产品的高贵气息得到了很好的体现。后面的模块，使用白色或浅灰背景、黑色或深灰的字体，整个页面都是简约清爽的排版，使整个页面显得更加高尚上了。最后再加入一些产品的独特优势与产品资质证书，提高可信度，消除顾客的疑虑和担忧。

4.制作步骤

01 打开Photoshop，执行“文件>新建”菜单命令，或按快捷键Ctrl+N打开新建对话框，设置参数，新建画布，如图7-158所示。

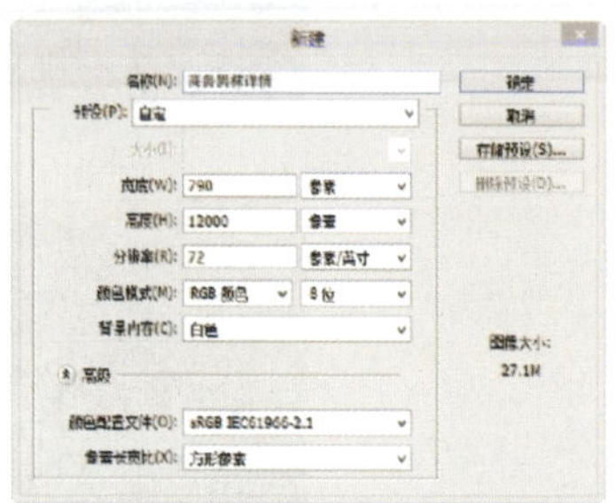

图7-158

02 详情页的第一个模块是袜子的详情海报。使用“矩形选框工具”绘制一个矩形选区，填充任意色，然后单击图层面板下方的“添加图层样式”按钮，打开“渐变叠加”命令对话框，设置颜色从（R:25，G:3，B:0）到白色的径向渐变，参数设置如图7-159所示。添加制作好的素材“图案”，调整大小和位置，使其覆盖渐变背景层，将“图案”的图层不透明度降低为45%左右，填充降低为55%左右，效果如图7-160所示。

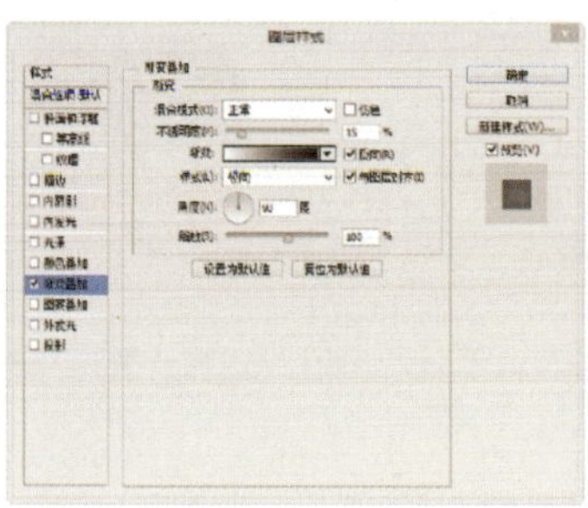

图7-159

图7-160

提示

商务类的产品中，男士产品一般选择的基调为暗色系，女士产品可以是暗色系也可以是暖色系，这里选择黑色做背景，烘托整体的视觉感受。

03 背景制作完成后，打开“盒子”源文件，将抠取好的“盒子”拖入画布并调整大小和位置，在“盒子”下方新建图层“阴影”，使用“黑色画笔”绘制简单的阴影，使用“自由变换工具”对阴影进行变换，使其呈扁平的叠放在“盒子”下方，再使用“蒙版工具”擦除不自然的部分，完成阴影的制作，如图7-161所示，效果如图7-162所示。

图7-161

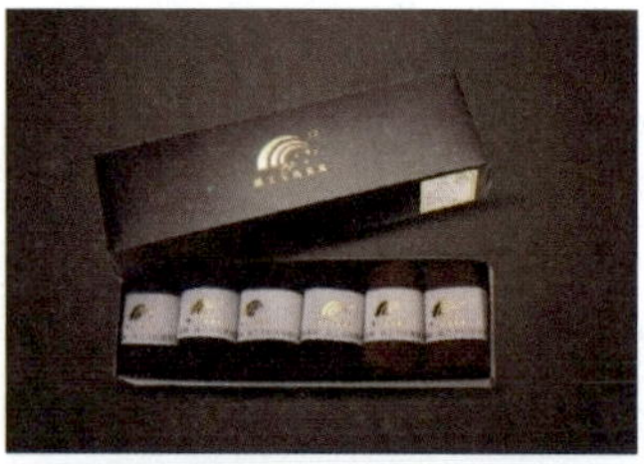

图7-162

04 使用“矩形工具”“自定义形状工具”和“横排文字工具”完成文案部分的排版，方法比较简单，大家可以参考图7-163所示的效果自己动手完成。

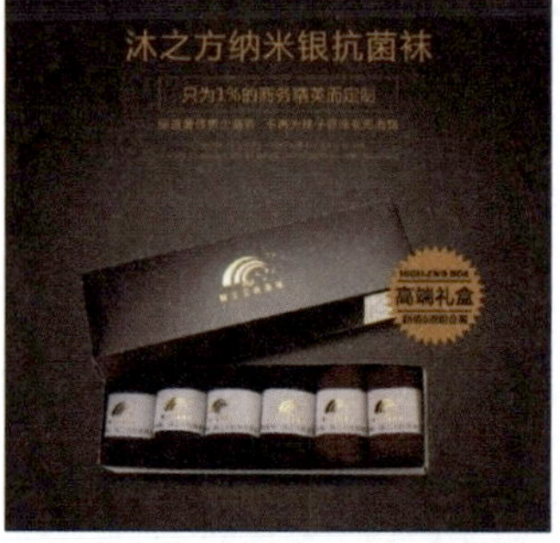

图7-163

提示

制作阴影的画笔笔触可以设置得大一些，柔角边缘，自由变换之后，要配合蒙版、画笔、图层不透明度来细微的调整，案例中只是简单的提到制作的方法和原理，具体的制作需要读者自己尝试。文案部分，字体颜色使用（R:215，G:145，B:60），如果选择白色，过于抢眼，选择其他颜色又与页面整体不够搭配。

05 第一个模块除了上述的一张促销海报，这里还制作了另一张，复制上述步骤中用到的海报背景和图案，将抠取好的文件素材“黑1”“棕1”“蓝1”分别添加到画布中，调整大小和位置，“黑1”图层至于最上方，如图7-164和图7-165所示。接着在3个图层各自的下方新建一个图层，制作“阴影”，原理同步骤3和步骤4，效果如图7-166所示。

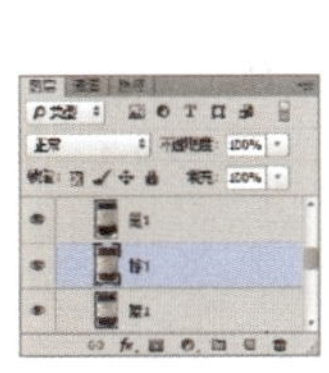

图7-164

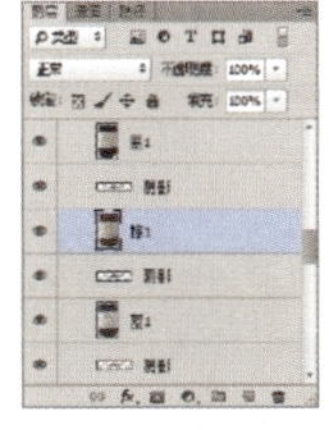

图7-165

图7-166

06 调整“蓝1”“棕1”至于“黑1”的后面，适当缩小大小，并对二者执行“滤镜>模糊>高斯模糊”菜单命令，模糊半径为3像素左右，使它们与“黑1”产生一种从前往后、从近到远的视觉效果，将三者各复制一层，仍然排列在最后面，模糊半径适当加大（越靠后的图片，高斯模糊的值设置越大），效果如图7-167所示。

07 用同步骤4一样的方法排版出描述文案的效果，最终海报的效果如图7-168所示。

图7-167

图7-168

08 详情页的第二个模块可以制作一个简单的“产品特点”展示。使用“横排文字工具”输入标题部分，卖点内容以第一个特点“长效”为例进行讲解，其他特点制作方法相同。使用“矩形工具”和“直线工具”绘制一个无填充、描边为黑色的边框，新建图层，使用半径为5像素左右的“圆角矩形工具”绘制形状，填充颜色为（R:49，G:49，B:49），添加素材“钻石”，为“钻石”添加图层样式“颜色叠加”，叠加颜色（R:206，G:206，B:206），使用“横排文字工具”输入“长效”特点的描述文案。其他特点的效果可以复制修改“长效”效果完成，效果如图7-169所示。

图7-169

09 商务袜子详情页的第三个模块为“产品细节”。复制步骤4中的背景、图案和文案到这一模块中，打开“棕2”的源文件，将抠取出来的“棕2”图层拖放到画布中，在其下方新建图层“阴影”，制作阴影效果（原理同上），修改复制的标题文案，效果如图7-170所示。

图7-170

10 细节部分的设计方法是将多个细节围绕“棕2”来进行展示，以第一个细节“细节1”为例进行讲解。使用填充为（R:195，G:127，B:45）的“椭圆工具”绘制一个点放于“棕2”的袜口位置，命名为“点”。使用“直线工具”绘制一条与“点”相连的“直线”，如图7-171所示。然后绘制一个填充为（R:195，G:127，B:45）、描边为3像素的圆“背景”，添加素材“细节1”并对“背景”创建剪贴蒙版，调整大小和位置，使其显示在袜口部分，输入相关的细节文案，如图7-172所示。第一个细节的效果就出来了。

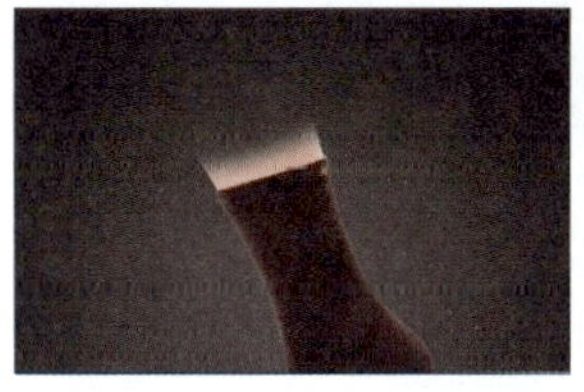

图7-171

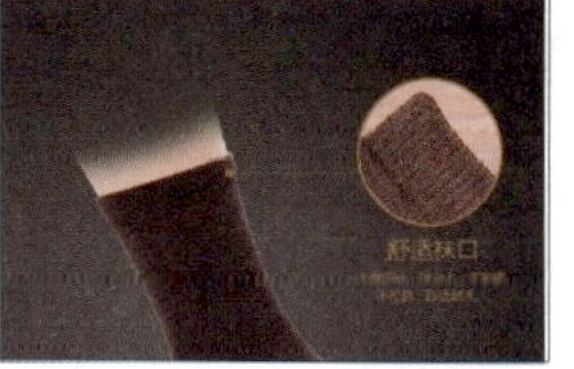

图7-172

11 复制修改“细节1”的效果，完成其他细节部分的效果设计，效果如图7-183所示。

12 第四个模块效果为产品的参数简介。使用“横排文字工具”完成参数简介部分的设计，新建一个图层，先使用“矩形选框工具”绘制矩形选区，填充颜色（R:40，G:40，B:40），位置放在画布左侧，再绘制一个同样的选区，填充任意色，放置在画布右侧作为图片展示的背景，添加素材“叠放1”，将其对刚才绘制的右侧背景创建剪贴蒙版，调整大小和位置，然后使用“横排文字工具”“直线工具”“自定义形状工具”等配合完成左侧产品参数简介的排版，效果如图7-174所示。

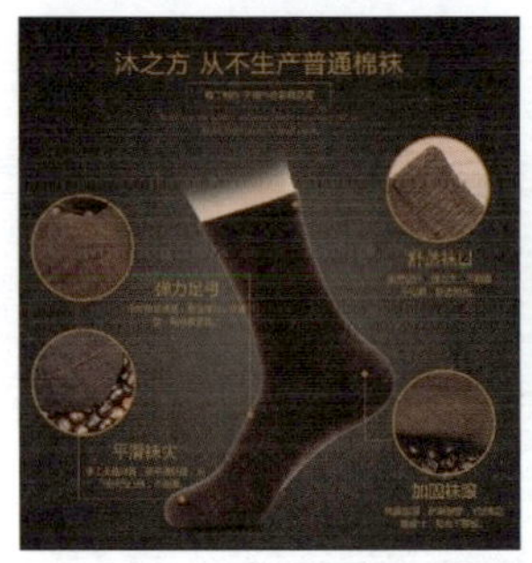

图7-173

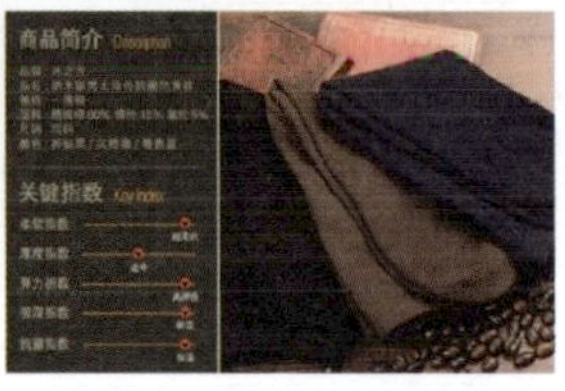

图7-174

13 参数下方我们可以紧接着制作一个颜色列表，使顾客浏览完参数后第一眼就看到产品包含的所有颜色。绘制一个背景图层，填充颜色（R:40，G:40，B:40），然后打开“黑2、蓝2、棕2”源文件，将对应抠取出来的产品图拖入详情画布，调整大小和位置，在图片下方输入相应文字，完成颜色列表的设计。效果如图7-175所示。

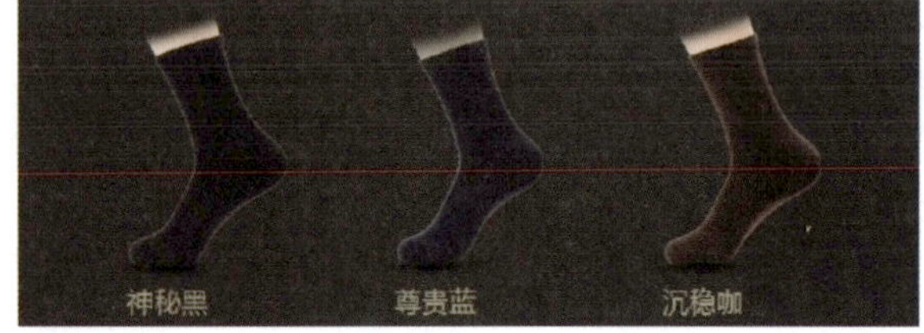

图7-175

14 接下来开始设计材质和细节展示模块。标题的效果可以复制步骤12中的效果来修改完成，如图7-176所示。内容展示区先使用“矩形选框工具”分别绘制两个矩形选区，填充任意色，按照左右方式排列，调整大小和位置，添加素材“棉花”“细节3”，分别将它们对两个矩形创建剪贴蒙版。简单的操作完成后，效果如图7-177所示。

顶级精梳棉—奢侈选材

Top combed cotton—luxury material selection

婴儿贴身产品的明星面料，保暖吸湿、柔和贴身透气性好。

图7-176

图7-177

15 这里再制作一个过渡效果的展示部分，体现商务男士的主题。按照上一步绘制背景的方法绘制两个矩形图层，填充黑色，添加素材“商务男士”和“车间”，分别对左右两个黑色矩形图层创建剪贴蒙版，调整大小和位置，对“车间”素材执行去色命令，执行“图像>调整>去色”菜单命令，或按组合键Ctrl+Shift+U。使用“横排文字工具”输入相应的描述文案，完成过渡部分的展示设计，效果如图7-178所示。

图7-178

16 开始制作产品的场景展示和说明部分。绘制一个背景图层，添加素材“场景1”，并对背景图层创建剪贴蒙版，再在上方新建图层，绘制一个矩形“文案BG”，填充白色，将图层的不透明度降低为20%左右，在“文案BG”外侧绘制粗细为1像素的白色边框，如图7-179所示。输入相关描述文案，完成第一张场景的设计，如图7-180所示。

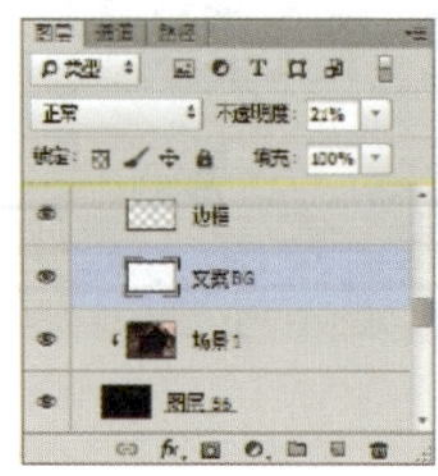

图7-179

图7-180

提示

以这一步的文案排版为例，在设计过程中，文案背景建立好后，开始输入文案，在文案大致效果出来之后，发现大标题的位置部分如果将背景隐藏，视觉效果会更好，所以使用“矩形选框工具”选择需要删除的背景部分，按Delete键删除。由此，读者应该知道，上述步骤中说到的仅仅是方法而已，很多细节需要在整个过程中不断修改，也有可能在制作到最后一步时才发现最前面的内容需要稍微调整。说这么多，想要表达的思想是：设计是活的，案例讲述的只是方法，不同的设计师会制作出不同的效果。

17 第一张场景展示完成后发现，如果仅仅是一张图，页面会显得单调，我们可以在“场景1”的下方使用“矩形工具”绘制3个矩形，填充任意色，描边颜色为（R:190，G:133，B:65），在画布中横向排列，分别添加素材“场景2”“白板1”“黑2”并对它们创建剪贴蒙版，效果如图7-181所示。

18 其他场景的设计原理与上一步相同，读者可以参考上述步骤进行设计，这里不再赘述。最后是一些附加的产品优势设计，使用具体的数据来展示，以提升产品的优势，增加客户信任度。首先制作一个都市人穿鞋的现状，标题复制步骤12中的标题部分来修改完成，使用“椭圆工具”绘制两个圆形“数据”和“非数据”，为两个圆形添加图层蒙版，使用“多边形选框工具”绘制选区，分别为两个圆形的蒙版绘制选区，在默认前后背景下按快捷键Alt+Delete（如果前景色为白色，则按快捷键Ctrl+Delete），去除彼此重合的部分，然后输入说明数据，效果如图7-182所示。

图7-181

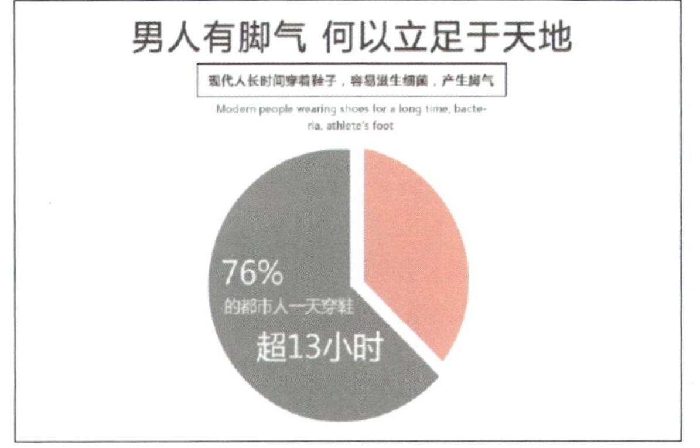

图7-182

19 接着设计一个因为穿劣质袜子而引发的情况。新建图层，使用“矩形选框工具”绘制选区，填充颜色（R:236，G:235，B:233）作为这一部分的背景。前半部分的文案直接使用“横排文字工具”完成，后半部分的图片展示，先使用“椭圆选框工具”绘制圆形“饼图”，填充任意色，添加“描边”的图层样式，描边为3像素左右，复制两个“饼图”图层，为他们添加图层蒙版，根据每个情况的所占比例，对每个饼图以圆形为中心遮盖掉相应占比的部分。添加素材“儿童”（执行去色命令）、“臭鞋”（执行去色命令）、“漫画”并分别对“饼图”创建剪贴蒙版，再在饼图的下方输入每种情况的数据和相关分析，完成这一部分的设计，效果如图7-183所示。

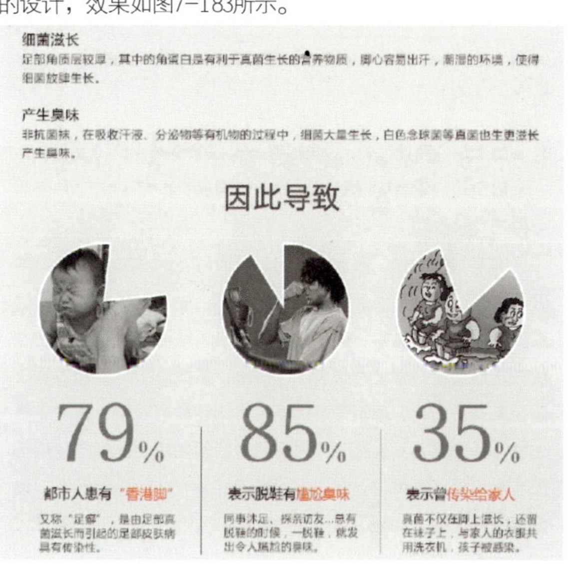

图7-183

20 最后是本产品的数据分析。标题部分通过复制上述步骤中的效果来修改完成，数据分析部分，先绘制圆形选区，填充颜色（R:236，G:235，B:233），再使用“横排文字工具”将分析的数据输入圆形。产品优势说明部分的设计原理同上，参考工具为“矩形选框工具”“椭圆选框工具”“横排文字工具”。两个部分的效果参考如图7-184和图7-185所示。

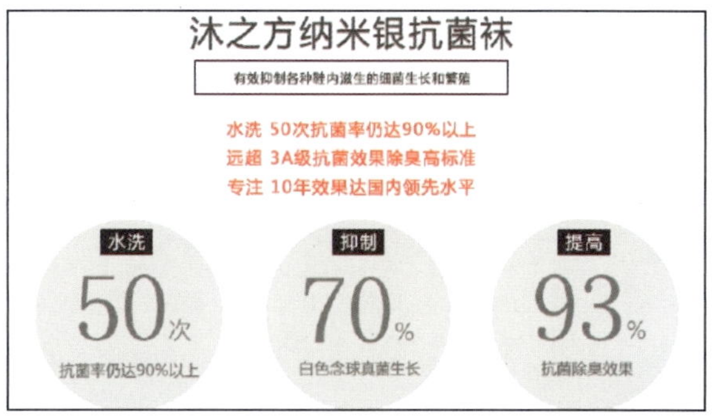

图7-184

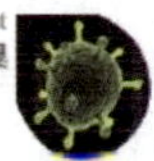
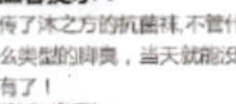

图7-185

总结

由于篇幅高度过长，效果预览详见附赠资源中的源文件。

每个模块设计完成后，要养成建组保存的好习惯，方便后续的二次修改和图层管理。

本案例的制作，重点和难点是页面颜色的选择，商务类的颜色，处理得不好就会让页面看上去不上档次，顾客看到就没有往下继续看的欲望。很多初学者，当顾客要求将很多数据展现在详情页中时就会考虑该怎样排版，怎样排版才能让数据既明显又有针对性，还不影响页面的协调性和美观性，这是令每一位设计师都感到头疼的问题，因为我们生活中见到的数据都是在表格中，要将数据自由排版考验的是大家的排版能力。该案例中的数据，如果采用单纯的文字，会缺乏视觉上的美感，所以这里为它们添加了一些装饰背景或生动的图片素材，让顾客在看这些数据时感到很舒服。

7.2 详情页分析与制作——珠宝饰品类

7.2.1 银镯详情页

实例位置	实例文件>CH07>7.2.1>银镯详情.psd、银镯详情.jpg
素材位置	素材文件>CH07>7.2.1>素材文件夹
视频位置	视频文件>CH07>7.2.1银镯详情页设计.mp4
难易程度	☆☆☆☆
知识要点	通过本案例的实操，读者需要灵活运用Photoshop基础工具，掌握图层混合模式的工作原理、图层样式的灵活调整、网络素材的灵活运用、特定风格的页面中素材创意搭配与合成设计，恰当的完成字体与页面的搭配效果、页面主色调与辅色调的选择等。

详情页缩览图

1.页面说明

佩戴银饰，早在古代就已经很流行，在当时银不仅是饰品，还是重要的货币，可以用来交换物品。提到银手镯，自然会联想到复古风、民族韵等特点，加上本产品使用民间纯手工制作的工艺，更加凸显了手镯的历史味道。页面前半部分主要是对手镯的制作文化和手工传承的简介，后半部分从手镯细节、实拍场景和佩戴人群来分析产品的优势和特色所在，前后交相辉映，使页面更加吸引人。

2.顾客从本案例中能够提取到的信息

本案例详情页的模块主要包括手镯文化简介、参数简介、手工传承、产品物语、纯手工的设计理念、手镯细节说明、实景拍摄展示等。

3.灵感与素材

古代的时候，无论男女都可以戴银手镯，女性戴银手镯是已婚的象征，男性戴银手镯则是身份的象征。除了身份的象征，银还有一个重要的特点，就是银饰的抗氧化性和光泽的持久性跟个人的体质有关，体质好的人会越戴越亮，而如果体质较弱、体内毒素较多的人，纯银饰品可能很快就会发黑，所以佩戴银手镯可以起到一个监测身体状况的作用，所以自古以来银饰才会如此受欢迎。该案例的设计灵感就是来自银的历史文化，素材选择具有中国代表性的民国旗袍服饰，加上产品本身经过手工雕刻产生的花纹以及对手镯表面的上色处理，充分展示出产品怀旧、复古的特点，让详情页更加充满了历史韵味，视觉效果更加突出。

4.绘制流程

01 打开Photoshop，执行“文件>新建”菜单命令，或者使用快捷键Ctrl+N打开新建对话框，设置参数，新建画布，如图7-186所示。

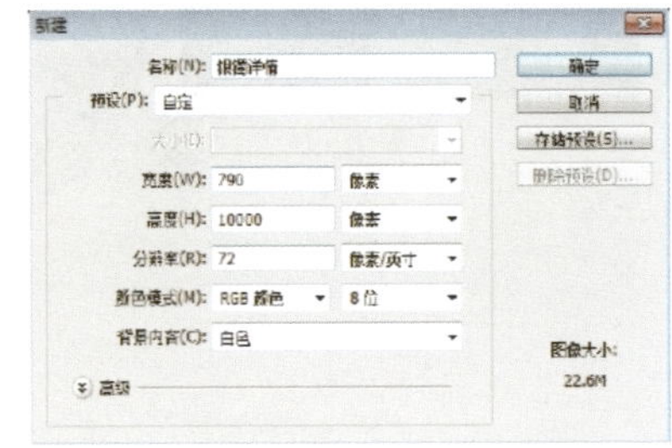

图7-186

02 详情页的第一步先设计一张标题说明海报，将产品名称展现在顾客面前。既然我们在分析时就提到了这个产品具有怀旧、复古等特点，这里的背景我们就选择用复古效果的纹理填充，将素材“背景”拖入画布，再将已经创作好的素材“花丛”拖入画布，将其置于“背景”图层的上方，“花丛”素材的中间位置用来填写手镯的标题，标题颜色为（R:215，G:166，B:0），使用“横排文字工具”将描述标题输入到“花丛”素材中间的黑色区域，如图7-187和图7-188所示。完成之后将“花丛”之后的图层建组，命名为poster1并保存。

图7-187

图7-188

03 第二模块先讲解一下品牌文化，再展示一张产品效果图，进而渲染出手工纯银手镯的历史氛围。首先制作标题用来简要的说明品牌文化，使用“横排文字工具”输入品牌的标题，英文采用一个比较特别的欧式书写体，参考字体为Champignon。完成基本的排版之后，添加素材“装饰”“印花”，素材“印花”为白色，单击图层面板下方的“添加图层样式”按钮打开“颜色叠加”对话框，设置一个与素材“装饰”接近的颜色（R:82，G:76，B:65），对效果图层进行建组，命名为“品牌文化 标题”并保存，效果如图7-189所示。

图7-189

04 第二模块中再设计一个产品效果图，使用一些复古、有历史气息的素材进行氛围的渲染，如旗袍美女素材“女1”、一盏复古的路灯素材“街灯”以及一副画框素材“相框”等。用多个素材来完成一个效果的设计，对初学者而言，是先将脑海中想到的相关素材都添加到画布中，再来进行合成，所以这里将素材“女1”“街灯”“相框”都先添加到画布中，将“女1”移动至画布左侧，“相框”移动至右上侧（右下方用来展示产品图），“街灯”移动至左上侧，图层顺序移动至“女1”下方并对其添加图层蒙版，将多余的藤蔓部分进行遮盖处理，完成基本的排版如图7-190所示。

图7-190

05 完成上一步的大致排版后，再进行细化处理，打开素材“抠1”源文件，将抠取好的产品图素材“抠1”连同其阴影图层一起拖入画布，将“阴影”图层混合模式改为“正片叠底”，使用柔角，适当使用“橡皮擦工具”将“阴影”图层处理得自然协调。这时可以看到，“相框”与产品色彩及整个页面的色调不相符，所以将“相框”图层的图层混合模式修改为“明度”，不透明度降低为75%左右，在相框上方再添加素材“鹦鹉”进行装饰。将人物素材“女1”进行自由变换（快捷键为Ctrl+T，水平翻转），使她的脸部朝向产品，如图所示7-191所示。

图7-191

06 接下来为产品展示部分添加素材“文案”。将其移动至“相框”下方，调整大小位置，使其自然地装饰在“相框”内部。在“女1”图层下方添加素材“玫瑰”，将图层混合模式改为“正片叠底”，适当调整大小，再添加素材“盆景”进行修饰。将产品展示的部分建组，命名为“品牌文化”并保存，最后的效果如图7-192所示。

图7-192

07 手镯详情页的第三个模块是制作产品参数，将素材“标题框”添加到画布中，中间部分保持不变，对左右两边进行拉伸处理，使其铺满画布，复制上一步中的“相框”“玫瑰”“街灯”“鹦鹉”并排版在画布中，如图7-193所示。再添加素材“留声机”和抠取好的产品图“抠2”，对“抠2”的阴影图层进行阴影处理。在“相框”中使用“横排文字工具”输入产品参数，使用“直线工具”绘制形状分隔标题，如图7-194所示。配合“直线工具”“椭圆工具”绘制产品内径尺寸和宽度尺寸的产品示意图，最后得到的效果如图7-195所示。将参数模块建组为“参数”并保存。

图7-193

图7-194

图7-195

提示

产品图在拍摄时产生的阴影是最自然的，白底的图片，可以在抠取时单独再选取一个图层用来抠取产品的阴影面积，当产品和阴影两个图层一起添加到画布中时，再使用图层混合模式和橡皮擦（或添加图层蒙版）进行阴影的制作，这样做出来的阴影比画笔绘制出来的更加自然真实。

整个详情页背景素材的高度可以自定，往下制作的过程中如果需要增删，可以使用自由变换工具（快捷键为Ctrl+T）或通过复制移动来完成背景的增删处理。

08 手镯详情页的第四个模块设计为产品的打造灵感。标题部分使用“横排文字工具”输入文案，在文字“历久弥新的爱”的左上方和右下方分别使用“直线工具”绘制装饰边角，如图7-196和图7-197所示。

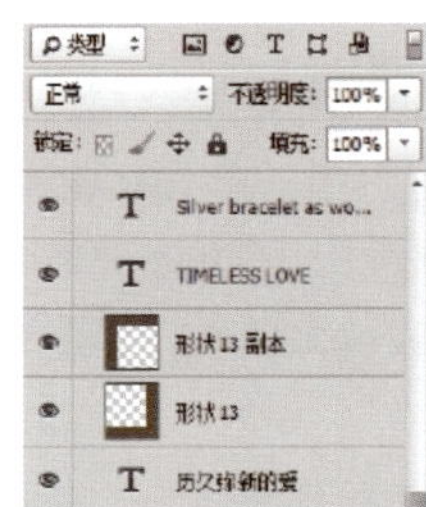

图7-196

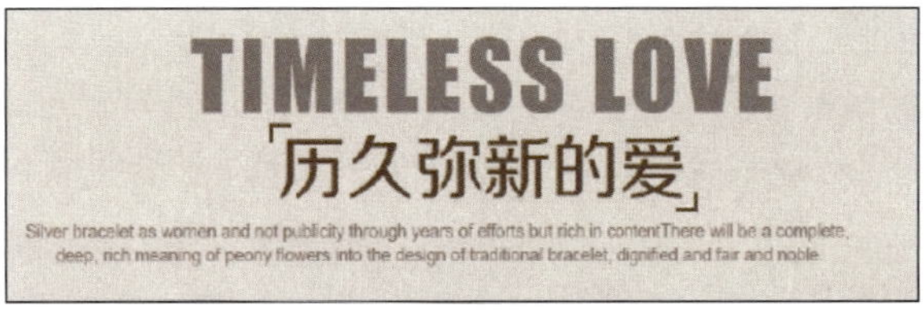

TIMELESS LOVE

「历久弥新的爱」

Silver bracelet as women and not publicity through years of efforts but rich in content There will be a complete, deep, rich meaning of peony flowers into the design of traditional bracelet, dignified and fair and noble

图7-197

09 模块“打造灵感”的内容区仍然使用产品图与素材图搭配进行展示。添加素材“女2”“纸”，将素材“女2”移动至右侧，对素材“纸”执行自由变换命令，将光标移动至任意一个角进行适当旋转，之后将它叠放在素材“女2”的左下角，如图7-198所示，复制一层“纸”命名为“阴影”图层，放在“纸”的下方，按住Ctrl键并单击“阴影”的图层缩略图，将“阴影”层载入选区，填充黑色，图层不透明度改为25%左右，如图7-199所示。输入这一模块的文案，添加素材“抠2”及其“阴影”图层，整体效果如图7-200所示。对这一部分建组，命名为“打造灵感”并保存。

图7-198

图7-199

图7-200

10 下面设计一个简单的手工制作模块来展示纯银手镯的加工方法。首先制作标题，然后在标题中添加素材“木质”“蝴蝶”，将“蝴蝶”图层混合模式改为“正片叠底”，将图层的不透明度改为60%左右。在图层“木质”上方使用“横排文字工具”输入标题进行排版，效果如图7-201所示。标题制作好后，添加素材“制作”与“工艺”，左右排列在画布中，对“制作”添加图层样式“描边”，描边大小为4像素，描边颜色为（R:145，G:140，B:135），在右侧下方输入描述文案，效果如图7-202所示。对这一部分建组保存，命名为“手工制作”。

图7-201

图7-202

11 在“手工制作”模块中再添加一个“手工特点”部分。添加素材“刻字”“小镇”“女3”“咖啡语”，分别移动位置调整大小，然后排列在画布中，如图7-203所示。对“刻字”“小镇”“女3”这3个素材添加图层样式“描边”，使用上一步中的描边参数进行设置，这一部分左上方和正下方分别输入描述手工特点的文案，复制一层“咖啡语”，移动到该部分的下方，完成排版，效果如图7-204所示。将这一模块建组，命名为“手工特点”并保存。

图7-203

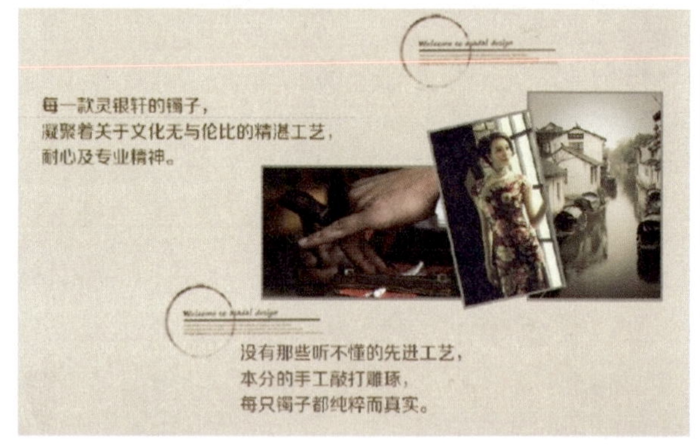

图7-204

12 第五个模块设计一个文化传承的说明。标题部分使用“横排文字工具”和“矩形工具”（绘制无填充的外边框）完成设计，建组保存，命名为“传承 标题”，效果如图7-205所示。

TIMELESS LOVE

人工细细打磨与雕刻，每一道痕迹，都是我们心中美好的回忆。

图7-205

13 标题设计好之后，在内容区域添加素材“编组”，并复制一层得到“编组副本”，对副本层进行垂直翻转，然后将其向画布下方移动，将二者组合作为这一模块的背景。新建图层，命名为“剪贴”，使用“矩形选框工具”绘制矩形选区，填充任意色，添加素材“女4”并对“剪贴”图层创建剪贴蒙版，如图7-206和图7-207所示。

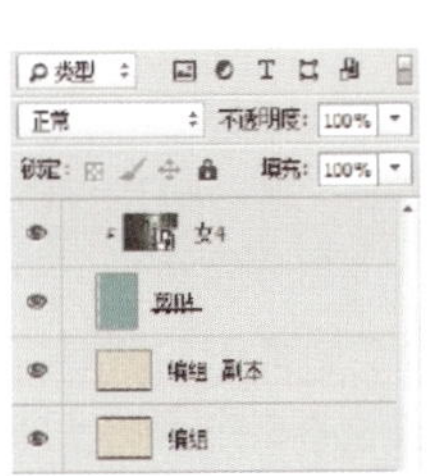

图7-206

图7-207

14 在上一步的基础上，使用“横排文字工具”输入文案，使用“直线工具”绘制分隔线并进行文案的排版。新建图层，命名为“遮罩”，使用“矩形选框工具”绘制矩形，填充任意色，添加图层样式“描边”，颜色设置为(R:233，G:225，B:225)，描边大小为3像素。复制图层得到“遮罩拷贝”，结合“自由变换命令”适当进行旋转，调整位置和大小，添加素材“图3”“图5”并分别对两个遮罩图层创建剪贴蒙版，效果如图7-208所示。

图7-208

15 制作“传承”模块的最后一部分。添加素材“抠1”及其“阴影”，阴影的制作原理同步骤5，移动素材位置到画布右侧，左侧使用“横排文字工具”输入传承描述文案，完成后的效果如图7-209所示。

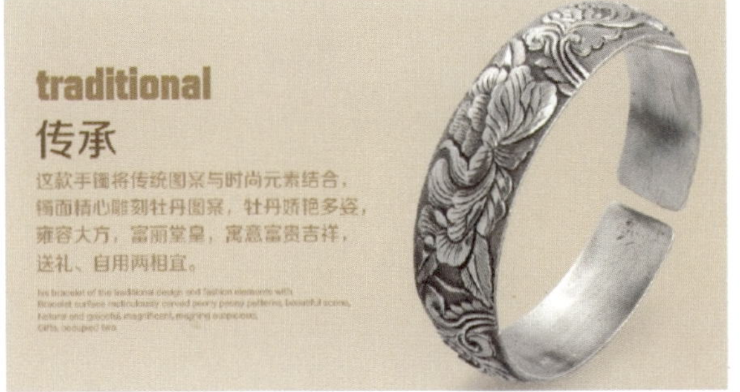

图7-209

16 手镯详情页的第六个模块是设计产品的“制作理念”。标题背景使用“矩形工具”进行绘制，填充颜色为(R:115，G:97，B:83)。使用“横排文字工具”输入标题，使用“直线工具”绘制标题前的分隔线，填充颜色为(R:185，G:170，B:155)。复制步骤9中的素材“纸”及其阴影图层，将其移动到这一模块的标题下方，通过“自由变换命令”将其适当旋转，使其直立在标题下方的画布中，在上方新建一个“剪贴”图层，使用“矩形选框工具”或“矩形工具”填充任意色，放在“纸”的中间。添加素材“图4”并对“剪贴”创建剪贴蒙版，在画布右侧输入描述文案，建组对这一部分进行保存，效果如图7-210所示。

制作理念 Production

以传统图案牡丹花结合当下流行的复古元素，外加传统手工匠们的精湛技艺，完美演绎在大时代下的浮沉人生和坚守爱情的执着信念，简单、醇厚、经典、历久弥新！

In the traditional pattern of peony production elements. and with the traditional atmosphereSilver combined with the traditional pattern, retro element into a popularPigment, and keep skilled craftsmen of the memory, the perfect interpretation of theUnder the era of Floating Life and stick to love the persistent belief, simple.Mellow, classic, old!

图7-210

17 “制作理念”模块后是产品细节说明模块。新建一个图层“填充”，添加素材“图6”并对“填充”创建剪贴蒙版，添加素材“花束”，将图层混合模式更改为“正片叠底”，然后输入细节描述文案，完成细节1的制作，效果如图7-221所示。

图7-211

18 其他细节部分的设计原理同步骤17，这里不再赘述，细节2与细节4如图7-212和7-213所示。

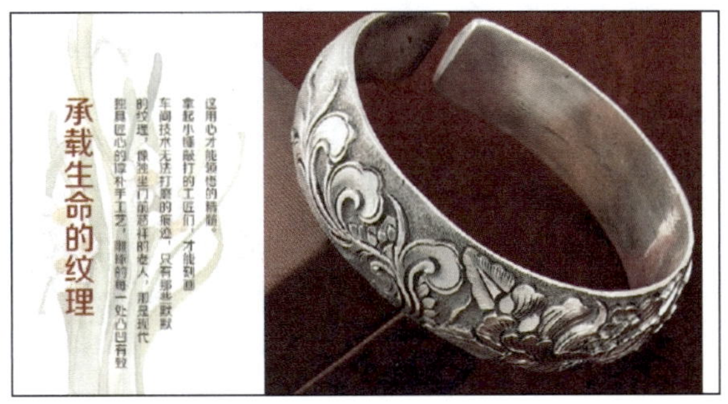

图7-212

图7-213

19 需要特别说明的是细节3，添加图片素材时大家会发现，素材“定型”是在制作现场拍摄的，特别能体现民间手工艺文化。在“细节3”中，添加图片素材“抠2”是为了突出产品的色泽和氛围，将“定型”进行了去色命令，目的是增加图片的视觉冲击感，加深顾客对产品印象，效果如图7-214所示。

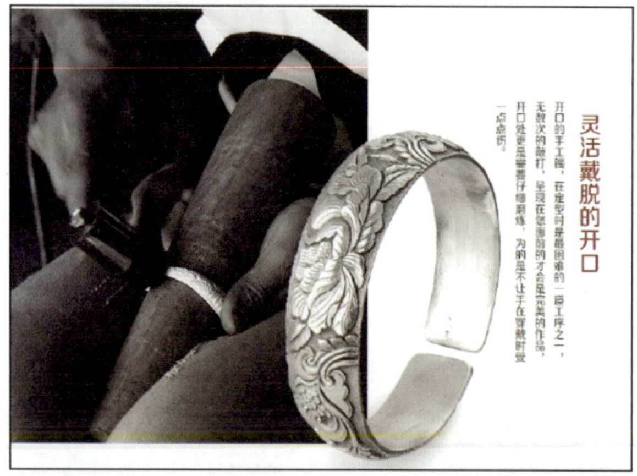

图7-214

20 手镯详情页的第七个模块是产品的实景拍摄展示。标题部分复制步骤16的效果并修改完成设计，实景展示以第一个场景为例。首先新建一个图层，使用“矩形选框工具”制作矩形选区，填充任意色，添加素材“图7”并对填充图层创建剪贴蒙版，调整位置和大小，使其位于画布中间，在展示图下方使用“横排文字工具”输入描述文案，效果如图7-215所示。

图7-215

21 实景拍摄展示模块并没有太多技巧性的知识，这里仅以第一个展示为例进行讲解，其他展示图的排版原理与步骤20相同，效果如图7-216和图7-217所示。图片如果处理得好或者拍摄时就拍得很不错，则可以直接将图片裁切之后堆叠在画布中，完成展示部分的制作，添加装饰性素材和文字都是为了保持整个页面的协调性。所以不管做多少，在实景展示这一模块中，产品图才是主角，但不能使用太多素材，否则素材会将主角的色彩削弱，而且还会让页面有一种凌乱的感受。

图7-216

图7-217

22 最后一个模块是简单的赠送人群介绍，简要说明纯手工银手镯可以赠送给哪些人。标题部分使用“横排文字工具”完成，人群展示区域添加素材“送父母”“送闺蜜”“送爱人”“送自己”以及产品图“抠3”，这些图片使用简单的排版即可，描述文案部分使用“矩形工具”和“横排文字工具”即可完成制作，效果如图7-218所示。

图7-218

总结

由于篇幅高度过长，效果预览详见附赠资源中的源文件。

纯银手工手镯详情页设计，页面的重点在于如何使用色彩和创意来体现产品的最大卖点——纯手工、纯银。首先根据分析，色彩上我们选择带有复古氛围的背景作为整个页面的主色调，风格则采用有历史韵味的民国风素材，旗袍、怀旧相框、民间手工艺等素材的加入，进一步升华了产品的主题，加上产品本身通过上色后的怀旧复古风格，让这些素材都很和谐地搭配在一起，使顾客看了有一种赏心悦目的感觉。如果在页面效果上就吸引了顾客，那这个页面被访问的深度和产品的成交率也会得到很大的提升。

7.2.2 太阳镜详情页

实例位置　实例文件>CH07>7.2.2>太阳镜详情.psd、太阳镜详情.jpg

素材位置　素材文件>CH07>7.2.2>素材文件夹

视频位置　视频文件>CH07>7.2.2太阳镜详情页设计.mp4

难易程度　☆☆☆☆

知识要点　矩形工具组、剪贴蒙版工具、图层混合模式、文案排版与创意、色彩选择与搭配等。

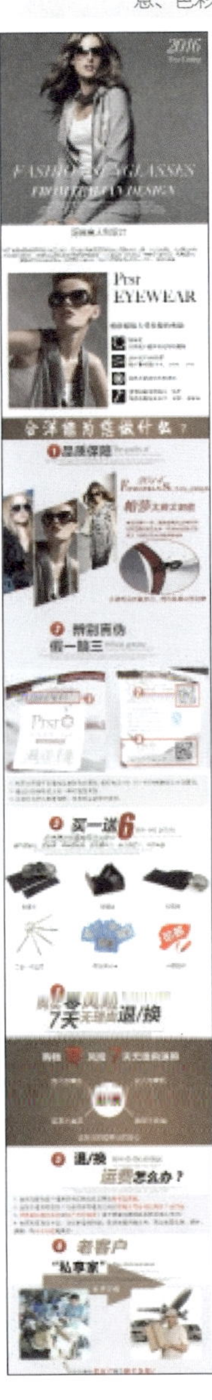

详情页缩览图

1.页面说明

戴太阳镜不仅是为了遮挡刺眼的阳光，保护眼睛不受紫外线的伤害，还因为它在很大程度上扮演着装饰的作用。都市人出行，穿着时尚，佩戴一副遮光太阳镜，既时尚又实用。所以太阳镜的详情页设计，要体现其功能，更要体现其高大上的风格。

2.顾客从本案例中能够提取到的信息

帕莎太阳镜是大家比较熟悉的品牌，本案例太阳镜详情页的设计，主要从品牌背景、质量保障、太阳镜的功能、产品属性、产品细节、使用效果和产品实拍展示等多个模块来讲述产品的详细内容。

3.灵感与素材

本案例是根据店铺掌柜提供的素材，以及对产品卖点的挖掘来进行设计，整个页面重点是前半部分的质量保证、产品真伪的鉴别、回馈老客户的优惠政策、产品的细节展示以及使用的真实效果，素材除了摄影师拍摄的图片、网络素材，还有品牌厂商提供的模特照、眼镜的画册等（大品牌的每一个产品，都会配相应的产品参数、模特实拍、产品的详细介绍说明等相关宣传资料）。

4.绘制流程

本案例的设计，一开始就直奔主题，优先设计产品的品牌优势和相关保障，勾起客户的向下浏览的欲望，然后插入产品参数，接着设计产品的细节和实拍效果（眼看为实，优秀的、合适的图片起到很重要的作用）。当然，品牌的知名度和明星的代言，对提高产品成交率也有很大的促进作用。

01 打开Photoshop，执行“文件>新建”菜单命令，或者使用快捷键Ctrl+N打开新建对话框，设置参数，新建画布，如图7-219所示。

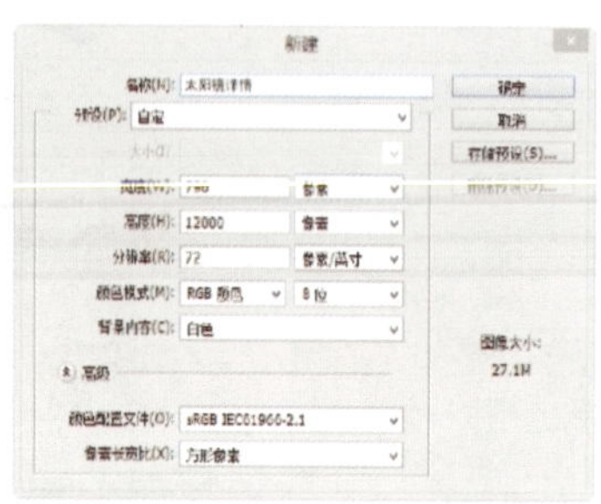

图7-219

02 既然有厂家提供的画册，对于页面最开始的小海报设计来说，模特图就是最好的设计素材，因为模特的知名度会使其说服力远远比一张很有创意的作品高很多，所以先使用模特图素材设计一张展示海报。新建一个背景层“海报背景”，填充黑色（因为后面的素材背景也是黑色），执行“文件>打开”命令或按快捷键Ctrl+O或直接将文件拖入Photoshop中，打开素材“模特1”，添加图层蒙版，使用适当大小的画笔涂抹“模特1”背景，使素材与背景融合。然后使用一些杂志常用的英文字体制作海报的文案，这里使用白色字体的效果显得最好，黑白配一直都很经典，适当排版后的整体效果如图7-220所示。

图7-220

提示

只要经常浏览时尚品牌或者经常逛大商场的读者朋友们都知道，大牌产品的宣传图片，一般都不会使用太复杂的风格，简单的模特图配上一些欧式风格的英文字体，就足以让观众在视觉冲击上产生深刻的印象，起到的宣传效果也会比没有模特代言的创意海报更好。

03 加入品牌的背景，需要注意的是，如今出门就是广告，小卡片满天飞，如果这里一味地表达产品有多么大牌，质量多么好，这样起到的效果必然适得其反，所以这里以小故事的方式进行讲述，让浏览者不仅不会反感，反而会耐心地把故事看完。接着把厂商提供的介绍太阳镜简要功能的素材“画册图”放入页面，如图7-221所示。

图7-221

> **提示**
>
> 这里使用画册的素材，是因为设计详情页的过程中，切忌一开始就设计大篇幅的文字，这会让顾客产生视觉疲劳，从而失去了向下浏览的欲望。厂商画册中的图片素材一般都不会使用太多的文字，因为厂商比我们更清楚什么样的图片搭配文字更能吸引人们的视线。

04 这一步直接进入顾客最关心的问题：质量、真伪性、性价比、优惠政策等方面的设计。最开始设计了一条横幅，使用素材“纹理”做背景，标题使用“合洋能为你做什么？”的提问方式，很多客户会因为这个问题继续浏览下面的页面，然后开始制作品牌保障模块。标题部分先将文案全部输入到画布中，然后进行排版。完成文案的输入后，模块的序号我们使用一个红色的底纹来加以区别，英文的加入是为了增加产品高大上的感觉，对于大众消费者，英文起到的作用仅仅是装饰的作用，所以将英文描述部分的字体缩小，排版效果如图7-222所示。

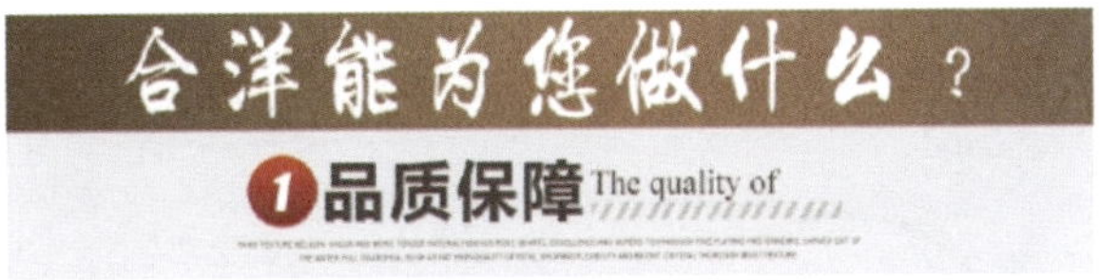

合洋能为您做什么？

1品质保障 The quality of

图7-222

05 标题设计好后就开始对内容进行设计。首先使用“矩形选框工具”绘制竖的平行四边形，填充任意色，加入素材“模特2”“模特3”“用途2”，并将素材对平行四边形创建剪贴蒙版，调整尺寸和位置。然后在右侧下方使用椭圆工具绘制椭圆，设置（R:150，G:50，B:40）的颜色进行描边（或使用两个椭圆选框填充颜色缩放大小，再对素材创建剪贴蒙版）。对产品图片创建剪贴蒙版，输入文案，文案的颜色采用椭圆的描边色（描边和字体的颜色都是根据使用的眼镜素材“酒红1”来搭配，读者也可以尝试混搭其他颜色），适当排版后的整体效果如图7-223所示。

图7-223

> **提示**
>
> 这里绘制四边形图案背景的方法只讲述了一种，但条条大路通罗马，设计师还可以根据自身情况选择钢笔工具绘制或者矩形工具配合蒙版工具绘制。这里设计的文案字体搭配，考验的是设计师的色感与字体应用能力，这并不是教程所能给予读者的，需要自己多看、多练才能掌握。

06 下面设计辨别产品真伪的模块。标题的设计原理同步骤4，此模块设计考验的是设计师对文字的应用能力。内容区则使用简单的产品细节拍摄图，可以辨别真伪的地方使用红色边框标记，然后新建文案描述的背景图层，填充浅灰色（R:240，G:240，B:240），输入鉴别真伪的文案，如图7-224所示。

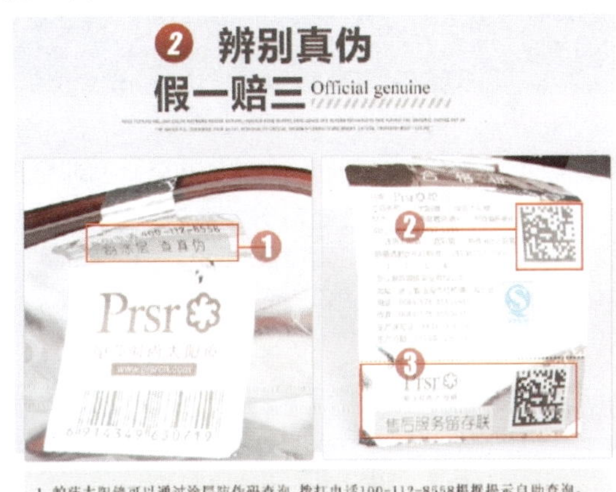

图7-224

07 接着是优惠政策模块。这一模块是很多顾客都会特别留意的模块，所以我们这里将购买即送的赠品罗列出来，增加产品卖点，激发顾客购买欲望。注意，标题部分将赠送的数字使用大号红色字体突出，设计原理同上，效果如图7-225所示。

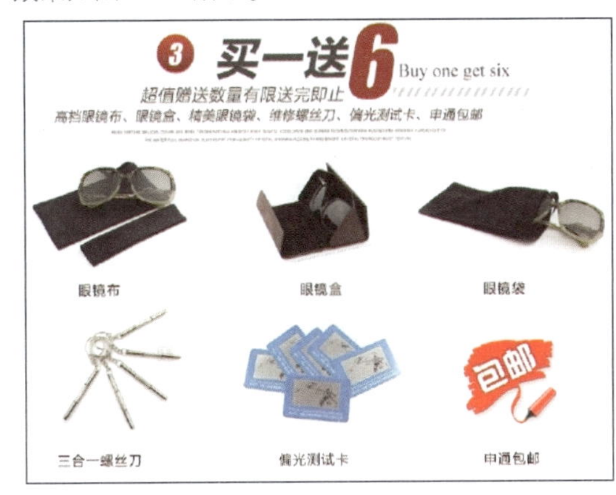

图7-225

08 顾客如果在店铺产生了购买欲望，那接下来他们关心的就是产品的售后问题了。所以我们这里把售后的一些优惠政策通过图片表达出来，如图7-226所示。

图7-226

09 接着继续加大对顾客购买欲的攻势，刚才已经保障了产品退换的优惠，现在明确如果产生退换货了，邮费该由谁来承担的问题。标题部分的设计原理同上，退换货的详细说明采用背景加文案的方式突出，文案使用主色调黑色和突出色红色搭配，用红色标记出关键词，如图7-227所示。

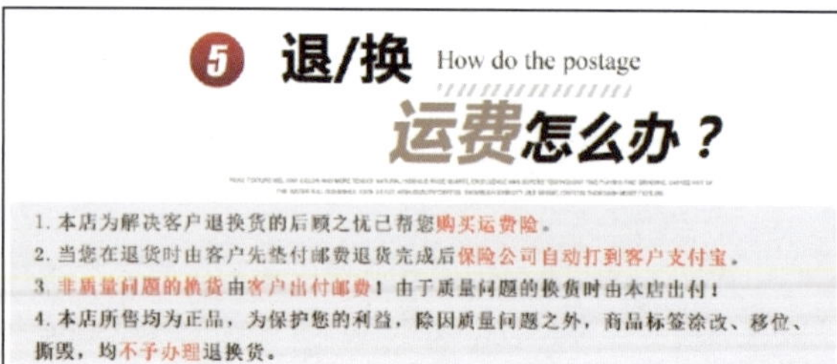

1. 本店为解决客户退换货的后顾之忧已帮您购买运费险。
2. 当您在退货时由客户先垫付邮费退货完成后保险公司自动打到客户支付宝。
3. 非质量问题的换货由客户出付邮费！由于质量问题的换货时由本店出付！
4. 本店所售均为正品，为保护您的利益，除因质量问题之外，商品标签涂改、移位、撕毁，均不予办理退换货。

图7-227

10 最后是店铺对于老顾客的专属优惠政策，这一模块对于维护客户、提升客户的黏合度有很好的作用，如果让老顾客体会到自己在店铺中拥有独立的权利和优惠政策，自然会刺激老顾客产生再次购买的欲望。这一模块的设计原理与上步相同，此处不再赘述，使用的素材是“打包”“物流”，效果如图7-228所示。

图7-228

提示

一个爆款的详情页制作可能会经历很多次的改版，但产品的卖点都是经过无数的订单，通过与客户的沟通得到的，将这些客户关心的问题都展现在产品页面中，不仅能分担客服的接待量，还能增加客户的信任度，为产品加分。当然产品类目不同，客户所关心的卖点可能会有所差别。

11 本案例的详情页采用开门见山的方式，一开始就抓住顾客的心理来表达店铺产品的整体情况。接下来插入产品的参数和实拍效果图，让顾客能看到产品的具体样貌。首先是标题“产品属性”的设计，仍然使用上述步骤中的黑体字搭配英文来设计，原理同上。然后使用素材“茶色”作为参数部分的产品展示，参数是一些眼镜类产品应该具备的、顾客关心的数值，下方则使用素材“模特6”与眼镜图片素材“茶色”“粉红”“深绿”“咖啡”“黑色”“酒红”搭配来展示每一种颜色的实拍效果，整体感觉如图7-229所示。

图7-229

提示

产品参数部分的设计使用了产品实拍效果图搭配参数文案的设计风格，因为眼镜类产品对实用性和外观的要求很高，而这种设计方法让顾客可以一边参照实际图片，一边对比眼镜参数，更能表达出产品的各项属性，让顾客一目了然。

12 接下来是产品的细节展示说明。标题可以复制“产品参数”的效果并修改后得到，饰品类的详情页对产品的真实性和色差要求很高，为了防止色差太大而导致顾客退换货，图片不能处理得太过，一般使用“蒙版工具”或者“污点修复画笔工具”对素材图片进行局部处理（基础工具的使用在前面的章节中已经说到）。如果摄影师在拍摄时相机参数或打光未处理好，那就另当别论了。这里以第一个细节设计为例，添加素材“细节1”并调整大小，如图7-230所示。从图中可以看出，该图层与背景衔接生硬，而且素材“细节1”中有污点。

13 这里，我们可以使用“蒙版工具”为图层“细节1”添加图层蒙版，使用“黑色画笔”涂抹图片边缘，使之与背景融合在一起，最后配上简单的文字，效果如图7-231所示。这里的细节展示模块就是简单的文字和图片混合排版，简约清爽，给顾客的整体感觉也会很好。

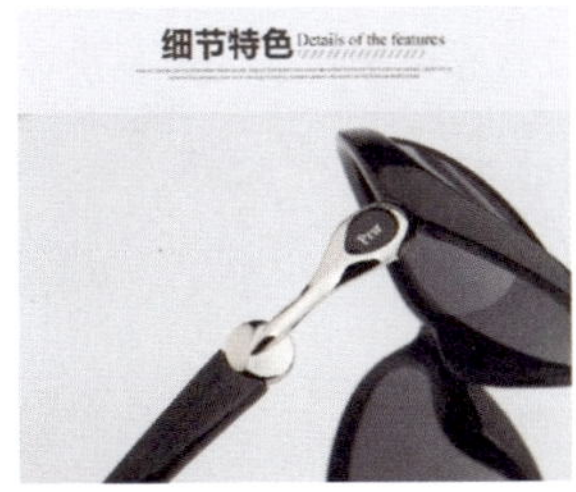

图7-230

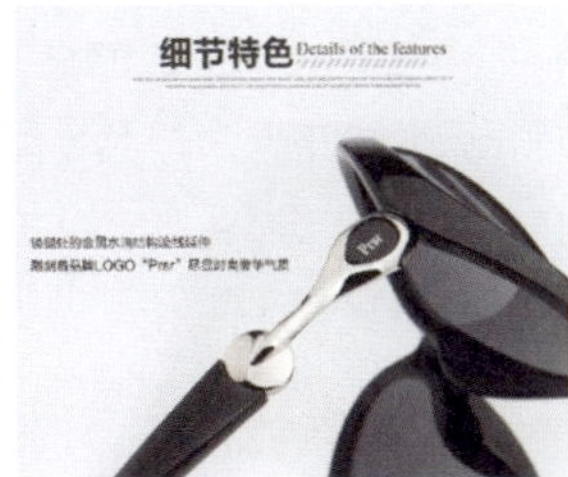

图7-231

14 其他细节的设计与“细节1”相同，不再赘述，参考效果如图7-232和图7-233所示。

图7-232

图7-233

15 接下来是产品摆拍的效果展示。在这个案例中，该模块其实就是简单的堆图效果，将产品不同角度的拍摄图片展示给消费者，以便观看产品外观，这里简单地配上两张展示效果图，如图7-234和图7-235所示。

图7-234

图7-235

16 接着是佩戴效果展示模块的设计。先设计说明偏光镜的定义和遮光原理，这里使用素材“模特7”和偏光镜的描述文案，如图7-236所示。然后是佩戴的效果实拍展示，使用素材“效果1”“效果2”“效果3”“效果4”，在效果素材上方再加入相应的描述文字，效果如图7-237所示。

图7-236

图7-237

17 接着是功能用途模块的设计。这一模块使用的设计方法很简单，就是图片和文案的混合搭配，使用的素材是“用途1”“用途2”“用途3”“用途4”“模特4”，方法简单，效果如图7-238和图7-239所示。

图7-238　图7-239

18 最后是时尚搭配模块的设计，排版原理同上一步，使用素材“时尚1”“时尚8”，效果如图7-240所示。

图7-240

总结

由于篇幅高度过长，效果预览详见附赠资源中的源文件。

通过该产品的详情页设计，想要给读者表达的思想是产品的设计并不是全部按照自己的喜好和擅长的风格来制作，电子商务产品的设计，很多时候需要结合掌柜的意见，因为掌柜在店铺运营中比网页设计师更明白顾客想要的东西是什么，也更明白顾客的心理诉求，所以很多时候按照设计师的想法做出来的效果都会被运营否定，需要重新修改。

案例主色调选择浅灰色，配合眼镜实拍的背景色，这样既可以省去烦冗的抠图步骤，提高工作效率，还能让页面产生清爽简约的感觉，也正好体现欧美时尚风格——“高、大、上”。

7.2.3 手表腕表详情页

实例位置　实例文件>CH07>7.2.3>手表腕表详情.psd、手表腕表详情.jpg

素材位置　素材文件>CH07>7.2.3>素材文件夹

视频位置　视频文件>CH07>7.2.3手表腕表详情页设计.mp4

难易程度　☆☆☆☆☆

知识要点　通过本案例的实操，读者需要掌握如何使用图层样式为页面素材制作创意效果，还需要学会使用搜集到的素材对产品进行特效制作，根据产品的色彩和外观风格定位详情页的色调，然后根据产品拍摄图挖掘产品的卖点，并通过页面的设计表达出来，呈现在顾客面前。

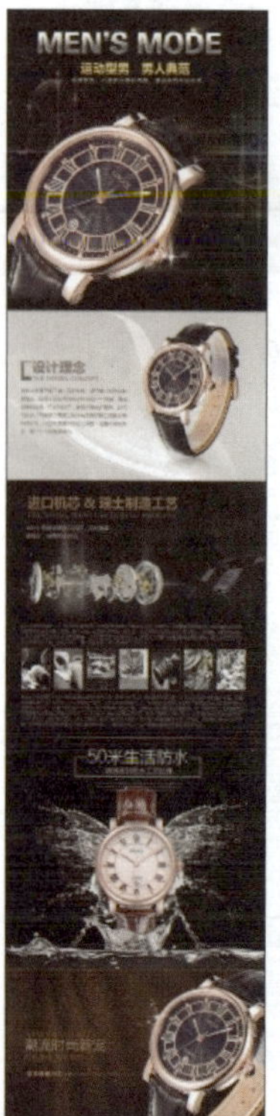

详情页缩览图

1.页面说明

根据对商品的分析，商品的风格为商务系列的男士手表。而对于商务男士系列的产品来说，使用暗色系会更加符合男人稳重、成熟的气质。由此分析，我们在页首就使用了黑色系来制作海报，接下来的制作工艺、参数解析、产品展示等模块均采用黑色背景，而这正好与产品拍摄图中光线打在产品上形成的反射构成了强烈的反差，更能凸显产品的外观和质感。

2.顾客从本案例中能够提取到的信息

本案例详情页的模块主要包括海报说明、产品设计理念、制造工艺、产品性能、设计灵感、产品参数、颜色分类、细节精讲与产品拍摄图展示、产品优势解析以及性能测试等。

3.灵感与素材

从产品外观、风格及摄影氛围来分析，产品属于成熟稳重的商务型男士系列，因此产品页面的色调应该使用暗色系，加之男士对产品科技感、艺术感的追求，所以要求我们要着重从产品的工艺、现代科技感以及外观的质感上下功夫，将产品独有的男人特性表现出来。整个页面模块清晰，功能特性展示讲解详细，设计的科技感也很强，暗色系的背景与产品本身由于光线产生的外观质感形成了极大的反差，进一步凸显了产品的特质。

4.绘制流程

01 打开Photoshop，执行“文件>新建”命令，或者使用快捷键Ctrl+N打开新建对话框，设置参数，新建画布，并填充颜色（R:95，G:62，B:32），如图7-241所示。

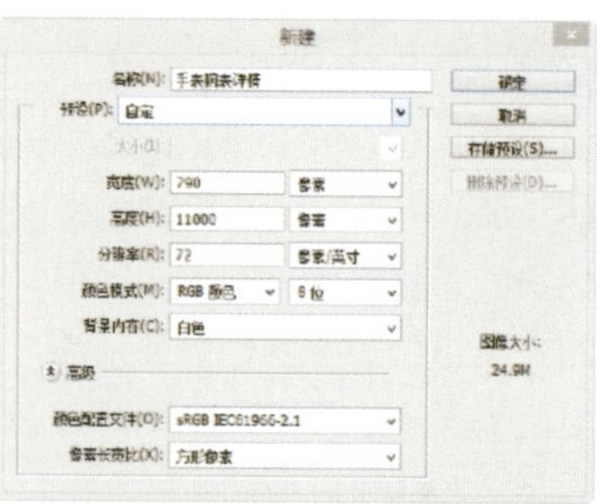

图7-241

02 设计详情页海报展示设计模块。首先使用“矩形选框工具”绘制矩形选区“黑色”，填充黑色，添加素材“科技”，调整大小和位置，为“科技”添加图层蒙版，使用“黑色画笔”擦除边缘部分，使其均匀地融合在“黑色”图层中，效果如图7-242所示。将“科技”图层的不透明度和填充都降低为60%，如图7-243所示。

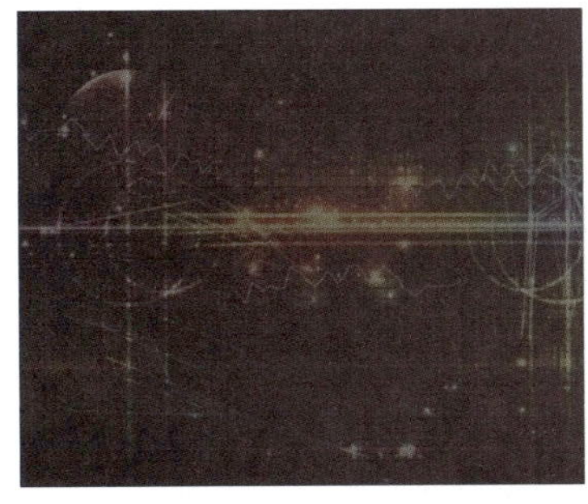
图7-242

图7-243

03 海报背景设计完成后开始添加素材。首先添加素材"1"，为它添加图层蒙版，使用"黑色画笔"涂抹"素材1"的四周，使其凸显出表盘，对表带进行遮盖，如图7-244所示。打开素材"光线"，使用"套索工具"裁剪出左下角的星星部分移动到详情页画布中，命名该图层为"光线"，位置调整至手表的边缘，产生闪亮的效果，图层混合模式更改为"线性减淡（添加）"，如图7-245和图7-246所示。

图7-244

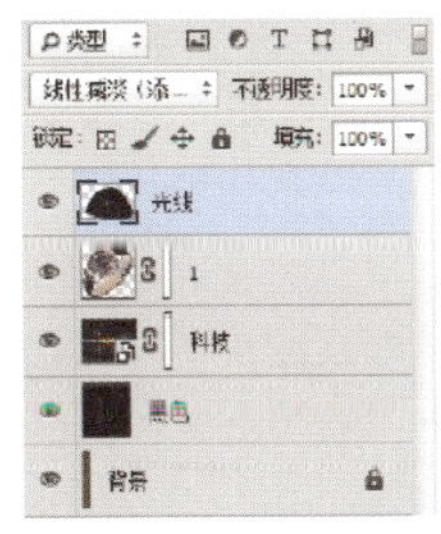
图7-245

图7-246

04 接着制作文案说明部分。输入文字"MEN S MODE"，然后分别为其添加"斜面和浮雕"的图层样式，参数设置如图7-247所示（每个参数都要仔细调整，否则效果可能发生改变），效果如图7-248所示。

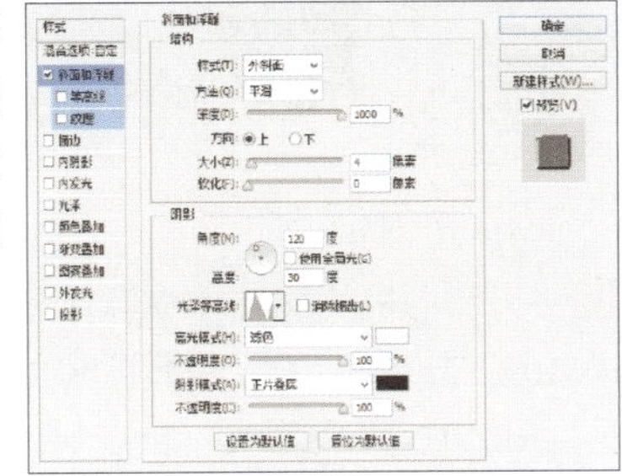
图7-247

图7-248

05 为文字添加图层样式"描边"，参数设置如图7-249所示。渐变预设设置如图7-250所示，依次为黑—白—黑的渐变方式。

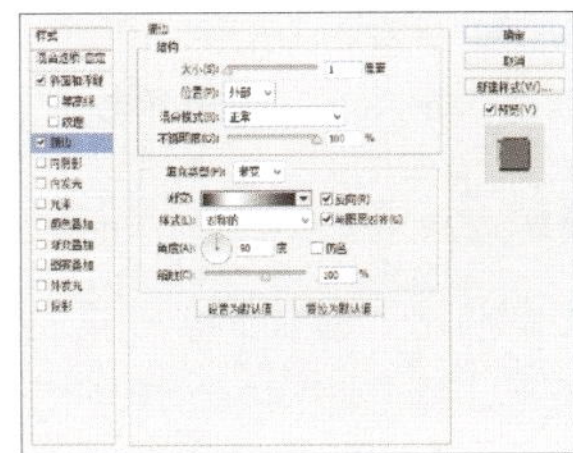
图7-249

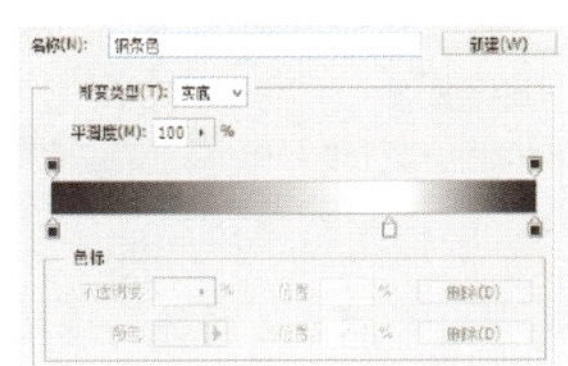
图7-250

06 再为上一步中的文字图层添加图层样式"内阴影"，如图7-251所示。再添加图层样式"内发光"，如图7-252所示。效果如图7-253所示。

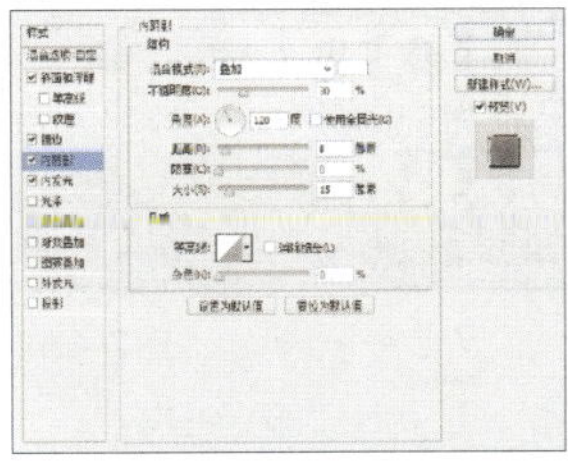
图7-251

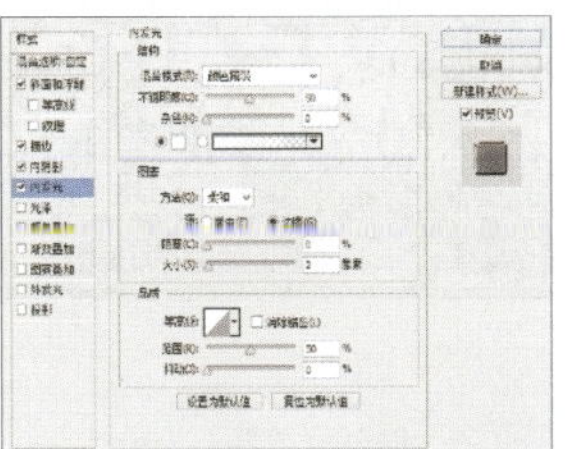
图7-252

图7-253

07 最后为文字添加图层样式"渐变叠加"，参数设置如图7-254所示。渐变设置如图7-255所示。

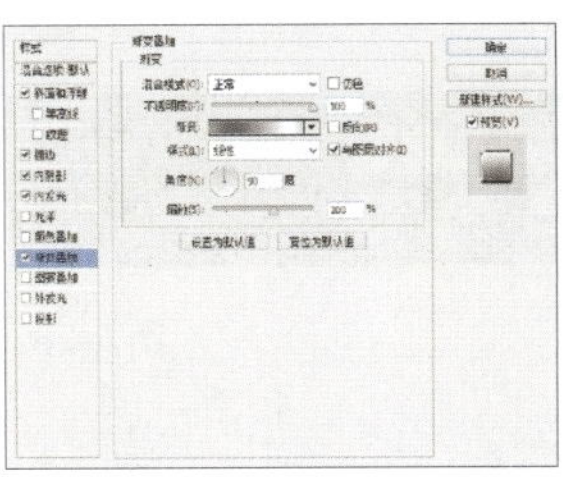
图7-254

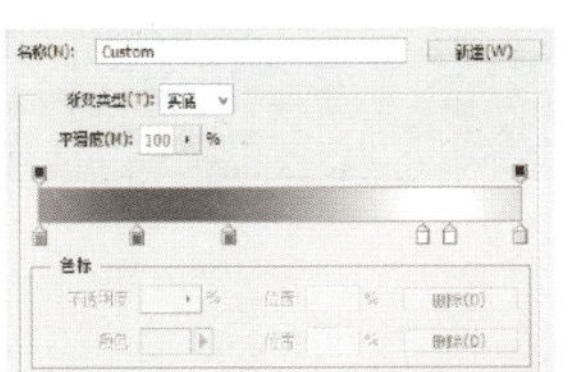
图7-255

08 最后在"MEN S MODE"图层上方新建一个图层，输入符号"' "，并将"MEN S MODE"图层的图层样式复制到新图层之上，完成后的文字效果如图7-256所示。此时的图层展示如图7-257所示。

图7-256

图7-257

提示

通过对文字添加图层样式的设计，为文字图层添加了科技感和质感的效果。同时也是通过上述几步告诉读者，熟练掌握Photoshop各项命令的工作原理，可以为我们的设计添加更多美好的色彩。

09 紧接着设计描述部分文案。使用“横排文字工具”输入二级描述文案，简单排版后，在二级文案的上下方分别使用“直线工具”绘制直线进行修饰，描边颜色为（R:83，G:67，B:51），绘制好再为直线图层添加蒙版，用“黑色画笔”涂抹两端，如图7-258所示。

图7-258

10 为二级文案“运动型男　男人典范”添加图层样式。首先添加“斜面和浮雕”样式，参数设置如图7-259所示。设置浮雕样式为“枕状浮雕”，深度为184%左右，高光颜色为（R:160，G:130，B:97）。此时效果如图7-260所示，能看到文字边缘出现了立体的效果。

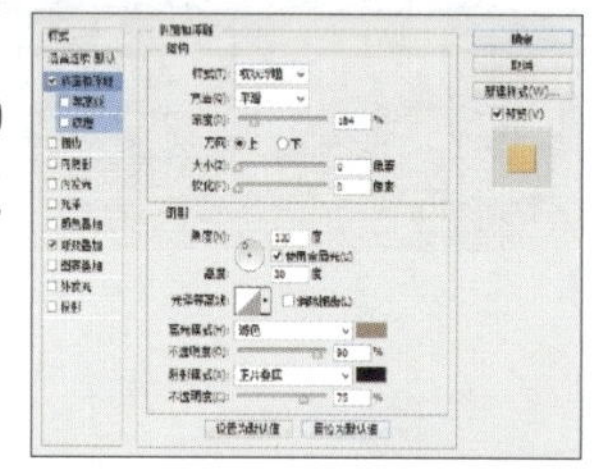

图7-259

图7-260

11 再为二级文案添加图层样式“渐变叠加”，渐变预设颜色从（R:240，G:187，B:55）到（R:253，G:230，B:148），参数设置如图7-261所示。再为小字部分也做相似的图层样式，最终二级文案效果如图7-262所示。

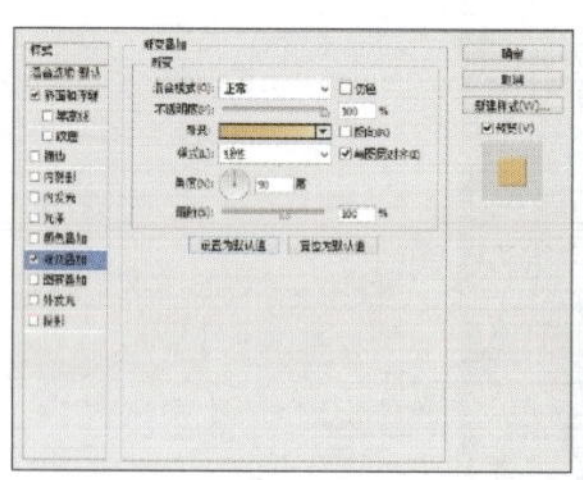

图7-261

运动型男　男人典范

图7-262

12 制作海报模块的最后部分。打开素材“光线”，使用“套索工具”裁剪出右上角的光源，拖放至详情页画布中，位置移动到文字右上方，将图层混合模式更改为“线性减淡（添加）”，如图7-263所示。最终海报效果制作完成，将这一部分图层进行建组保存，命名为poster1，效果如图7-264所示。

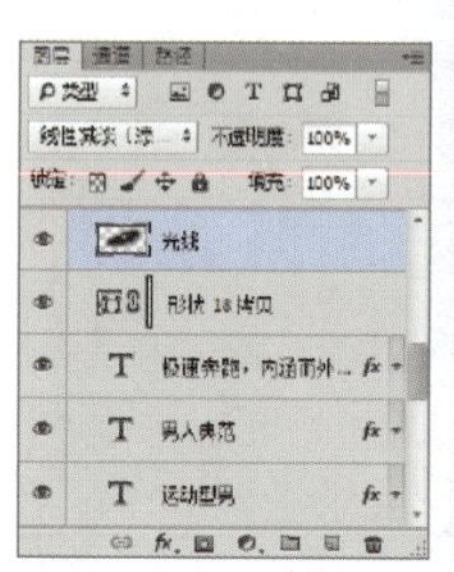

图7-263

图7-264

13 第二个模块制作产品的设计理念。添加素材“线条”，将它适当缩放，平铺在画布中，添加产品素材“1”，调整大小和位置，如图7-265所示。复制一层得到“1 拷贝”，按快捷键Ctrl+T对拷贝图层进行自由变换，进入自由变换状态后，单击鼠标右键选择“垂直翻转”，按回车键退出自由变换状态，将拷贝层移动到“1”的下方对称位置，如图7-266所示。

图7-265

图7-266

14 为“1 拷贝”图层添加蒙版，用黑色的画笔涂抹拷贝层的下方部分，出现镜面投影的效果，然后将“1 拷贝”图层的“不透明度”改为50%，如图7-267所示。最终效果如图7-268所示。

15 使用"横排文字工具"在左侧位置输入描述文案，字体颜色设置为（R:102，G:101，B:100），标题部分使用"矩形工具"绘制修饰形状，填充的颜色与字体的颜色相同，最终完成设计理念模块的制作，效果如图7-269所示。

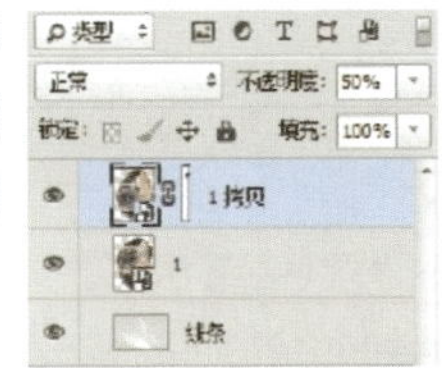
图7-267

图7-268

图7-269

16 详情页的第三个模块是产品制造工艺的说明。使用"矩形工具"绘制"模块背景"，填充颜色为黑色。添加素材"芯片""电子"，调整大小和位置，使它们水平排列，为"芯片"添加图层蒙版，用"黑色画笔"涂抹外边缘，使它隐约显示，如图7-270所示。

图7-270

17 这里的"电子"背景有些空，可以使用修饰素材充满它。添加素材"光源线"，将图层混合模式更改为"滤色"，不透明度更改为70%，图层位置移动到"电子"和"芯片"下方，为它添加图层蒙版，用黑色画笔涂抹外部，使它只显示素材"电子"周围的部分，图层效果如图7-271所示，效果如图7-272所示。

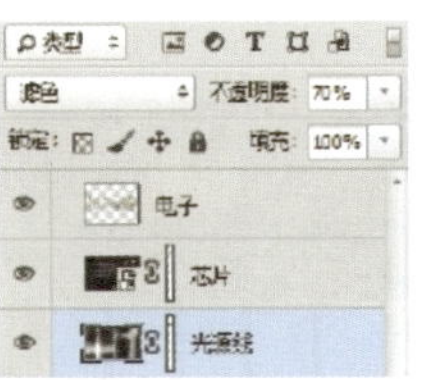
图7-271

图7-272

18 打开素材"光源线"，使用"矩形选框工具"和"套索工具"选取中间很亮的光线，截取出来后拖入详情页画布，按快捷键Ctrl+T进入自由变换状态，将截取的光线旋转90°，置于"电子"下方，产生横穿的效果，命名图层为"横穿"，将图层混合模式更改为"滤色"，如图7-273所示。同样添加图层蒙版，使用"黑色画笔"涂抹边缘，使中部最亮的光线横穿素材"电子"，效果如图7-274所示。

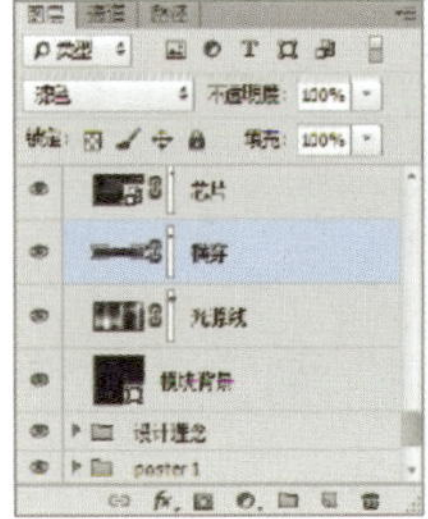
图7-273

图7-274

19 使用"横排文字工具"输入标题文案，修改字体颜色和大小后排放在该模块的最上方，标题部分字体颜色设置为（R:149，G:108，B:68），描述文案字体颜色设置为（R:153，G:153，B:153），效果如图7-275所示。

图7-275

20 接着在图片展示下方输入两段手表制作的相关文案，字体颜色为（R:153，G:153，B:153），效果如图7-276所示。在两段文字之间插入图片展示行，作为装饰效果。使用“矩形工具”绘制出一个矩形，填充任意色，设置描边颜色为（R:84，G:60，B:44），复制矩形并水平移动，排列出7个水平线上的矩形，如图7-277所示。

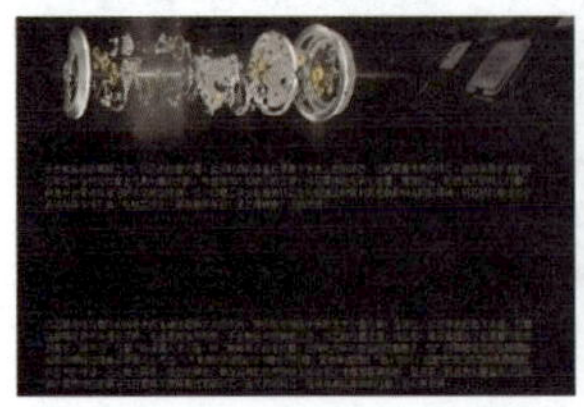

图7-276

图7-277

21 添加素材“加工”“清理”“机器”等图片素材，调整大小后分别对水平线上的矩形背景创建剪贴蒙版，并对它们执行“图像>调整>去色”命令，最终完成制作工艺模块的设计，效果如图7-278所示。

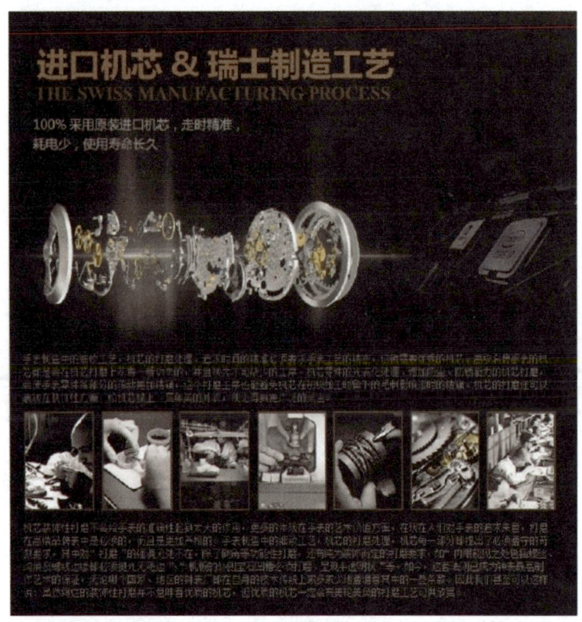

图7-278

22 设计一张防水的说明海报。添加素材“防水”，将素材“4”添加到画布中并调整大小和位置，如图7-279所示。回到“防水”图层，使用“套索工具”或“矩形选框工具”绘制表带区域的水花，复制出来后移动到素材“4”的上方，命名为“遮盖”，对表带进行遮盖，使素材“4”表现出浸入水中的效果，如图7-280所示。完成后依然对各模块的图层进行建组保存，如图7-281所示。

图7-279

图7-280

图7-281

提示

这一模块使用了现有的手表图片素材，所以不用单独对文案进行排版设计，感兴趣的读者可以在防水海报最上方新建图层，使用“矩形选框工具”选择出文字区域，并填充黑色，再使用“横排文字工具”和“直线工具”排版出现有的文案效果。

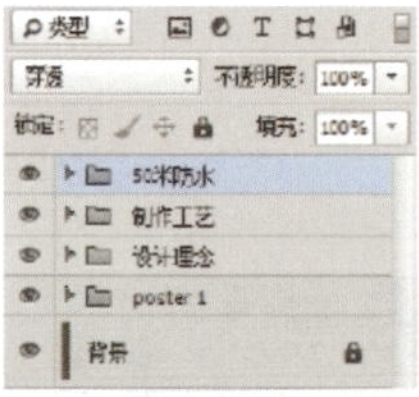

23 下面制作产品的设计灵感模块。该模块由两张海报组成，分别为“时尚新宠”和“设计灵感”。首先设计“时尚新宠”部分，同上述步骤，使用“矩形工具”绘制模块背景“矩形12”，添加素材“幕布”并对“矩形12”创建剪贴蒙版，使用“黑色画笔”涂抹“幕布”，实时调整画笔的不透明度进行涂

抹，效果如图7-282所示。添加素材“1”，调整大小和位置，对“矩形12”创建剪贴蒙版，将素材“1”的位置移动到“幕布”上方，打开素材“光线”，使用“套索工具”选取左上角的光源并移动到画布中命名为“光线”，将图层混合模式更改为“滤色”，如图7-283所示。将“光线”位置移动到手表的边缘，产生闪亮的效果，此时的效果如图7-284所示。

图7-282

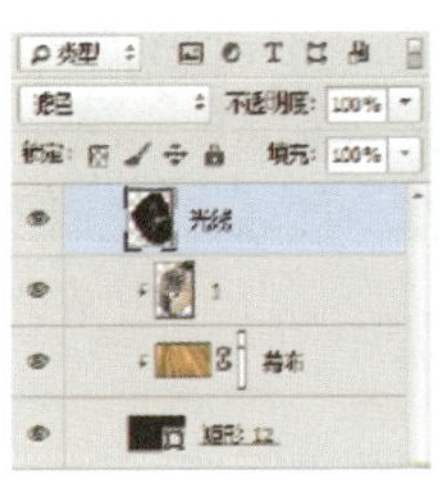

图7-283

图7-284

24 在“时尚新宠”部分的左侧输入描述文案，对标题“潮流时尚新宠”添加图层样式“投影”，字体颜色设置为(R:204, G:150, B:100)，参数设置如图7-285所示。简单排版后的效果如图7-286所示。

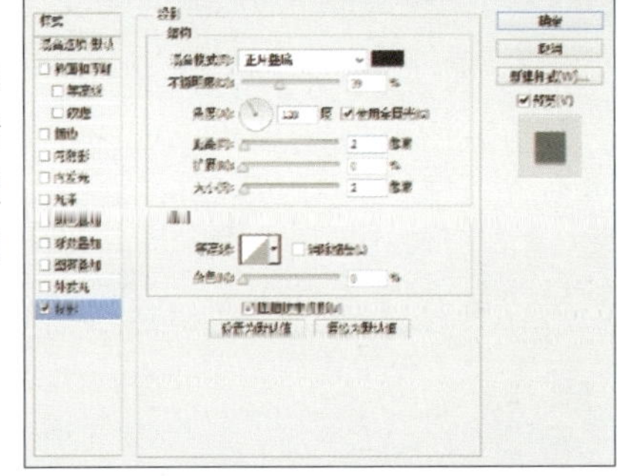

图7-285

图7-286

提示

“黑色陶瓷间金”文字背景有一条修饰性的模糊直线，这里简单讲解一下它的制作方法。首先使用“椭圆工具”绘制一个很扁的椭圆（形状近似于直线），填充颜色为(R:96, G:66, B:40)，禁用描边，然后执行“滤镜>模糊>高斯模糊”命令，高斯模糊半径设置为2像素左右，完成后将图层不透明度适当降低，即可完成文字背景的装饰线条设计。

25 完成“时尚新宠”部分的设计后，开始制作“设计灵感”部分。添加制作好的“图案背景”素材，再添加素材“2”并调整大小，将素材“2”的位置移动到画布右侧，添加图层蒙版，将素材“2”上下两端的表带部分进行擦除遮盖，将图层不透明度降低为65%，如图7-287和图7-288所示。

图7-287

图7-288

26 在手表素材“2”的上方，使用“直线工具”绘制凌乱的装饰，直线粗细可在1像素~2像素，填充颜色为(R:133, G:133, B:133)，绘制好后对直线图层进行合并，得到“直线合并”图层。可以看到“直线合并”图层边缘生硬，这时可以添加图层蒙版，调整画笔不透明度对其进行涂抹遮盖处理，效果如图7-290所示。

图7-289

图7-290

27 为了凸显设计感，可以对素材“2”进行滤镜处理，产生一种绘画的效果。对素材“2”执行“滤镜>滤镜库”命令，找到“素描”组中的“影印”滤镜，如图7-291和图7-292所示。最后在画布左侧输入文案进行排版，完成“设计灵感”模块的第二部分设计，效果如图7-293所示。

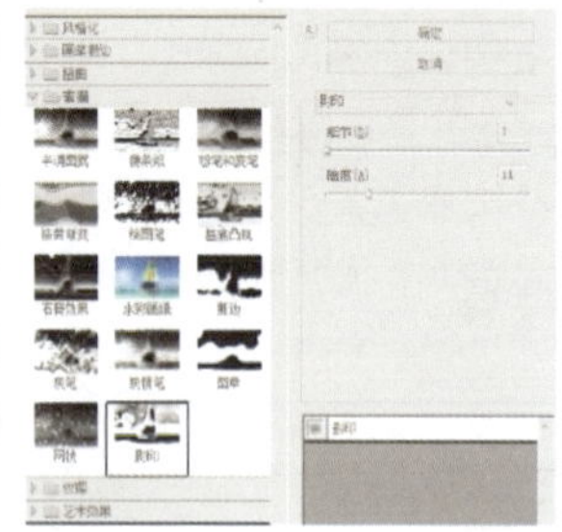

图7-291

图7-292

图7-293

28 第五个模块是产品参数的设计。首先打开素材“参数背景”源文件，将源文件中的图层拖放到详情页画布中，调整大小和位置，如图7-294所示。参数标题部分使用“横排文字工具”和“直线工具”进行制作，设计原理和参数与步骤12相同，这里不再赘述。添加素材“2”，并使用图层蒙版遮盖住素材的上下两端，使其自然融入背景，如图7-295所示。

图7-294

图7-295

29 在素材“2”上方使用“直线工具”和“横排文字工具”对手表的结构做简单的分析。使用“直线工具”绘制参数边框，填充颜色为(R:214，G:199，B:176)，然后为直线添加图层蒙版，用“黑色画笔”涂抹一端，使一端出现渐隐的效果，将图层的“不透明度”降低至45%左右，复制直线完成其他部位的结构边框，效果如图7-296所示。

图7-296

30 使用“横排文字工具”输入相应结构参数，颜色设置为（R:214，G:199，B:176），效果如图7-297所示。在画布左侧区域输入相关产品参数，字体颜色与结构参数相同，完成排版后效果如图7-298所示。

图7-297

图7-298

提示

在左侧参数部分中，使用了素材“图标”，使用“直线工具”绘制分隔线，填充颜色为(R:214， G:199，B:176)，禁用描边，粗细为1像素，图层不透明度降低至50%左右。

31 第六个模块是产品的颜色展示。标题部分先使用“矩形工具”绘制一个形状，命名为“矩形13”，填充颜色为（R:76，G:45，B:17），添加图层样式“斜面和浮雕”，如图7-299所示，效果如图7-300所示。

32 使用“矩形工具”绘制一个任意填充的形状“矩形14”，再使用“钢笔工具”将“矩形14”进行适当的变形，如图7-301和图7-302所示。

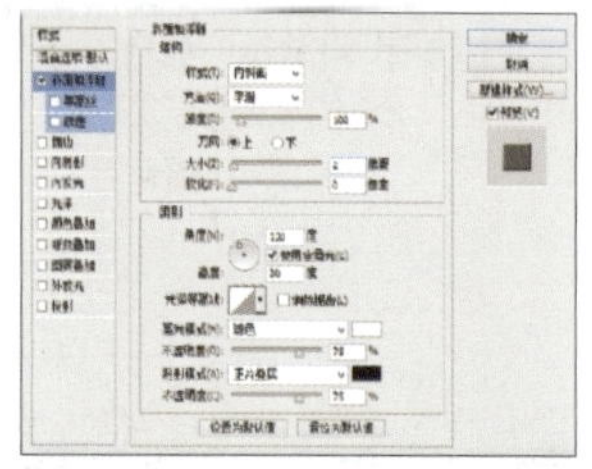

图7-299

图7-300

图7-301

图7-302

33 对变形的图层“矩形14”添加图层样式“斜面和浮雕”，浮雕样式设置为“内斜面”，深度为100%，浮雕大小为1像素，高光模式设置为白色的“滤色”效果，如图7-303所示。此时出现了简单的立体效果，如图7-304所示。

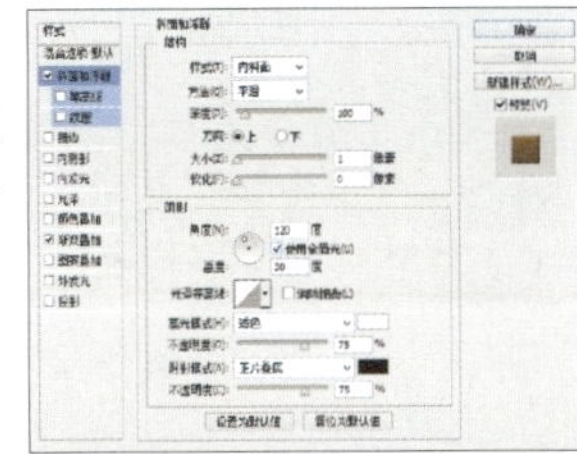

图7-303

图7-304

34 再为图层“矩形14”添加图层样式“渐变叠加”，如图7-305所示。将渐变条中的颜色设置为从（R:97，G:54，B:8）到（R:191，G:122，B:54）再到（R:156，G:102，B:51）的渐变，如图7-305所示。此时效果如图7-306所示。

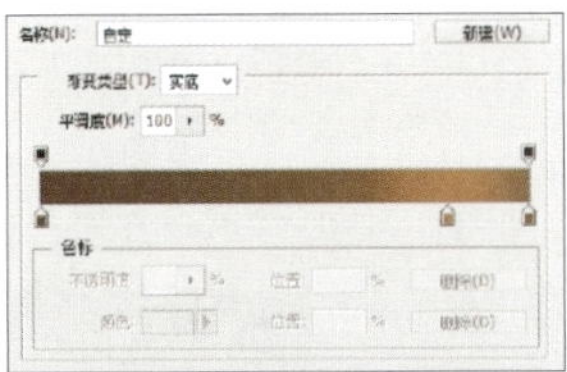

图7-305

图7-306

35 在“矩形13”下方新建一层“椭圆10”，使用“椭圆工具”进行绘制，填充颜色为（R:53，G:30，B:9），将其移动到“矩形14”的右侧，使两者衔接融洽，制作出“矩形14”的阴影效果，然后输入标题“颜色分类”完成标题的设计，如图7-307和图7-308所示。

图7-307

图7-308

36 标题设计完成后，添加手表素材“2”～“6”，调整大小，将它们水平排放在画布中，在图片下方分别输入颜色分类标题，如图7-309所示。

37 详情页的第七个模块是细节分析。对于标题部分，可以复制上一模块“颜色分类”的标题效果并修改文案完成。内容区域先使用“矩形工具”绘制黑色的模块背景，添加素材“1”，调整大小和位置，如图7-310所示。

图7-309　图7-310

38 添加素材“灯光”，为“灯光”添加图层蒙版，擦除边缘部分的亮光，将图层不透明度降低至25%，如图7-311和图7-312所示。

图7-311　图7-312

39 接着在左侧区域设计产品解析和图片展示，采用图文并茂的方法进行展示。以第一个解析为例，使用“圆角矩形工具”绘制“圆角矩形7”，填充任意色，描边设置为白色，圆角半径设置为5像素，然后再使用“直线工具”和“圆形工具”绘制解析指向线，如图7-313所示。

40 添加素材“15”并对“圆角矩形7”创建剪贴蒙版，再输入解析的描述文案，完成这一细节的设计，效果如图7-314所示，图层面板如图7-315所示。其余解析设计原理同上，读者可以采用复制的方法进行修改完成，最终效果如图7-316所示。

图7-313　图7-314

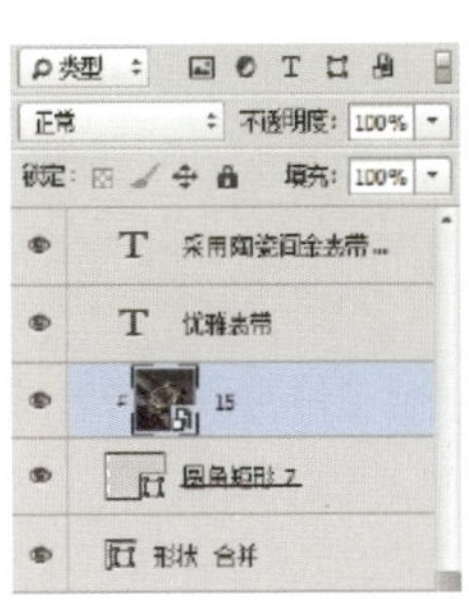

图7-315　图7-316

41 下面使用大图的形式来展现产品细节。仍然以第一个细节为例进行展示，其余的细节设计方法相同。使用“矩形工具”绘制“矩形18”作为细节1的背景，填充黑色，禁用描边。添加素材“2”并对“矩形18”创建剪贴蒙版，将素材“2”移动到画布右侧，为素材“2”添加图层蒙版，使用“黑色画笔”在手表边缘进行涂抹，如图7-317所示。

图7-317

42 打开素材“光线”，使用“套索工具”截取左下角的光拖入画布，命名为“光线1”，然后将其移动到手表的边缘处，将图层混合模式更改为“滤色”，如图7-318所示。用同样的方法将“光线”中右下角的光截取到画布中，命名为“光线2”，将图层“不透明度”降低为50%左右，将位置移动到画布左侧区域。使用“横排文字工具”输入细节描述文案，进行排版后完成细节1的设计，效果如图7-319所示。

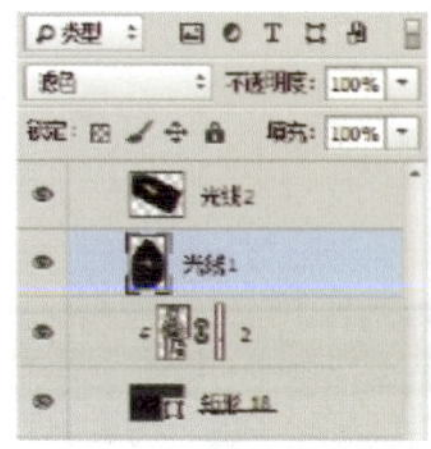

图7-318　图7-319

43 细节模块的其余部分设计方法同步骤38和步骤39，此处就不再进行讲解。详情页的最后，要对产品进行实拍的场景展示。标题部分的设计，还是复制上述模块中的效果并进行修改完成。内容区的展示以第一个场景为例进行详细的说明。首先，使用“矩形工具”绘制矩形边框“矩形25”，禁用填充，描边为1像素，颜色为（R:52，G:28，B:6），然后使用“矩形选框工具”绘制矩形选区“展示1”，将其放在“矩形25”之中，填充黑色，如图7-320所示。

44 添加素材“2”，调整大小，放置于画布中间，复制一层素材“2”得到“2 拷贝”层，按快捷键Ctrl+T将“2拷贝”切换至自由变换状态，右键单击“垂直翻转”，将其移动到与素材“2”对称的位置，如图7-321所示。

图7-320　图7-321

45 为拷贝层添加图层蒙版，使用“画笔工具”涂抹下方区域进行遮盖隐藏，同时将拷贝层的图层“不透明度”降低为50%，使其呈现自然的镜面对称效果，如图7-322和图7-323所示。

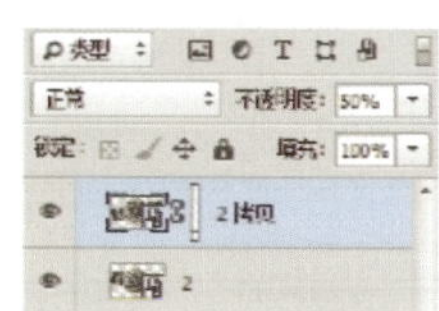

图7-322　图7-323

46 最后将文案描述部分输入到图片展示下方，完成实拍1的设计，效果如图7-324所示。其余实拍展示设计方法同上。

图7-324

总结

由于篇幅高度过长，效果预览详见附赠资源中的源文件。

该手表详情页的设计，相比前面的页面设计，难度有所上升，难点在于图层样式命令的使用。初学者很难把握住这些基础命令的工作原理，加上工作中大量使用素材，很容易忽略这些知识点，所以在设计这个页面时感到难度提高了很多。还有的初学者，使用基础工具时不够灵活，无法将各种命令联合使用，所以导致做出来的页面过于生硬，模块之间或素材之间的衔接不够合理。所以，在今后的设计工作中，要学会灵活运用Photoshop软件自带的各种基础工具，工具之间的参数也要灵活设置，设计过程中对前面做好的内容要不断进行微调整，这样才能不断培养我们对页面整体的把控能力。

7.3 详情页分析与制作——家居生活类

7.3.1 家居床具详情页

实例位置 实例文件>CH07>7.3.1>家居床具详情.psd、家居床具详情.jpg

素材位置 素材文件>CH07>7.3.1>素材文件夹

视频位置 视频文件>CH07>7.3.1家居床具详情页设计.mp4

难易程度 ☆☆☆☆

知识要点 经过这个案例的讲解，读者需要熟练掌握Photoshop软件抠图工具、钢笔工具、蒙版工具、画笔工具等基础工具的使用方法，重点学习根据产品图来选择合适的场景进行合成设计。通过该案例的学习，大家应该多了解不同的产品的分析和设计方法，学会家居生活类产品的页面色彩搭配，学会家居生活类产品的详情页设计分析和制作。

详情页缩览图

1.页面说明

家居生活类的产品详情页设计与服饰类的产品一样，场景图是最具有说服力的卖点，搭配简单的卖点文字说明即可制作出高大上的页面，床具产品也是一样。但现实中仅仅只有少数卖家可以花费高价寻找合适的场景对床具产品进行摆拍，很多卖家只是简单的搭个场景就进行拍摄，所以后期详情页的制作需要网页设计师选择合适的素材对产品进行合成，以达到相应的效果。该案例就教大家如何分析家居生活类的产品，以及详细讲解从拿到图片到完成设计的整个过程，帮助大家克服这一类产品详情页设计的盲区，让大家在今后接触到这类产品时不至于束手无策。

2.顾客从本案例中能够提取到的信息

本案例详情页的模块主要包括产品合成海报（从最直观的视角查看产品的面貌）、产品的优势点、购买的必要性、商品场景展示（经过后期合成的效果图）、商品实拍展示、商品细节分析、商品配套设施展示等。

3.灵感与素材

床具产品的详情页设计，顾客不仅关心产品材质细节，还在意产品的整体外观感觉。这跟服饰类的商品设计一样，衣服材质再好，如果跟消费者本人风格不搭，消费者也不会购买。床具类产品同理，所以床具详情页的设计，重点有二，其一是产品的制作选材，其二就是产品搭配在房间里给顾客带来的视觉感受。因此该详情页的设计，除了制作材料的细节分析，我们还要选择合适的素材，对产品进行合成，提供一种实景的视角供顾客参考。家居类的产品不宜使用人复杂的版面，能给人简约大气、轻松舒适的感觉即可达到预期要求。所以该详情页中，不管是主辅色调还是文案色彩，我们都采用了适中的色调，不会太艳丽，又模块分明，与白色背景刚好融合得当。不管产品本身还是场景，本案例中选择的都是中性色系，是大部分人都可以接受的色彩。

4.绘制流程

01 打开Photoshop，执行“文件>新建”菜单命令，或者使用快捷键Ctrl+N打开新建对话框，设置参数，新建画布，如图7-325所示。

02 第一个模块仍然设计一张详情页海报。首先添加素材“草原”并调整大小和位置，使用与天空颜色较接近的颜色，将“不透明度”设置为10%，对“草原”的天空部分进行涂抹，将白云部分进行淡化，方便后面文案的排版。添加素材“场景1”调整至合适的大小，放于“草原”的左下方，如图7-326所示。

图7-325

图7-326

提示

在对背景“草原”进行涂抹时，笔触的颜色可以在“草原”中获取。按Alt+鼠标左键单击想要的颜色，这样画笔的笔触颜色就得到了，再调整笔触大小和不透明度来淡化背景中的白云。

03 用画笔进行涂抹后，“草原”的天空部分看上去是一片淡蓝色的，所以，可以做一个简单的阳光直射效果来增加天空的氛围感。执行“滤镜>渲染>镜头光晕”菜单命令，打开“镜头光晕”对话框，设置参数如图7-327所示，效果如图7-328所示。

图7-327

图7-328

04 接着添加素材“热气球”和“奶牛”，将前者适当缩小，置于海报右上方，后者则缩小置于右下方，如图7-329所示。最后使用“横排文字工具”和“直线工具”排版出海报的文案，完成整张海报的设计，效果如图7-330所示。

图7-329

图7-330

提示

这张海报的设计，大家需要认识几个关键点。首先是素材的选择，海报的目的是设计出田园风格的效果，所以草原、房屋等元素就是不错的选择；接着是产品图角度的选择，产品的角度需要和搜集的背景素材相搭配，给顾客一个最佳的视角，对于提升产品卖点也是很有帮助的；最后是商品图的抠取，如果能多种抠图工具一起使用，会提高抠图效率。

05 详情页第二个模块设计的是商品的参数部分。标题部分使用“横排文字工具”输入中英文，字体颜色为（R:140，G:72，B:66），其中将英文标题图层的“不透明度”降低为20%左右，将描述英文图层的“不透明度”降低为50%左右，效果如图7-331所示。

PARAMETERS

产品参数

图7-331

06 下面设计产品的参数部分，采用比较常用的“左文右图”的方式来展示。使用“矩形工具”绘制右图的背景“参数”，填充颜色和描边颜色均为（R:140，G:72，B:66），其中描边大小为1像素。添加素材“场景5”并对“参数”创建剪贴蒙版，如图7-332所示。

PARAMETERS

产品参数

图7-332

07 左侧的参数部分，使用“横排文字工具”“直线工具”绘制参数表格完成设计。其中参数名称的背景，使用“矩形选框工具”绘制，填充颜色为（R:140，G:72，B:66），最终效果如图7-333所示。

PARAMETERS

产品参数

品牌	锦星家居生活馆
产品名称	韩式风格简约双人床
产品材质	实木搭配渡漆铁
支撑物	耐压高级实木
规格	1米5X2米　1米8 X 2米2　2米 X 2米4
床垫支持	5CM　20CM
产品等级	合格品

图7-333

提示

在商品参数的展示设计部分，因为文字内容比较多，如果页面中没有明显的内容分割，给人一眼便知其中信息的效果，那顾客必然不会花时间去理清参数的内容。相反，将不同的信息使用不同的背景加以区分，让顾客一眼就能找到自己想要的信息，这也是提升产品卖点的一个重要手段。

08 设计详情页的第三个模块商品特色介绍。标题部分复制模块“产品信息”中的标题效果来进行设计。内容展示部分，先使用“椭圆工具”绘制一个圆形，命名为“特色BG”，描边大小为40像素，填充颜色和描边颜色均为（R:175，G:6，B:40），然后添加素材“场景2”并对“特色BG”创建剪贴蒙版，如图7-334所示。

09 在圆形“特色BG”的四周使用4张特色图进行排列。我们以第一个特点为例详细讲解，使用“椭圆工具”绘制一个特色的背景“特色1”，禁用描边，填充任意色，绘制后将其移动到“特色BG”边缘处，然后添加素材“树林”并对“特色1”创建剪贴蒙版，如图7-335所示。

图7-334

图7-335

10 添加素材后，使用“横排文字工具”输入“特色1”的描述部分，如图7-336所示。复制“特色1”的内容到其他位置，修改图片和文字后完成特色介绍的设计部分，效果如图7-337所示。

图7-336

图7-337

11 第四个模块来设计商品的情景展示。标题部分还是复制上述模块中的效果进行修改完成。使用“矩形工具”绘制背景“展示1”，禁用描边，填充任意色，然后添加素材“场景5”并对“展示1”创建剪贴蒙版，如图7-338所示。在图片展示的下方，使用“横排文字工具”输入情景描述文案作为修饰，如图7-339所示。

图7-338

图7-339

12 复制“展示1”的所有图层，然后重新添加图片展示素材，修改描述文案，完成展示2的设计，其余展示依次进行排版设计。接着再展示一块实物拍摄的部分，标题还是复制上述模块中的效果进行修改，实拍展示部分的设计同步骤11。使用“矩形工具”绘制背景，添加素材进行剪贴蒙版，最后输入描述文案，效果如图7-340所示。

图7-340

13 最后设计一个产品细节说明模块。标题部分不再赘述。内容展示中，首先制作细节1的小标题，使用“矩形工具”绘制“横条”，禁用描边，填充颜色（R:158，G:143，B:130），再使用“直线工具”在横条下方绘制一条直线，颜色与上述步骤相同，如图7-341所示。对“横条”添加图层蒙版，使用“多边形选框工具”绘制出如图7-342所示的选区，在前景色为黑色的前提下，按快捷键Alt+Delete对“横条”的选区部分进行遮盖，然后输入细节的标题，效果如图7-343所示。

图7-341

图7-342

床头展示 DISPLAY OF THE HEAD OF A BED

图7-343

14 随后在下方设计产品的细节展示。添加素材“墙纸”，调整大小和位置，如图7-344所示。将抠取好的透明素材“场景1”添加到画布中，并对“墙纸”创建剪贴蒙版，如图7-345所示。

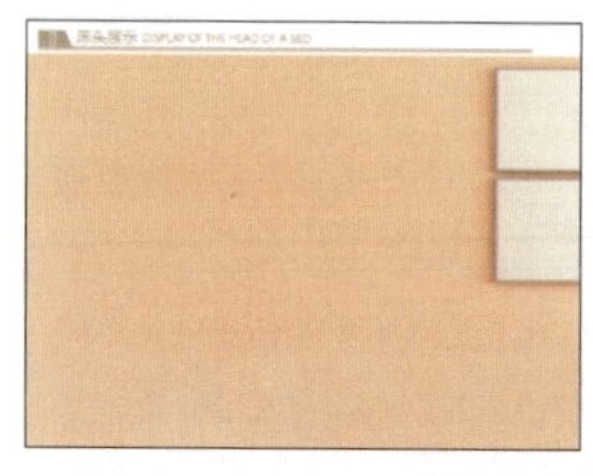

图7-344

图7-345

15 使用“横排文字工具”在“墙纸”范围中的空白区域简单排版出海报风格的文案，效果如图7-346所示。在细节展示图的下方添加一个水平方向的展示说明，使用“圆角矩形工具”绘制形状“圆角矩形10”，禁用描边，填充任意色，圆角半径为5像素，然后复制3个“圆角矩形10”并水平排列在画布中，如图7-347所示。

图7-346

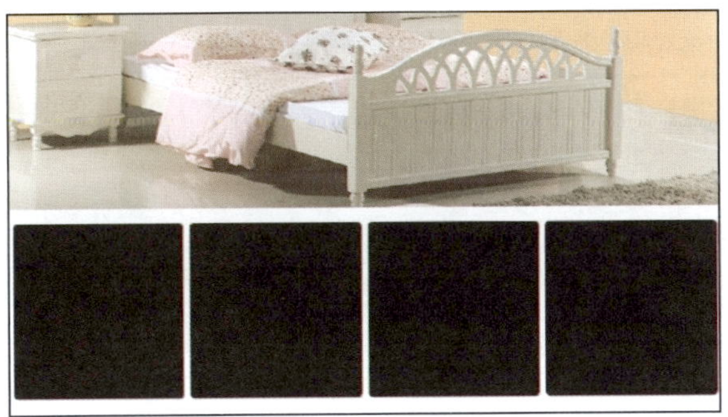

图7-347

16 添加素材“实拍3”~“实拍5”以及“涂料”，将4张素材分别对4个圆角矩形创建剪贴蒙版，调整至合适的位置和大小，在展示的下方输入相应的细节描述文案，完成细节1的设计，效果如图7-348所示。

图7-348

17 制作第一个细节设计床头展示。复制“细节1”的小标题，修改为“床头展示”，然后使用“矩形工具”绘制背景“细节2”，禁用描边，填充任意色。添加素材“场景3”并对矩形图层“细节1”创建剪贴蒙版，随后输入下方的文字描述，如图7-349所示。

图7-349

18 使用“矩形工具”在大图的下方绘制两个形状，如图7-350所示。添加素材“场景1”和“场景6”并分别对刚才绘制的两个矩形创建剪贴蒙版，最后在空白区域输入文案，将页面填补充实，效果如图7-351所示。

图7-350

图7-351

19 进行第三个细节床体支撑的设计。这部分比较简单，首先使用“矩形工具”在画布右侧绘制一个形状“细节3”，填充任意色，描边为1像素并填充颜色（R:72，G:25，B:7）。添加素材“实拍1”并对“细节3”创建剪贴蒙版，在下方输入描述信息，如图7-352所示。

图7-352

20 在画布的左侧设计一个微距的支撑材料展示。使用“椭圆工具”绘制圆形“微距”，填充任意色，禁用描边。添加素材“实拍6”并对“微距”创建剪贴蒙版，如图7-353所示。使用“矩形工具”和“横排文字工具”组合排版出描述文案，完成细节3的设计，效果如图7-354所示。

图7-353

图7-354

21 最后设计细节4隔空床脚。制作细节4的小标题，然后使用“矩形工具”绘制背景“隔空”，添加素材“场景5”并对图层“隔空”创建剪贴蒙版，在图片下方输入描述文案，如图7-355所示。

图7-355

22 最后，同步骤18的设计原理一样，使用“矩形工具”绘制两个形状，添加素材“实拍2”和“实拍5”，分别对两个形状创建剪贴蒙版，在空白区域使用文字填补，完成细节4的设计，效果如图7-356所示。

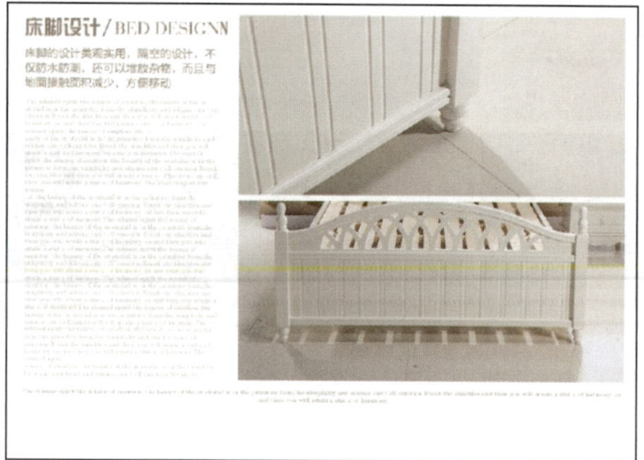

图7-356

总结

由于篇幅高度过长，效果预览详见附赠资源中的源文件。

家居产品的设计，除有特殊用途外，实景拍摄的效果是最能说服顾客的，材质细节的展示也必不可少。但在拍摄时，如果场景布置的好，也会给整个详情页的视觉效果增色不少。因为这类商品的设计，可以大量展示摆放在室内的实景图片来告诉顾客它在家里的效果是什么样的，虽然产品顾客摸不着，但可以将不错的效果展示给他们，这也是增加卖点的一种方式。

7.3.2 家居枕头详情页

实例位置 实例文件>CH07>7.3.2>家居枕头详情.psd、家居枕头详情.jpg

素材位置 素材文件>CH07>7.3.2>素材文件夹

视频位置 视频文件>CH07>7.3.2家居枕头详情页设计.mp4

难易程度 ☆☆☆☆

知识要点 枕头详情页的设计，覆盖的知识有矩形工具组、钢笔工具、画笔工具、图层样式、渐变工具等多种软件基础工具的操作，涉及视觉审美、创意设计、字体排版、图文创意等设计知识。熟练操作Photoshop基础工具并使用其中一种或多种搭配素材完成创意的设计，通过页面的设计，将本产品对睡眠的有利影响表达出来，让顾客产生购买欲望。

详情页缩览图

1.页面说明

枕头是为了提高睡眠质量才生产的商品，患有各种睡眠症状的人更是关心枕头对睡眠的影响。该产品的设计，重点在于如何将枕头对保证睡眠质量的重要性表达出来，以及我们的产品对于提升睡眠质量相对于其他同类产品的优势所在；难点在于挖掘出产品的这些卖点之后，如何根据商品的特征来设计相应的页面，以最简明的方式设计出最有视觉冲击力的详情页，让顾客留下深刻印象。而本产品又是薰衣草枕头，因此，根据上述分析，我们选定薰衣草的紫色作为详情页的主色调，从顾客最关心的睡眠健康问题切入主题，先是提出困扰顾客的问题，接着使用大量的页面来展现产品在解决这些问题上的诸多优势，从而打动消费者，使其产生购买欲。

2.顾客从本案例中能够提取到的信息

本案例详情页的模块主要包括场景展示海报、产品简要特征海报、产品参数、各种睡眠问题列表、产品的优势、如何辨别枕头的好坏等。

3.灵感与素材

本案例的产品是薰衣草枕头，那么紫色、浪漫等词语就出现在我们脑海中了，所以将本详情页的主色调确定为紫色。首先在页头的两张海报中，就使用了紫色作为背景，既然产品是薰衣草枕头，那素材的选择中，薰衣草自然是必不可少的。各种睡眠症状的图片搭配，将顾客关心的和存在的各种睡眠问题详细地列出来，问题列出来之后，就到了解答问题的部分，将产品的优势详细地进行设计展示，对刚才所列出的问题进行一一解答，为顾客消除疑虑，同时也将产品的卖点展示在顾客眼前。最后还可以设计一个小常识的模块，用来帮助顾客如何选择好的睡眠枕头，这样的结尾也能让消费者感觉更贴心。

4.绘制流程

01 打开Photoshop，执行“文件>新建”菜单命令，或者使用快捷键Ctrl+N打开新建对话框，设置参数，新建画布，如图7-357所示。

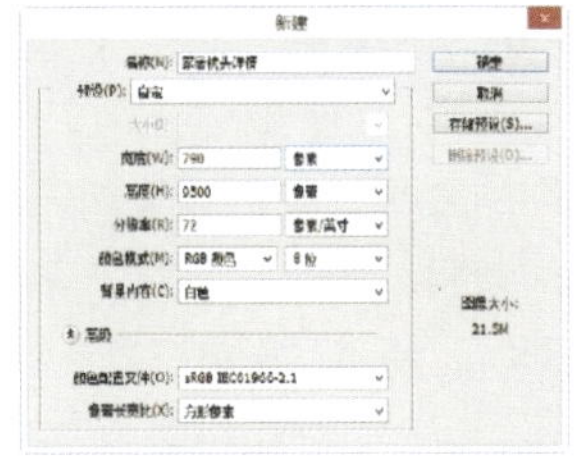

图7-357

02 第一张海报设计薰衣草主题的商品展示图。添加素材“薰衣草1”，调整大小使其铺满画布，使用“矩形工具”绘制矩形“促销”，禁用描边，填充紫色（R:81，G:51，B:165），将图层“不透明度”更改为70%左右，效果如图7-358所示。使用“横排文字工具”输入标题文案，效果如图7-359所示。

图7-358

图7-359

提示

由于本案例涉及的字体很多，所以在此只给出大家参考的字体，其他的效果就是字符间距、行距等常规的参数设置，读者可以自行尝试，然后得到相应的效果。第一行使用了方正小标宋；第二行中的“浪漫”使用了方正兰亭超细黑，“薰衣草”使用了汉仪长宋简体；最后一行使用的是方正兰亭黑体。

虽然这部分使用的字体比较多，但通过特效的制作和层次分明的排版之后，不会显得使用的字体很乱。不过对于字体把控能力不强的人或初学者，建议使用的字体或颜色不要超过3种，否则，一旦没有处理好色彩之间的关系，效果就会适得其反。

03 对文案进行简单的特效处理。在字体“薰衣草”的图层上方新建一个图层，使用“矩形选框工具”绘制选区“质感”，使用白色到紫色（R:152，G:115，B:255）的线性渐变，对图层“质感”绘制渐变色。将“质感”对“薰衣草”创建剪贴蒙版，如图7-360所示。接着给字体“100%纯棉”绘制边框，使用“圆角矩形工具”绘制形状“边框”，描边为白色，禁用填充，标题制作的效果如图7-361所示。

图7-360　　图7-361

04 添加素材“枕1”，适当调整大小，将其移动到画布右侧，为“枕1”添加一个投影的图层样式，产生阴影的效果，参数设置如图7-362所示。在左侧部分添加素材“花盆”，在“花盆”下方新建一个图层“阴影”，使用“画笔工具”和“橡皮擦工具”为“花盆”绘制阴影，如果阴影太刺眼，可以适当降低图层的“不透明度”，如图7-363和图7-364所示。

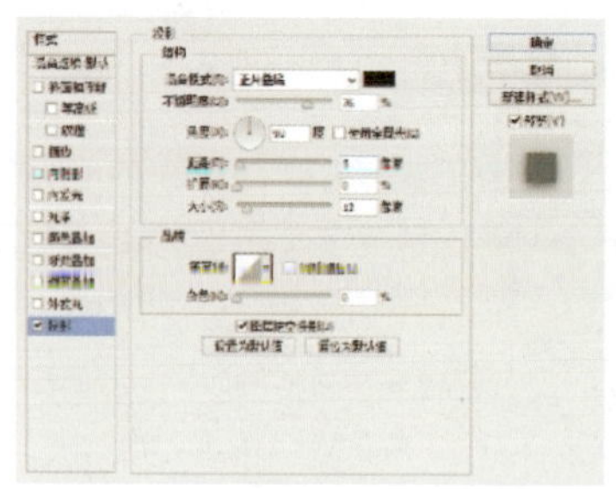

图7-362

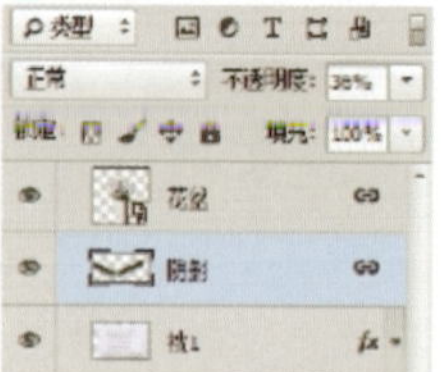

图7-363

图7-364

05 从上图中可以看到，素材“枕1”的下方还倒映着拍摄时的场景颜色，所以要对其进行处理。单击图层面板下方的“创建新的填充或调整图层”按钮，打开“选区颜色”对话框，选择“青色”，参数设置如图7-365所示。调色完成后，可以将效果图7-366与上一步中的“枕1”进行对比，看看具体的变化。

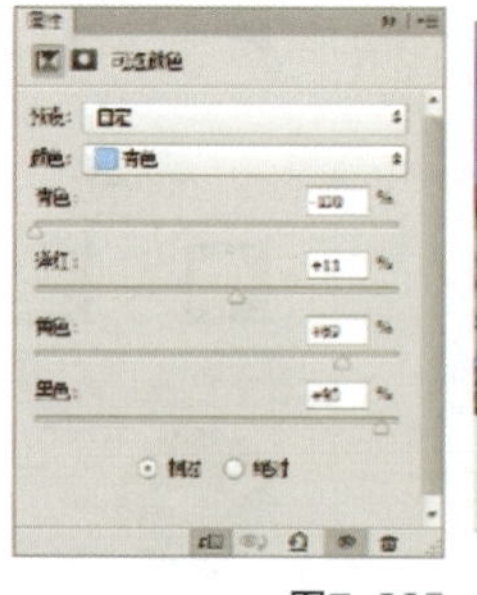

图7-365

图7-366

06 海报左侧的空白位置可以再添加一个促销信息的小标签。使用“椭圆工具”并按住Shift键拖动鼠标左键绘制圆形“椭圆1”，填充颜色为（R:163，G:130，B:255），禁用描边，然后复制一层“椭圆1”得到拷贝层，结合“自由变换命令”将“椭圆1”进行等比例缩小，缩小后，填充颜色为(R:198，G:177，B:255)，描边颜色为(R:210，G:210，B:210)，效果如图7-367所示。

07 在椭圆范围内输入促销信息，对文字“性价比之王”加一个边框，填充深紫色（R:65，G:45，B:105）。因为海报的底色是白色，视觉感受不太好，所以添加素材“睡觉”，将“睡觉”移动到“枕1”图层下方，如图7-369所示。为“睡觉”添加图层蒙版，使用“黑色画笔”将多余的部分遮盖，最终效果如图7-370所示。

图7-367

图7-368

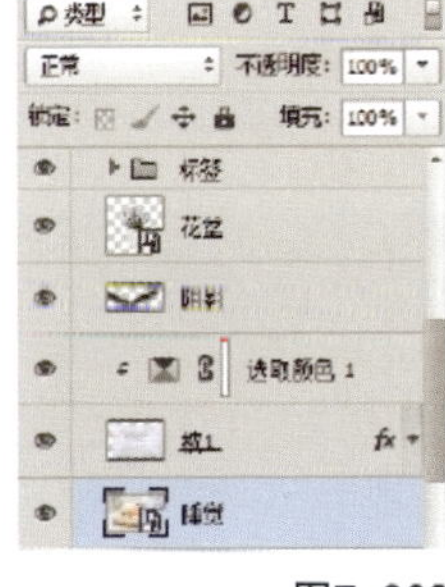

图7-369

图7-370

08 完成第一张海报的设计后，将相关的图层进行建组保存，命名为“海报1”。开始设计第二张海报，首先进行背景的设计。使用“矩形选框工具”绘制一个矩形选区，填充任意色，命名为“渐变”，为“渐变”图层添加图层样式“渐变叠加”，颜色从白色到紫色（R:154，G:97，B:209），渐变样式为“径向”，参数设置如图7-371所示，效果如图7-372所示。

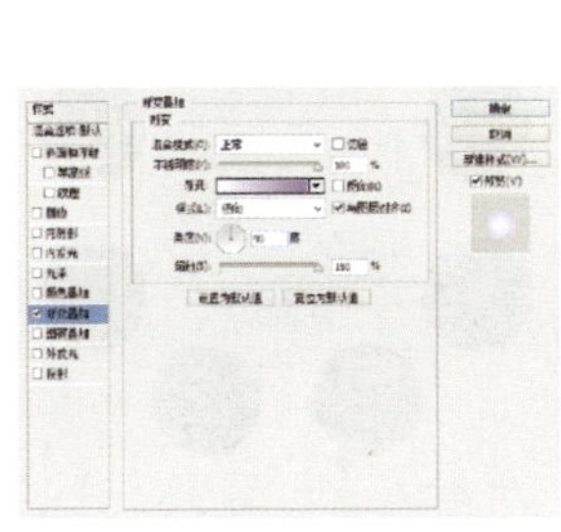

图7-371

图7-372

09 新建一个图层“图案”，在图7-372的下半部分对“图案”进行渐变叠加处理，颜色从任意色到透明，渐变类型为“线性渐变”，设置好参数后，按住Ctrl键单击“渐变”图层缩略图，载入选区，回到“图案”层，拖动光标，绘制渐变色，如图7-373所示。

图7-373

10 为“图案”添加“图案叠加”的图层样式，找到名为purple pastels的图案，设置参数如图7-374所示。添加“图案叠加”效果后出现一种薰衣草地的感觉，如图7-375所示。

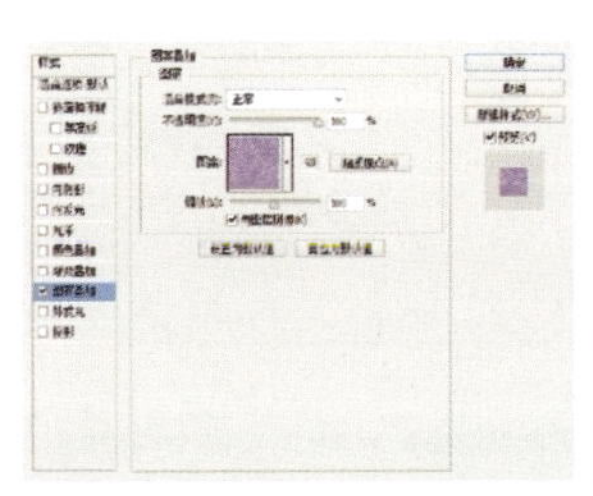

图7-374

图7-375

11 背景完成后，开始设计内容展示。打开素材“枕2”源文件，将图层“枕2”及阴影图层一起拖入画布，调整大小后，将图层“阴影”混合模式更改为“明度”，使用“橡皮擦工具”在边缘进行擦除，使其自然融合到背景中，如图7-376所示。再打开素材“气流”源文件，将“透气”素材拖入画布，分布在枕头素材“枕2”中，如图7-377所示。

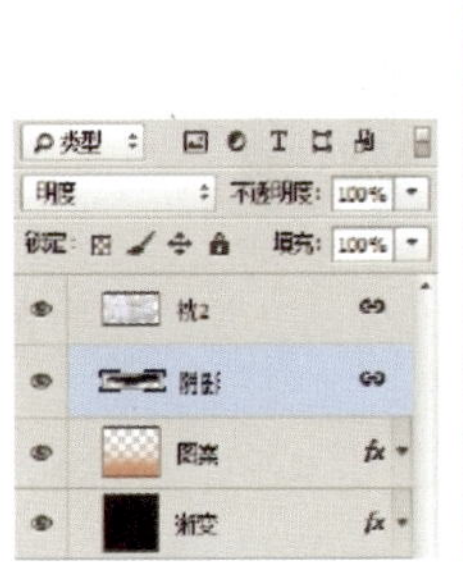

图7-376

图7-377

12 素材都处理好之后，开始设计文案区域的部分。使用“横排文字工具”输入上方的标题，通过修改字符参数和字体大小排版出如图7-378所示的效果。再在文字下方设计几个简单的商品特点，同样使用“横排文字工具”输入特点的中英文，然后对文字部分进行修饰，完成第二张海报的设计，效果如图7-379所示。

图7-378

图7-379

提示

第二张海报中大标题字体参考“经典特宋简体”，第二行英文标题为“EPISODE I”，第三行和最后一行的英文描述为“century”，第四行中的品质保证文案则使用了“微软雅黑”，第五行使用了“汉仪长宋简体”，最后的特点中文是“黑体”字。

13 开始设计详情页的第二个模块。第一步制作标题，使用“矩形工具”绘制矩形条“标题”，填充颜色设置为（R:150，G:115，B:255），禁用描边，然后为“标题”添加图层蒙版，遮盖左侧局部，输入字体“产品参数”，完成标题的简单设计，效果如图7-380所示。

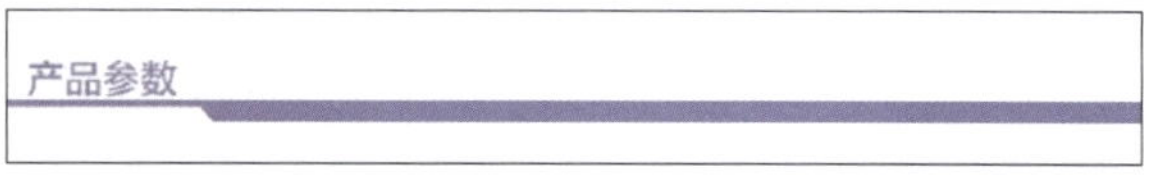

产品参数

图7-380

14 设计参数的内容部分。首先使用“矩形工具”在画布左侧绘制一个“矩形12”，填充任意色，禁用描边。添加素材“枕3”并对“矩形12”创建剪贴蒙版，在右侧输入参数。使用“矩形选框工具”绘制矩形选区“矩形14”，填充紫色（R:106，G:23，B:184），效果如图7-381所示。复制多个“矩形14”，排列在画布右侧，如图7-382所示。

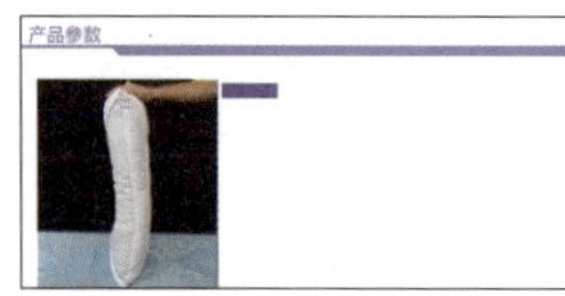

图7-381

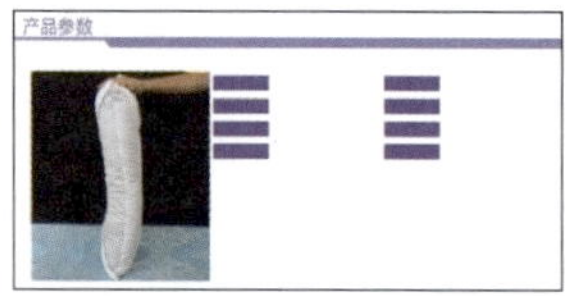

图7-382

15 在“矩形14”及拷贝图层的位置输入相关标题和具体参数，如图7-383所示。在参数下方继续设计相关内容，使用“横排文字工具”在参数下方输入一行横线，这条横线作为上下两个部分的分隔线，然后添加素材“图标”，复制刚才的“矩形14”，将其移动到“图标”前面，输入“洗涤说明”，效果如图7-384所示。复制一条分隔线，移动到“洗涤说明”图标的下方，再在下方输入洗涤说明文案，同理，完成提示信息分布的设计，效果如图7-385所示。

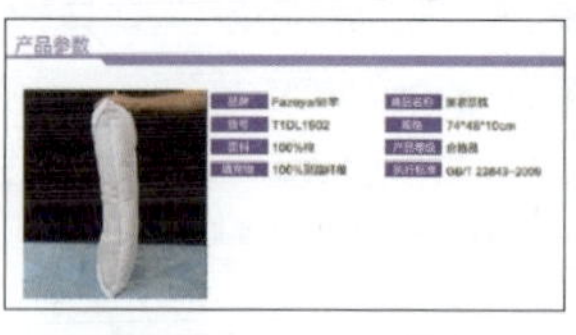

图7-383

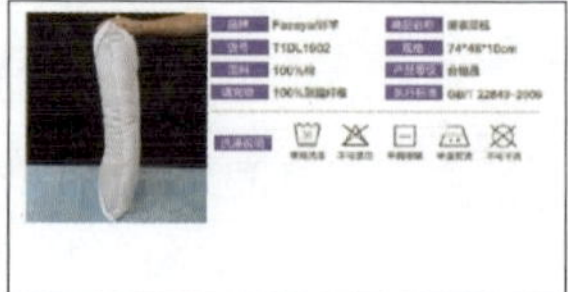

图7-384

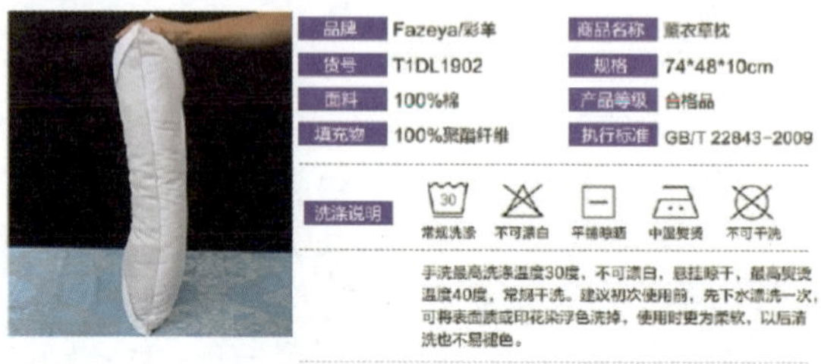

图7-385

16 第三个模块设计一个睡觉时由于枕头不合适引起的常见问题。首先使用“矩形选框工具”绘制一个矩形选区，设置从淡紫色（R:205，G:187，B:255）到白色渐变，然后使用“横排文字工具”和“直线工具”设计标题，排版方式简单，如图7-386和图7-387所示。

图7-386

睡眠质量深度自测

您的睡眠真的还健康吗?

睡眠问题让您严重影响身心健康

图7-387

17 问题部分的展示，采用中间突出标题，四周围绕常见症状的方式，这里先设计出大致架构。首先使用“椭圆工具”并按住Ctrl键拖动鼠标绘制圆形，填充颜色为（R:152，G:115，B:255），禁用描边，然后复制几个圆形，填充颜色可以为任意色，围绕在四周，大致框架如图7-388所示。在圆形中输入文字，第一步先设计出中部的标题，使用“横排文字工具”分别输入“6”“大”“睡眠问题”和“？”，对数字6进行处理，效果如图7-389所示。然后为其添加图层样式“投影”，参数设置如图7-390所示。对问号进行投影制作，参数设置如图7-391所示，效果如图7-392所示。

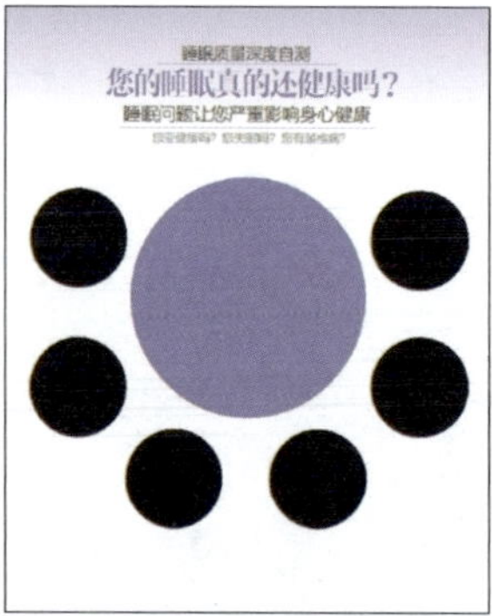

图7-388

图7-389

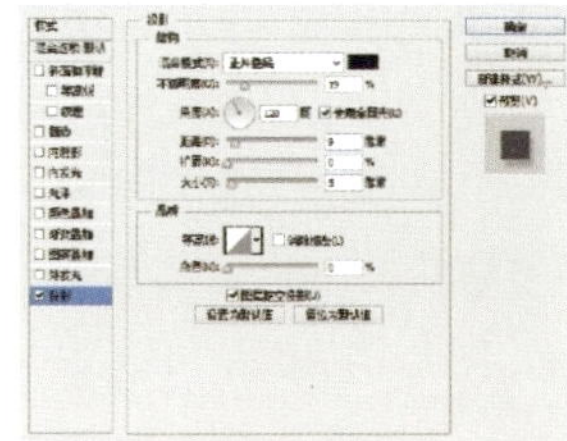
图7-390

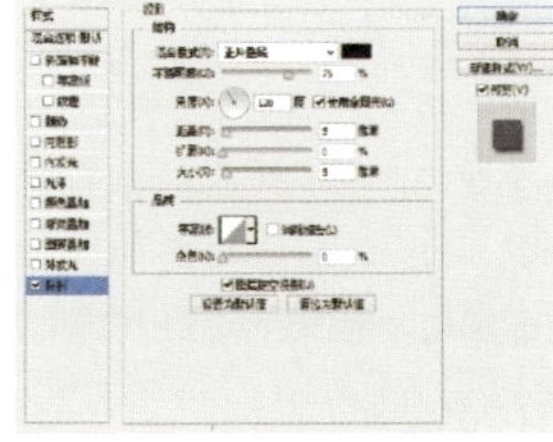
图7-391

图7-392

18 最后对边缘的睡眠状况进行内容的填充。添加素材“打呼”“失眠”“头疼”“盗汗”“落枕”“呼吸受抑”，分别对边缘的圆形创建剪贴蒙版，调整大小和位置，如图7-393所示。在每一个问题的图片下方输入解释文案，如图7-394所示。将中部和边缘两个部分的图层进行建组保存，如图7-395所示。

图7-393

图7-394

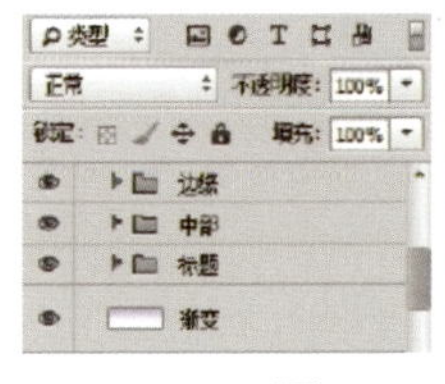

图7-395

提示

通过图片的填充和文字的说明，框架结构时的凌乱感一下子就消失了，形象的图片展示说明了睡眠时遇到的各种问题，为下面的内容设计做铺垫。

19 提出问题之后，接下来就是答案公布的模块设计，但这里我们先在前后的两个模块之间插入一个对于健康的统计说明，让顾客感觉到购买我们产品的重要性。这部分使用标签的方式来进行展示，以第一个标签为例，使用“矩形工具”和“多边形工具”绘制标签背景，填充颜色为（R:152，G:115，B:255），禁用描边，绘制的三角形置于矩形上方并将二者合并，命名为“多边形1”，效果如图7-396所示。

20 在“多边形1”中输入统计数据，标题和文字说明的中间用直线工具分隔开，效果如图7-397所示。其他两个标签通过复制“标签1”进行修改完成，效果如图7-398所示。问题都找出来了，下面就到了解决问题的时候。首先使用“横排文字工具”直接输入商品促销信息，表达出我们的商品可以解决上述所提出的这些问题，如图7-399所示。

图7-396

图7-397

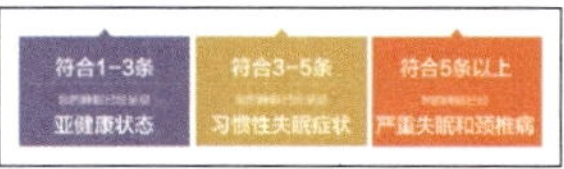

图7-398

图7-399

21 打开素材“枕4”，将“枕4”及阴影图层拖入画布，调整大小和位置。同步骤5一样，使用“选取颜色”命令对枕头下方的颜色进行校正，同时使用“橡皮擦工具”对阴影图层进行处理。在图片上方设计一个产品卖点的部分，使用“椭圆工具”绘制“椭圆9”，禁用填充，描边颜色为（R:143，G:143，B:143），然后复制“椭圆9”得到拷贝层，分别对它们添加图层蒙版，将下半部分隐藏，如图7-400和图7-401所示。

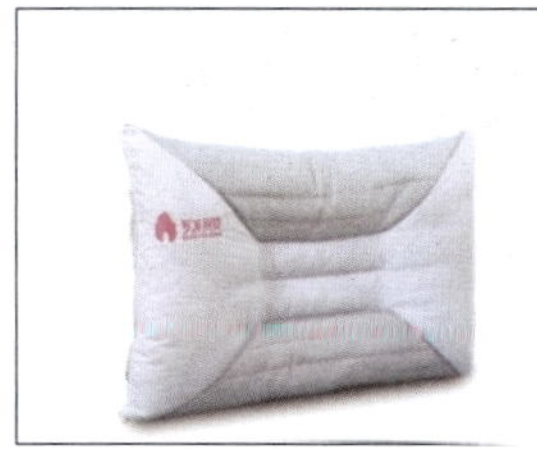
图7-400

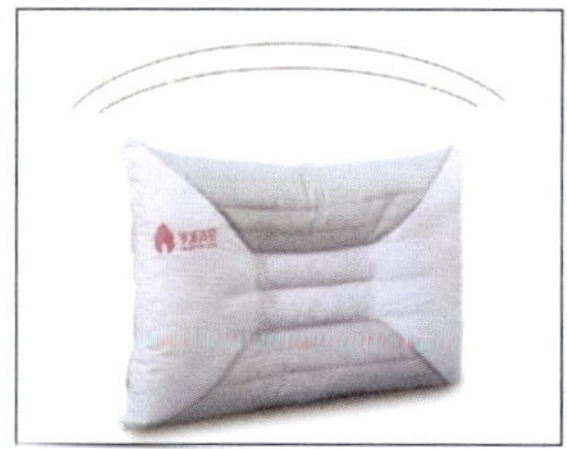
图7-401

22 在外椭圆的3个对称点绘制图标，使用“椭圆工具”绘制圆形“椭圆8”，填充颜色为（R:143，G:143，B:143），禁用描边。复制“椭圆8”得到拷贝层，效果如图7-402所示。

图7-402

23 在3个圆点上方输入3个产品特点，如图7-403所示。在该模块下方再增加一个睡姿展示，突出产品符合正常睡姿的所需条件。先使用“矩形工具”和“横排文字工具”做出标题，然后添加素材“睡姿”，放于标题下方，如图7-404所示。

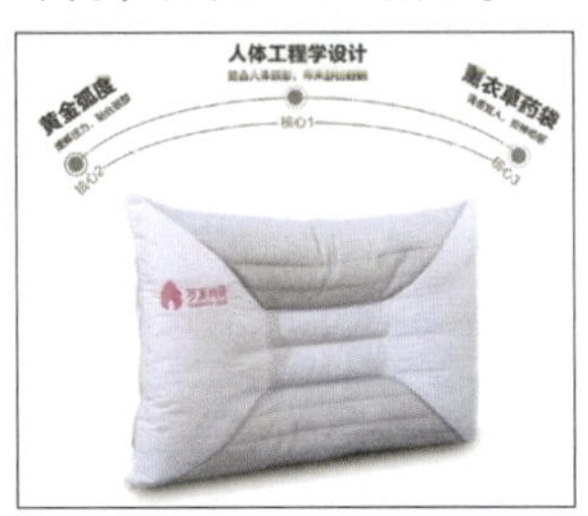

图7-403

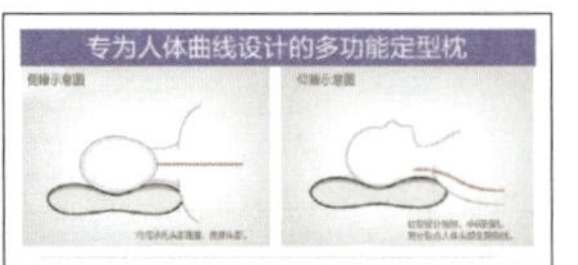

图7-404

24 下面开始设计商品优势部分。标题部分复制步骤13中的效果再进行修改获得，在这一模块的讲解中，我们以第一个优势为例进行详细说明。使用“自定义形状工具”中的“绘画1”绘制“形状3”，在“形状3”中输入序号1，后面再使用“横排文字工具”输入优势的说明，如图7-405所示。使用“矩形工具”绘制“边框”，禁用填充，描边颜色设置为（R:201，G:201，B:201），再使用“矩形选框工具”绘矩形选区“BG”，填充任意色，如图7-406所示。

图7-405

图7-406

25 添加素材“枕5”并对矩形“BG”创建剪贴蒙版，如图7-407所示。在“枕1”右下角添加装饰素材“薰衣草”，使用“椭圆工具”绘制圆形“椭圆6”，然后添加素材“薰衣草1”并对“椭圆6”创建剪贴蒙版，效果如图7-408所示 。

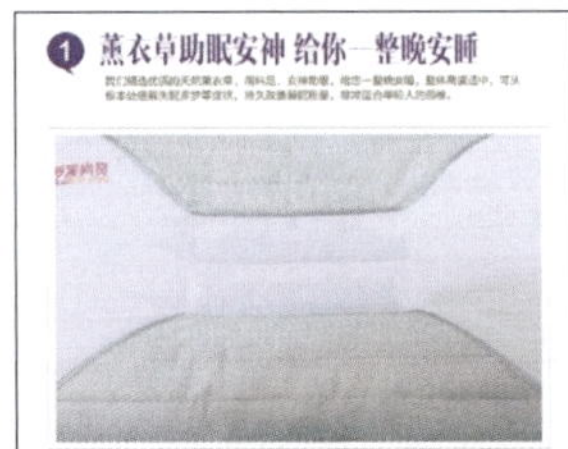

图7-407

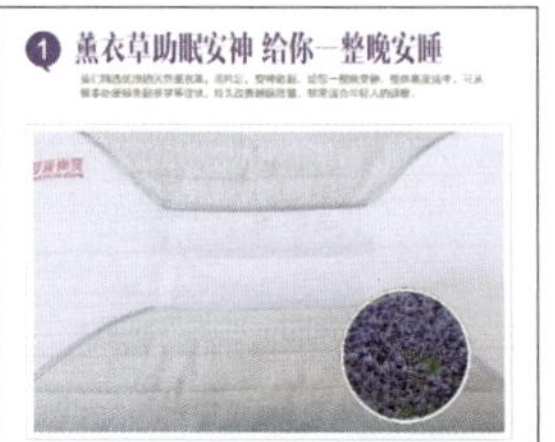

图7-408

26 其他优势部分可以复制“优势1”再加以修改得到，局部效果图如图7-409所示。

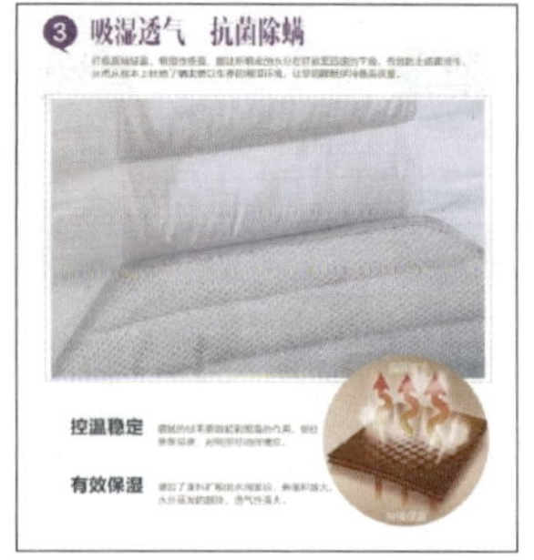

图7-409

27 详情页的最后一个模块是枕头的特性设计。首先是标题部分的设计，使用“矩形工具”绘制“矩形20”，填充紫色（R:128，G:39，B:180），使用“横排文字工具”输入标题文字，效果如图7-410所示。

3大特性让您更懂枕头

Three features let you more understand the pillow

图7-410

28 特性部分的展示，我们仍然以第一个为例进行详细讲解。首先使用“矩形工具”绘制背景，填充颜色为（R:243，G:223，B:255），将图层位置移动到“矩形20”下方，添加素材“保暖”，调整大小，再移动到画布左侧，然后使用“横排文字工具”和“直线工具”在右侧输入特性1的说明文案，效果如图7-411所示。

29 最后复制“特性1”，修改后完成其他特性的说明展示，效果如图7-412所示。

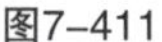

图7-411

图7-412

总结

由于篇幅高度过长，效果预览详见附赠资源中的源文件。

薰衣草枕头的详情页设计，主色调使用了薰衣草的紫色，字体使用了紫色和百搭的黑色作为文案的排版色彩。该详情页的设计比较简单，设计这一类的商品时要结合生活中常见的问题来进行，将商品和常见问题结合设计，可以让顾客看到商品能够解决的问题以及优势卖点所在。

7.3.3 茶具详情页

实例位置　实例文件>CH07>7.3.3>茶具详情.psd、茶具详情.jpg

素材位置　素材文件>CH07>7.3.3>素材文件夹

视频位置　视频文件>CH07>7.3.3茶具详情页设计.mp4

难易程度　☆☆☆☆☆

知识要点　案例中涉及的知识有矩形工具组、矩形选框工具组、图层蒙版、画笔工具、图层样式等软件工具的使用，以及视觉审美、创意设计、字体创意排版、图文创意等。经过这个案例的讲解，读者可以更深入地掌握合成的原理和技巧，进一步学会根据产品拍摄图来定位详情页的色调和板块，熟练操作Photoshop基础工具并使用其中一种或多种搭配素材完成创意的设计。茶叶是具有悠久历史的产品，像这样历史韵味很浓的产品，常见的设计风格会偏向于中国风。该案例的重点在于分析茶具详情页的基本色彩，难点是如何搜集和使用素材设计出“韵味十足”的茶具详情，以及如何巧用Photoshop工具来为设计提升视觉层次。

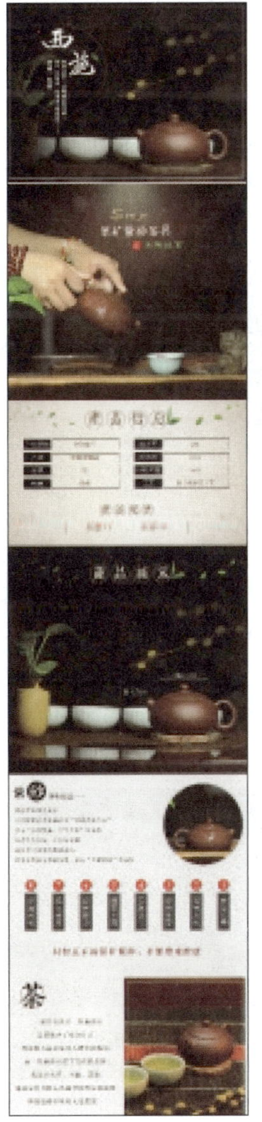

详情页缩览图

1.页面说明

茶具产品详情页的设计，重点在于如何使用素材和详情页色调来制造充满韵味、充满历史气息、耐人寻味的场景和气氛，难点也在于此。很多初学者，或缺乏这一方面的设计经验，或缺乏对这一类产品的分析能力，导致有正确的出发点，但最终做出来的页面惨不忍睹，无法直视。茶具如果要拍摄场景图，对场景的摆设和拍摄光线的要求会更高一些，经验丰富的摄影师也深知这一点，所以拍摄前最好相互沟通一下，让设计的整个过程更加顺利。该案例采用了中国风的设计风格，从茶具的展示、茶具参数、充满韵味的页面和色彩设计等多方面对产品进行展示，该案例也能教会大家在今后接到类似产品时该如何对其进行分析，拿出一套很恰当的设计方案，帮助大家克服这一类产品详情页设计的盲区，让大家在今后接到这类产品时不至于束手无策。

2.顾客从本案例中能够提取到的信息

本案例详情页的模块主要包括场景展示海报、茶具参数信息、配套产品展示、选材说明、产品全方位解析、紫砂文化品读、茶具适合对象以及产品自身优势等。

3.灵感与素材

茶具产品的详情页设计需要突出有韵味、有历史、值得品味等特点。因此对拍摄图片的氛围、素材的正确选择、创意思维的执行要求更加高。茶具案例中，我们首先定位了产品的风格为中国风，其次是色调的选择和搭配，再次是能充分体现历史气息的中国风素材的选择，最后使用Photoshop软件的基础工具将这些要素组合在一起，完成页面的最终设计。页面中，使用了茶叶、古文繁体字体，使用了充满文艺气息的排版方式设计，除了茶具参数、场景展示、构造解析等信息之外，穿插很有味道的产品故事加以阐述，最后添加赠送对象、茶具配送优势等模块提升产品优势。整个详情页页面协调，层次分明，模块清晰，值得读者参考。

4.绘制流程

01 打开Photoshop，执行“文件>新建”命令，或者使用快捷键Ctrl+N打开新建对话框，设置参数，新建画布，并填充颜色为（R:239，G:239，B:239），如图7-413所示。

02 第一模块设计两张海报展示，首先制作第一张海报。使用“矩形工具”绘制铺满画布的图层“矩形4”，填充任意色，禁用描边，然后添加素材“场景1”并对图层“矩形4”创建剪贴蒙版，调整大小和位置，效果如图7-414所示。

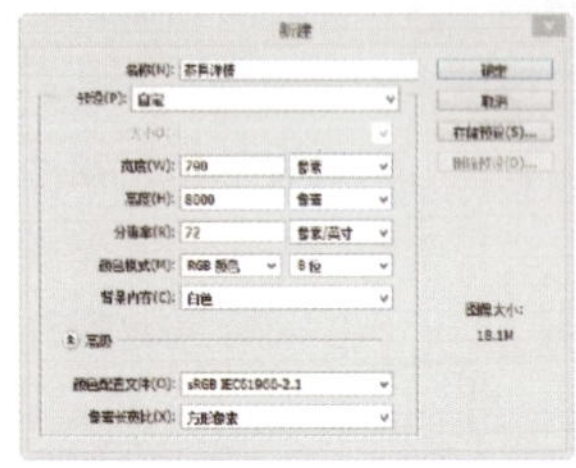
图7-413

图7-414

03 在海报范围的左侧部分，使用竖向的排版方式设计描述文案。使用“椭圆工具”按住Shift键并拖动鼠标绘制圆形“椭圆10”，禁用填充，描边为1像素的白色，再输入文字“西施”，再输入描述信息，排版效果如图7-415所示。将“椭圆10”的图层“不透明度”降低为52%，如图7-416所示。

图7-415

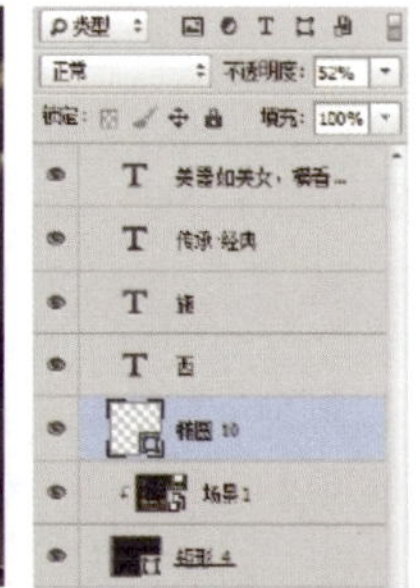
图7-416

04 根据上述排版，还可以对“椭圆10”做进一步处理，使其视觉效果更佳。对“椭圆10”添加图层蒙版，使用“画笔工具”在文字周围进行涂抹，遮盖“椭圆10”的局部范围，如图7-417所示。使用“画笔工具”在“椭圆10”的蒙版边缘绘制圆点，颜色为（R:175，G:0，B:0），如图7-418所示。

图7-417

图7-418

05 由于边缘光线很亮，所以这里对海报的边缘做暗化处理。新建一层“暗化”，使用“矩形选框工具”选择海报范围的选区，使用“柔边的黑色画笔工具”在选区边缘进行涂抹，涂抹时，要根据海报的光线关系，实时调整画笔大小和不透明度，绘制完成后，将“暗化”图层位置移动到“椭圆10”的下方，如图7-419所示，效果如图7-420所示。

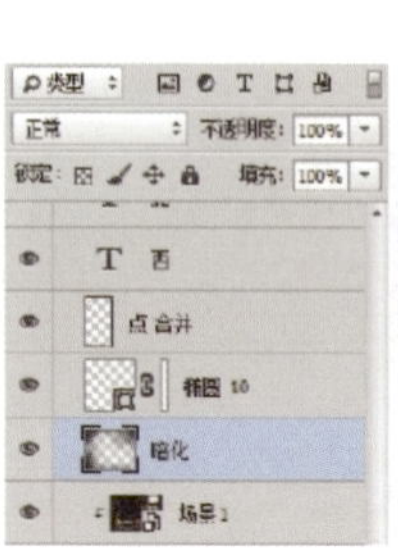
图7-419

图7-420

提示

制作海报边缘暗化效果的方法有很多，这里主要跟大家分享以下两种。

第一种，与上述方法一样，绘制好暗化的范围选区，使用黑色画笔进行涂抹；

第二种，绘制好选区之后，使用黑色到透明的渐变进行绘制，渐变类型选择“径向渐变”。

06 在“暗化”图层上方新建一个图层，使用“矩形工具”（禁用填充，描边为1像素的白色）绘制接近海报边缘的边框“白边”。添加素材“树叶”，使用“矩形选框工具”选择部分叶片凌乱地分布在文案区域。这些树叶光线太强，使用“创建新的填充或调整图层”选项中的“亮度/对比度”命令加以调整，参数设置如图7-421所示。图层样式如图7-422所示，效果如图7-423所示。

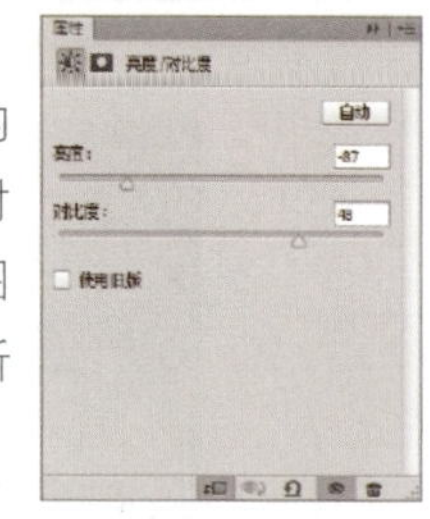
图7-421

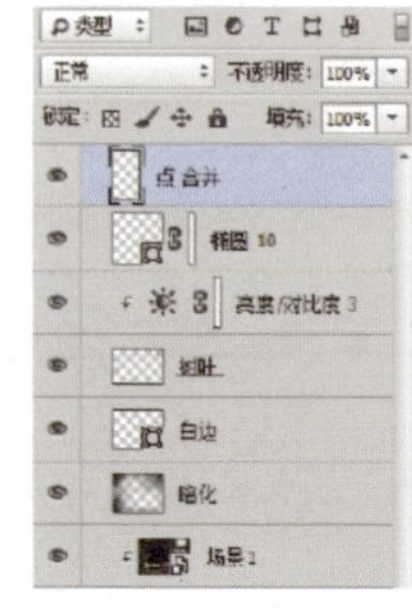

图7-422

图7-423

07 将第一张海报设计的图层进行建组保存，命名为“海报1”，下面设计海报模块的第二张海报。使用“矩形工具”（禁用描边，填充黑色）绘制背景“矩形13”，添加素材“纹理”并对“矩形13”创建剪贴蒙版，如图7-424所示。对“纹理”添加图层蒙版，使用“黑色画笔”涂抹边缘，淡化素材“纹理”的颜色，将“纹理”的图层填充降低为70%，如图7-425所示，效果如图7-426所示。

图7-424

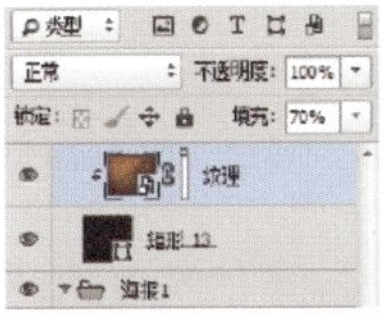

图7-425

图7-426

08 添加素材“场景2”并对“矩形13”创建剪贴蒙版，然后将素材移动到“纹理”上方，对“场景2”创建图层蒙版。使用“快速选择工具”绘制图7-427所示的选区，在前景色为黑色的状态下，按住Alt+Delete组合键遮盖选区部分，如果边缘有明显的过渡，可以使用“柔角的黑色画笔工具”进一步柔化边缘，如图7-428所示。

图7-427

图7-428

09 使用“横排文字工具”输入海报的文案部分，其中添加素材“印章”作为“之”字的背景。排版后效果如图7-429所示，图层如图7-430所示。

图7-429

图7-430

10 为英文字体设置图层样式，其中渐变颜色设置为从（R:247，G:240，B:153）到（R:207，G:160，B:70），参数设置如图7-431～图7-433所示，效果如图7-434所示。

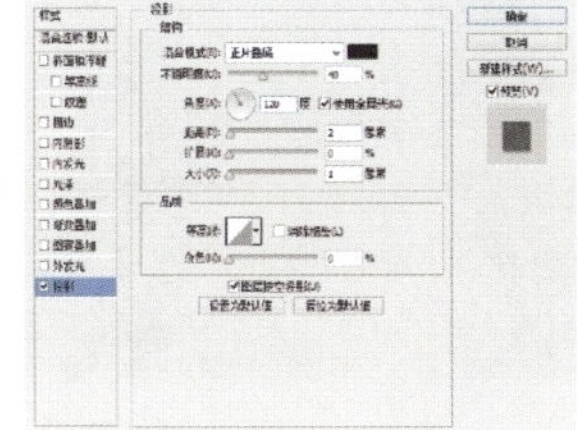

图7-431

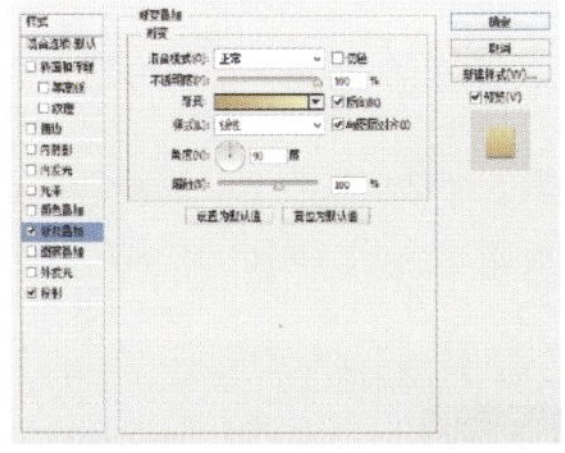

图7-432

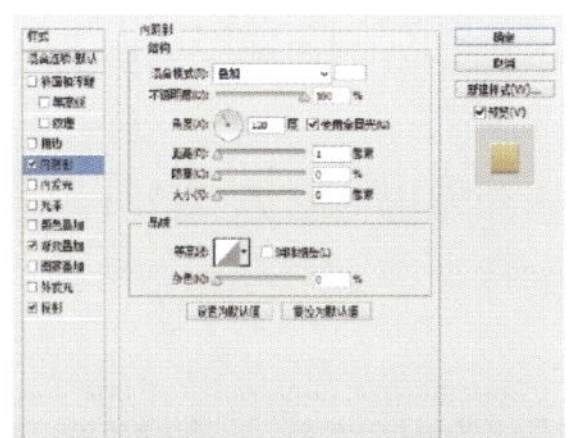

图7-433

图7-434

11 在文案区域上方，还可以制作一些光效，增强画面感。首先在图层“场景2”上方新建一个图层，命名为“提亮”，使用“画笔工具”单击文案上方，颜色设置为（R:242，G:242，B:185），大小为500像素左右，如图7-435所示。将海报区域外的部分删除，按Ctrl键并单击“矩形13”图层缩略图，这时选中的是海报区域，我们要去除海报区域外的内容，所以需要按住Ctrl+Shift+I组合键反转选区，再按Delete键即可删除，然后将“提亮”图层的“不透明度”更改为40%左右，如图7-436所示。使用“橡皮擦工具”对太亮的地方进行微调，效果如图7-437所示。

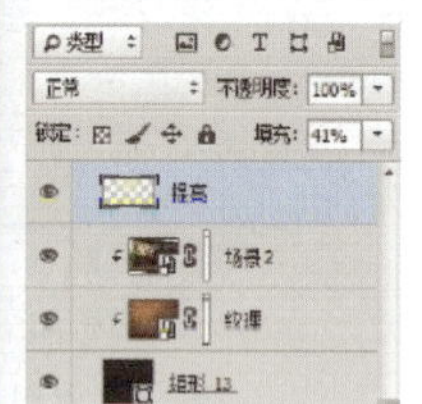

图7-435　　图7-436

图7-437

12 新建一个图层“暖色”，使用“柔角画笔工具”单击图7-438所示的位置，颜色为（R:225，G:18，B:34），大小为500像素。同删除“提亮”图层一样，删除海报区域外的部分。使用“橡皮擦工具”擦除中心区域，将图层“暖色”的“不透明度”降低至50%，如图7-439所示，效果如图7-440所示。

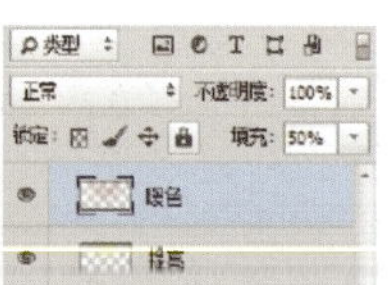

图7-438　　图7-439

图7-440

13 添加素材“光束”，将图层混合模式更改为“滤色”，图层填充更改为60%，如图7-441所示。最后添加素材“烟雾”，将图层混合模式改为“滤色”，最终效果如图7-442所示。

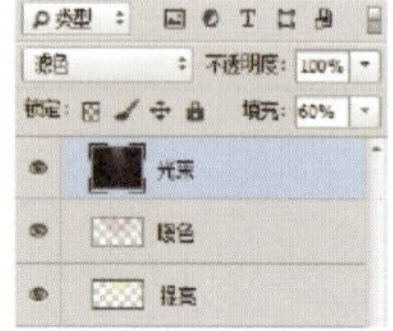

图7-441

图7-442

提示

图层混合模式是一个很神奇的模式，理解其中具体命令的工作原理，会给设计带来很多的方便。如上述步骤中的素材“烟雾”和“光束”，如果不使用图层混合模式，那就只是一张黑底的图片而已，并没有什么用，但使用了图层混合模式之后，不仅效果发生了变化，还为整个海报营造了更佳的氛围。

14 下面开始设计详情页的第二个模块产品信息。标题部分使用“矩形工具”绘制一个“矩形1”，然后添加素材“羊皮纸”并对“矩形1”创建剪贴蒙版，如图7-443所示。添加素材“茶叶”分散在画布的标题范围中，然后使用“椭圆工具”绘制圆形，禁用填充，描边颜色为（R:82，G:51，B:14），再复制3个水平位置上的圆形，如图7-444所示。使用“横排文字工具”输入标题“产品信息”，如图7-445所示。

图7-443　　图7-444

图7-445

15 使用“矩形工具”绘制参数名称的底色，填充黑色，禁用描边，再输入相关信息，完成产品信息模块的设计，效果如图7-446所示。

16 下面设计详情页的第三个模块商品展示。复制上一模块的标题部分完成此模块中的标题部分。标题的背景色使用的是黑色，然后在标题下方使用“矩形工具”绘制“矩形20”，填充黑色，禁用描边，再添加素材“场景3”并对图层“矩形20”创建剪贴蒙版，为“场景3”添加图层蒙版，用“黑色画笔”处理边缘部分，效果如图7-447所示。

图7-446

图7-447

17 为紫砂壶设计尺寸示意图。使用“直线工具”绘制尺寸，填充白色，禁用描边，如图7-448所示。使用“横排文字工具”输入尺寸参数，然后新建一个图层，使用“画笔工具”绘制图层“笔刷”，颜色为（R:60，G:112，B:37），将“笔刷”对文字图层创建剪贴蒙版，如图7-449所示。

图7-448

图7-449

提示

文字的效果，需要根据场景的氛围来进行设计。适当地添加色彩效果，可以提高画面的视觉效果，增强画面的可视性。

18 设计“商品展示”的第二部分。这一块添加了紫砂的产品介绍部分，左侧使用“椭圆工具”和“横排文字工具”完成描述部分的设计；右侧先使用“椭圆工具”绘制圆形，再添加素材“场景4”并对椭圆创建剪贴蒙版，效果如图7-450所示。

19 在紫砂介绍的下方，设计几个用紫砂壶泡茶的优势，以画布左侧的第一个为例进行设计，其余特点复制后修改完成。首先使用“椭圆工具”绘制圆形“椭圆11”，再新建一个图层，使用“柔角画笔”绘制一个黑色的图层“遮盖”，如图7-451所示。

图7-450　图7-451

20 为“椭圆11”添加图层蒙版，使用“多边形选框工具”选出椭圆的一个斜切的角，用蒙版遮盖。将绘制的“遮盖”图层进行自由变换，将其压扁，再将“遮盖”进行旋转，移动到“椭圆11”中进行结合，如图7-452和图7-453所示。使用“多边形选框工具”选择出多余部分进行删除，再使用“橡皮擦工具”进行边缘的处理，完成效果的设计，如图7-454和图7-455所示。

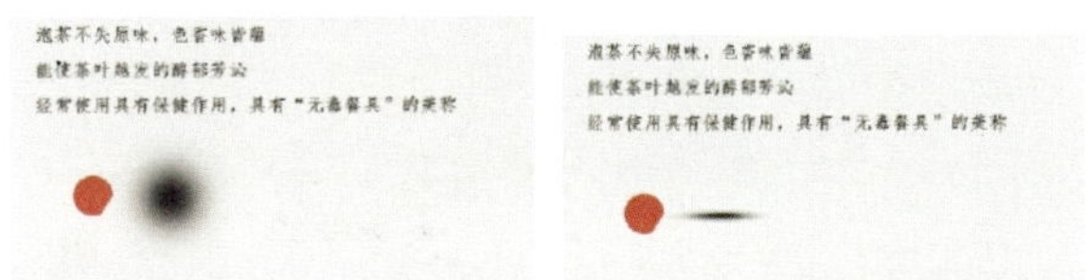

图7-452　图7-453

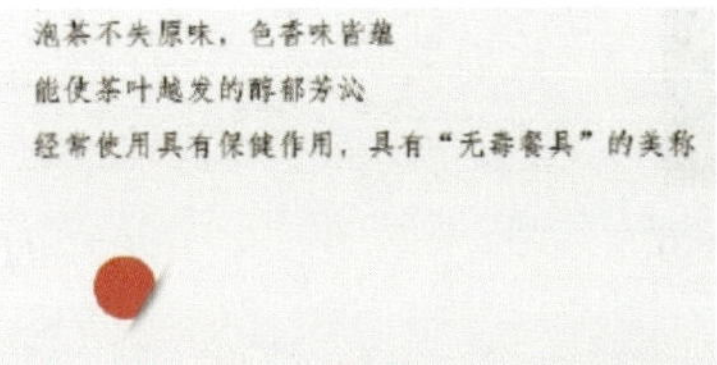

图7-454

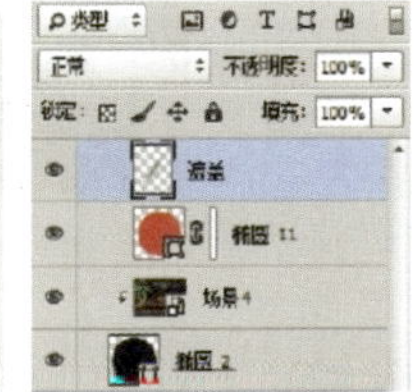

图7-455

21 在红色区域内输入特点的序号，在下方使用“矩形工具”绘制背景，填充颜色为（R:50，G:50，B:50），禁用描边，如图7-456所示。使用“矩形工具”绘制矩形边框，禁用填充，大小为1像素，描边为白色，输入特点后，如图7-457所示。将设计的特点建组保存，然后复制出其他特点，水平排列后修改内容，得到特点的列表，如图7-458所示。

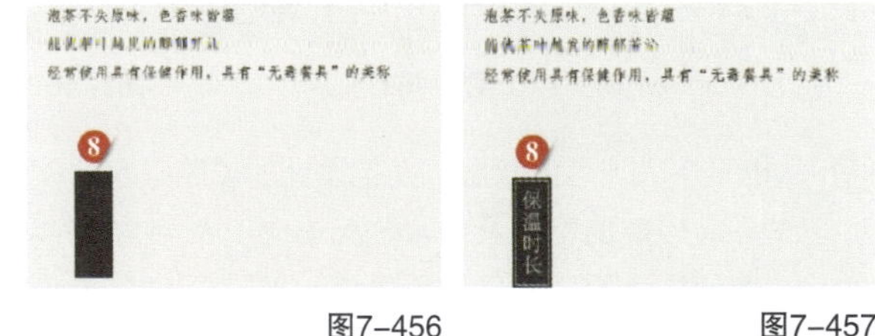

图7-456　图7-457

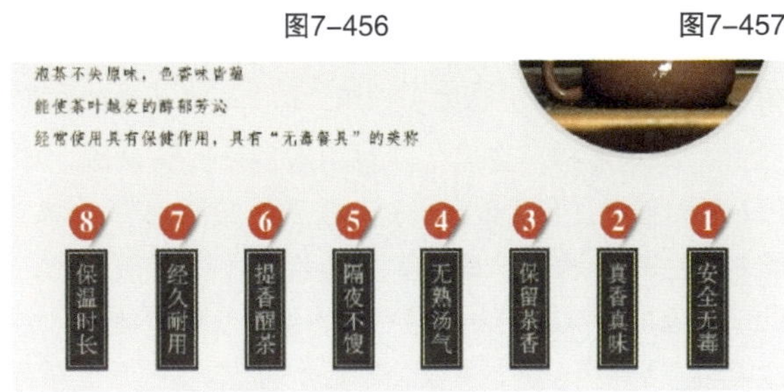

图7-458

22 在特点下方加一个茶文化的部分，这一部分比较简单，就是“椭圆工具”“矩形工具”和“文字工具”的灵活使用，根据上述讲述的知识就可以完成，这里不再赘述，效果如图7-459所示。

23 接下来是细节描述的部分。框架部分使用“椭圆工具”绘制。中部的紫砂壶展示，首先使用“椭圆工具”绘制“椭圆4”，填充任意色，禁用描边，添加“外发光”的图层样式，参数设置如图7-460所示。添加素材“矿石”并对“椭圆4”创建剪贴蒙版，然后将透明素材“拍1”添加到画布，调整大小后，放在中部位置，如图7-461所示。抠取的紫砂壶有些亮，执行“图像>调整>曲线”命令对其进行处理，如图7-462所示。

图7-459

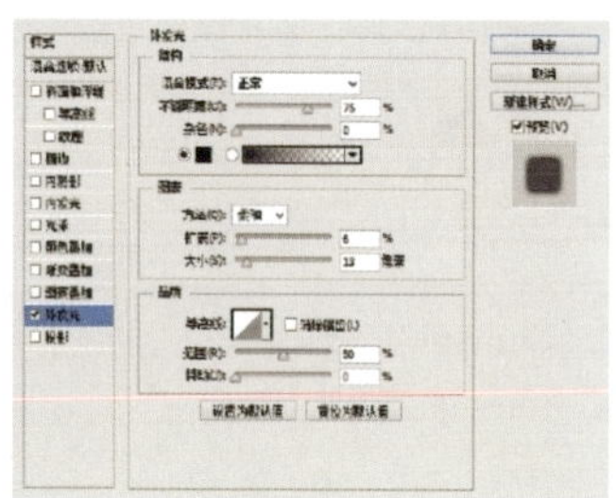
图7-460

图7-461

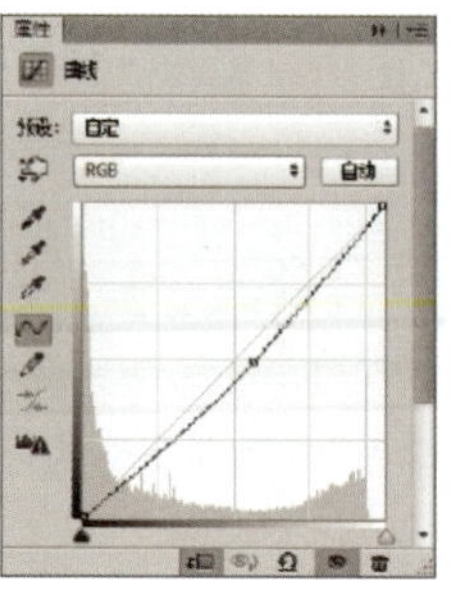
图7-462

24 从框架中大家可以看出，我们设计的思路是将中间部分作为紫砂壶的整体展示，作为参考，然后在外部圆形上添加具体的产品细节，这里以第一个细节为例进行讲解，其余复制修改完成。首先复制“椭圆4”得到“椭圆4 副本”，调整大小后，移动到外边缘的圆形框上，添加素材“壶盖”并对副本创建剪贴蒙版，如图7-463所示。接着使用“矩形工具”绘制细节标题，绘制方法同步骤21，填充颜色为红色（R:125，G:0，B:0），如图7-464所示。最后输入细节及描述信息，完成“细节1”的设计，效果如图7-465所示。

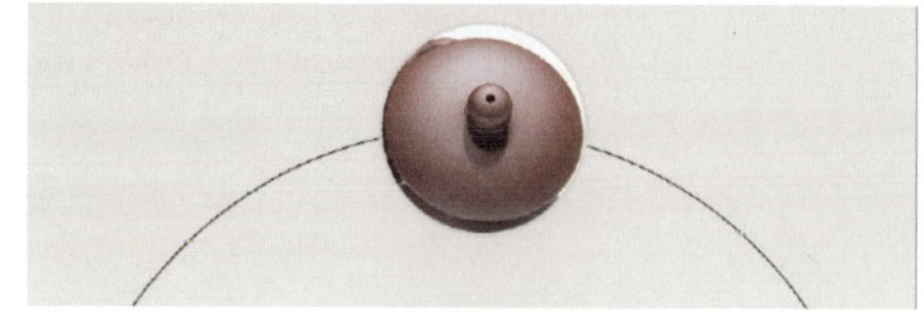
图7-463

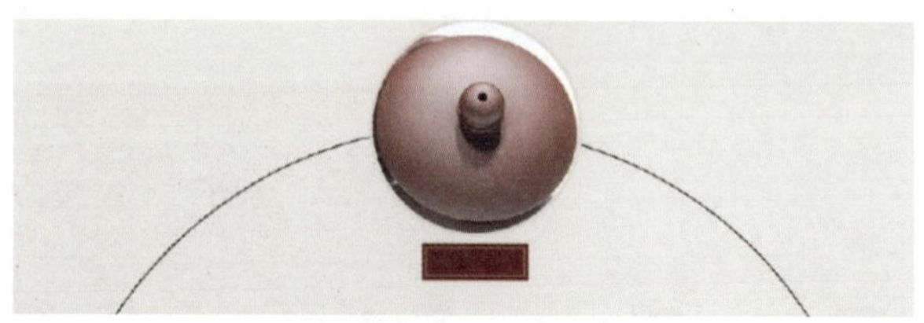
图7-464

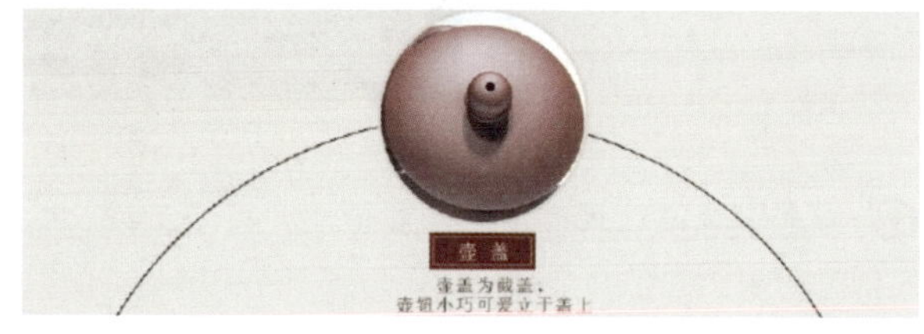

图7-465

25 将“细节1”复制到外部圆形边框上，修改后完成细节部分的设计，最终效果如图7-466所示。

26 接下来的模块是商品展示部分，我们以第一张展示图效果为例进行讲解。使用“圆角矩形工具”绘制图层“圆角 4”，填充任意色，禁用描边，设置圆角半径为10像素，然后添加素材“场景6”并对“圆角4”创建剪贴蒙版，如图7-467所示。由于场景偏暗，色彩不够鲜艳，所以执行“图像>调整>曲线”命令进行微调，参数设置如图7-468所示，效果如图7-469所示。

图7-466

图7-467

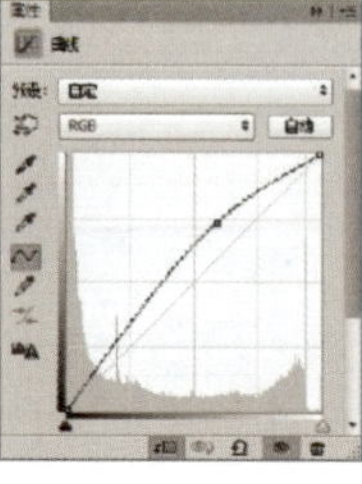
图7-468

图7-469

27 在图中我们还可以为其添加比较有创意的文字说明。首先使用“矩形工具”绘制“矩形12”，填充黑色，描边为1像素，将图层“不透明度”降低为80%，将“填充”降低为70%，如图7-470所示。使用“直线工具”绘制修饰线条，并将图层“不透明度”和“填充”均降低为60%，如图7-471所示，最终效果如图7-472所示。

28 最后输入描述信息，简单的设计排版后效果如图7-473所示。

图7-470

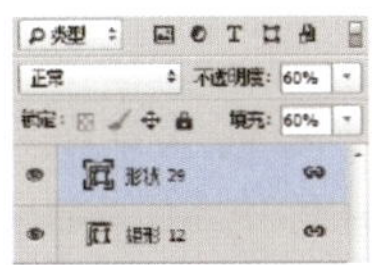
图7-471

图7-472

图7-473

29 用与上述设计相同的方法，完成其他商品图片展示的部分。下一个模块是商品的品牌解读模块，标题部分复制步骤14中的标题部分来完成，内容部分以第一个解读为例进行讲解。使用“直线工具”绘制边缘装饰边框，填充颜色为（R:184，G:184，B:184），禁用描边，使用“硬边的画笔工具”“横排文字工具”和“椭圆工具”排版出其他部分的效果，如图7-474和图4-475所示。

图7-474

图7-475

30 复制上述步骤的效果，完成其他解读部分的设计，效果如图7-476所示。

31 最后一个模块设计一些辅助信息，如产品的用途和平时的养护建议等。添加素材“羊皮纸”，复制一层得到副本，向下移动排列在画布中。标题部分可以复制上述模块中的效果来修改，效果如图7-477所示。

图7-476

图7-477

32 设计内容展示部分，使用“椭圆工具”绘制剪贴背景，填充任意色，描边为1像素的黑色，绘制好后，添加素材“新人”并对椭圆剪贴背景创建剪贴蒙版。其余部分的设计相同，然后在展示下方输入送礼对象，完成赠送首选部分的设计，效果如图7-478所示。

图7-478

33 详情页的最后是保养建议，这一部分是最简单的文字工具的使用，效果如图7-479所示。感兴趣的读者可以自己完成。

图7-479

总结

由于篇幅高度过长，效果预览详见附赠资源中的源文件。

茶具类商品的设计，难点是要设计出泡茶闲谈的那种轻松氛围，让人感觉很舒服，没有神经压迫的色彩。泡茶与喝茶本身就是一种享受，如果色彩过于艳丽、色彩使用太多，给人眼花缭乱、眩晕的感觉，那可就不是品茶，而是煎熬了。总之，根据产品来确定设计的风格，设计并不难，难的是如何提高分析能力和工具的熟练使用。

7.4 详情页分析与制作——美妆护肤类

7.4.1 美妆面膜详情页

实例位置　实例文件>CH07>7.4.1>美妆面膜详情.psd、美妆面膜详情.jpg
素材位置　素材文件>CH07>7.4.1>素材文件夹
视频位置　视频文件>CH07>7.4.1美妆面膜详情页设计.mp4
难易程度　☆☆☆☆☆
知识要点　该面膜详情页的设计，需要特别说明设计中的难点。产品本身是绿色调，为了配合商品本身的颜色，背景和字体都使用了相对柔和的淡绿色，这对于很多对色彩掌控不好的网页设计师来说，便是难点所在。因为如果在设计过程中色彩处理出现偏差，那即使其他地方设计得很好，也会因为某个模块的失误导致商品档次下降，因此，设计这种色调通篇类似的页面，需要设计师拥有对页面的模块安排、素材选择、文案搭配等诸多因素的把控能力。当然，对软件的工具和设计技巧必须熟练掌握，这也是设计好面膜详情页的必要条件。

详情页缩览图

1.页面说明

随着人们的生活水平提升，女性保养商品也越来越多，越来越多的女性对面膜有着强烈的需求，而相对于产品功效，她们更加看重商品的美白效果。因此，在页面的模块里，我们对商品介绍、商品疗效、商品所含的美白成分、使用方法以及商品的实拍展示等顾客急需了解的信息进行了设计展示。由于商品本身属于绿色调，为配合商品，页面背景和文案大面积使用了绿色系的色彩，使整个详情页呈现出绿色、健康、充满生命力的特征。

2.顾客从本案例中能够提取到的信息

本案例详情页的模块主要包括美妆面膜产品展示宣传海报商品的介绍，面膜为您解决的各种皮肤烦恼，商品精华成分的萃取，商品参数、成分、疗效和使用方法展示，达人推荐，商品具体使用方法、流程以及图片实拍展示。

3.灵感与素材

商品本身的绿色包装便是该面膜详情页的设计灵感所在，绿色代表着健康、生命。为了更好地搭配商品的视觉输出，该案例的设计中，背景、素材和文案排版均使用了绿色系的色彩进行展示。大家可以想象，如果使用其他颜色系，会使商品与背景的搭配不协调，而使用浅绿色的背景来衬托商品的绿色，背景起到的作用是画龙点睛而非画蛇添足。对于这种通篇的绿色背景，其实搭配起各个模块来，难度不小，读者可以尝试使用其他的背景色，最后进行效果的对比。

4.绘制流程

01 打开Photoshop，执行“文件>新建”命令，或者按快捷键Ctrl+N打开新建对话框，设置参数，新建画布，填充颜色（R:220，G:255，B:220），如图7-480所示。

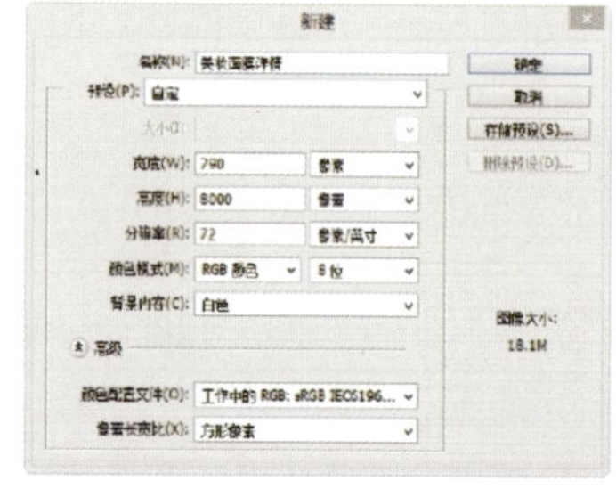

图7-480

02 设计页首海报。添加素材“绿1”，调整大小，置于画布中间。然后添加装饰素材，先添加素材“水波”，将图层混合模式改为“正片叠底”，再为其添加图层蒙版，对边缘进行适当处理，使其自然的融合在背景中，将其图层位置移动到“绿1”的下方，效果如图7-481所示。

图7-481

03 添加素材“冰块”，将其移动到图层“水波”上方，置于产品图的左侧。然后添加素材“蜗牛”，将其移动到“绿1”上方。接着添加素材“面膜”，将其移动到画布右侧，如图7-482所示。简单的调整后，效果如图7-483所示。

图7-482　图7-483

04 为刚才添加的素材制作阴影效果。为素材“冰块”制作阴影，复制一层“冰块”得到拷贝层，为拷贝层添加图层蒙版，使用黑色到白色的线性渐变，使“冰块”出现倒影的效果。使用同样的方法为“面膜”设计阴影效果，如图7-484所示，效果如图7-485所示。

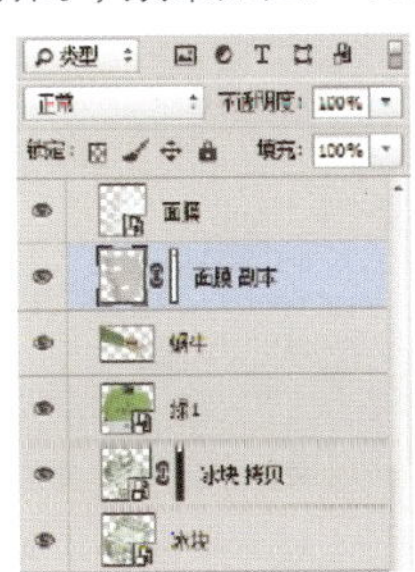

图7-484　图7-485

05 使用“画笔工具”绘制商品图“绿1”的阴影，新建一个图层，命名为“阴影”，使用“黑色柔角画笔”单击画布，出现一个柔角黑色圆，按快捷键Ctrl+T使用“自由变换”命令进行上下方向的压缩，使其呈现椭圆状，将“阴影”移动到“绿1”下方，效果如图7-486所示。

图7-486

06 添加素材“光晕1”和“光晕2”并移动到图层面板的最下方进行排列，效果如图7-487所示。将“光晕1”和“光晕2”的图层混合模式都改为“滤色”，并为二者添加图层蒙版，适当处理亮光的地方，使它们能自然地融入背景，效果如图7-488所示。

图7-487　图7-488

07 基本的效果出来之后，还可以添加一个“水滴”的素材，将“水滴”位置移动到“绿1”上方，并对“绿1”创建剪贴蒙版，使面膜包装出现水滴流淌的效果，如图7-489所示。最后使用“横排文字工具”输入海报的标题描述信息，效果如图7-490所示。

图7-489　图7-490

08 最后对文字部分的标题做一个简单的特效，单击图层面板下方的“添加图层样式”按钮，打开“渐变叠加”对话框，设置渐变从（R:75，G:105，B:63）到（R:99，G:163，B:47），重复两次同样的渐变参数设置，如图7-491所示。最终完成第一张海报的设计，效果如图7-492所示。

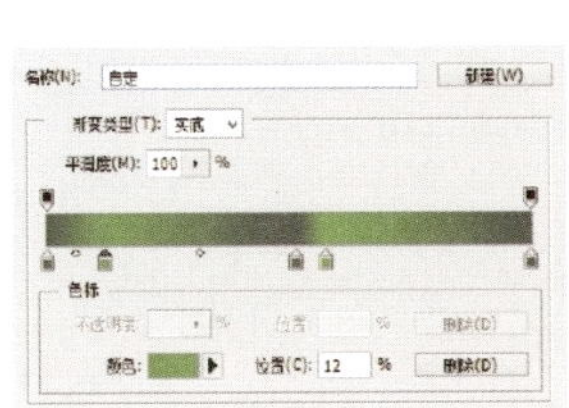

图7-491　图7-492

提示

这类通篇同色系的商品详情页，字体颜色的最佳选择还是同色系。如果使用黑色的话，无法将主次分开；如果使用其他颜色，又要考虑页面的协调性，所以在选择字体颜色时一定要慎重。

09 下面进行第二个模块商品介绍的设计。首先在画布左侧输入一个“？”，再使用“横排文字工具”输入冰膜的简单介绍，最后使用“直线工具”绘制两条分隔线，直线颜色设置为（R:196，G:230，B:190）。回到第一张海报中的标题处，将文字“蜗牛与冰膜的邂逅”所携带的图层样式应用到“亲们知道什么是冰膜吗”之中，效果如图7-493所示。

图7-493

提示

将同样的图层样式应用到不同的图层中，方法有很多，常用的有以下3种。

①如果在图层面板中，两个图层的位置离得近（没有超一屏），大家可以选中应用过图层样式的图层，然后按住Alt键，拖动图层到即将应用图层样式的位置，松开鼠标，样式就复制到了相应的图层中。

②选中应用过图层样式的图层，单击鼠标右键，选择“拷贝图层样式”，然后回到即将应用此样式的图层，选中后单击鼠标右键，选择“粘贴图层样式”即可。

③如果需要将图层样式彻底移动到另外的图层，可直接按住鼠标，拖动相应的图层样式名称，即可完成图层样式的转移。

10 产品介绍的第二部分，我们设计展示“什么是冰疗”。同样，在画布左侧，添加素材“绿5”，在“绿5”下方新建图层“阴影”，使用步骤5的方法为“绿5”设计阴影效果。右侧的文案可以参考上一部分的文案进行设置，标题的渐变叠加、参数设置均相同，最后使用直线工具绘制分隔线，如图10-494所示。

图7-494

11 再在“绿5”及其阴影图层下方新建一个图层“提亮”，使用大笔触、白色的柔角画笔单击画布，调整“提亮”的大小，使“绿5”的背景显示出提亮的光线效果。最后加入素材“冰块”，使用上述步骤中设计阴影的方法，制作出“冰块”的阴影，然后复制一份并进行缩小，也排列在“绿5”的周围，如图7-495和图7-496所示。

图7-495

图7-496

12 接下来是商品介绍的最后一个部分。首先添加素材“液体”，置于画布右侧，然后使用上述文案的排版方法，在左侧输入相关文案（每一条要点前使用“椭圆工具”绘制出一个圆点），如图7-497所示。在左下方空白位置处，使用“矩形工具”绘制矩形，禁用描边，填充颜色为（R:176，G:240，B:168）。为绘制出来的形状添加图层蒙版，使用黑色到白色的线性渐变，处理成由深到浅的效果，然后输入商品描述信息，完成最后的商品介绍部分的设计，如图7-498所示.

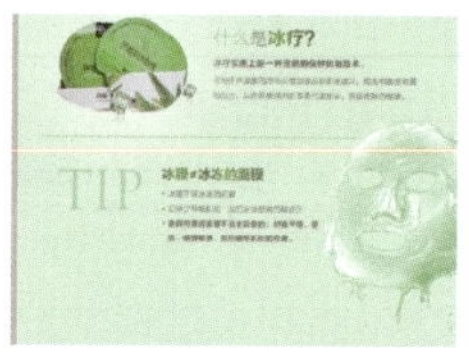

图7-497

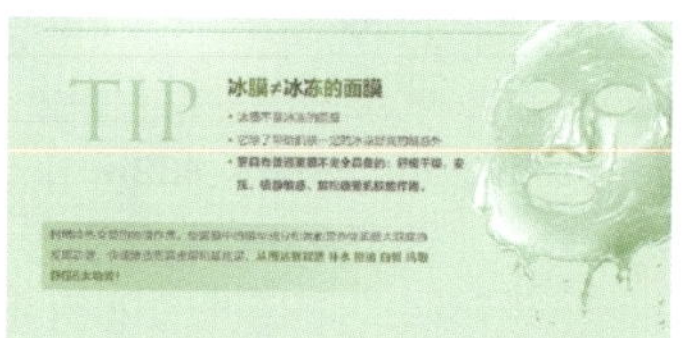

图7-498

13 由于上述两个模块中的商品介绍文案偏多，所以为了与下面的模块搭配协调，在中间设计一张过渡的图片。使用“矩形工具”绘制形状“背景”，禁用描边，填充任意色，然后添加素材“树叶”并对“背景”创建剪贴蒙版，如图7-499所示。

图7-499

14 为“背景”添加图层蒙版，使用“钢笔工具”或“画笔工具”绘制出图7-500所示的效果。使用“圆角矩形工具”绘制一个边框修饰“树叶”，禁用填充，描边为白色，设置圆角半径为10像素，效果如图7-501所示。

图7-500

图7-501

15 同上述模块中的标题部分一样，使用“横排文字工具”输入过渡效果的描述文案，大标题仍然为其添加图层样式“渐变叠加”，最终效果如图7-502所示。

图7-502

16 下面设计原料提取的展示模块。首先使用“椭圆工具”绘制一个装饰线条的椭圆“边框1”，禁用填充，描边颜色为白色，复制“边框1”得到拷贝图层，将拷贝层执行“自由变换”命令，随意旋转5度左右，使它们出现交叉的效果，如图7-503所示。

17 使用“横排文字工具”在刚才绘制的椭圆框中输入该模块的标题，大标题的渐变叠加效果与上述模块中的相同。然后使用“圆角矩形工具”绘制“圆角矩形4”，填充任意色，描边颜色为(R:113，G:188，B:7)，描边粗细为2像素，圆角半径为5像素。添加素材“实验”并对“圆角矩形4”创建剪贴蒙版，效果如图7-504所示。

图7-503

图7-504

18 复制“圆角矩形4”得到拷贝层，将拷贝层移动到左侧，与“圆角矩形4”水平排列，结合“自由变换”命令对拷贝层做变形处理，再添加素材“蜗牛1”并对拷贝层创建剪贴蒙版，将拷贝层的描边颜色适当减淡，如图7-505所示。复制拷贝层，然后水平翻转得到右边的图像，最终效果如图7-506所示。

图7-505

图7-506

19 在图片展示的下方，使用“矩形工具”和“直线工具”绘制指向标，再输入描述信息，如图7-507所示。最后添加素材“曲线”，置于该模块的下方，将图层混合模式改为“正片叠底”，添加图层蒙版，对边缘部分进行适当的遮盖处理，完成该部分的设计，最终效果如图7-508所示。

图7-507 图7-508

20 接着设计商品的功效模块，这一部分我们以第一个功效为例进行讲解。使用“圆角矩形工具”绘制底纹“圆角矩形5”，填充任意色，大小为3像素，描边颜色为(R:189，G:235，B:187)，圆角半径为5像素。添加素材“美女1”并对“圆角矩形5”创建剪贴蒙版，如图7-509所示。在图层“圆角矩形5”下方新建一个图层“阴影”，使用“多边形工具”绘制一个类似阴影的选区，填充颜色为(R:199，G:235，B:199)，然后添加图层蒙版，使用“黑色画笔”在右上角区域适当涂抹，或使用“线性渐变工具”进行渐变，出现由近及远、由深到浅的阴影效果，如图7-510所示。输入文案部分，如图7-511所示。

图7-509

图7-510

图7-511

21 复制功效1的效果，完成其他功效的设计，效果如图7-512所示。

22 下面开始产品的精华成分模块设计。添加素材“水珠”，置于模块的最下方，输入标题。新建一个图层，使用“白色柔角画笔”绘制一条水平的白色带“提亮”，然后按快捷键Ctrl+T使用“自由变换”命令在上下方向拉伸，如图7-513所示。

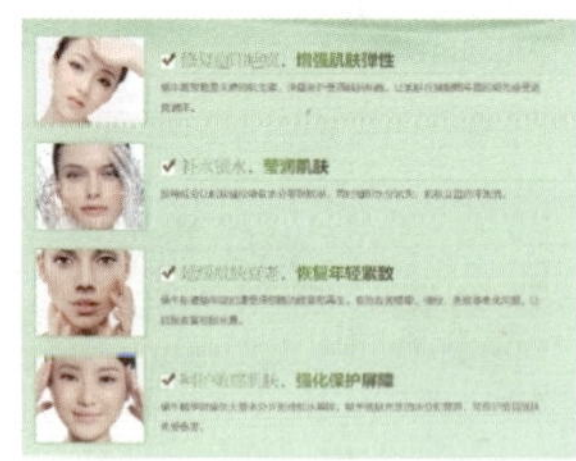

图7-512　图7-513

23 添加素材“绿6”，将其置于白色区域中，在“绿6”下方添加素材“波纹”，将图层混合模式改为“正片叠底”，如图7-514所示，效果如图7-515所示。

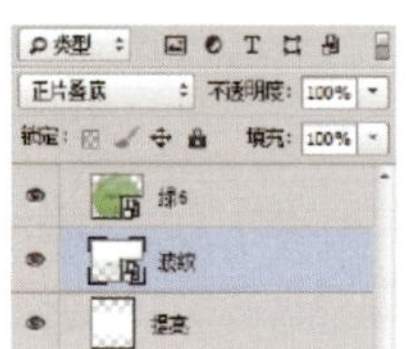

图7-514　图7-515

24 为“绿6”设计阴影效果，原理与步骤5相同，也可以复制“绿6”得到拷贝层，对拷贝层添加图层蒙版来设计阴影。添加素材“水滴”和“冰块”，为“冰块”设计阴影，效果如图7-516所示。

图7-516

25 接下来在商品“绿6”的周围设计相关的成分详细信息，这里以第一个成分的设计说明为例进行讲解。使用“矩形工具”绘制一个文案底纹背景“矩形71”，禁用描边，填充颜色为（R:189，G:223，B:192），将图层“不透明度”改为30%，如图7-517所示。复制一层“矩形71”得到副本层，禁用填充，描边颜色为（R:188，G:235，B:186），描边大小为3像素，使用“直线工具”和“椭圆工具”连接“绿6”，如图7-518所示。

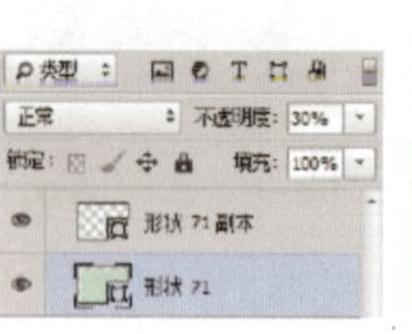

图7-517　图7-518

26 使用“横排文字工具”在矩形边框内输入成分信息，其中标题文字设置图层样式为“渐变叠加”，渐变色从（R:120，G:80，B:27）到（R:158，G:106，B:33）再到（R:120，G:80，B:27），如图7-519所示，图层效果如图7-520所示。最后使用“椭圆工具”绘制圆形，禁用描边，填充任意色，再添加素材“质酸钠”对圆形创建剪贴蒙版，效果如图7-521所示。

27 其他部分的成分信息设计都是由“成分1”演变而来的，设计的方法和原理完全相同，所以这里不再赘述，效果如图7-522所示。

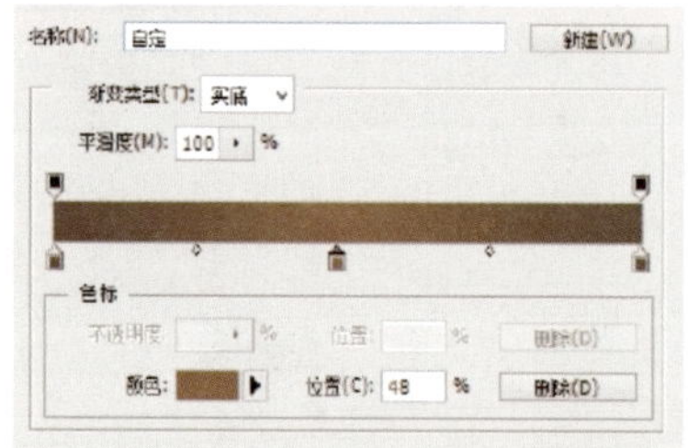

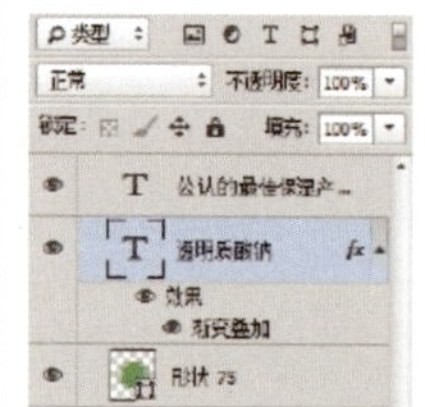

图7-519　图7-520

图7-521　图7-522

28 回到标题处，使用“矩形工具”“直线工具”和“横排文字工具”设计一个副标题，效果如图7-523所示。

29 接着制作商品的产品信息模块。添加素材“波纹”，将图层“不透明度”降低为20%，效果如图7-524所示。设计标题部分，使用“圆角矩形工具”绘制标题背景，禁用描边，填充颜色为（R:160，G:216，B:155），圆角半径为5像素，然后使用“横排文字工具”输入标题，如图7-525所示。

图7-523

图7-524

图7-525

30 添加素材“绿1”，调整大小，将其移动到“波纹”中心，设计出“绿1”的投影效果，如图7-526所示。使用“直线工具”和“横排文字工具”在左侧和下方的空白区域输入商品信息，最终效果如图7-527所示。

图7-526

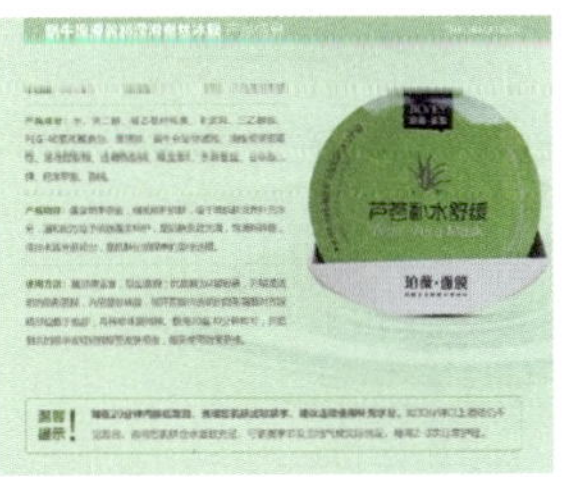

图7-527

31 设计一个模块来展示推荐使用的人群。输入标题文字，标题的效果与前面的相同，均使用渐变叠加效果。推荐人群展示部分，仍以第一个为例进行讲解。使用“椭圆工具”绘制形状“椭圆33”，用来作为图片的剪贴背景，填充任意色，描边颜色为（R:188，G:235，B:186），描边大小为5像素。添加素材“美女5”并对“椭圆33”创建剪贴蒙版，如图7-528所示。

32 在“椭圆33”下方使用“直线工具”“圆角矩形工具”和“横排文字工具”完成推荐文案的描述，效果如图7-529所示。

图7-528

图7-529

33 其他推荐人群分析的设计，可以复制第一个人群分析设计的效果来进行修改得到，这里不再赘述，最终效果如图7-530所示。

34 这一模块设计一个面膜的使用方法示意图。模块的标题部分与步骤33中的设计方法相同。内容展示部分，首先设计使用方法的展示框架，使用“椭圆工具”绘制圆形“框架”，禁用填充，描边大小为1像素，颜色为（R:161，G:216，B:154），如图7-531所示。

图7-530

图7-531

35 为“框架”添加图层蒙版，在上方去除一个缺口，然后使用自定义形状中的箭头形状绘制一个方向箭头，如图7-532所示。在“框架”内部添加素材“绿6”，按照之前讲的制作阴影的方法为其设计阴影，如图7-533所示。

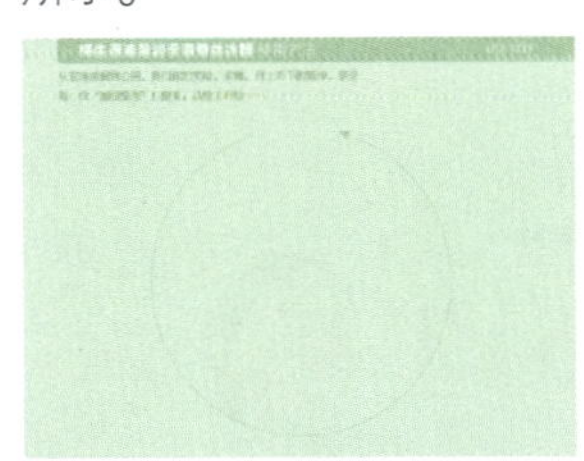

图7-532

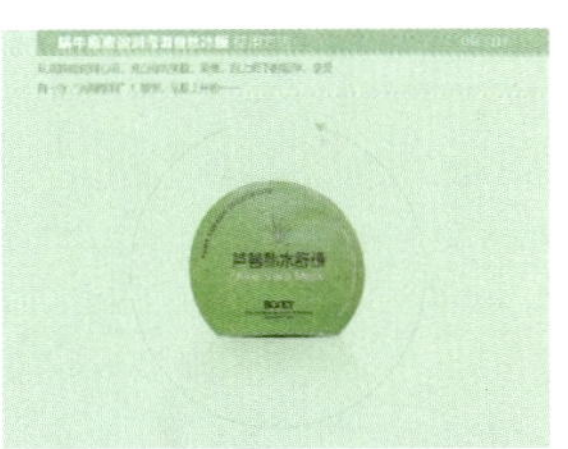

图7-533

36 在“框架”的边缘用各个使用方法来进行围绕展示，这里以其中的一个使用方法为例进行讲解。使用“椭圆工具”绘制展示的背景“形状112”，填充任意色，描边大小为2像素，颜色为（R:134，G:197，B:85），添加素材“美女3”并对“形状112”创建剪贴蒙版，如图7-534所示。

37 使用“椭圆工具”绘制序号背景“形状113”，绘制好后为其添加图层样式“渐变叠加”，效果与其他模块中文字的效果相同，然后输入序号，再输入该序号所表示的使用方法描述，效果如图7-535所示。

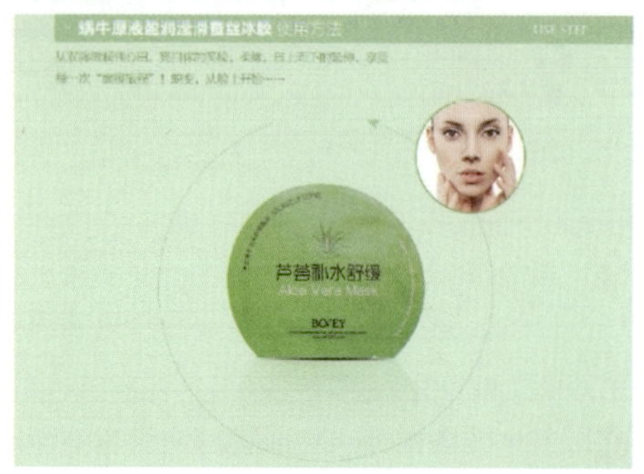

图7-534

图7-535

38 其余使用方法展示的设计原理与上述方法相同，大家可以复制后修改，也可以参考上述步骤进行设计完成，最终的效果如图7-536所示。

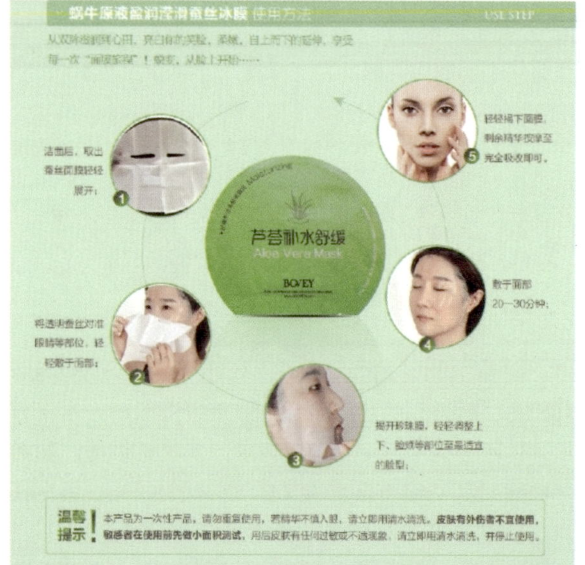

图7-536

39 详情页的最后一个模块是商品图片的展示，标题的设计与上一模块的相同。添加素材“绿2”，调整大小，如图7-375所示。接着使用“圆角矩形工具”为“绿2”绘制一个边框效果，禁用填充，描边大小为1像素，颜色为（R:125，G:190，B:58），输入辅助修饰文字，如图7-538所示。

图7-537

图7-538

40 使用与上述步骤相同的设计方法，将其他实拍图片展示在下方，效果如图7-539所示。

图7-539

总结

由于篇幅高度过长，效果预览详见附赠资源中的源文件。

整个页面的设计，虽然设计的原理和方法都不难，但是涉及的软件工具繁多，参数设置更是不计其数，对于初学的网页设计师来说，在面对如此繁多的工具和参数时可能会比较难把握，这也是讲解时的难点。希望读者可以参考案例的源文件，进行对比学习，将这些复杂、零碎的知识点一一掌握。

7.4.2 护肤精油详情页

实例位置　实例文件>CH07>7.4.2>护肤精油详情.psd、护肤精油详情.jpg

素材位置　素材文件>CH07>7.4.2>素材文件夹

视频位置　视频文件>CH07>7.4.2护肤精油详情页设计.mp4

难易程度　☆☆☆☆

知识要点　本案例是护肤精油详情页的设计，涉及的软件工具有矩形工具组、横排文字工具、图层样式、钢笔工具等，用到的设计知识有图片的合成制作、商品的版式创意、文字的创意排版、页面色彩的选择与设计等。

1.页面说明

精油来自于对自然植物精华的萃取，集美容、养身等功效于一身。根据商品的历史背景，首先定位了商品的风格为奢华大气，因此在详情页的最开始，制作了一个纹理的背景效果，为详情页的设计营造氛围，之后详细地展示了植物精华的萃取过程，以及商品所含有的精华成分；其次展示了商品的广泛用途，突出了商品的强大功效；最后使用实物拍摄图对商品的外观进行展示，完成详情页的设计。该详情页的重点和难点是如何选择页面色彩，将商品色彩与页面和各个模块之间完美契合。虽然页面设计整体来看不是很难，但大家要特别注意设计过程中对素材的应用和软件基础工具的使用技巧。

2.顾客从本案例中能够提取到的信息

本案例详情页的模块主要包括商品展示海报、商品的参数信息、精油的历史、所含的精华成分、精油适用的场合和商品实景展示等。

3.灵感与素材

茶树精油盛产于澳洲，根据精油的历史，在素材选择上，选择了一些奢华风格的花纹、纹理，因商品取自于植物，所以绿色的植物自然是必不可少的选择素材。在页面最开始，使用了具有贵族风格的素材进行了展示设计，由于精油历史悠久，因此详情页背景的设计上，采用了充满历史气息的图案效果。精油的提取流程中展示了各种珍贵的萃取精华，使用范畴则说明了商品的广泛性。

4.绘制流程

01 打开Photoshop，执行“文件>新建”命令，或者使用快捷键Ctrl+N打开新建对话框，设置参数，新建画布，填充背景色（R:244，G:237，B:225），如图7-540所示。

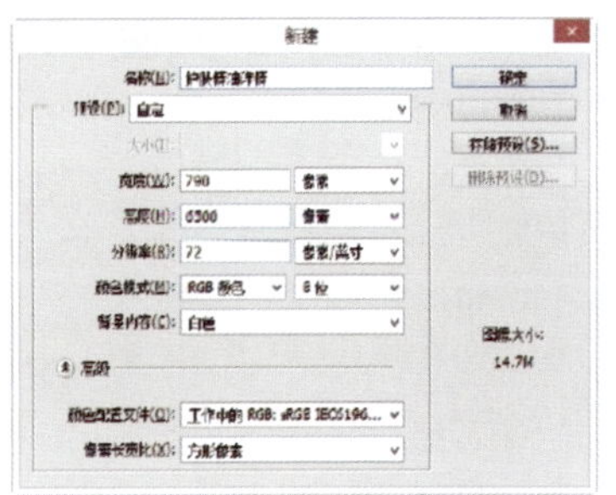

图7-540

02 先给页首的海报背景做一个效果，为后续的设计做衬托。复制背景图层，得到图层“背景 拷贝”，此时效果如图7-541所示。单击图层面板下方的“添加图层样式”按钮，打开“图案叠加”对话框，从“图案”选项的下拉列表中选择“斑纹光亮纸”的图案，参数如图7-542所示。单击确定后，效果如图7-543所示。如果觉得做出来的图案叠加效果不明显，可以将“背景 拷贝”层的图层混合模式改为“正片叠底”。

图7-541

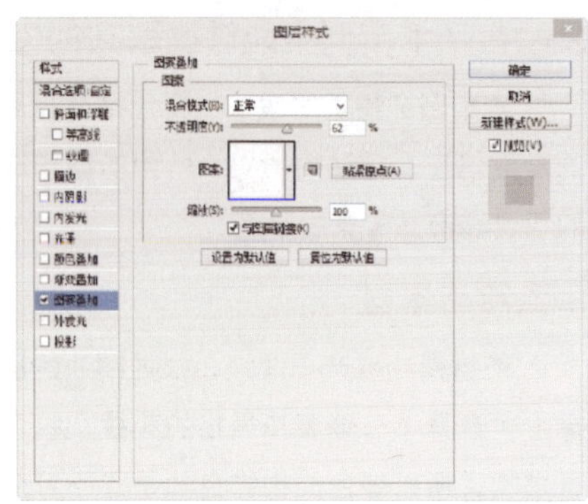

图7-542

图7-543

提示

如果大家在对背景进行图案叠加处理时，在图案列表中找不到使用到的图案，那是因为Photoshop中很多自带的图案大家没有使用过，所以不会出现在图案列表中。此时我们可以在打开的图案下拉列表中，单击图7-544右上角的设置图标，出现选项列表之后，选择相应的图案进行追加，把Photoshop自带的图案都追加到图案列表中。

图7-544

03 这一步开始设计页首的海报。首先使用“钢笔工具”绘制一个路径，然后单击鼠标右键，选择“建立选区”命令，将绘制的路径载入选区，或直接按快捷键Ctrl+Enter，在图层面板中新建一个图层“路径”，填充任意颜色，如图7-545和图7-546所示。

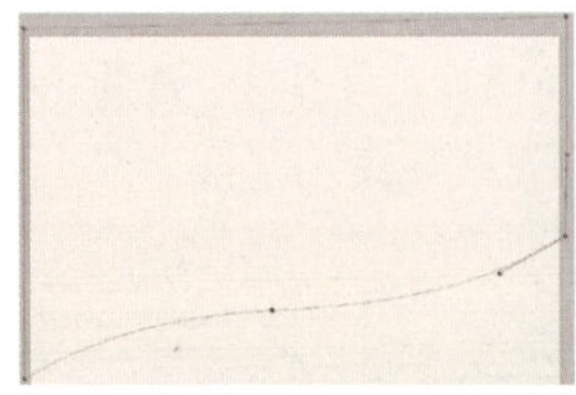

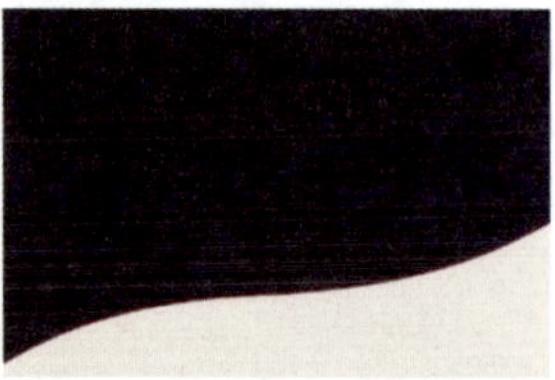

图7-545　　图7-546

04 添加素材“场景1”并对“路径”创建剪贴蒙版，调整大小和位置，再将素材“场景1”添加到画布中，命名为“场景2”，并将“场景2”对图层“路径”创建剪贴蒙版，调整大小和位置后，如图7-547~图7-549所示。

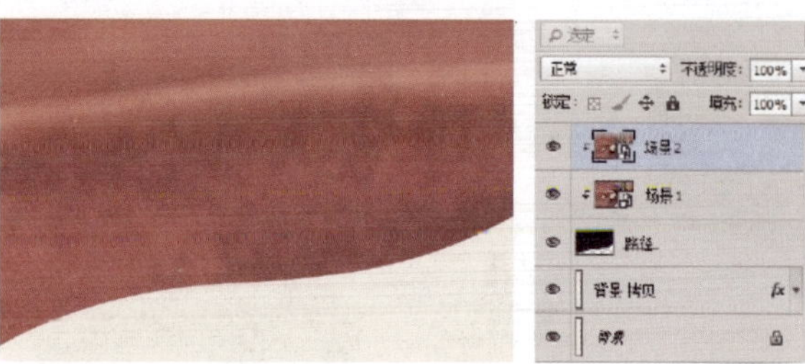

图7-547　　图7-548

图7-549

05 为“场景2”添加图层蒙版，使用“画笔工具”或“线性渐变工具”处理“场景2”的右侧部分，使其融入“场景1”的背景，如图7-550所示。

06 添加素材“精1”，适当旋转和缩放后，置于“场景2”中商品的位置，使“精1”与“场景2”中的商品重合，如图7-551所示。

图7-550　　图7-551

07 对于上图中瓶颈和瓶底出现的局部不重合现象进行处理。选中图层“场景2”，单击鼠标右键，选择“栅格化图层”，然后使用污点修复画笔工具组中的“修补工具”或者“套索工具”对不重合的部分进行修补，效果如图7-552所示。

08 接着设计页首海报的文案部分。使用“矩形工具”绘制图层“形状1”，设置填充颜色为（R:244，G:240，B:227），描边为2像素，描边颜色为（R:120，G:90，B:55）。将“背景 拷贝”层的图层样式复制到“形状1”上面，如图7-553所示，效果如图7-554所示。

图7-552

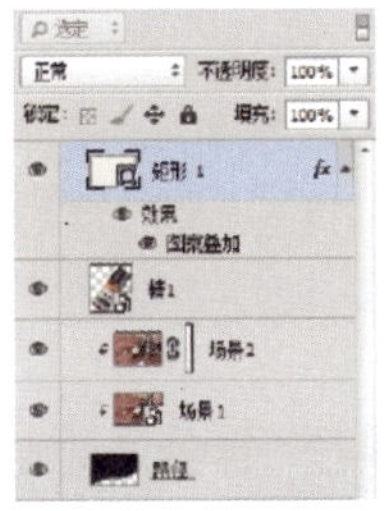

图7-553

图7-554

09 在文案区域中，使用“横排文字工具”输入相应的描述信息，再使用“直线工具”绘制辅助修饰线条，按照图7-555所示进行排版设计。添加素材“角标”并为其添加图层样式，叠加颜色（R:120，G:90，B:55），复制3个“角标”图层，将它们分别移动到“形状1”的4个角作为边框修饰，如图7-556所示。

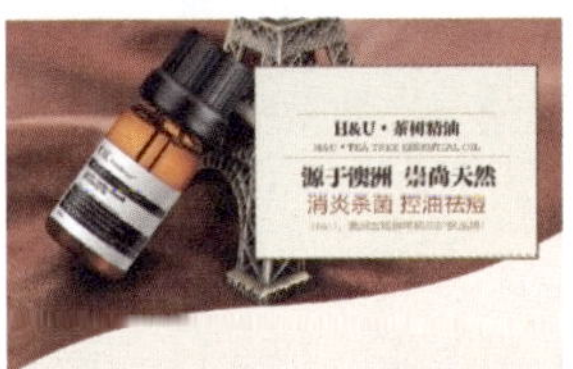

图7-555

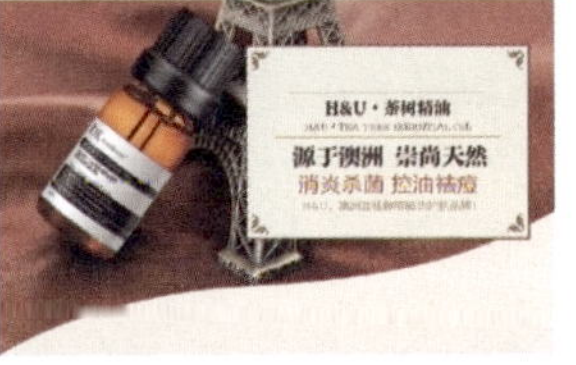

图7-556

10 添加素材“花纹”，调整大小后，置于文案区域的最上方，再为其添加“颜色叠加”的图层样式，叠加颜色与直线颜色相同。分别为“直线1”和图层“花纹”添加图层蒙版，使二者出现无缝连接的效果，最终完成页首海报展示的设计。效果如图7-557所示。

图7-557

11 紧接着设计商品的参数信息。复制页首海报中的文案背景图层“形状1”，得到“形状1 拷贝”，调整大小，移动到展示海报的下方，再复制页首海报文案中的4个角标，将复制的角标移动到“形状1 拷贝”的4个角，大小不变，如图7-558所示。使用“横排文字工具”输入产品信息，使用“直线工具”绘制分隔线，完成参数内容的排版，效果如图7-559所示。

图7-558　图7-559

12 画布右侧的空白区域用来放置商品的外观图片。添加素材“树叶”“精2”，调整大小后排列在画布右侧，将“树叶”置于“精2”的下方作为装饰素材，如图7-560所示。复制一层“精2”得到拷贝层，用来设计商品的阴影效果，按快捷键Ctrl+T使用“自由变换命令”将拷贝层进行垂直翻转，移动到与“精2”呈现镜面对称的位置，再为拷贝层添加图层蒙版，使用“线性渐变工具”或“画笔工具”制作出阴影效果，如图7-561所示。

图7-560

图7-561

13 接着展示一个简单的精油小故事。添加素材“树叶”，再新建一个图层，使用“椭圆工具”绘制一个填充任意色、禁用描边的椭圆“形状20”，将二者均置于画布的左侧，如图7-562所示。

图7-562

14 添加素材“皇室”并对“形状20”创建剪贴蒙版，使用“横排文字工具”在右侧空白区域输入精油故事文案，还可以添加素材“纹理”，调整大小和位置，对文案进行适当的修饰，效果如图7-563所示。

图7-563

提示

在详情页中设计这种故事情节的模块，最重要的目的除了增加商品的趣味性和可读性外，还可以在故事中穿插商品功效和各种小广告，它并不像广告语那样使人厌烦，而消费者也会耐心读完。

15 这一部分设计一个与页首海报对应的模块，用来展示精油的取材和原料的生长环境。复制页首海报中的图层“路径”，得到“路径 拷贝”层，将拷贝层移动到精油小故事模块的下方，按快捷键Ctrl+T将拷贝层转换到自由变换状态，进行水平翻转和垂直翻转，如图7-564所示。添加素材“茶叶”并对拷贝的路径图层创建剪贴蒙版，先不做缩放处理，如图7-565所示。

图7-564

图7-565

16 为“路径 拷贝”添加图层蒙版，遮盖住下方的一部分区域，再为“茶叶”添加图层蒙版，如图7-566所示，使用“线性渐变工具”将右侧处理得与“路径 拷贝”融合，调整“茶叶”的大小和位置，如图7-567所示。

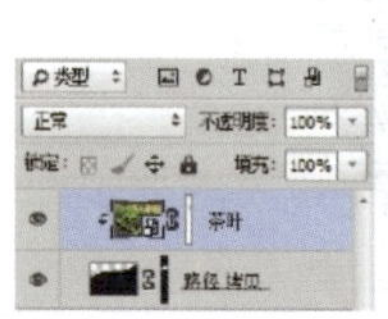

图7-566

图7-567

17 在图片展示的右下方添加一个商品图，增加画面的协调性。使用“椭圆工具”绘制一个圆形，填充任意色，设置描边为4像素、颜色为(R:244，G:239，B:227)，再添加素材“场景2”并对圆形创建剪贴蒙版，将二者移动到图片展示的右下角，如图7-568所示。

图7-568

18 同页首海报一样，我们要把自己的商品合成到素材图中的商品位置。添加素材“精1”，调整大小和位置，使其与素材中的商品大致重合，如图7-569所示。使用“套索工具”或“修补工具”将不重合的部分进行覆盖，制作的方法和原理在页首海报设计时已经讲过，这里不再赘述。修补之后的效果如图7-570所示。

图7-569

图7-570

19 在素材图片展示的右侧和商品图片展示的左侧输入描述信息，完成文案部分的设计，如图7-571所示。此时，可以看到图层“路径 拷贝”层和素材“茶叶”的颜色不是很搭，按住Ctrl键并单击“路径 拷贝”层缩略图，将拷贝层载入选区，填充颜色（R:61，G:89，B:17），如图7-572所示。

图7-571

图7-572

20 这个模块是植物精华的萃取流程和精油的成分。首先设计模块标题部分，使用“矩形工具”绘制一个图层“矩形30”，填充任意色，禁用描边，如图7-573所示。按快捷键Ctrl+T使用“自由变换命令”使矩形上下两边向内收缩变形，效果如图7-574所示。

图7-573

图7-574

提示

在自由变换状态下，单击鼠标右键后，除了缩放、旋转、翻转等命令，还有斜切、变形、扭曲、透视等制作特殊效果的命令。使用这些命令，有时可以做出很多意想不到的效果，大家可以尝试使用。

21 添加素材“场景1”并对“矩形30”创建剪贴蒙版，对图层“场景1”执行“滤镜>模糊>高斯模糊”命令，设置模糊半径为10像素，调整“场景1”的位置，如图7-575所示。

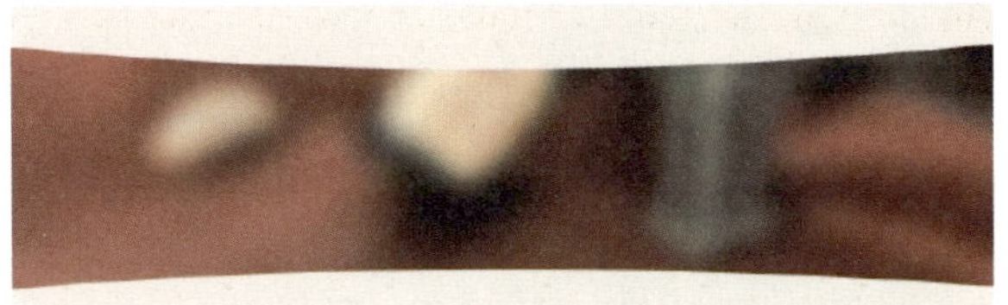

图7-575

22 使用“横排文字工具”输入标题，对字体设置投影效果，参数设置如图7-576所示。使用“直线工具”绘制文案左右两边的线条，作为修饰部分。为线条添加图层蒙版，使用“画笔工具”或“线性渐变工具”设计出渐隐的效果。完成后的标题设计如图7-577所示。

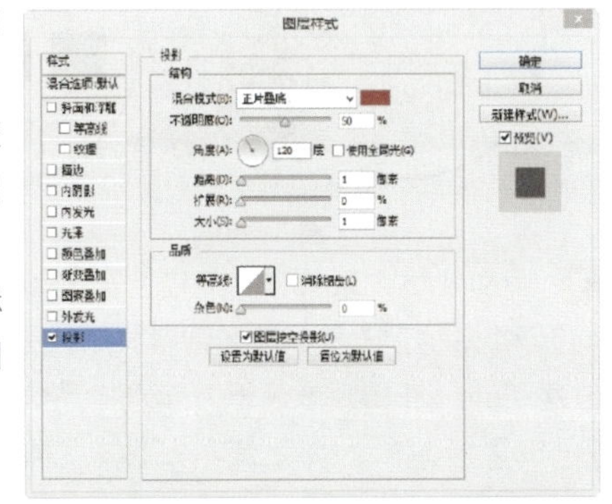

图7-576

图7-577

23 设计萃取成分的展示部分。先使用“椭圆工具”绘制圆形“萃取”，禁用填充，描边为10像素，颜色为（R:160，G:73，B:55）。添加素材“花朵”“实验瓶”，将二者移动到“萃取”图层的下方，并将“实验瓶”的图层混合模式更改为“正片叠底”，如图7-578所示。对“试验瓶”和“花朵”的位置进行调整，效果如图7-579所示。

图7-578

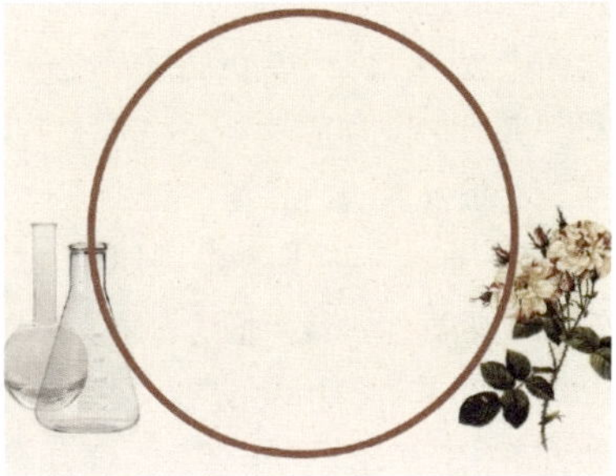

图7-579

24 萃取成分的展示边框设计完成后，使用“横排文字工具”在圆形“萃取”内部输入描述信息，如图7-580所示。

25 在描述标题下方设计一个简单的精油萃取流程展示。使用“矩形工具”绘制矩形“流程”，填充任意色，描边为3像素。复制两个“流程”图层得到相应拷贝层，将三者水平排列在“萃取”内部，如图7-581所示。

图7-580

图7-581

26 添加素材“原料”“蒸馏”和“萃取物”并分别对3个矩形的“流程”图层创建剪贴蒙版。使用“横排文字工具”在图片展示下方输入描述信息，效果如图7-582所示。

图7-582

27 在萃取流程的下方设计一个简单的商品主要成分展示。使用“椭圆工具”绘制圆形“成分”，填充任意色，描边为3像素，颜色为（R:21，G:72，B:0）。仍然复制两个圆形，将3个圆形图层“成分”水平排列，添加素材“茶叶”“质酸钠”“纯净水”并对3个“成分”图层创建剪贴蒙版，如图7-583所示。在图层“成分”下方新建一个图层“阴影”，使用“矩形工具”绘制一个矩形“阴影”，禁用描边，填充颜色为（R:20，G:70，B:0），对其进行稍微旋转，呈现一个斜线阴影的效果，如图7-584所示。为“阴影”添加图层蒙版，使用“线性渐变工具”制作出渐隐效果的阴影，将图层“不透明度”降低为40%左右。复制两个“阴影”图层，分别移动到后面两个成分的下方，并在各自图片下输入描述信息，完成这一部分的效果设计，如图7-585所示。

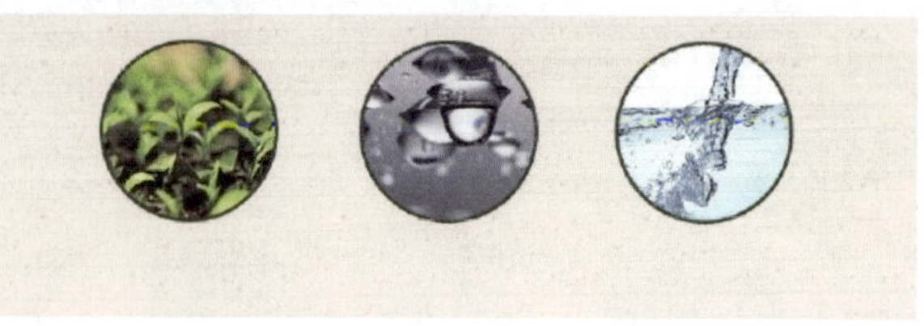

图7-583

图7-584

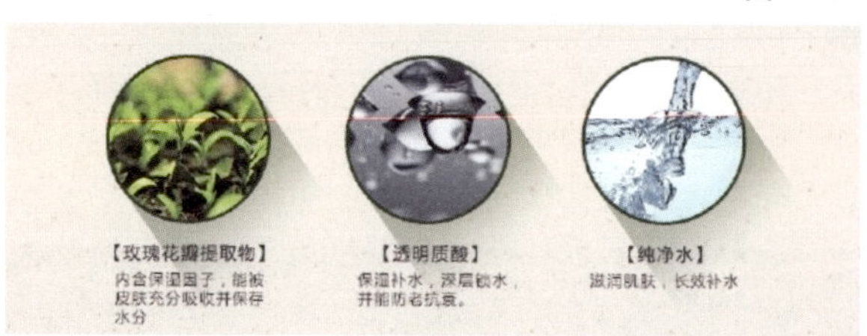

图7-585

28 这一模块是商品的用途展示。标题的设计与上一个模块“萃取成分”的标题原理相同，这里不再赘述。内容区域，首先展示一张茶树的生长环境图，作为模块的开篇。添加素材“图案”，调整大小和位置，接着添加素材“茶树”并对“图案”创建剪贴蒙版，如图7-586所示。

29 这里的素材“茶树”颜色暗淡，使用“色相/饱和度”和“自然饱和度”命令进行调整，参数设置如图7-587和图7-588所示。不要忘了单击参数对话框下方的“此调整影响下方所有图层（单击可影响到图层）”按钮，效果如图7-589所示。

图7-586

图7-587

图7-588

图7-589

30 在左上方输入文字信息，使用自定义形状中的“五角星”作为文案序号符，完成设计，效果如图7-590所示。

图7-590

31 设计精油的适用场合模块。以第一个场合为例来进行讲解，使用“椭圆工具”绘制圆形“场合”，填充任意色，描边为（R:160，G:73，B:55）。添加素材“熏香”并对“场合”创建剪贴蒙版，然后使用“钢笔工具”绘制一个不规则的形状，如图7-591所示。使用“钢笔工具”在形状边缘绘制一个内部的路径，输入“•”符号，如图7-592所示。最后输入描述信息，完成场景1的设计，效果如图7-593所示。

图7-591　　图7-592

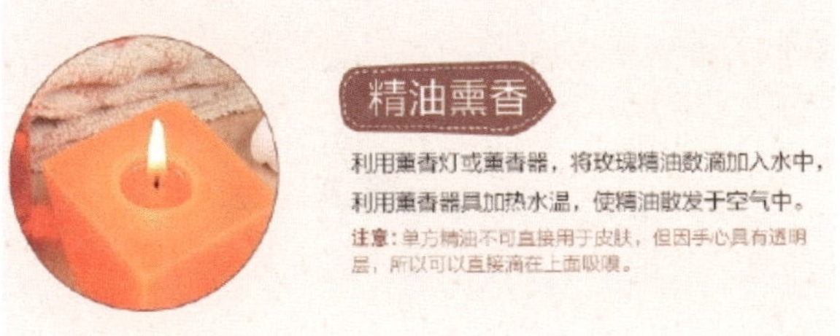

图7-593

32 商品的其他场合设计，均与场合1的原理相同，此处不再赘述，局部效果展示如图7-594所示。最后一个模块展示商品的实拍图片，方法是直接添加素材，修改其大小，然后完成制作。第二个效果的设计，原理与页首海报相同，效果如图7-595所示。

图7-594

图7-595

总结

由于篇幅高度过长，效果预览详见附赠资源中的源文件。

该商品的详情页设计，整个页面风格简洁大方，淡黄色的图案背景与商品本身色彩相得益彰。前面部分的文案设计版式也有大气奢华的效果，提升了商品的格调和整体氛围，主要从商品的参数信息、萃取流程、适用场合等模块进行设计展示。但回顾该页面，商品的卖点并没有充分挖掘出来，大家可以在该详情页的基础上，对页面进行二次设计，制作出更多的商品精华卖点。

7.5 详情页分析与制作——食品类

7.5.1 苹果详情页

实例位置　实例文件>CH07>7.5.1>苹果详情.psd、苹果详情.jpg
素材位置　素材文件>CH07>7.5.1>素材文件夹
视频位置　视频文件>CH07>7.5.1苹果详情页设计.mp4
难易程度　☆☆☆☆
知识要点　矩形工具组、剪贴蒙版工具、滤镜、钢笔工具组、图片色彩的基本调色、图层混合模式、文案排版与创意、色彩选择与搭配等。

详情页缩览图

1.页面说明

苹果，给人的感觉是甘甜脆爽，所以页面的主色调选择了水果色——绿色。清爽的风格在带给顾客良好视觉体现的同时搭配水果图片，让其产生购买欲望。

2.顾客从本案例中能够提取到的信息

本案例苹果详情页的设计，主要从宝贝的参数、苹果的生长环境、苹果自身的营养价值、适合人群、本产品与其他苹果对比的优势所在、宝贝图片实拍展示、品质保证等模块来进行讲解。

3.灵感与素材

水果，本身就源于自然，是自然的产物，本案例的灵感也是由此产生，整体采用干净清爽的自然色彩作为主色调，素材则是一些树叶、果林、人物等，整体风格力求简约清爽。

4.绘制流程

01 打开Photoshop，执行“文件>新建”菜单命令，或者使用快捷键Ctrl+N打开新建对话框，新建画布，如图7-596所示。

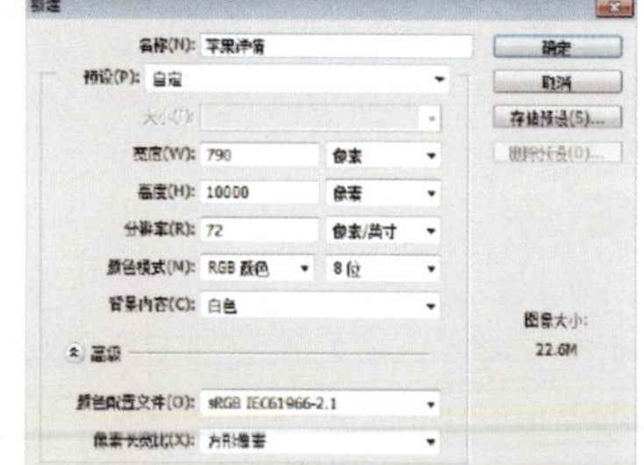

图7-596

02 执行“文件>打开”命令，或按快捷键Ctrl+O或直接将文件拖入Photoshop中，打开素材“BackG”，调整位置和大小，再添加苹果素材“苹果14”并调整位置和大小，如图7-597所示。

图7-597

03 加入一些背景修饰素材“树叶”，使用“套索工具”选取单独的叶片，调整大小后零散排列在画布中，中和一下画面的空洞枯燥感，如图7-598所示。叶子的数量与叶子图层的顺序根据个人对海报的整体感觉来选择，这里的叶子除了用于背景装饰外，还要在苹果层的上方加入几片，目的是让整个画面有层叠感、空间感。

图7-598

04 使用“横排文字工具”输入描述苹果的文案，再配合“直线工具”将文字和直线适当排版搭配，效果如图7-599和图7-600所示。

图7-599

图7-600

提示

① 素材“树叶”如果通过放大或缩小达不到效果，可以用对其使用“模糊”命令，设置参数来完成；

② 海报左上方的模糊苹果制作方法：打开素材“模糊”，执行“滤镜>模糊>动感模糊”命令，参数设置如图7-601所示。

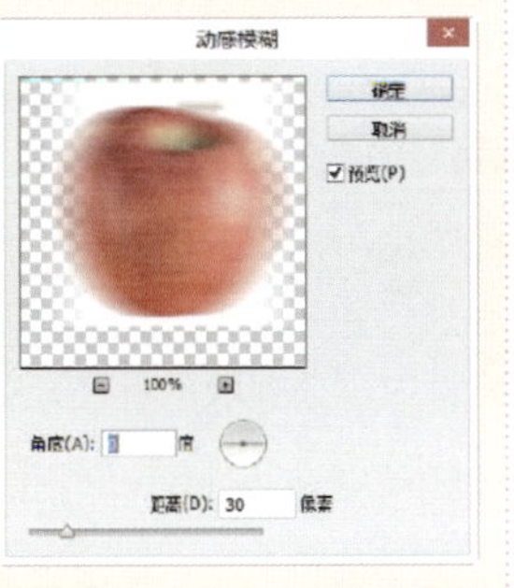

图7-601

05 使用“横排文字工具”输入标题文案，为了突出水果特点，这里的“好果”两字可以使用特别的字体（这里的字体为“禹卫书法行书繁体”），如图7-602所示。在文字图层的下方加入“树叶”素材，调整位置和叶片数量，再使用“直线工具”画两条直线作为修饰。加入素材“光晕”，将混合模式改为“滤色”，将“光晕”的位置调整到“好果”图层的上方，效果如图7-603所示。

图7-602

图7-603

06 可以看到，刚才制作的海报底部与标题的过渡很生硬，为了让它与标题融合得当，可以在详情页海报组中的“苹果14”下方新建一个图层“苹果底纹”，使用“画笔工具”涂抹海报的下方，颜色设置为（R:248，G:248，B:248），达到承上启下的作用，前后对比效果如图7-604和图7-605所示。

图7-604

图7-605

07 下面设计苹果的参数部分。先添加素材“苹果15”，然后制作文案背景，使用“圆角矩形工具”绘制“外框”，填充绿色（R:90，G:178，B:0），再使用“圆角矩形工具”绘制两个内框，分别是“标题框”“参数框”，均填充白色，再使用“横排文字工具”将文案输入圆角矩形背景，如图7-606所示。

图7-606

08 制作参数的标题。标题文字使用绿色（R:80，G:153，B:6）和深灰色（R:79，G:79，B:79 ）并搭配“树叶”素材完成制作，保证页面的清爽风格，如图7-607所示。使用“矩形工具”绘制一个矩形，加入素材“果园”并对矩形进行“创建剪贴蒙版”，在素材下方输入简单的描述文案，再使用“矩形工具”绘制描边为1像素的边框装饰，效果如图7-608所示。

图7-607

图7-608

09 设计生存环境的说明部分。首先使用“椭圆工具”绘制“圆1”，填充黑色，将图层“不透明度”降低为20%。复制一层“圆1”得到“圆2”，填充白色（图层不透明度改回到100%），同理复制“圆2”得到“圆3”，大小比“圆2”往里收缩3像素左右，然后添加素材“果园2”，将“果园2”对“圆3”执行“创建剪贴蒙版”命令，图层如图7-609所示。最后输入文案内容，再结合“自定义形状工具”中的正方形和打钩形状的图案进行制作，效果如图7-610所示。

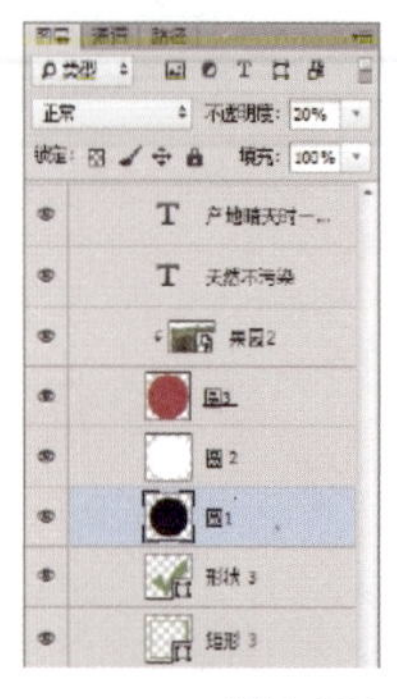

图7-609

图7-610

10 接着设计优劣对比模块。添加素材“标题BG”，然后输入文案，完成标题部分，效果如图7-611所示。使用“圆角矩形工具”绘制两个圆角矩形作为对比项的背景，填充任意色，然后将对比的两个素材“苹果11”“劣质苹果”分别加入画布，并对两个圆角矩形创建剪贴蒙版，两个对比项中间使用灰色线分隔开，最后输入需要对比的项目，即可完成对比模块的设计，效果如图7-612所示。

11 用途模块设计原理与步骤11相同，这里不再赘述，效果如图7-613所示。

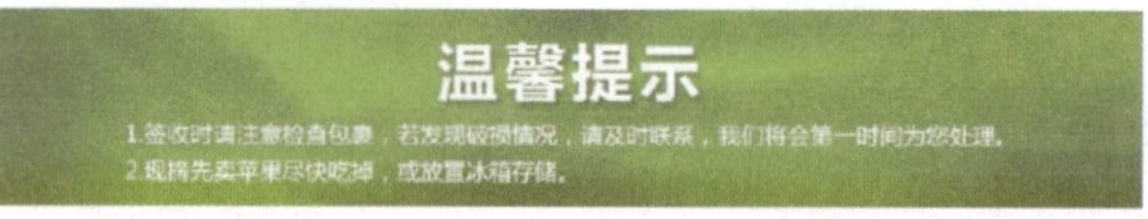

图7-611

图7-612 图7-613

12 下面讲解苹果营养物质模块。首先选择产品参数模块的标题，按快捷键Ctrl+J复制出标题部分的图层或图层组，再将图层移动到该模块的位置并修改相应的文案，做出该模块的标题，如图7-614所示。

图7-614

13 使用“椭圆工具”绘制“椭圆8”，然后新建一个图层“扇形”，使用“多边形套索工具”将圆分割成多个扇形部分，每个扇形区域都要能完全覆盖“椭圆8”，并给这些扇形区填充不同的颜色，如图7-615和图7-616所示。将绘制好的“扇形”图层对“椭圆8”创建剪贴蒙版，再在每个颜色区域输入不同的营养物质名称，初步效果如图7-617所示。在“椭圆8”中间的空白部分绘制一个填充为白色的圆形“椭圆3”，然后添加素材“苹果9”并对“椭圆3”创建剪贴蒙版，调整位置和大小，最后将“椭圆8”的描边颜色设置为白色（使整个画面协调），效果如图7-618所示。

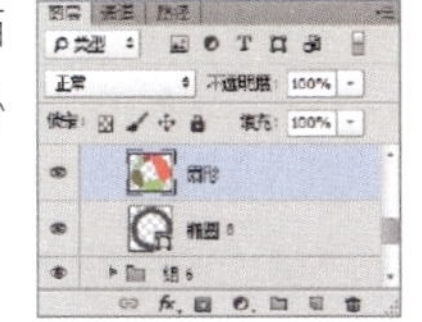

图7-615

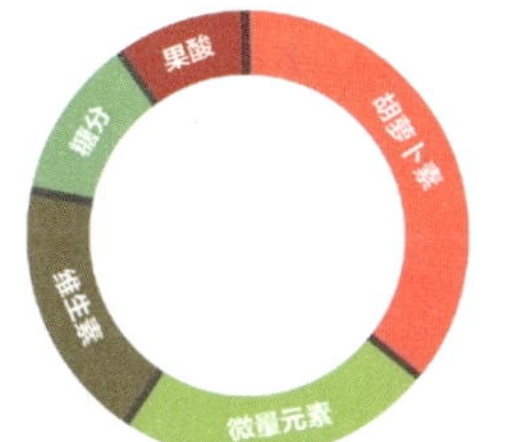

图7-616　图7-617

图7-618

14 同步骤11的原理相同，制作各种营养物质对人体的功能说明模块，参考效果如图7-619所示。

图7-619

15 接下来是商品的适用人群设计。标题部分是简单的文字排版，然后加入素材“苹果16”并调整大小和位置，这一步的总体效果如图7-620所示。

16 下面设计人群展示的说明部分。使用“矩形选框工具”绘制矩形选区，填充任意色，然后加入人物素材“女人”，并对矩形图层创建剪贴蒙版，调整素材的尺寸大小和位置。在图片下方绘制一个矩形，用于标题“女人首选”的背景，再输入“女人首选”的描述文案。然后使用同样的方法（或复制“女人首选”再修改图片和文案）制作出其他人群的说明，整体效果如图7-621所示。

图7-620　图7-621

17 设计商品展示模块。复制“营养物质”模块的标题，修改为“产品实拍展示”的相关文案，如图7-622所示。绘制矩形选区，填充任意色，作为展示图片的背景，再加入素材“苹果16”并对填充好颜色的图片背景创建剪贴蒙版，效果如图7-623所示。

18 使用“圆角矩形工具”（圆角半径为20像素）绘制圆角矩形，输入“细节（一）”的字样，再输入一个点作为“细节（一）”的序号，将它们整体移动到图片素材的左上方，如图7-624所示。使用“矩形工具”绘制一个正方形，输入“形”字，调整大小比例，然后输入相关文案，“细节（一）”模块的整体效果如图7-625所示。

图7-622

图7-623　图7-624

图7-625

提示

本案例中大量使用到矩形工具组和矩形选框工具组，在使用矩形工具时，有一些小技巧大家可能还不知道，绘制正方形时，可以按住Shift键并拖动矩形工具（或矩形选框工具），即可完成绘制。组里的其他工具使用原理同此。

19 其他部分的产品细节实拍均复制上一步的设计，然后修改文案部分即可实现，这里为大家展示设计后的参考效果，如图7-626和图7-627所示。

图7-626

图7-627

20 下面是买家须知和品质保证模块的设计。标题部分可以复制“温馨提示”模块或“优劣对比”模块的标题并修改文案得到。绘制一个矩形，调整好位置，加入图片素材“苹果5”并对矩形创建剪贴蒙版。下方品质保证说明区域使用“横排文字工具”和“直线工具”完成，效果如图7-628所示。

图7-628

21 最后可以设计一些好评有礼之类的信息，促进客户购买和好评率。这里使用了一张现有的好评有礼图片，读者可以根据自身需求来设计适合的风格，效果如图7-629所示。

图7-629

总结

由于篇幅高度过长，效果预览详见附赠资源中的源文件。

通过该产品的详情页设计，大家会发现，整个页面的特效并不是很多，都是常规的工具使用和创意搭配，设计虽然简单，但只要色彩、排版、创意点搭配好，视觉效果也是很棒的。而这些并不是一个案例或者看看书就能学会的，它需要通过大量的练习积累，才能做到用简单的设计方法达到优秀的视觉效果。

案例主色调选择绿色，是因为绿色是水果色，而水果本身是自然的产物，人们吃水果其实就是在享受自然的馈赠，绿色给人的感觉就是清爽、甜美。选择绿色，再搭配简约大气的版面，它不像暗色调那样压抑沉闷，视觉上就征服了浏览者，会引发顾客的购买欲。

7.5.2 豆豉酱详情页

实例位置 实例文件>CH07>7.5.2>豆豉酱详情.psd、豆豉酱详情.jpg
素材位置 素材文件>CH07>7.5.2>素材文件夹
视频位置 视频文件>CH07>7.5.2豆豉酱详情页设计.mp4
难易程度 ☆☆☆☆
知识要点 本案例设计原理比较简单，都是基础工具的使用，创意点的涉及并不多。通过本案例读者需要掌握的知识点有图像抠取、图层蒙版的熟练使用、中国风素材的收集与合成、字体与整个版面的协调搭配等。

详情页缩览图

1.页面说明

该美食详情页的设计，主要考验设计师的技能是素材的搭配、抠图的综合使用方法。产品整体使用了中国风，标题使用了典型的古代屋檐素材，字体选择了以行楷作为主体字，加上水墨墨迹与花纹纹理，整个版面风格与产品本身的色调交相辉映，更加吸引浏览者的眼球，体现产品的美味。

2.顾客从本案例中能够提取到的信息

这一页面的制作，主要从产品的历史渊源、产品信息、产品特点、产品功效与营养价值、实拍效果展示以及使用方法等模块来进行讲解。

3.灵感与素材

本案例整体色彩与风格灵感来自产品本身，特产类的产品，自然会带一些历史的味道，所以选择中国风的框架来表现产品的浓厚历史，加上背景纹理的使用让产品与整体更是相得益彰，素材部分则选择了古建筑屋檐和灯笼、墨迹与印章，搭配行楷字体，进一步突出想要通过页面表达的内容。

4.绘制流程

01 打开Photoshop，执行"文件>新建"菜单命令，或者使用快捷键Ctrl+N打开新建对话框，设置参数，新建画布，如图7-630所示。

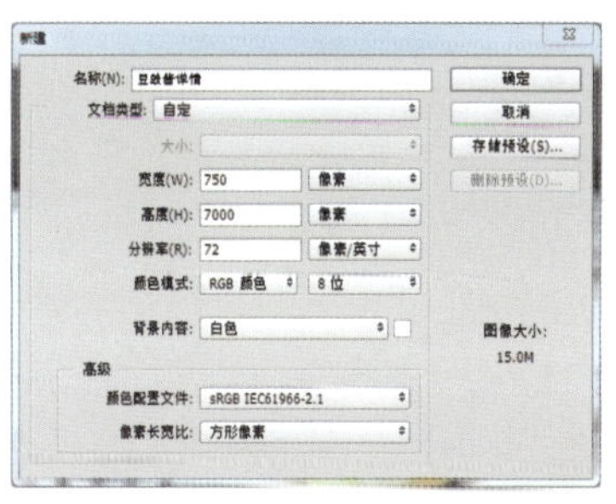

图7-630

02 先制作历史渊源模块的标题部分。使用"矩形工具"绘制"标题BG"的矩形图层，填充颜色为（R:65，G:45，B:45）。将素材"纹理"拖入画布，修改图层混合模式为"叠加"，将"不透明度"改为10%，将纹理图层移动到"标题BG"图层上方并对其创建剪贴蒙版，如图7-631和图7-632所示。

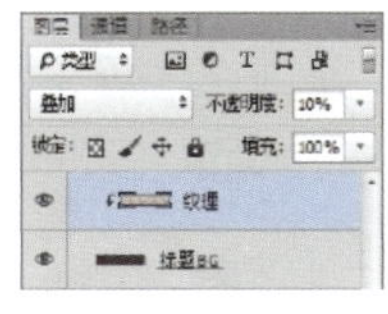

图7-631

图7-632

03 将素材“边框”拖入画布，调整位置和大小，使用毛笔系列字体在边框内输入文字“文山花豆豉”，再加入素材“印章”，在印章内输入文字“正宗”，完成标题的设计，如图7-633所示。

图7-633

04 为标题做进一步的光线效果处理。在边框上方新建一个图层“提亮”，使用略浅一点的颜色（R:118，G:61，B:50）对标题背景提亮，对文字“文山花豆豉”同样做色彩调整，最终效果如图7-634所示。

图2-634

05 这一步开始制作产品的历史信息海报。使用“矩形工具”绘制形状“背景”，设置填充为（R:218，G:209，B:205），禁用描边。拖入素材“水墨1”“水墨2”“水墨3”，将“水墨1”移动至画布左侧，将“水墨2”移动至海报右上方，将“水墨3”移动至画布左下方，将图层混合模式均修改为“正片叠底”，适当降低“不透明度”，如图7-635和图7-636所示。

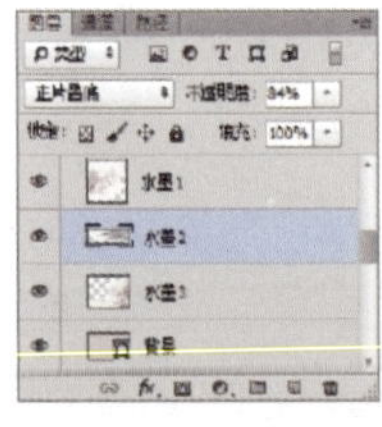

图7-635

图7-636

06 分别对3个图层添加蒙版，将前景色设置为黑色，使用“画笔工具”涂抹遮盖区域，使它们融合到背景层中（配合图层不透明度的调整），如图7-637所示。拖入产品素材“宝贝6”，调低“不透明度”，用“橡皮擦工具”擦除产品图片边缘，使其融合在海报中。拖入素材“中式边框”，调整至海报上方与标题衔接处，复制一层得到“中式边框副本”，移动至海报下方，使用素材“签名”“水墨”与“直线工具”“直排文字工具”搭配排版出文案区域内容，效果如图7-638所示。

图7-637

图7-638

提示

最后使用的素材“签名”用于品牌签名，素材“水墨”用于小标题“豆豉渊源”的头部装饰，这些都是为了增加页面的视觉效果，读者可以不增加这两部分的内容。

07 开始设计商品信息模块。标题效果可复制上一模块的标题并修改文案得到，拖入素材“灯笼”和“屋檐”，调整其位置和大小，如图7-639所示。

图7-639

08 设计产品信息的内容区。先使用“矩形工具”绘制背景底纹“信息BG”，拖入素材“木纹”调整大小和位置并对“信息BG”创建剪贴蒙版，如图7-640所示。拖入“书本”素材，拖到画布中心，在“书本”的左半部绘制描边为3像素、颜色为（R:199，G:199，B:199）的边框，大致效果如图7-641所示。

图7-640

图7-641

09 在书本的内部放置产品图片，将素材“宝贝2”移动至画布中，感兴趣的读者可以为“宝贝2”设计一个简单的底部阴影效果，在书本右侧输入相关的产品信息，整体效果如图7-642所示。

10 产品特点模块的标题部分仍然复制步骤4中的设计得到。内容部分先使用素材“泼墨”“水墨”“宝贝3”“木纹”做出基础效果，然后在标语上方新建一个图层“颜色”，使用“画笔工具”涂抹标语的上半部分，使用“颜色”对标语创建剪贴蒙版，实现渐变的效果。使用“矩形工具”绘制一个方形签章，装饰页面，整体效果如图7-643所示。

图7-642

图7-643

11 这一步制作产品功效标题的方法同上。内容部分是简单的图片与文字排版，使用的素材为“大豆”“豆油”“大蒜”“生姜”，右侧标语的颜色效果制作方法同上，效果如图7-644所示。

图7-644

12 设计营养价值模块。标题部分的制作仍然与上述方法相同。内容部分首先加入素材“木纹”“泼墨1”，调整其大小和位置，然后添加图“宝贝4”，调整大小，为“宝贝4”添加图层蒙版，使其与“泼墨1”的形状相融，如图7-645和图7-646所示。

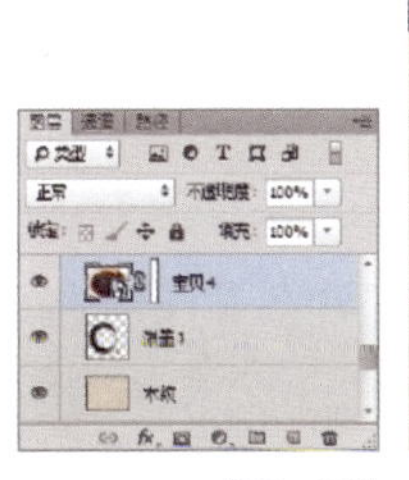

图7-645

图7-646

13 这里的成分和商品图之间用曲线连接。首先使用“钢笔工具”绘制一个曲线，输入符号“-”，字体颜色为（R:117，G:45，B:0），如图7-647所示。使用“椭圆工具”绘制一个圆形“形状12”，填充颜色为（R:91，G:28，B:24），输入营养成分，如图7-648所示。

图7-647

图7-648

14 为了使“形状12”有立体的效果，新建一个图层“高光”，使用颜色为（R:199，G:108，B:108）的柔角画笔绘制一个高光效果，将“高光”对“形状12”创建剪贴蒙版，如果觉得“高光”太亮，可以适当降低图层的“不透明度”，如图7-649和图7-650所示。其他营养成分的设计与第一个营养成分的设计方法是一样的，最终的参考效果如图7-651。

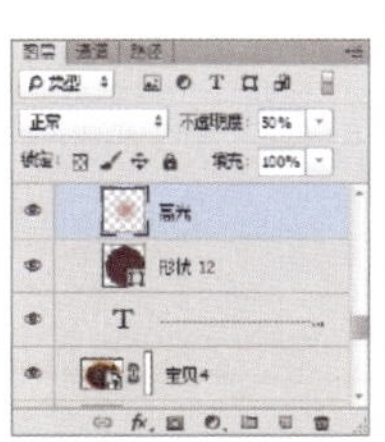

图7-649

图7-650

图7-651

15 商品展示模块的标题设计方法同理，也是复制上述模块中的标题效果而来。内容部分，首先新建图层“展示BG”，选择标题以下的画布作为选区，填充颜色为（R:240，G:220，B:188），将素材“纹理”拖入画布，调整大小和位置，如图7-652和图7-653所示。

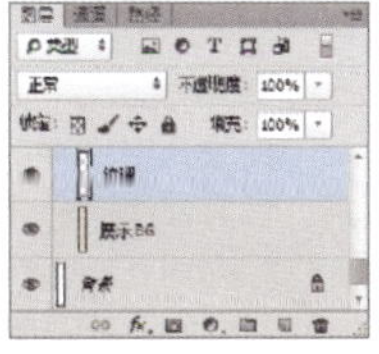

图7-652

图7-653

16 背景制作完成后拖入素材“画卷”与“印章”，输入产品豆豉的特点文案，效果如图7-654所示。

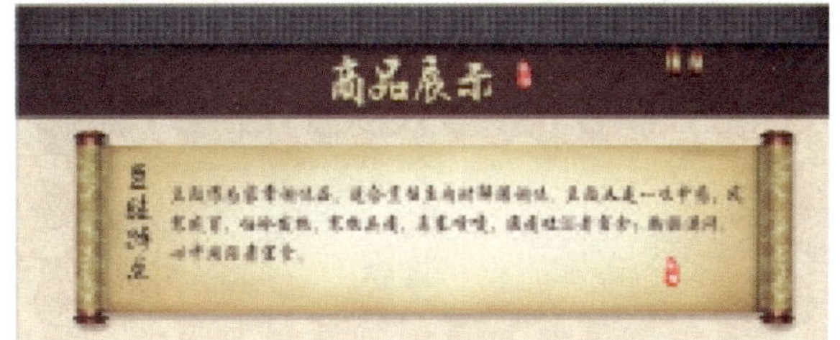

图7-654

17 设计图片展示区，以第一张展示为例进行讲解。添加素材“泼墨1”“宝贝4”和“宝贝5”，适当调整大小和位置，仍然同步骤12一样设置“泼墨1”与素材“宝贝4”的位置关系，如图7-655所示。

18 为了让产品图更自然，为“宝贝5”制作阴影效果。在“宝贝5”下方新建图层“阴影”，使用柔角的黑色画笔绘制阴影，再变形压扁。使用“钢笔工具”绘制曲线路径，输入“-”，如图7-656和图7-657所示。

19 在图7-657所示的区域中输入相关文案，为了使字体颜色更能融入页面，可以在字体上方新建一个图层“颜色”并对文字层创建剪贴蒙版，使用柔角的画笔在文字上随意单击，颜色为（R:228，G:37，B:26），可适当降低“颜色”的“不透明度”，使其更自然，如图7-658和图7-659所示。

图7-655

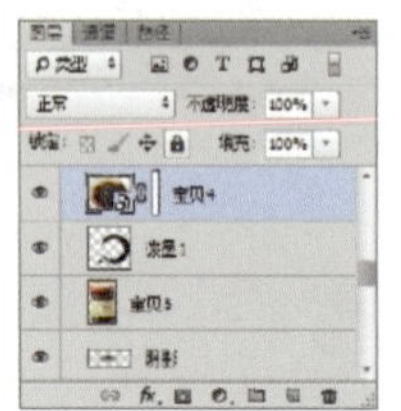

图7-656

图7-657

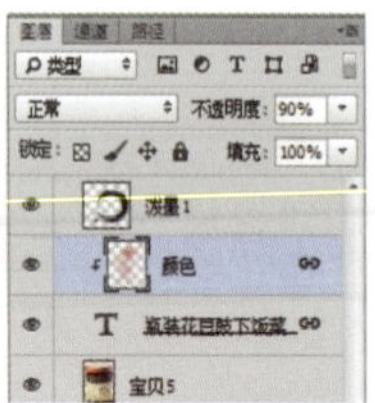

图7-658

图7-659

20 第二张展示图的设计与第一张的展示设计相同，效果如图7-660所示。

图7-660

21 接着设计实物拍摄的部分，简单的文案排版和图片排版这里不再赘述。这一部分局部效果如图7-661所示。

图7-661

总结

由于篇幅高度过长，效果预览详见附赠资源中的源文件。

该产品的详情页设计，重点掌握的知识点有抠图方法、素材的搜集与使用、色彩与产品的整体色彩的搭配。通过这一案例，读者需要更多地了解各种风格的页面制作，养成拿到产品，心里就能想象出产品的大致设计风格的能力。

7.5.3 五谷杂粮详情页

实例位置 实例文件>CH07>7.5.3>五谷杂粮详情.psd、五谷杂粮详情.jpg
素材位置 素材文件>CH07>7.5.3>素材文件夹
视频位置 视频文件>CH07>7.5.3五谷杂粮详情页设计.mp4
难易程度 ☆☆☆☆
知识要点 通过本案例的实操，读者需要灵活运用Photoshop基础工具，设计产品详情页时巧妙地选择主色调与辅色，保证整个页面的可读性、融合性，巧妙使用素材完成创意效果的设计，运用日常设计中积累的小技巧提升设计效率与质量。

详情页缩览图

1.页面说明

本详情页的设计，首先使用素材合成制作了一张创意宣传海报，整个页面模块清晰，有很强的可读性，顾客可以快速地找到自己想要了解的模块。主色调与辅色的搭配，背景浅灰色的过渡，将页面中的各个模块融合在一起，不至于使页面太过突兀而影响视觉效果。每一个模块中卖点的挖掘，增加了产品的优势，可以提升成交率。

2.顾客从本案例中能够提取到的信息

本案例详情页的模块主要包括页首海报、商品参数、商品实拍展示、产品营养价值、产地优势说明、同行产品对比、信誉保障、适用人群分析、产品食用方法以及产品包装。

3.灵感与素材

该产品从小米到外包装的颜色都接近橘黄色，因此在详情页设计时首先考虑使用橘黄色作为页面的主色调，与此搭配最和谐的当然是暗灰色或接近黑色的文字，最终文字颜色采用暗灰系。由于背景占据的面积太大，页面背景如果使用白色，会抢了主色调和主体产品的眼球，所以背景也使用一个偏白色的浅灰，这样下来，整个页面就不会由于局部的原因显得太突兀，增强了协调性。

4.绘制流程

01 打开Photoshop，执行“文件>新建”菜单命令，或者使用快捷键Ctrl+N打开新建对话框，设置参数，新建画布，填充颜色为（R:237，G:237，B:237），如图7-662所示。

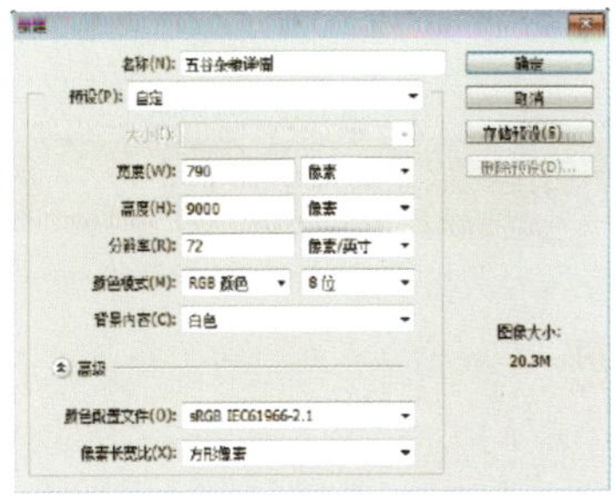

图7-662

02 详情页第一步设计一张大图来展示产品。添加素材“粮1”和“盘子”，调整“粮1”位置，将图层位置移动至“盘子”下方，调整大小使小米恰好盛装在盘子中。对“粮1”添加图层蒙版，使用合适大小的画笔进行涂抹，将显示在“盘子”范围以外的“粮1”进行涂抹遮盖（突出盘口的小米不用涂抹），这一步的效果正好是一个盘子里装满了小米。使用“矩形工具”绘制两条竖线形状，输入展示图的大标题和相关文案，完成大图展示模块的设计，效果如图7-663所示。

图7-663

提示

这一步中关键要掌握以下两点。

①简单的图像合成；

②降低了文案的图层不透明度，旨在突出主体的大标题与粮食，增强页面的层次感，提醒顾客浏览的主体部分。

03 制作产品参数模块。标题部分，首先使用“矩形选框工具”绘制一个矩形选区“矩形条”，填充颜色为（R:230，G:158，B:30），再添加另行绘制的素材“多边形”，并对“矩形条”创建剪贴蒙版。复制一层“矩形条”，得到新图层，命名为“阴影”，填充黑色，将其移动到“矩形条”下方，将“阴影”图层的“不透明度”降低为40%，对“阴影”进行变形调整，使其变为投影效果。输入相关标题文案，完成标题设计，如图7-664和图7-665所示。

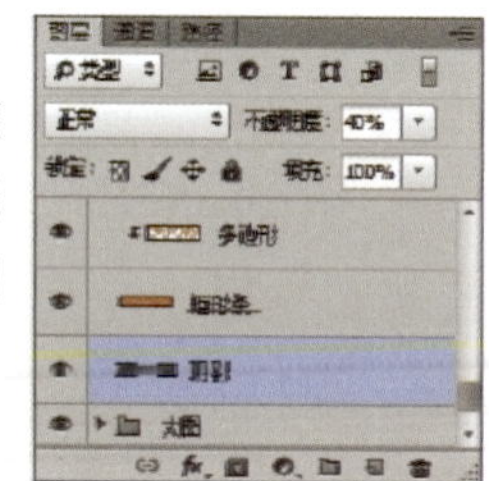

图7-664

图7-665

04 参数设计中的信息部分。使用“矩形工具”绘制一个矩形条，作为具体参数名称的背景。以第一个参数为例，将绘制的矩形条命名为“品牌”，对其添加图层样式“渐变叠加”，叠加一个名为“中灰密度”的渐变，设置左右色标值分别为（R:170，G:110，B:3）和（R:214，G:214，B:214），再添加一个图层样式“斜面与浮雕”，如图7-666和图7-667所示。最后输入相关的参数文案，完成信息部分的排版，效果如图7-668所示。

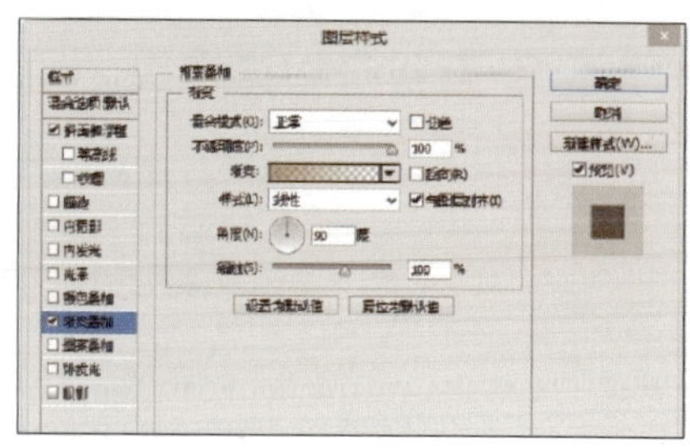

图7-666

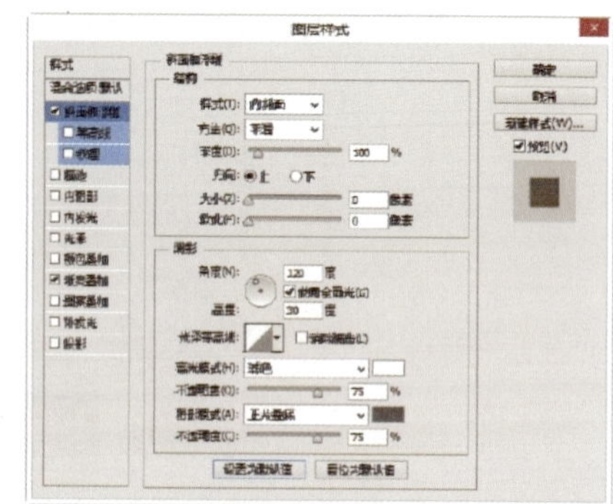

图7-667

图7-668

05 其他参数名称的背景可通过复制上一步的效果得到，如图7-669所示。输入参数文案，如图7-670所示。

图7-669

图7-670

06 参数的左侧需要展示商品图片，所以添加素材“粮1”“包装1”“树叶”和“盘子”，对它们做适当的大小和位置调整，最终得到效果如图7-671所示。

图7-671

07 制作商品的展示模块。标题可以复制上一模块的效果得到。添加素材“粮3”“粮4”“粮5”铺满画布，再添加素材“粮1”“背景”“粮4”“粮7”进行简单的局部展示，效果如图7-672所示。

08 实拍图片展示之后，做一些辅助卖点展示。首先是产品的营养价值说明，将步骤2中合成的“粮1”与“盘子”复制到该模块中，使用“椭圆工具”绘制一个圆，填充颜色（R:237，G:229，B:216），描边为3像素，描边颜色为（R:238，G:162，B:30），输入相应的营养价值点，其他营养价值点复制该效果并修改文案，最终效果如图7-673所示。

图7-672

图7-673

09 接着说明产品产地和种植。添加素材“粮农”，调整大小和位置。新建一个图层“文案BG”，使用“矩形选框工具”绘制矩形选区，填充白色。为素材“粮农”添加图层蒙版并遮盖边缘，使其与“文案BG”高度相同，在“文案BG”上输入描述文案，将步骤3中制作的阴影复制到这一模块中，图层位置调整至该模块最下方，完成产地说明的设计，效果如图7-674所示。

图7-674

10 接下来设计产地优势模块。绘制矩形选区，填充颜色为（R:238，G:162，B:30），将图层“不透明度”降低为15%左右，将标题文字输入到上方。添加素材“问号”，将图层混合模式改为“变暗”，将位置调整到画布左侧，在右侧输入相关说明文案。接着添加素材“土地”“撒药”“太阳”，为它们分别添加图层蒙版，使3个素材水平排列在画布中。再在下方使用“矩形选区工具”配合直线工具、文字工具完成每个素材的描述，整体效果如图7-675所示。

图7-675

11 这一步制作一个对比分析的模块，增加产品的优势与卖点。标题部分使用“矩形工具”或“直线工具”完成，如图7-676所示。对比部分的左侧是本产品，右侧安排的是其他劣质产品。使用“矩形工具”在左侧绘制一个“剪贴”图层，作为左侧部分的背景，使用“矩形工具”在“剪贴”图层上方新建一个图层“分割”，填充颜色为（R:255，G:208，B:118），再绘制一个比“剪贴”略小的选区，填充黑色，并将“分割”的中间切断，分为上下两部分。最后在“剪贴”下方新建一个图层“阴影”，使用“黑色柔角画笔”为“剪贴”制作一个简单的阴影效果，完成左侧框架的设计，如图7-677和图7-678所示。

品质大擂台，质量看的见

图7-676

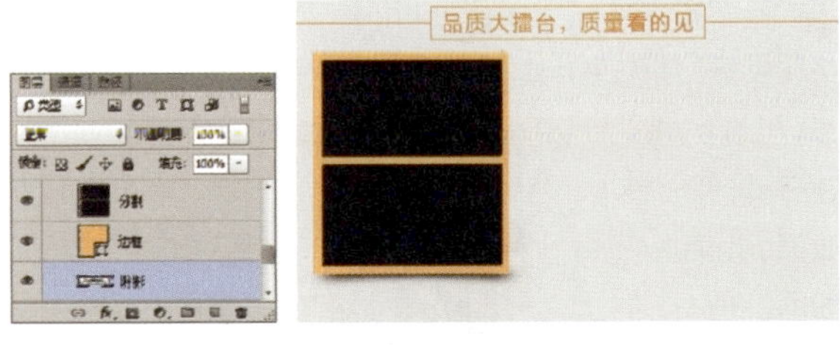

图7-677　图7-678

12 添加素材“粮6”“黄米粥”并对“剪贴”创建剪贴蒙版，使用“横排文字工具”配合“圆角矩形工具”和“自定义形状”排版出左侧的文案效果，如图7-679所示。用同样的方法对右侧的对比模块进行设计，中间添加素材“对比”，制作简单的阴影，最终对比效果如图7-680所示。

图7-679

图7-680

13 下面设计产品的品牌保障模块。标题复制前面制作好的效果修改完成，如图7-681所示。内容区使用“横排文字工具”配合“矩形工具”完成，用到的素材有“标志”“保障”，制作方法简单，效果如图7-682所示。

图7-681　图7-682

14 紧接着制作有机产品的认证方法，提高本产品供应商的专业性。在标题和描述文案区域输入相应文案，再使用“矩形选框工具”绘制一个矩形，填充任意色，最后将素材对其“创建剪贴蒙版”，完成效果如图7-683所示。

图7-683

15 接下来制作适用人群分析。使用“椭圆工具”“横排文字工具”搭配图片素材完成该模块的设计，设计原理简单，重要的在于排版效果，效果如图7-684所示。

图7-684

16 再接着是小米的吃法设计模块。添加素材“米粥”，调整大小和位置，使用图层蒙版处理，使其局部展示。在左侧输入文字，在下方添加素材“海参粥”“红枣粥”和“南瓜粥”进行水平排版，最终效果如图7-685所示。

图7-685

17 最后是包装展示。标题部分仍是复制、修改而来。添加素材“包装”，使用“矩形工具”绘制矩形，再输入文字“外包装展示”和“内包装展示”，完成最后一个模块的设计，效果如图7-686所示。

图7-686

总结

由于篇幅高度过长，效果预览详见附赠资源中的源文件。

该产品的详情页设计，创意性的模块不多，大部分都是简单的排版搭配，但越是简单的搭配，如果处理不好，效果就越会适得其反。所以在日常的工作生活中，一定要掌握页面色彩搭配的技能，案例需要大家掌握的主要是如何制作页面，主色调与辅色调如何来选择，背景色如何协调地搭配主色调，以及色彩的细节如何处理等。通过本案例的制作，希望读者能够举一反三，将案例所表达的思想运用到其他案例中，这才是学习的精华所在。

7.6 详情页分析与制作——户外运动类

7.6.1 旅游详情页

实例位置　实例文件>CH07>7.6.1>旅游详情.psd、7.6.1>旅游详情.jpg
素材位置　素材文件>CH07>7.6.1>素材文件夹
视频位置　视频文件>CH07>7.6.1旅游详情页设计.mp4
难易程度　☆☆☆☆☆
知识要点　矩形工具组、剪贴蒙版工具、图层混合模式、创建新的填充或调整图层、文案排版与创意和色彩选择与搭配等。

详情页缩览图

1.页面说明

旅游，给人的第一感觉是轻松自然、舒适休闲，顾客注重的是旅行社安排的行程品质及每个景点的质量，所以旅游产品详情页的设计要做到符合这些。不同的省份甚至不同的景点，页面的设计可能会天差地别。本案例旅游详情页，设计的是丽江泸沽湖2日游的美景。泸沽湖又是很有民族特征的一个景点，所以整体风格采用比较民族、比较文艺的方式来展现。

2.顾客从本案例中能够提取到的信息

丽江是众所周知的旅游胜地，丽江的泸沽湖因为纯净清澈的湖水和当地的少数民族风情而让人们心驰神往。本案例的泸沽湖详情页设计，首先从产品的亮点讲述此行程与其他旅行社行程的不同之处，即优势所在，然后再详细罗列出行程中的景点，接着阐述行程的具体安排，最后给顾客呈现一些景区图片，先让顾客饱饱眼福，然后激发游客的游览欲望。

3.灵感与素材

本案例的灵感来自于景区本身所处的地区和所在地区的民俗文化。泸沽湖是摩梭人的居住地，风景秀美，是很多旅游达人游云南时的必选行程。而谈到民俗文化，自然会想到文艺、民族等元素。素材的选择上除了泸沽湖景区的景点图片，还选择了一些身着民族服饰的模特、举行民族晚会的活动图片，加上适当的页面色彩搭配、旅游文案排版，使页面具有足够的吸引力来留住浏览者。

4.绘制流程

01 打开Photoshop，执行“文件>新建”菜单命令，或者使用快捷键Ctrl+N打开新建对话框，设置参数，新建画布，如图7-687所示。

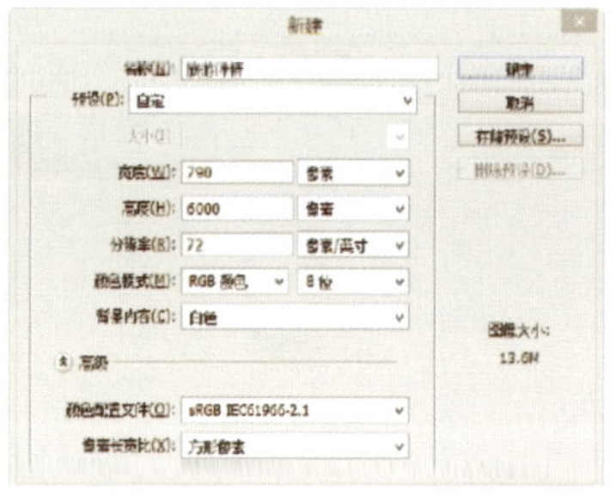
图7-687

02 打开素材“游客2”，看到图片中的湖水有些偏灰，所以需要通过调整图层来简单地处理一下图片的色彩，使水更蓝一些。单击图层面板下方的“创建新的填充或调整图层”按钮，打开“色彩平衡”对话框，设置参数如图7-688所示；再打开“可选颜色”对话框，设置“青色”的参数，如图7-689所示。调整后的效果如图7-690所示。

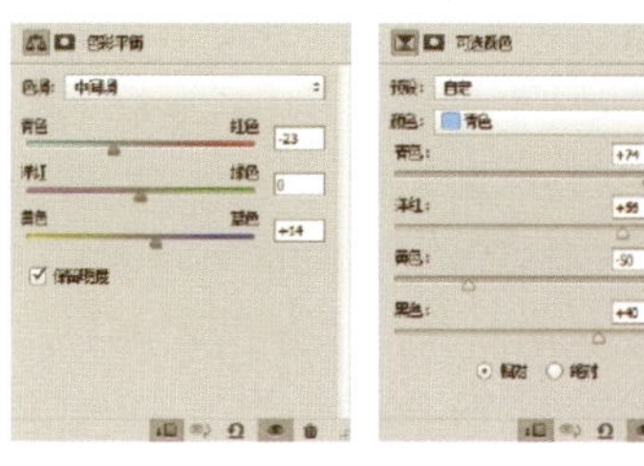
图7-688　图7-689

图7-690

03 完成色彩的简单调整之后，再输入相关文案和装饰性元素，增添图片的文艺感，效果如图7-691所示。

04 接下来设计产品优势（产品卖点）模块。新建背景图层“优势背景”，使用“矩形选框工具”选择适当的高度，任意填充一种颜色，再对“优势背景”设置“颜色叠加”命令，完成颜色叠加后，输入优势标题的相关文案，进行适当的排版设计得到优势模块的标题，如图7-692和图7-693所示。

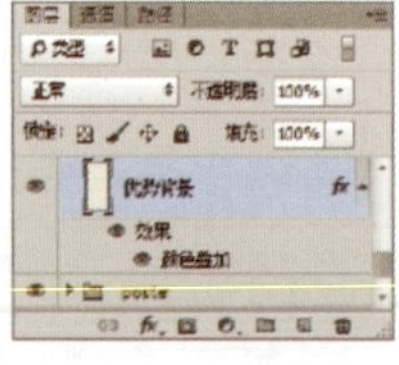

图7-691　图7-692

为何选择低碳旅行社的泸沽湖2日游?
Why the line would be so affected by low carbon travel with?
因为我们只做精品游
纯玩不进任何购物店/360度环湖体验/摩梭晚会

图7-693

05 标题设计好之后进入内容的设计。先使用“椭圆选框工具”绘制圆形“图片背景”，填充任意色，然后单击“添加图层样式”按钮，给“图片背景”添加大小为3像素的描边，再加入素材“游客1”，对“图片背景”图层创建剪贴蒙版，接着使用“直线工具”绘制一条直线连接“游客1”，将“不透明度”降低为80%，调整位置使直线和“游客1”在画布处于居中位置，如图7-694和图7-695所示。

06 设计具体的优势内容。在画布左侧新建一个图层“优势背景”，填充白色，为该图层创建大小为5像素左右的描边样式，加入素材“景1”并调整大小，使其覆盖“优势背景”的上半部分，对“优势背景”图层创建剪贴蒙版，如图7-696所示。

图7-694

图7-695　图7-696

07 左侧的下半部分用来放置描述文案。使用“自定形状工具”绘制“箭头6”和“椭圆2”，使左侧优势与中间的直线连接起来，将绘制的连接图标的“不透明度”降低为60%左右，如图7-697所示。输入描述文案后整体效果如图7-698所示。

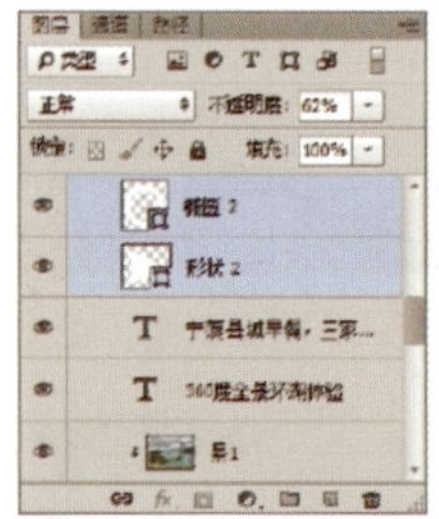

图7-697　图7-698

08 优势模块采用左右排列的方式来展示，但为了避免画面过于枯燥，右侧的优势不建议与左侧保持水平，因为错落有致的排版更能吸引眼球，效果如图7-699所示。

09 如果大家觉得右上角的空白区域面积太大，整个画面显得太空，可以加入一些小标题进行排版，效果如图7-700所示。

图7-699　图7-700

10 其他部分的产品优势设计方法同上。完成后的部分效果如图7-701所示。这样一来，整个优势模块在视觉上就显得灵活很多，观赏性也大大提高了。

图7-701

11 下面开始制作行程的景点安排，这一模块的标题可以通过复制步骤4中的效果得到，如图7-702所示。

12 行程安排的设计。首先使用“多边形工具”绘制一个“多边形”形状，作为行程开头的节点，然后使用“直线工具”绘制一条直线与其连接，再使用“椭圆工具”和“自定义形状工具”绘制中间的连接节点，在每一个节点处输入景点名称。为了使页面更生动，可以在景点名称的另一边加入“雨滴”形状，然后加入素材“团餐”对其创建剪贴蒙版，其余部分的景点按照同样的方法复制修改，效果如图7-703所示。

为何选择低碳旅行社的泸沽湖2日游?

行程详细一目了然

图7-702

图7-703

13 设计行程详细安排模块。该案例属于2日游的行程，所以这一模块的设计也比较简单，标题部分同样复制上一模块的标题，修改文案得到。这一模块的设计过程中，考虑到主题要明确，关键内容要一眼就能看到，在行程详细说明前加一个小横幅标题，来展示当天的精华景点、用餐情况和住宿。使用“矩形选框工具”绘制矩形“底纹”，对其进行“颜色叠加”命令，再绘制同样高度的小矩形“叠加”，设置图层样式“颜色叠加”和“投影”，参数设置如图7-704和图7-705所示。将“叠加”图层移动至左侧，在其上方新建一个图层绘制椭圆，然后加入素材“景4”，将“景4”对椭圆图层创建剪贴蒙版，输入标题“第一天”和相关精华景点，效果如图7-706所示。

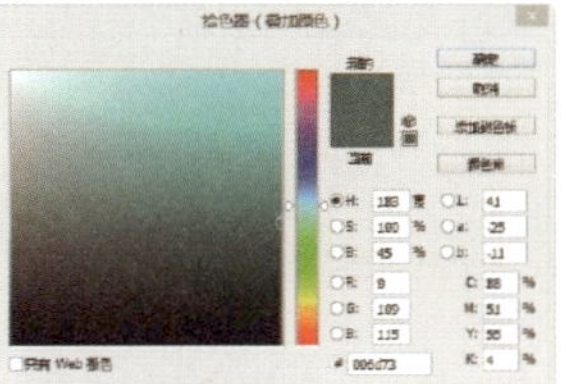

图7-704

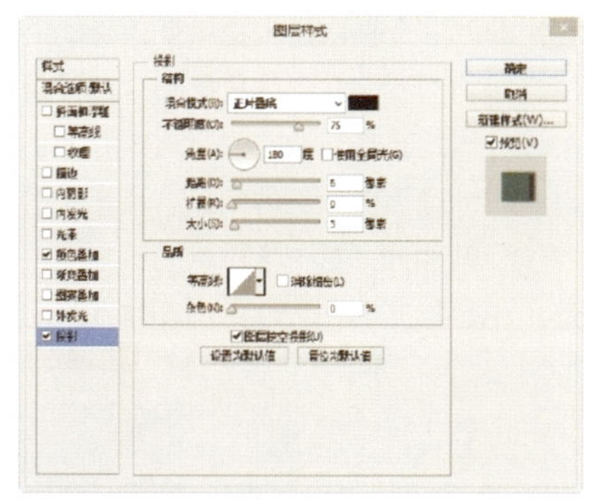

图7-705

为何选择低碳旅行社的泸沽湖2日游?

Why the line would be so affected by low carbon travel with?

玩哪里 如何玩 玩多久

行程中如何安排游览顺序 您一看便知

图7-706

提示

对刚接触淘宝产品设计的网页设计师来说，步骤说明只是一种参考的方法，掌握技能的最好方法是，以案例效果为样本，按照自己适应的设计流程来制作，最后得到案例的参考效果，甚至超过参考效果。每一个独立操作的步骤，都是提升自己熟练度的关键！

14 行程的详细说明指的是从出发到结束的文字描述，这一部分直接将文案复制到画布中即可，无须过多设计。为了突出上一步说明的精华景点，可以在文案中，将精华景点使用红色或其他颜色的字体进行突出标记，最后配上两张景点的实拍风景图片“景5”“游客3”，行程的详细设计即可完成，整体感觉如图7-707所示。

早丽江出发前往【阿海】，宁蒗县城中餐。之后抵达【泸沽湖观景台】观景，观泸沽湖全景拍照，三家村开始360度全景大环湖，途径【四川草海】观万亩草海、体验【走婚桥】，到达四川【泸沽湖】镇，尼赛观【情人树】，原始摩梭村寨【小落水】尽享摩梭走婚案，品尝泸沽湖特色烤鸡。晚8点左右参加【篝火晚会】体验原始摩梭风情歌舞表演。入住酒店。

图7-707

15 最后一个模块是实拍风景，考验的是设计师对图片的排版能力和文字工具搭配图片的使用能力。这一部分的设计原理其实与杂志内页一样，如何让图片和文字和谐是设计师需要考虑的问题。该案例的设计中，首先是制作标题部分，第一张展示的实拍图片的宽度采用铺满整个画布的方式，如图7-708所示。

图7-708

16 这一张图片下方开始使用文字与图片搭配的方式展示。先使用"椭圆工具"绘制圆形"底"，再新建一个图层绘制圆形"描边"，输入竖排文字"里务比岛"。将"里务"二字通过移动位置和设置字符样式置于"底""描边"的上方，对"描边"图层添加图层蒙版，将文字"里务"遮挡的部分进行擦除，"比岛"二字则使用黑色字体留在"底"的外部。使用"直线工具"绘制修饰性直线，再输入竖排文案，效果如图7-709所示。

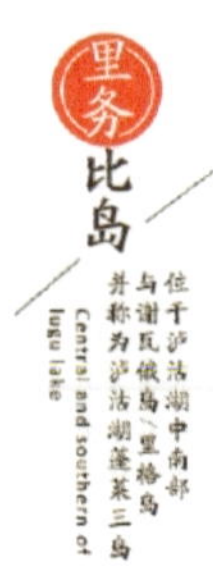

图7-709

总结

由于篇幅高度过长，效果预览详见附赠资源中的源文件。

通过该案例的设计，读者需要掌握的知识点：色彩搭配、图片基础的色彩处理、根据页面主题对文案的排版、图文混搭等。

旅游产品的设计，需要根据行程的差异来决定具体的设计风格，如海滨城市旅游，使用的元素大都以沙滩、冲浪、比基尼等为主，色彩选择也需要活泼艳丽一些；而宗教气息浓厚的城市旅游，使用的元素则偏重于建筑、雕塑、宗教的象征性物件等，色彩也会向另一种风格偏离。

网页设计师，不仅要拥有操作软件的技能，还需要了解产品的背景文化，这样才会使做出来的页面更具有吸引力。

7.6.2 运动产品详情页

实例位置 实例文件>CH07>7.6.2>运动产品详情.psd、运动产品详情.jpg
素材位置 素材文件>CH07>7.6.2>素材文件夹
视频位置 视频文件>CH07>7.6.2运动产品详情页设计.mp4
难易程度 ☆☆☆
知识要点 阴影的制作原理与方法、图层样式的应用、各种工具组的配合使用、图层混合模式、文案排版与创意、色彩选择与搭配等。

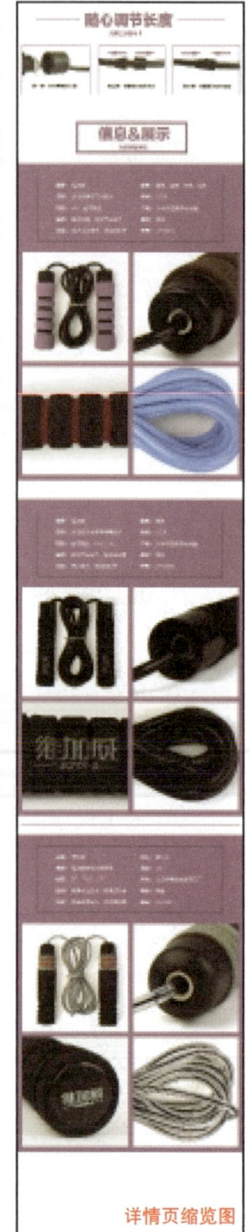

详情页缩览图

1.页面说明

该产品的详情页设计，主要考验设计师的技能是色彩的搭配、抠图的综合使用方法。因为该产品的主打款颜色是紫色，所以整个详情页采用的主色调就是紫色调。

2.顾客从本案例中能够提取到的信息

跳绳产品的详情页设计，设计的模块有详情页首图的展示、跳绳的细节品质、产品整体的外观集合、跳绳目前拥有的使用方法、跳绳的基本信息和跳绳的产品图片展示等。

3.灵感与素材

本案例主推款为紫色，所以整体风格的色彩选用了紫色，搭配白色字体，让整个页面整洁干净，产品因此也得到凸显。

4.绘制流程

01 打开Photoshop，执行"文件>新建"菜单命令，或者使用快捷键Ctrl+N打开新建对话框，设置参数，新建画布，如图7-710所示。

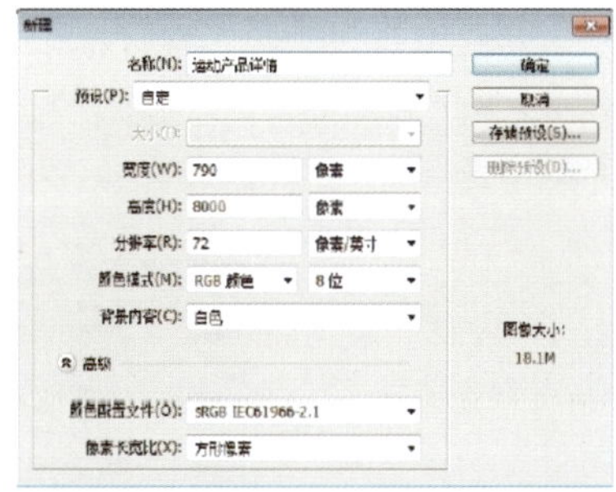

图7-710

02 新建一个图层，使用"矩形工具"绘制"矩形1"，填充颜色为（R:160，G:100，B:150）。对"矩形1"图层新建图层蒙版，使用"多边形选框工具"绘制类似三角板的形状，选中蒙版，对选区进行蒙版覆盖。然后将素材"紫4"和"紫4-1"加入画布（"紫4-1"置于二者下方），调整大小使它们重合，将"紫4-1"的图层混合模式改为"正片叠底"，并对其做适当的高斯模糊（模糊半径值约4.5像素）处理，再降低"不透明度"为60%左右，效果如图7-711所示。

图7-711

提示

素材"紫4"是先抠取好的图片，配合"紫4-1"是为了制作跳绳的阴影，如果只使用素材"紫4"，可能就要使用画笔来绘制阴影，显得烦琐。降低素材"紫4-1"的不透明度，是因为使用图层混合模式"正片叠底"后，跳绳的阴影过暗，适当降低不透明度，就是为了解决这一困扰。

03 新建一个图层，使用"矩形工具"绘制一个黑色填充的"矩形2"，将"不透明度"改为40%，加入素材"Logo"并移动到"矩形2"中，调整大小和位置。选中"Logo"图层，打开"添加图层样式"对话框，选择"颜色叠加"，将颜色设置为白色，然后使用"矩形工具"搭配文字排版出相应的效果，如图7-712所示。

图7-712

04 制作细节展示部分，这一部分是产品的微距拍摄图和文字的展示。先使用"矩形工具"绘制"矩形5"，作为细节部分的背景。绘制白色描边的"矩形6"，对"矩形6"制作图层样式"内阴影"效果，参数设置如图7-713所示。在"矩形6"中设计细节部分的标题文案，在标题下方绘制一条矩形"形状8"作为内容区与标题区的间隔线，效果如图7-714所示。

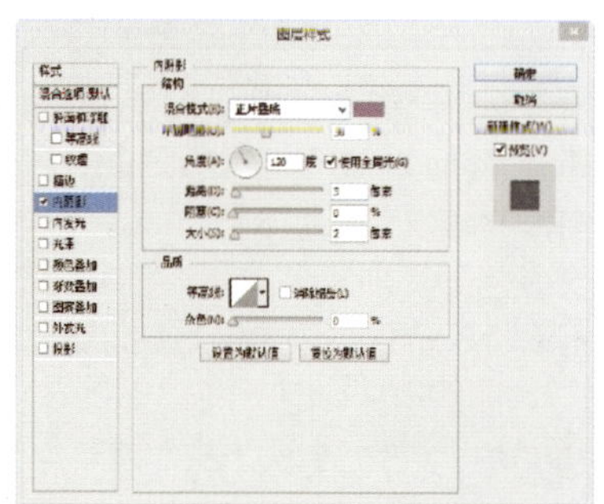

图7-713

图7-714

05 设计细节内容的展示。使用“矩形工具”绘制“矩形7”，加入素材“紫2”“紫2-1”，分别将两个素材对“矩形7”创建剪贴蒙版。将“紫2-1”置于“紫2”下方，制作阴影，然后设置“矩形7”的图层样式，参数设置如图7-715所示。使用“矩形工具”和“横排文字工具”排版文案，效果如7-716所示。

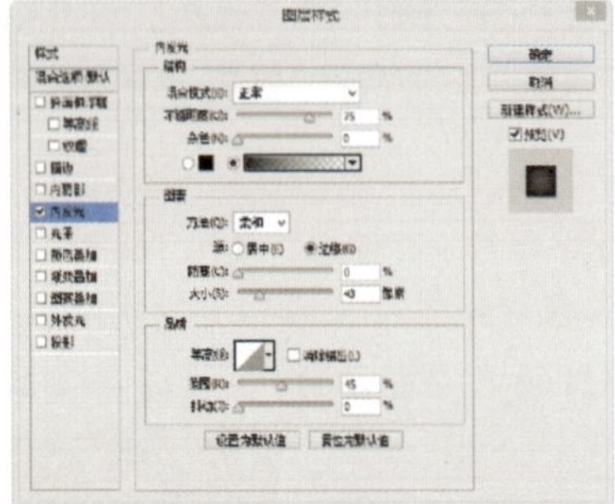

图7-715

图7-716

06 其余几个细节设计方法、原理同上。文案和图片使用交错排列的方法，分别对跳绳的海绵手柄、活动轴承、橡胶线体和品牌标识进行细节的展现和文字导读，效果如图7-717所示。

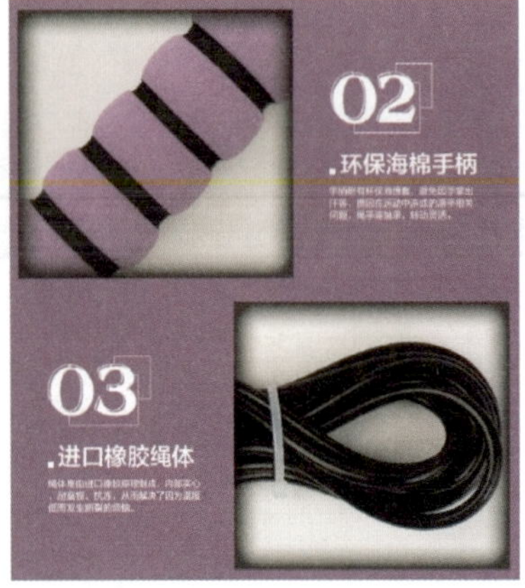

图7-717

07 这一步开始制作产品的展示内容。使用“圆角矩形工具”绘制“圆角矩形1”，颜色填充为紫色（R:160，G:100，B:150）。复制一层得到“圆角矩形1副本”，填充为白色，在白色圆角矩形中输入产品的编号，在紫色圆角矩形中输入产品的颜色，加入素材“紫4”“棕1”“红1”和“蓝1”，两两对齐排列在画布中，效果如图7-718和图7-719所示。

图7-718

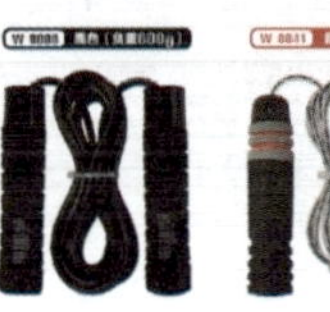

图7-719

08 接着设计一个安装说明的模块。对标题部分的文案“随心调节长度”进行简单的图层样式设置，内阴影和外发光的参数设置如图7-720和图7-721所示。使用自定义形状中的“箭头”与直线完成标题的排版。使用“矩形工具”绘制“矩形12”，填充白色，描边为紫色，然后加入“安装1”素材并对“矩形12”创建剪贴蒙版，输入说明的文案，完成说明的设计。其中第二步和第三步与第一步的原理相同，效果如图7-722所示。

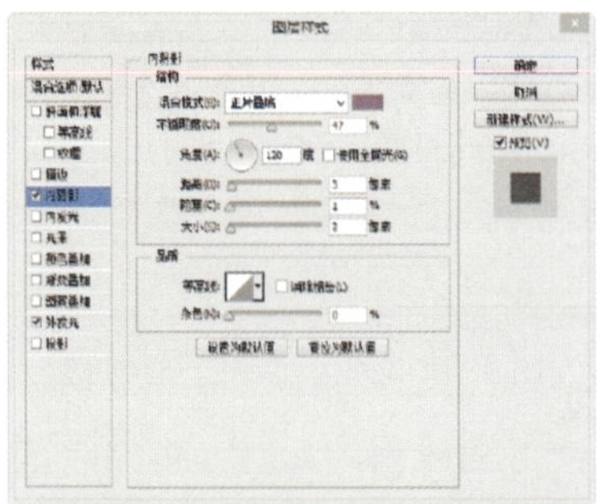

图7-720

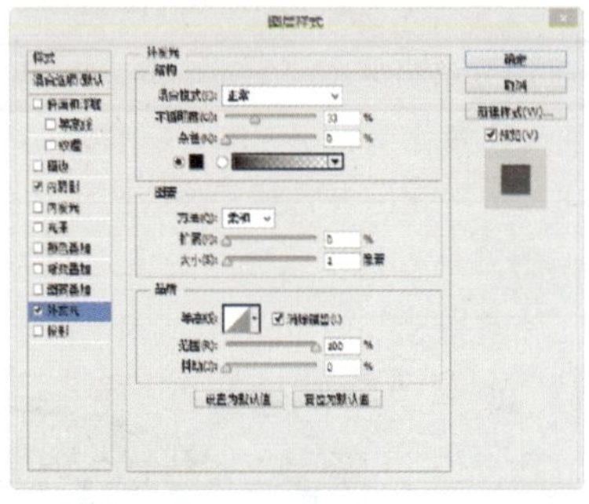

图7-721

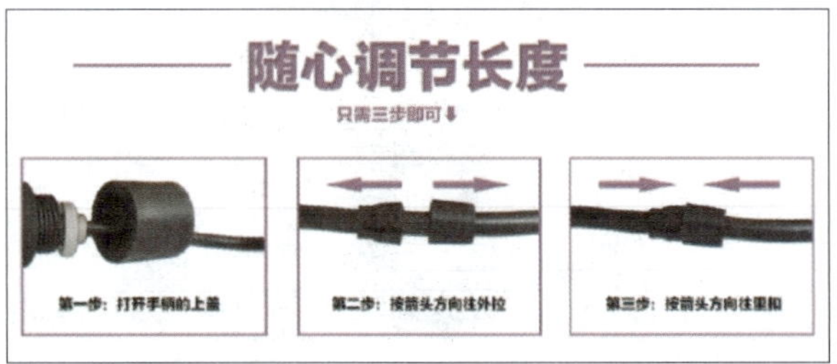

图7-722

09 开始制作产品信息模块。标题部分可以复制优势部分的标题修改完成。信息展示部分，先使用“矩形工具”绘制一个紫色填充的“信息背景”，将位置拖放至这一模块的最下方，然后绘制一个“文字框”，在“文字框”中输入相应的产品信息资料，效果如图7-723所示。

10 信息部分的产品展示就是简单的图片排列，制作方法和以上步骤中的图片展示排列原理相同。绘制一个矩形作为底色，然后使用抠好的图片素材和实拍的图片素材搭配制作阴影效果，效果如图7-724所示。

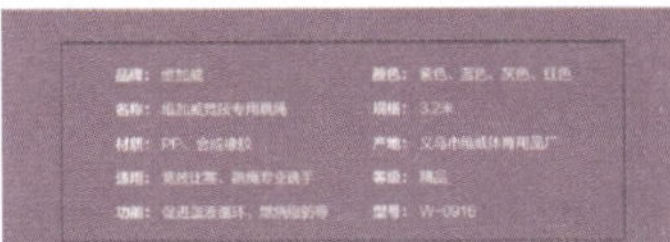

图7-723

图7-724

提示

为了页面的协调和整体的美观性，一般来说，一段文字的描述之后配上一张海报或者一张效果不错的图片加以装饰，会使视觉效果更好。

11 其他不同颜色和型号的信息排版，方法同上，此处不再赘述。效果如图7-725和图7-726所示。

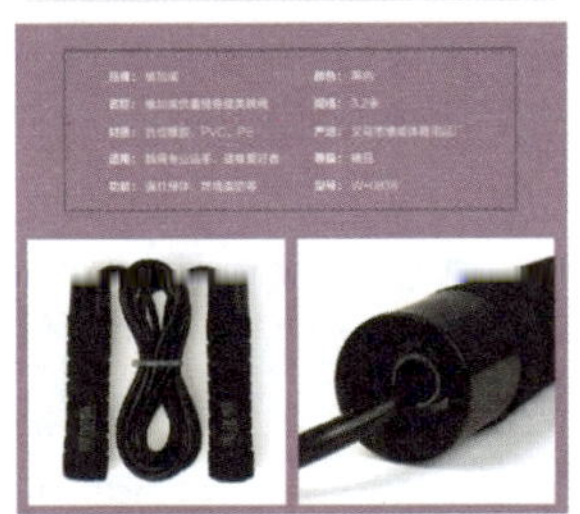

图7-725

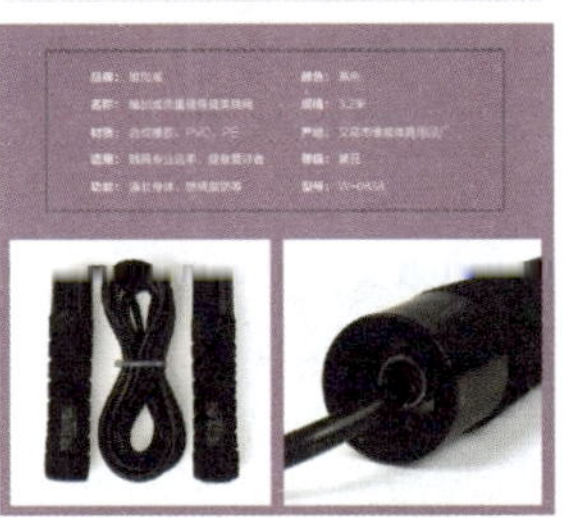

图7-726

总结

由于篇幅高度过长，效果预览详见附赠资源中的源文件。

该产品的详情页设计，重点在于色彩的搭配、阴影的制作方法、图层混合模式与图层样式的设计；难点是色彩的控制与图层样式的制作，图层样式在前面的章节中已经讲解过，读者可以回顾一下图层样式与图层混合模式的工作原理。而阴影的制作，在这一案例中使用的是白底素材与抠图素材、图层混合模式搭配使用来实现效果，非常方便快捷，而且效果非常真实。

7.7 详情页分析与制作——数码办公类

7.7.1 办公座椅详情页

实例位置　实例文件>CH07>7.7.1>办公座椅详情.psd、办公座椅详情.jpg

素材位置　素材文件>CH07>7.7.1>素材文件夹

视频位置　视频文件>CH07>7.7.1办公座椅详情页设计.mp4

难易程度　☆☆☆☆

知识要点　办公座椅的详情页设计，涉及的知识有工具栏中常用工具的灵活运用，良好的详情页色彩搭配技能，有创意的版式设计，能够挖掘产品卖点并将这些卖点通过设计展示在详情页中。

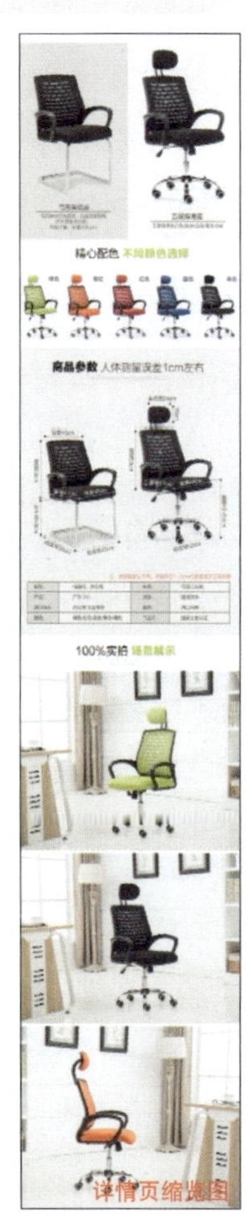

1.页面说明

商品的设计，首先要知道它的用途是什么，知道了用途才能更好地挖掘其中的卖点。商品座椅的设计，从消费者的角度来看，它是用于办公的硬件设施，考虑到公司或个人资金等问题，消费者偏向于追求产品的舒适度、耐用性和性价比。因此，抓住这些消费者心理，我们在设计中就有方向可寻了。在该商品的设计中，第一部分使用海报的形式展示了一张商品的整体外观图，这是为了表现该商品的外观，适合用于办公。第二部分则直接把优势告诉大家，该商品功能丰富，其次是商品的细节设计，从细微之处着手，将商品的材质、构成组件分析一一设计出来供消费者参考；再接着就是款式的设计，该商品有不同的款式，拥有旋转座椅、固定座椅等多种选择；最后设计商品的颜色列表和商品参数，告诉消费者，这么多颜色总有你喜欢的一种，参数提供了商品的实际对照，消费者不用担心买回来不合适。最后配上商品场景实拍图片，供消费者参考实际的搭配效果。

2.顾客从本案例中能够提取到的信息

本案例详情页的模块主要包括商品外观展示海报设计、商品几个吸引眼球的功能展示、商品组成细节分析、多种款式展示、商品颜色列表、商品参数示意图、商品场景拍摄展示等。

3.灵感与素材

通过对办公座椅分析，我们确定了商品的设计思路和模块的分类，这些来源于生活，从我们工作和生活中收集关于椅子的常识。从商品图来看，颜色都属于纯色，所以我们的页面也采用清爽简洁的版式进行设计。该案例的背景，采用白色或百搭的中性灰，这两种背景色几乎可以做任何详情页的底色。整个案例的设计，素材仅仅在展示海报的部分出现，其余的版块设计，都是使用软件的基础工具来完成。从案例的讲解和制作中，读者可以更加全面地掌握Photoshop各种工具的使用方法和技巧。

4.绘制流程

01 打开Photoshop，执行“文件>新建”菜单命令，或者使用快捷键Ctrl+N打开新建对话框，设置参数，新建画布，如图7-727所示。

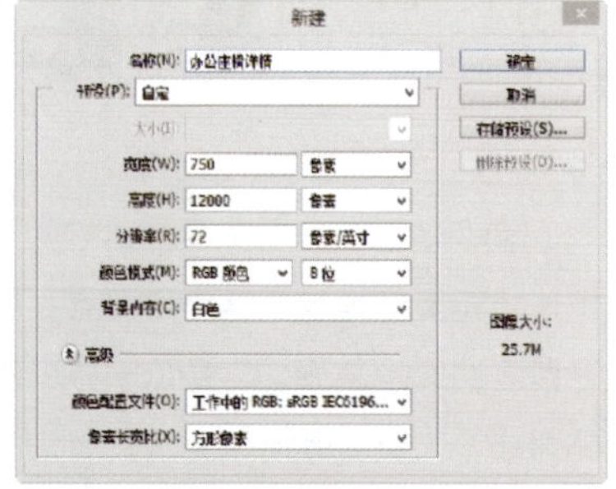

图7-727

02 对页首的海报进行设计。先添加素材“森林”“地板”，将“地板”的图层位置移动到“森林”下方，对二者进行排列，如图7-728所示。

图7-728

提示

常见的海报设计，其实就是素材的搭配与创意制作.我们如果对最终的效果没有太明确的思路，就可以像该海报的设计一样，先将需要的素材添加到画布中，然后再对添加的素材进行整理和制作。

03 对“森林”执行“滤镜>模糊>高斯模糊”菜单命令，参数设置如图7-729所示。将“地板”图层的“不透明度”降低为40%，如图7-730和图7-731所示。

图7-729

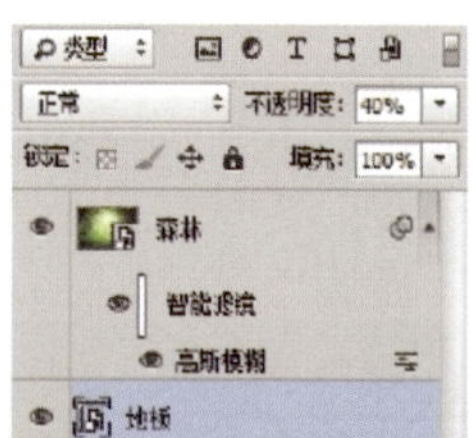

图7-730

图7-731

04 添加素材“绿2”，调整大小，置于“地板”上方。在“绿2”下方新建一个图层“阴影”，使用“画笔工具”绘制出大致的商品投影效果，如图7-732所示。

图7-732

05 对海报的画面进行完善，使其更加细腻美观。添加素材“树叶”，移动到“阴影”下方，如图7-733所示。使用“套索工具”将素材中的树叶选中后移动到画布其他地方，零散分布在海报中，如图7-734所示。

图7-733　图7-734

06 森林背景素材的颜色偏暗，可以稍微提亮一些，使背景更加柔和。添加素材“天空”并对图层“森林”创建剪贴蒙版，将图层混合模式改为“强光”，将图层的“不透明度”降低为80%，如图7-735和图7-736所示。

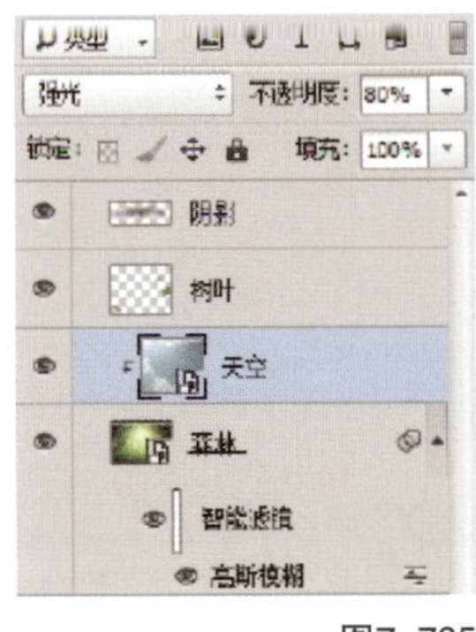

图7-735　图7-736

提示

这里利用素材进行效果的融合，是因为如果直接对素材“森林”执行“曲线”或“亮度/对比度”等命令，会导致素材泛白，缺乏真实气息。所以使用了“天空”素材进行融合，不仅可以改善背景的色彩，还可以出现一种唯美的效果。

07 为“天空”添加图层蒙版，使用“柔角画笔”将“天空”的右侧处理得与“森林”融合，接着在“树叶”上方添加素材“光”，调整大小和位置，将图层混合模式改为“滤色”，如图7-737所示。为了提升光线的亮度，复制图层“光”得到拷贝层，效果如图7-738所示。

08 商品展示部分到这里就差不多完成了，下面是描述文案的设计。先将刚才设计的图层整体下移一些，在页首留出部分空白，文案部分就安排在这一部分的空白中，如图7-739所示。使用“横排文字工具”将文案描述输入画布，其中第三排文字的背景使用“圆角矩形工具”进行绘制，完成字体排版后效果如图7-740所示。

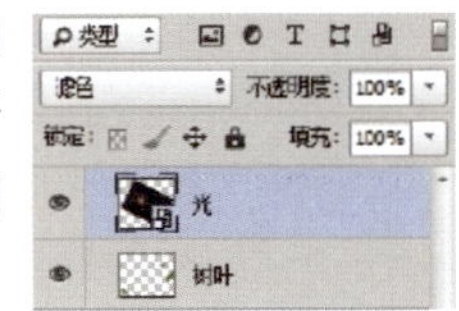

图7-737

图7-738　图7-739

坐感舒服吗？很舒服！

乐享舒适就是这么简单

拥有它你就可以舒适的安排好你的工作时光

COMFORTABLE SOFA CHAIR

图7-740

09 下面开始设计商品功能模块。标题的设计，首先新建一个图层，使用“矩形选框工具”绘制一个选区“灰色”，填充颜色为（R:237，G:237，B:237）。再新建一个图层“白色”，同样绘制一个矩形选区，填充白色，如图7-741所示。输入标题信息，为字体“选择我们的理由”绘制底纹，填充颜色为（R:237，G:237，B:237），如图7-742所示。

图7-741　图7-742

⑩ 在剩余的空白部分，将最主要的标题“四大功能”添加进去。使用“圆角矩形工具”绘制字体边框，禁用填充，描边颜色为黑色，圆角半径为5像素，将绘制的圆角矩形复制3个，并将它们排列在水平方向上，输入文字“四大功能”完成标题的设计，效果如图17-743所示。

图7-743

⑪ 接着开始设计产品的四大功能。在这一模块中，仅以第一个功能为例进行详细的讲解，其余功能部分均可复制功能1来进行修改。首先添加素材“绿6”，置于画布左侧，在“绿6”下方新建一个图层，使用“画笔工具”和“橡皮擦工具”为商品“绿6”设计阴影效果，如图7-744所示。右侧用来设计功能1的描述文案，在画布右上方，新建一个图层“文字背景”，使用“矩形选框工具”绘制选区，填充颜色为（R:237，G:237，B:237），如图7-745所示。输入描述文案后，效果如图7-746所示。

⑫ 为功能序号“1”添加一个背景效果，在“文字背景”上方新建一个图层“底1”，使用“矩形选框工具”绘制矩形选区，填充颜色为（R:203，G:218，B:8），如图7-747和图7-748所示。

图7-744

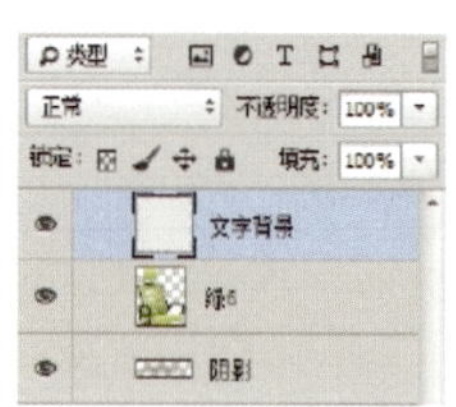

图7-745

图7-746

图7-747

图7-748

⑬ 在画布右侧的空白区域再展示一张头枕的微距图。使用“椭圆工具”绘制圆形，填充任意色，描边颜色为（R:203，G:218，B:8），描边大小为3像素，然后添加素材“绿8”并对绘制好的圆形创建剪贴蒙版，如图7-749所示。

⑭ 最后，在与下一功能衔接的中间设计一个间隔效果，将两个功能分隔开。使用“直线工具”绘制一条水平直线，在直线中间使用“椭圆工具”绘制一个圆，再使用“横排文字工具”输入一个向下的符号，最终完成功能1的设计，效果如图7-750所示。

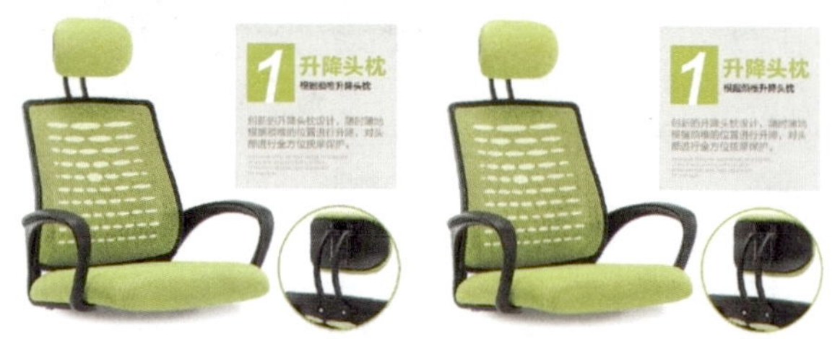

图7-749　　图7-750

⑮ 将设计好的功能1的所有图层建组保存，其他功能部分设计方法和版式均与功能1相同，大家可以参考功能1的设计方法完成其他功能的设计。局部效果参考如图7-751所示。

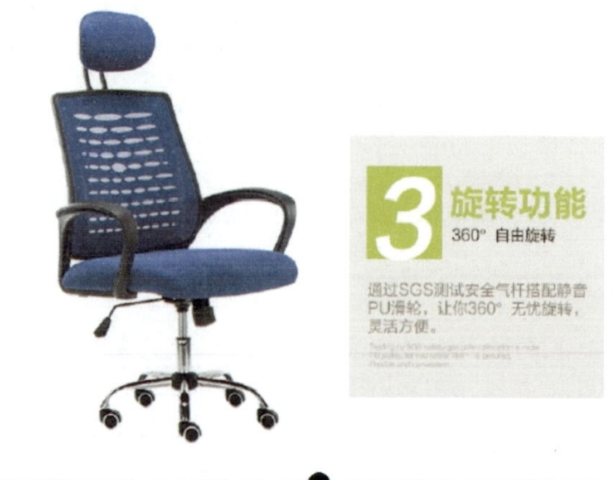

图7-751

16 完成商品功能的设计之后，下面开始设计商品的细节说明，方法很简单，效果如图7-752所示。细节1的设计，首先新建一个图层“细节背景”，使用“矩形选框工具”绘制选区，填充颜色为（R:237，G:237，B:237），作为第一个细节部分的背景，然后添加素材“绿7”并对“细节背景”创建剪贴蒙版，如图7-753所示。

17 在画布右侧的空白区域增加一张细节1的微距图。使用“椭圆工具”绘制圆形“头枕”，然后添加素材“绿8”对“头枕”创建剪贴蒙版，效果如图7-754所示。

高端商品 不可忽视的细节

图7-752

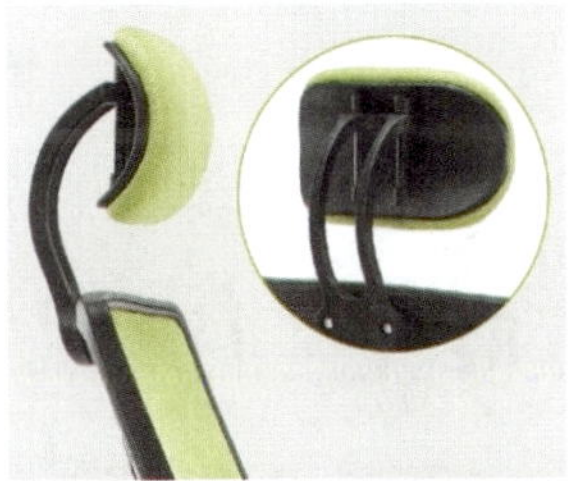

图7-753　　图7-754

18 这一步，我们要对商品的头枕部分做一些必要的修饰效果。使用“钢笔工具”按照素材“绿7”中头枕部分的轮廓绘制一个路径，绘制好后单击图层“绿7”前的眼睛图标，关闭它的预览模式后看到钢笔工具绘制的路径，如图7-755所示。

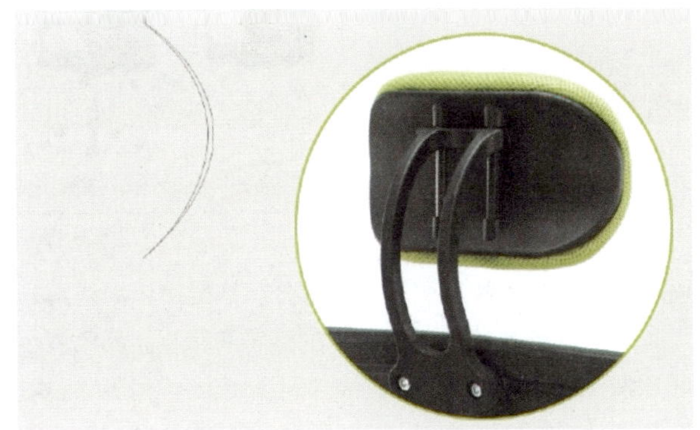

图7-755

19 在图层“绿7”的上方新建一个图层“曲线1”，回到画布区域，单击鼠标右键，选择“建立选区”，可以看到此时绘制的路径变成一个曲线形状的选区，然后将其填充为白色，如图7-756所示。打开图层“绿7”前的眼睛图标，此时效果如图7-757所示。

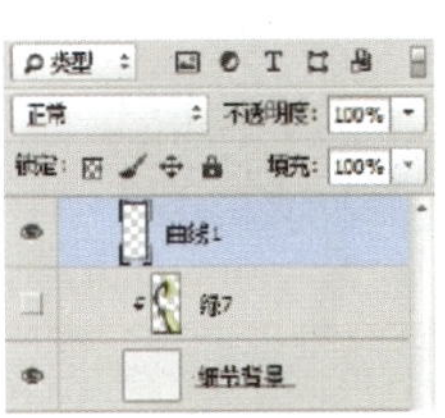

图7-756　　图7-757

20 为绘制出来的图层“曲线1”添加一个图层样式，单击图层面板下方的“添加图层样式”按钮，打开“外发光”对话框，将外发光颜色设置为（R:252，G:0，B:225），设置参数如图7-758所示。完成样式的添加后，复制一层“曲线1”得到拷贝层，将拷贝层移动到头枕的另一边，效果如图7-759所示。

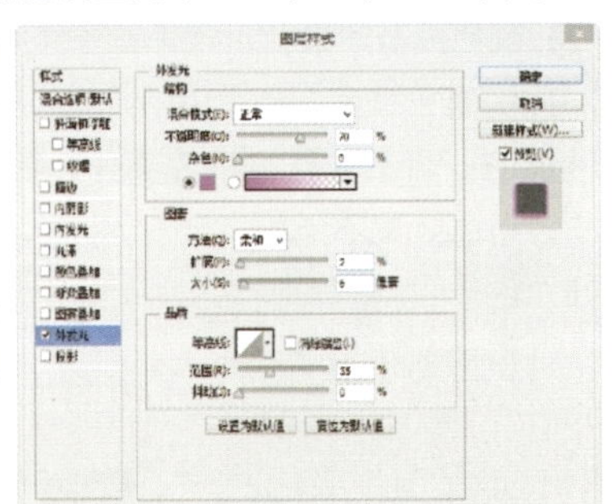

图7-758

图7-759

21 头枕的修饰效果完成后，回到图层“绿8”，为“绿8”绘制一个简单的示意图，用来表示头枕的升降区域。新建一个图层，使用“直排文字工具”输入符号“-”，做出一个竖直的虚线效果，再使用“自定义形状工具”中的“无尾箭头形状”绘制上下两个方向箭头（可能需要对箭头进行旋转），如图7-760和图7-761所示。

图7-760

图7-761

22 最后输入描述性的文字，细节1的设计制作完成，效果如图7-762所示。

23 其他细节的设计，难点在于修饰特效的设计，其他部分均属于文案输入和商品展示，没有什么特别需要讲解的。商品的修饰特效部分，因为商品的细节不一样，所以效果不能复制细节1得到，大家只能参照着设计“细节1”的原理和方法来动手完成。这里将其他几个细节的效果展示在下方，供大家设计时参考，如图7-763~图7-765所示。

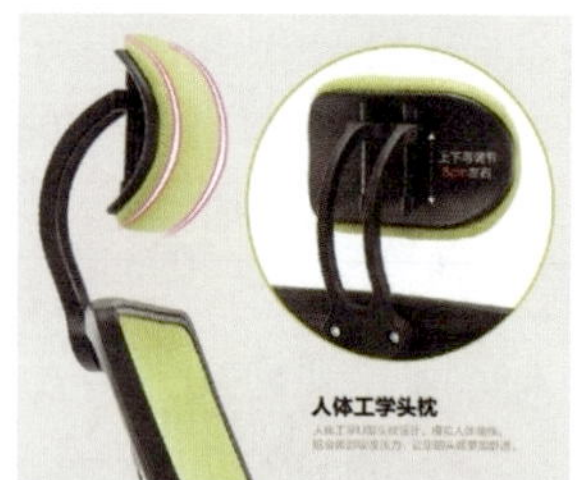

图7-762

图7-763

图7-764

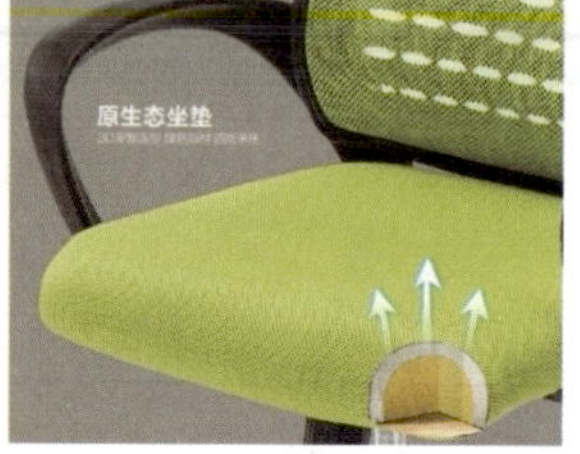

图7-765

24 接下来设计一个款式对比的模块，分别将有头枕的款式和无头枕的款式、座椅底座的不同进行对比。首先设计有无头枕的对比，标题可以复制细节说明模块中的标题部分来修改得到。对比展示部分，先使用“矩形选框工具”分别绘制铺满画布的两个选区图层，左边填充颜色为（R:247，G:247，B:247），右侧的选区填充为（R:226，G:226，B:226），将二者分别命名为“有头枕”“无头枕”，效果如图7-766所示。在左右两个区域中，分别添加素材“绿4”和“绿1”，其中因为“绿4”是JPG格式的图片，有白色背景，所以这里将其图层混合模式改为“变暗”，如图7-767所示。添加之后二者的效果如图7-768所示。

25 在每个区域下方输入款式标题和简要描述，标题和描述之间使用黑色的直线作为分隔线，效果如图7-769所示。

图7-766

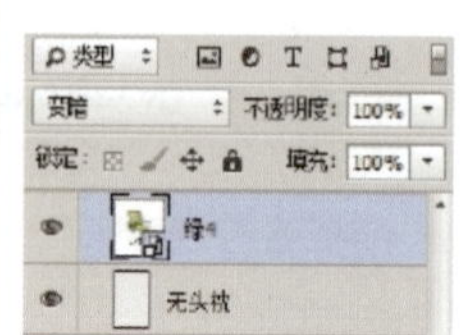

图7-767

图7-768

图7-769

26 下面是商品底座不同的款式对比设计，设计方法同头枕的对比部分相同，可直接复制修改，亦可参考头枕对比的效果独立完成设计，如图7-770所示。

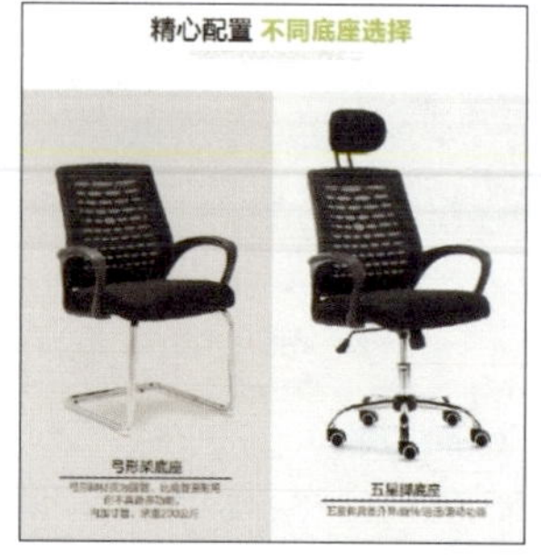

图7-770

27 设计商品的颜色列表展示部分。这里简单地讲解一下，标题部分复制上述模块中的标题来完成。颜色展示区，使用“矩形选框工具”绘制矩形选区“列表”，填充颜色为（R:247，G:248，B:252），复制4个“列表”图层得到相应的拷贝层，将5个图层水平排列在画布中，如图7-771所示。最后添加5个颜色的商品图，并分别与每个图层创建剪贴蒙版，输入相应的颜色名称，完成颜色列表的设计，效果如图7-772所示。

精心配色 不同颜色选择

图7-771

图7-772

28 接着设计商品的参数结构模块。标题部分还是老方法。展示区，首先使用“矩形选框工具”绘制背景选区，填充颜色为（R:242，G:242，B:242），添加素材“黑2”“黑3”，将它们水平排列在画布中，将二者的图层混合模式均改为“变暗”，如图7-773所示。

29 使用“横排文字工具”输入符号“-”组成虚线，再新建一个图层，使用“硬边的画笔”单击画布绘制出一个点的效果，然后复制一层点的图层，将两个点的图层分布在虚线图层的上下两端，输入这段虚线所表示的数据，如图7-774所示。

图7-773

图7-774

30 按照上述的方法，绘制出其他部分的参数。在产品图片区域中的标示数据，将字体或画笔颜色设置为白色，如图7-775所示。

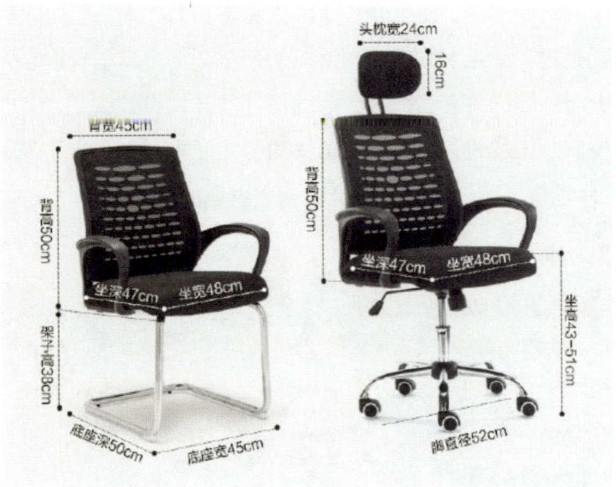

图7-775

31 使用“直线工具”在商品的数据结构解析下方绘制参数表格，使用“矩形选框工具”绘制参数名称的底纹，填充颜色为（R:219，G:219，B:219），最后输入相应参数，完成表格的设计，效果如图7-776所示。

注：因测量手法不同，可能存在1-2cm的误差属于正常现象

名称:	电脑椅、办公椅	头枕:	可调节头枕
产品:	广东中山	扶手:	固定扶手
适用场所:	办公室 会议室等	靠背:	进口网布
颜色:	绿色/红色/蓝色/黑色/橘色	气压杆:	国家安全认证

图7-776

32 最后一个模块设计一个商品的实物拍摄效果展示。标题复制上述模块修改得到，展示部分，为每一个颜色的商品添加一张场景图，竖直向下排列在画布中，最终完成页面的设计。场景展示的局部效果如图7-777所示。

100%实拍 场景展示

图7-777

总结

由于篇幅高度过长，效果预览详见附赠资源中的源文件。

办公座椅的详情页设计，我们将其分为海报、功能、细节、款式、颜色与参数和展示几个部分进行讲解，将商品进行清晰的模块化，可以让消费者在浏览时能够准确定位自己想要了解的内容。现在的消费者进行网购时，只会花很少的时间来浏览商品的详情页，如果第一时间你的内容吸引不了消费者，那就会造成客户的流失。所以，能让消费者一看便能找到自己想要的信息，才会促成商品的成交。

7.7.2 笔记本电脑详情页

实例位置　实例文件>CH07>7.7.2>笔记本电脑详情.psd、笔记本电脑详情.jpg

素材位置　素材文件>CH07>7.7.2>素材文件夹

视频位置　视频文件>CH07>7.7.2笔记本电脑详情页设计.mp4

难易程度　☆☆☆☆

知识要点　在该案例中，使用的最核心的工具为图层蒙版，其次是文字工具、多边形选框工具、钢笔抠图工具和矩形工具等。设计过程中，要求网页设计师拥有基本的三维空间感，对三维物体的成像原理有一定了解。

详情页缩览图

1.页面说明

笔记本电脑，作为一种热门普及的电子商品，从家庭娱乐到商务办公再到科技研究，它无处不在。不同的人使用笔记本电脑时，有不同的目的和需求，所以对于详情页的设计，首先要确定商品的类型，确定它适合女士还是男士，适合家用还是办公，适合专业用途还是娱乐用途……即将设计的这款笔记本电脑，商家定位其用途为办公或游戏。如果商品适用于商务或游戏，则顾客最大的关注点便是笔记本电脑的性能问题，在详情页的设计中，使用了大量的3D游戏画面的情景来展示笔记本电脑酷炫的视觉效果，性能的展示着重从处理器类型、显卡信息、运行内存、电池功耗和散热效果等因素中体现，这些都是对电脑有特别要求的顾客最关心的信息，我们在页面中都进行了单独的设计展示。

2.顾客从本案例中能够提取到的信息

本案例详情页的模块主要包括三维视觉海报的设计、处理器性能海报设计、独立显卡设计、高速固态硬盘性能设计、适合的主流游戏、省电电池的设计、散热效果的设计和使用场景的设计等模块。

3.灵感与素材

笔记本电脑详情页设计，从商家的定位来分析，它的定位是游戏用途，而用于游戏的电脑，对显卡、处理器速度、散热功能、运行内存等因素要求都很高。因此，在设计该详情页时，我们着重从这些方面单独的设计相应的展示说明，详情页中，几乎每个性能的设计，都使用了立体感极强的三维效果，拥有非常强的视觉冲击力。使用的素材大都是时下流行的游戏所包含的角色或场景，这样也能拉近与顾客的关系。对各个电脑部件的详细设计说明，全方位解析电脑性能，诠释最畅快的游戏配置，最后的场景设计，也使该款笔记本电脑能被更多行业的人群使用。

4.绘制流程

01 打开Photoshop，执行"文件>新建"菜单命令，或者使用快捷键Ctrl+N打开新建对话框，设置参数，新建画布，如图7-778所示。

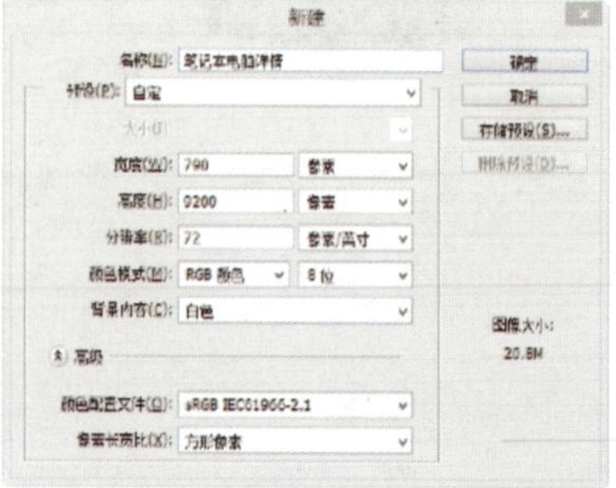

图7-778

02 页首的海报，设计了一张视觉效果超给力的游戏海报。添加素材“戴尔1”，调整大小并置于画布中间，使用“横排文字工具”输入文案信息，字体颜色为（R:122，G:97，B:137），排版后如图7-779所示。

图7-779

03 素材“戴尔1”中的屏幕是一片黑色，视觉上缺少吸引力，所以，这一步为电脑屏幕制作一些设计比较基础的视觉画面。新建一个图层“屏幕”，使用“多边形选框工具”沿着素材电脑的屏幕区域绘制多边形选区，如图7-780所示。添加素材“蛇女”并对图层“屏幕”创建剪贴蒙版，调整大小和位置，如图7-781所示。

图7-780

图7-781

04 继续添加素材“蛇女”，调整大小，将其移动到图7-782所示的位置（素材右侧边缘正好与屏幕右侧重合，下方可以超出电脑屏幕区域一部分），对“蛇女”添加图层蒙版，结合“画笔工具”实时调整笔触大小和画笔的不透明度，对“蛇女”的其他区域进行涂抹遮盖，留下其中人物的部分，如图7-783和图7-784所示。

图7-782

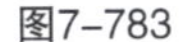

图7-783

图7-784

05 再添加素材“蛇女”，命名为“蛇女1”，调整大小和位置，如图7-785所示。同样为其添加图层蒙版，这一次遮盖其他区域，留下蛇的身体部分，如图7-786所示。

图7-785

图7-786

06 这时，视觉冲击力很强的海报就基本成型了，为了增添整体的酷炫效果，为文字图层再制作一些特效。回到文字图层“轻薄专业电竞游戏本”，复制该图层，得到拷贝图层，选中拷贝层，单击鼠标右键，在弹出的选项面板中单击“栅格化文字”选项，完成文字的栅格化，如图7-787所示。第一张视觉海报的创意设计，效果参考7-788所示。对海报中的图层进行建组保存。

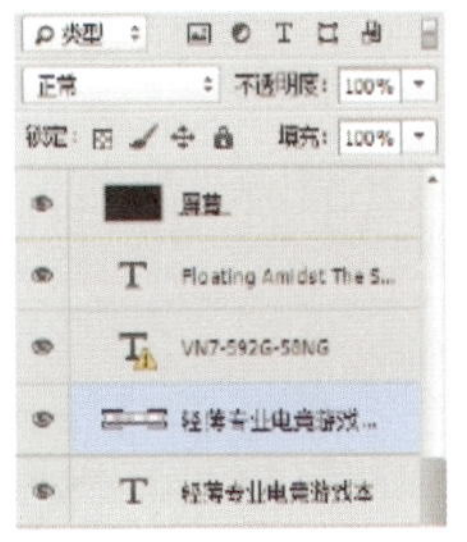

图7-787

图7-788

07 在海报下方添加一个直观的电脑参数展示图，简要的介绍电脑的基本配置参数。在“海报1”的上方新建一个图层“配置”，使用“矩形工具”绘制选区参数的背景选区，填充颜色为（R:32，G:32，B:32），如图7-789所示。使用“横排文字工具”按照图7-790所示的排版方式对标题进行排版。

图7-789

图7-790

08 再在标题下方水平罗列出基本的配置参数，以第一个参数为例。使用“矩形工具”绘制一个矩形边框，边框颜色为浅色，输入第一个展示的配置参数，如图7-791所示。其他参数复制第一个参数的效果进行修改，如图7-792所示。

图7-791

图7-792

09 根据现有的效果，如果整个字体展示都是白色，层次上的表现会略显枯燥，所以可以对标题进行简单的处理。先为标题图层制作渐变叠加效果，设置从(R:117，G:117，B:117)到白色的线性渐变，参数设置如图7-793所示。最后添加素材“光”，调整大小，位置移动到标题中的“神”上，将“光”的图层混合模式改为“线性减淡(添加)”，如图7-794所示。效果如图7-795所示。完成后对图层进行建组保存，命名为“参数”。

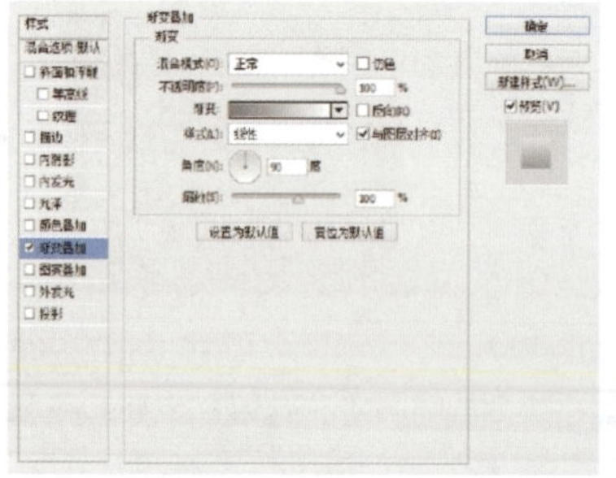

图7-793

图7-794

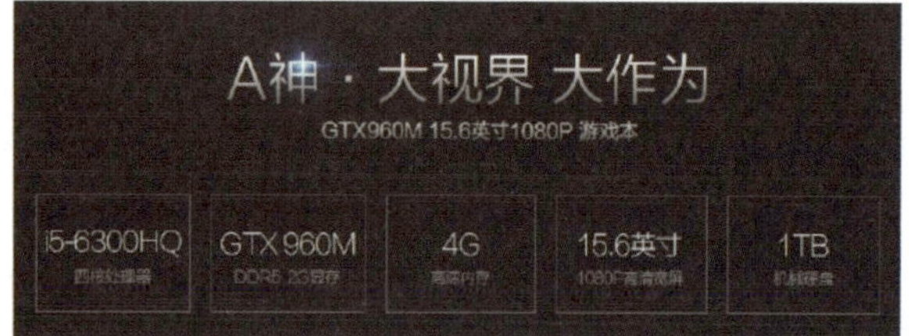

图7-795

10 基本的视觉海报和参数简介都设计完了，接下来详细设计产品每一个参数的展示说明海报。参数设计的第一个模块是设计一张“处理器”的海报。添加素材“戴尔2”，调整大小和位置，在素材“戴尔2”下方新建一个图层“桌面”，为电脑设计一个承载的桌面，效果如图7-796和图7-797所示。

图7-796

图7-797

11 新建一个图层“屏幕1”，使用“多边形选框工具”沿着电脑的屏幕边缘绘制选区，填充任意颜色，原理同步骤3。然后添加素材“火焰山”并对“屏幕1”创建剪贴蒙版，如图7-798所示。

图7-798

提示

在后续的参数设计模块中，我们将会不断使用“多边形选框工具”绘制电脑屏幕区域的选区，还会添加素材对屏幕选区图层创建剪贴蒙版，使用图层蒙版配合画笔工具设计3D画面效果。

12 接着添加素材“盲僧”，为了节省时间，这里我们直接添加提前抠好的PNG格式的透明图片文件，喜欢尝试的读者，可以按照页首海报中对图片素材“蛇女”的处理方法进行设计。将透明的素材“盲僧”添加到画布后，调整大小并移动至合适位置，如图7-799所示。

13 从图中可以看出，素材的局部与屏幕连接不协调（素材中人物的左脚溢出屏幕），可以对素材“盲僧”添加图层蒙版，对人物素材的左脚溢出屏幕区域的部分进行擦除，效果如图7-800所示。

图7-799

图7-800

14 产品视觉上的效果制作到这里已经完成。最后，我们还需要使用文字来配合整张海报的视觉效果，输入该产品电脑处理器的相关信息，按照如图7-801所示的效果完成文字的排版，完成处理器展示海报的设计。

图7-801

15 对处理器部分的图层进行建组保存之后，开始设计第二个模块“强劲性能”。首先添加素材“戴尔3”到画布中，调整大小和位置，如图7-802所示。在素材“戴尔3”后面设计一个简单的性能表现点，用以设计电脑性能的展示。使用“矩形工具”绘制性能展示的图层“边框”，禁用填充，描边大小为10像素，颜色为(R:101，G:101，B:101)，效果如图7-803所示。

图7-802

图7-803

16 在“边框”上方新建一个图层“特点”，使用“矩形选框工具”绘制小矩形选区，填充颜色为(R:238，G:238，B:238)，用来作为性能特点的文字背景。复制一个“特点”图层，得到拷贝层，按住Ctrl键并单击图层缩略图，将拷贝层载入选区，填充颜色为(R:52，G:52，B:52)，将二者分散排列在“边框”内部，如图7-804和图7-805所示。

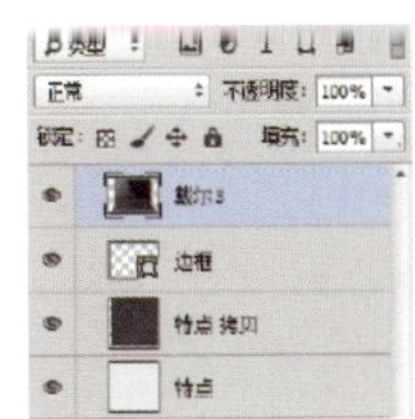

图7-804

图7-805

17 将“特点”与“特点 拷贝”复制多个，零散地分布在“边框”范围中，如图7-806所示。接着在每个特点小背景中输入性能展示的信息，如图7-807所示。

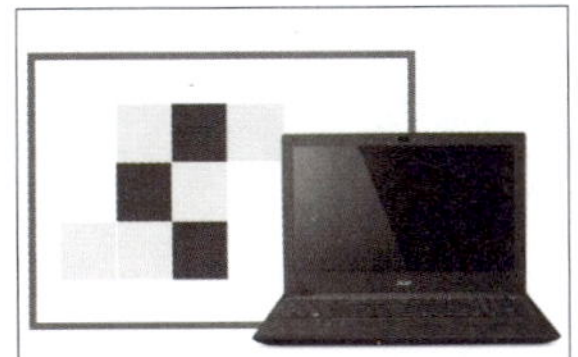

图7-806

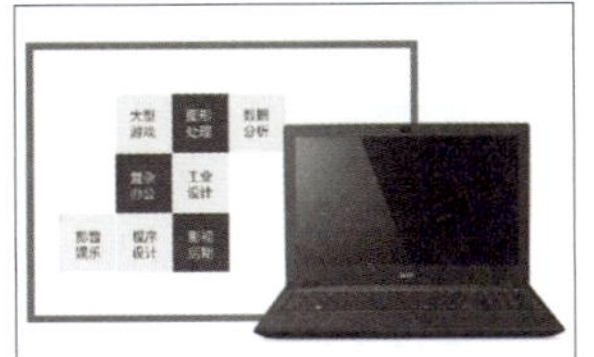

图7-807

18 回到图层“戴尔3”，开始设计电脑部分的视觉效果。同步骤13一样，使用“多边形选框工具”绘制电脑屏幕区域的选区“屏幕2”，填充任意色，然后添加素材“机器”并对“屏幕2”创建剪贴蒙版，再添加透明素材“子龙”，调整大小和位置，如图7-808和图7-809所示。

图7-808

图7-809

19 同步骤16一样，使用“横排文字工具”输入描述标题，完成排版，效果如图7-810所示。

强劲性能，适用场景

可高效畅玩使命召唤、孤岛危机、刺客信条、英雄联盟、DOTA、暗黑破坏神、生化危机、古墓丽影、剑灵（五档）

图7-810

20 下面开始设计配置参数的第三个模块显卡。通过上述3个部分的设计，大家对该详情页的设计方法已经有了一定的认识，接下来我们会简单地进行方法讲解，快速完成详情页的设计。首先新建一个图层“墙面”，使用“矩形选框工具”绘制选区，填充颜色为(R:32，G:32，B:32)，添加素材“戴尔1”，调整大小，置于画布中，如图7-811所示。

图7-811

21 使用“多边形选框工具”绘制屏幕选区“屏幕3”，填充任意色，添加素材“曙光”并对“屏幕3”创建剪贴蒙版，调整大小和位置。然后添加透明素材“曙光”，与JPG格式的“曙光”重合，使人物部分出现3D视觉效果，如图7-812和图7-813所示。

图7-812　　图7-813

22 回到图层“墙面”，输入显卡的描述文案，适当处理文字的颜色，效果如图7-814所示。

23 基本上显卡的部分就设计完成了。为增添画面的丰富性，可以在素材“戴尔1”下方新建图层，使用“矩形工具”绘制两条斜线，填充颜色为（R:68，G:0，B:98）。在图层“戴尔1”上方也同样绘制一个矩形，将3者连接成一个倒三角形状，并将它们的图层“填充”改为50%，如图7-815所示。最后输入文字信息完成设计，效果如图7-816所示。

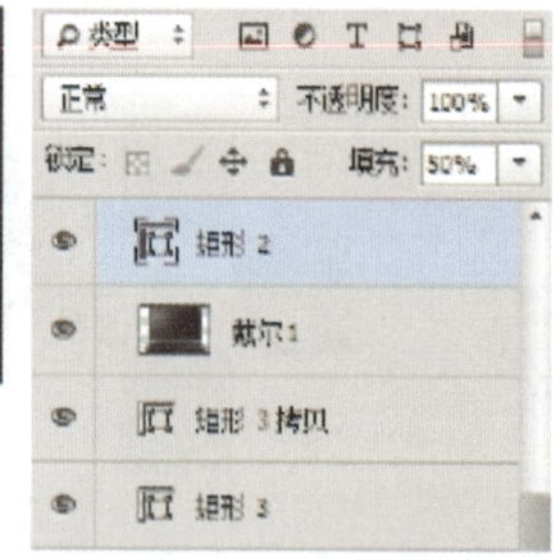

图7-814　　图7-815

图7-816

24 接着设计配置参数的硬盘模块。首先新建图层“硬盘”，使用“矩形选框工具”绘制选区，填充颜色为（R:243，G:243，B:243）。使用“直线工具”绘制横竖两条直线，贯穿图层“硬盘”，直线的颜色设置为（R:182，G:162，B:197），粗细为1像素。接着使用“椭圆工具”以两条直线的交点为圆心，绘制圆形“椭圆1”，复制两个“椭圆1”图层，按快捷键Ctrl+T使用自由变换命令，将拷贝的圆形图层等比例缩放，排列在两条直线上，如图7-817所示。再使用“椭圆工具”绘制大小不等的圆点，分布在圆形和直线的交点处，如图7-818所示。

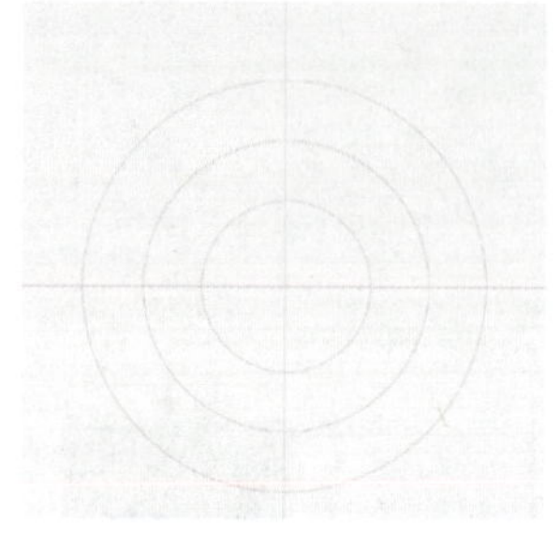
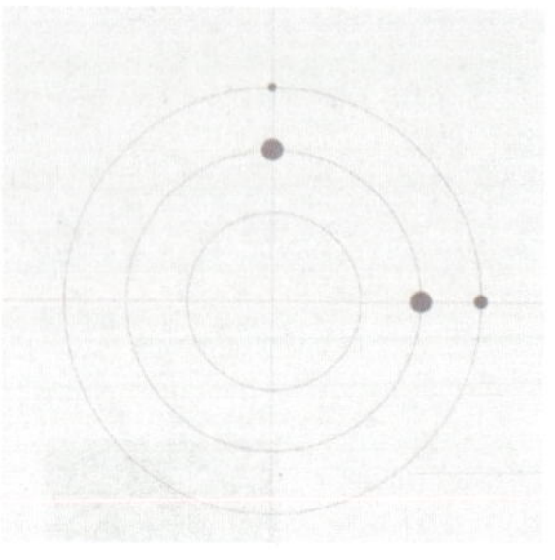

图7-817　　图7-818

25 开始设计产品展示部分和文字部分。添加素材“戴尔5”，将图层混合模式改为“正片叠底”，仿照前面模块中设计屏幕的方式，完成屏幕画面的设计。最后输入硬盘的描述信息，完成该模块的效果设计，如图7-819所示。

图7-819

提示

对于上述各个模块中使用到的设计方法，如屏幕部分的特效设计和文字设计等，为了节省时间，避免重复讲解，在下方的模块设计中都一笔带过，设计过程中读者可以参考上述模块中的方法。

26 接着设计第五个模块显存。新建图层，使用“矩形选框工具”绘制模块背景“显存”，填充颜色为（R:31，G:31，B:31）。添加素材“戴尔4”调整大小，置于背景中，如图7-820所示。同步骤3一样，绘制屏幕区域选区“屏幕5”，填充任意色，添加JPG格式的素材“战士”，并对“屏幕5”创建剪贴蒙版，适当调整大小和位置，如图7-821所示。

图7-820　　图7-821

27 添加透明素材“战士”到画布中，调整大小与JPG格式的“战士”重合，在透明的“战士”图层上下方添加素材“烟雾”，将其图层混合模式改为“滤色”，效果如图7-822所示。

图7-822

28 回到模块的背景图层“显存”，在背景图层“显存”上方新建一个图层，添加素材“图标”，调整大小后置于画布右侧，然后使用“矩形工具”绘制“图标”的边框，图层如图7-823所示，效果如图7-824所示。

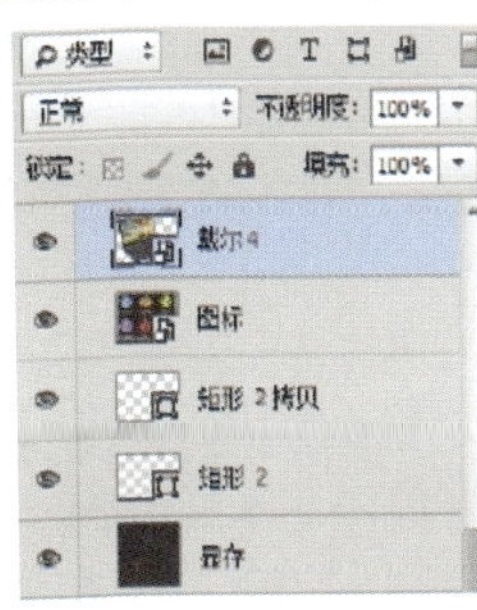

图7-823　　图7-824

29 从图中不难发现，透明素材图层“战士”在视觉上还是缺乏强烈的视觉感，应该对其色彩和特效进行加强。回到透明素材图层“战士”，单击图层面板下方的“创建新的填充或调整图层”按钮，打开“色彩平衡”对话框，参数设置如图7-825所示。添加素材“火光”，将其适当缩小，位置移动到“战士”中的枪口位置，将其图层混合模式改为“线性减淡（添加）”，使其出现射击时的光效，如图7-826和图7-827所示。

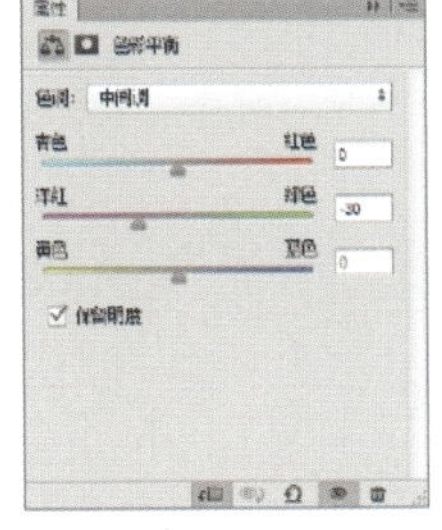

图7-825

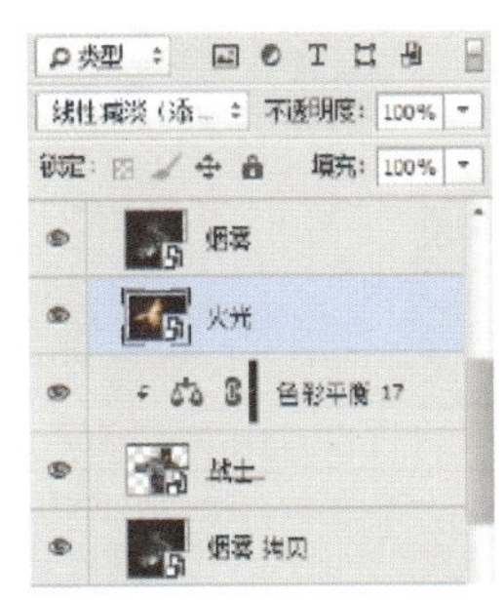

图7-826　　图7-827

30 对素材“火光”添加图层蒙版，擦除多余的亮点，使其更加真实、柔和。最后回到最上层，使用“横排文字工具”输入显存的描述信息，完成该模块的设计，效果如图7-828所示。

31 下面进行第六个模块内存的设计。这一模块方法简单，原理均与上述各个模块相同，仅涉及电脑屏幕部分和文字部分的设计，所以不再一一赘述，参考效果如图7-829所示。

图7-828　　图7-829

32 第七个模块是适合游戏，设计方法更加简单，图片素材是已经设计好的，仅仅涉及文字部分的设计，此处省略。下面设计第八个模块功耗，在功耗模块中，完成其他部分的设计后，为了与下一个模块区分明显，设计一个简单的间隔效果。新建一个图层“间隔”，使用“黑色的柔角画笔工具”单击画布（笔触大小设置为100像素），出现一个柔角圆，如图7-830所示。结合自由变换命令，对“间隔”进行上下方向的压缩和水平方向上的拉伸，如图7-831所示。

图7-830

图7-831

33 为“间隔”图层添加图层蒙版，使用“矩形选框工具”将图层下半部分选中，使用蒙版遮盖，然后将图层“不透明度”降低为30%，如图7-832所示。该模块整体效果如图7-833所示。

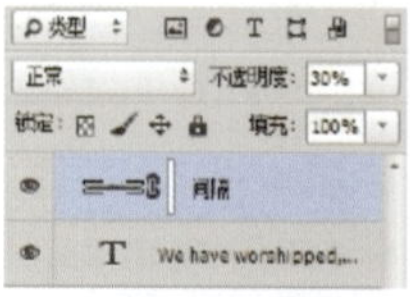

图7-832

图7-833

34 第九个模块是散热的设计。标题部分同其他模块一样。展示部分，添加素材“散热”并为其添加图层蒙版，将素材中的文字部分进行遮盖，如图7-834所示。

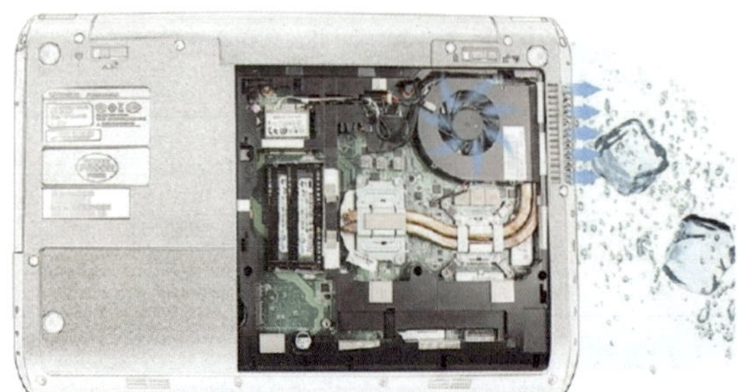

图7-834

35 最后一个模块设计商品的适用场合。标题部分同上述各模块。场合展示中使用了素材“场景”，如果读者需要独立完成设计，可使用“矩形工具”“选区工具”“剪贴蒙版”等，操作简单，这里不再赘述，效果如图7-835所示。

图7-835

总结

由于篇幅高度过长，效果预览详见附赠资源中的源文件。

从整个设计的过程来看，设计的主要精力放在了产品的视觉营销上，通过各种不同的3D场景海报的展示，冲击顾客的眼球；搭配的相关参数文案描述，对产品的特点进行进一步完善，整个画面视觉层次突出，色彩协调，素材的使用让视觉更加震撼。设计方法其实都是简单的蒙版和剪贴蒙版的使用，大家只要熟练的操作软件工具，再加上创意无限的设计，制作出的页面会更加夺目。